21世纪政治理论学术著作丛书

当代世界经济与政治概论

DANGDAI SHIJIE
JINGJI YU ZHENGZHI GAILUN

第二版

倪国良　编著

兰州大学出版社

图书在版编目(CIP)数据

当代世界经济与政治概论/倪国良编著.—2版.
—兰州:兰州大学出版社,2011.3
ISBN 978-7-311-02249-5

Ⅰ.①当… Ⅱ.①倪… Ⅲ.①世界经济—经济概况②
国际政治—概况 Ⅳ.①F112②D50

中国版本图书馆CIP数据核字(2011)第034660号

责任编辑 张爱民
封面设计 管军伟

书　　名 当代世界经济与政治概论(第二版)
作　　者 倪国良 编著
出版发行 兰州大学出版社 (地址:兰州市天水南路222号 730000)
电　　话 0931-8912613(总编办公室) 0931-8617156(营销中心)
0931-8914298(读者服务部)
网　　址 http://www.onbook.com.cn
电子信箱 press@lzu.edu.cn
印　　刷 兰州奥林印刷有限责任公司
开　　本 787×1092 1/16
印　　张 16.75
字　　数 356千
版　　次 2011年3月第2版
印　　次 2011年3月第7次印刷
书　　号 ISBN 978-7-311-02249-5
定　　价 30.00元

目 录

第一章

国际社会中的世界政治经济体系

本章学习目标

通过对世界政治经济体系中的行为主体及相互关系的分析，把握国际风云变化的总纲，明确世界政治经济体系是观察和认识世界经济政治现象及其发展规律的基础和出发点。

本章重点难点

世界政治经济体系是一个大系统。这个体系以经济体系为基础，以军事为手段，以政治为集中表现。这一体系是由构成它的行为主体及相互关系组成的，并受它的内在的和外在的一些因素的影响，所以呈现出一种复杂多变的图景。国际政治体系是把握国际风云变幻的总纲，是观察和认识国际政治现象及其发展规律的基础和出发点。重点是国际社会的构成和特征，世界政治经济体系形成的条件和标志、发展变化的动因以及国际政治体系的特征及发展规律。

第一节　国际社会的构成和基本特征

一、国际社会的形成

所谓国际社会，就是在国际范围内各行为主体以一定物质生产活动为基础而相互联系起来的总体结构。这个结构，在空间上是全球性的，在内容上是错综复杂的，也是多层次的。

20 世纪的人类是一个政治化的人类。政治化的人类至少意味着这样三个前提：第一，整个人类的生存与命运日益与政治相结合；第二，整个人类的政治活动日益成为一个紧密相关的体系；第三，整个人类面临的各类问题成为政治问题。当代意义上的国际社会是以人类政治发展的第二次飞跃、以政治的人类化为前提的。这种“政治的人类化”过程，就是国际社会形成的过程。

国际社会的形成是人类发展到近代以来的产物，近代资本主义经济政治的发展，交通发达，国际贸易的频繁，使各国之间加强了联系，从而逐渐地形成了国际社会。

国际社会形成有三个条件：

第一，以经济的密切往来为纽带，世界贸易兴起，人类共同体既对立，又相互依存。

第二，以主权国家的形成为标志，出现殖民战争，国家间既对立，又统一。

第三，以主角国家的共识为准则，经过协调和斗争，有了建立某种“秩序”的愿望和行动，这种秩序既有序，又无序。

二、国际社会的构成

国际社会的成员构成大体有三类：第一类是主权国家：主权国家是当代国际社会的基本成员，在国际舞台上最为活跃，最有影响。主权国家的构成要素有人口、领土、政权和主权，只有具有这四个要素才能成为主权国家，享有国际法确认的权利和义务。

国家主权包括：独立权、平等权、自卫权和管辖权，这些权利是主权国家在国际中享有的基本权利。

独立权，指国家拥有按照自己的意志处理内政、外交事务而不受他国控制和干涉的权利。

平等权，指国家不论大小、强弱，也不论政治、经济、意识形态和社会制度有何差异，在国际法上的地位是一律平等的。

自卫权，指国家保卫自己的生存、独立和发展的权利。

管辖权，指国家对其领域内的一切人、事物具有管理的权利。

国家利益是国家全部对外活动的出发点和归宿，也是理解和观察国际问题的“路标”。国际的一切活动是围绕着国家利益，围绕着国家的生存和发展展开的，国家利益是一个国家维护和创造本国全体居民共同生存和发展所必需的物质方面和精神方面诸因素的综合。

第二类是主权国家联盟：就是以主权国家所组成的联盟，这一联盟的基础是主权国家，联盟的意识和动机是为了某种共同的利益，这一利益是单个国家所无能为力的。它所形成的决议，是“民主基础”上的一种“联盟意志”，既对其成员国有约束力，也对国际社会有影响力。

根据《国际组织年鉴》的统计，现在全世界各类国际组织共有 21 764 个，其中属于主权国家联盟的有 3 569 个，非主权国家联盟的有 18 195 个，在这些国际组织中，惟有联合国的规模最广，作用最大，影响力最强大。联合国宪章明确地规定了联合国的宗旨：维护国际和平与安全以民族平等权利及自决原则的友好关系进行国际合作，以解决国际间属于经济、社会、文化及人类福利性质的国际问题；作为协调各国活动的机构。简言之，就是维护国际和平与安全，促进国际合作与发展。

第三类是非主权国家联盟：就是指不是以主权国家的名义，也不是以主权国家政府的名义所组成的一种联盟。非主权国家联盟类的组织是很多的，也是多种多样的，有政治的、政党的、宗教的、经济的、文教卫生的等等。其中影响较大的组织有：

社会党国际；世界基督教协进会；世界穆斯林大会；跨国公司等。

三、国际社会的基本内容和特征

国际社会一经形成，就具有自己的内容。如果从内容上来划分，它可以分为国际经济体系和国际政治体系；如果从性质上来划分，它可以划分为世界资本主义体系和世界社会主义体系；如果从政治与经济相结合的角度来划分，它可以分为发达资本主义国家、社会主义国家和发展中民族主义国家。一个地球、两种制度、三类国家、五大矛盾是国际社会的新概括，它体现了国际社会的新内容。

它具有系统性的特征：国际社会是一个整体，是一个总系统，它的上下左右都由纵横交错的子系统组成。

矛盾性的特征：国际社会中各系统，既相互联系，又相互冲突，呈现出一系列对立统一关系。

无序性的特征：由于国际社会行为主体众多，利益各不相同，没有统一的政权，矛盾冲突时有发生，从而呈现出一片无序的状态。冲突过后，力量重新分化组合，逐渐确立一系列公认的准则和调控机制。从而在各力量集团内部和外部就出现了暂时的有序状态。这种无序—有序—再无序—再有序的循环往复，就是国际社会不断发展变化的逻辑。

第二节　世界政治经济体系的形成和发展

一、世界政治经济体系

所谓世界政治经济体系，是指国际范围内各行为主体之间在政治经济关系方面相互联系、相互作用而形成的既矛盾又统一的有机整体。它具体表现为各行为主体在要求权力与财富，实行侵略与反抗、谋求和平与发展等政治经济活动中进行多层次、多形式的对抗与合作。

世界政治经济体系从范围上讲它具有国际性；从内容上讲具有矛盾性；从性质上讲具有阶级性。

国际社会与“体系”、“格局”、“秩序”的相互关系：

首先，世界政治经济体系是国际社会行为主体间相互政治经济作用而形成的既对立又统一的整体，它们既有联系又有区别。从联系上讲，国际社会是世界政治经济体系产生、存在、发展的基础、前提和条件，前者是母系统，后者是子系统；二者都由行为主体组成。从区别上讲，国际社会的内涵和外延都比世界政治经济体系宽广得多；前者侧重于讲空间，后者侧重于讲联系。

其次，世界政治格局寓于世界政治经济体系的母体之中，是国际社会各行为主体间相互政治作用而形成的一种结构。我们不妨作这样的比喻：把国际社会看作“天空”，把“体系”比作“星系”，把“格局”称为“星团”。“格局”与“体系”的关系，犹如“星团”与“星系”的关系。“星系”包含着“星团”，但又不等于“星团”。“天空”是通过“星系”和“星团”来显现和被认识的，不弄清“星系”和“星团”就难以了解“天空”。

最后，世界政治秩序则是世界政治格局中各行为主体在相互政治作用中按“共同”意愿达成的运行机制和运行规则。它以主角国家的对外战略目标为基础，是按主要大国的意志设计的。因此，它具有很强的主观性和大国控制世界的特色。它表示“星团”即“格局”的位置及其运行顺序和运行轨道，是对“格局”的理性认识和安排。

二、世界政治经济体系形成的条件和标志

第一，两次科技革命的成功。两次科技革命，极大地提高了社会生产力，促进了生产的社会化程度，创造了远远超过人类过去时代总和的物质财富。第一次科技革命主要的政治后果是把中世纪遗留下来的一切阶级都排挤到后面去了，社会日益分裂为两大对立的阶级：工业资产阶级和工业无产阶级。第二次科技革命的主要政治后果，它使世界民族关系简单化了，世界日益分裂为两大对立的民族：压迫民族和被压迫民族，从而为国际政治增添了新的内容。两次科技革命消除了民族壁垒，扩大了各国间的经济联系，使商品交换扩大到生产领域和金融领域。资产阶级扩大产品的销路，它们奔走于全球各地，到处落户，到处侵略，到处创业，到处建立联系。这样就打破了过去那种地方的和民族的自给自足和闭关自守状态，使一切国家的生产和消费都成为世界性的了。两次科技革命确立了垄断的地位，加速了领土的瓜分，为国际分工和世界市场的形成奠定了基础。

第二，垄断的产生和发展。垄断从殖民政策中成长起来。垄断资产阶段为了追求最大限度的利润，除了加紧剥削本国劳动人民外，还通过对“落后”国家使用军事的、政治的、经济的和文化的侵略手段，使其在不同程度上丧失独立和主权，成为资本主义强国所垄断的商品市场、原料产地和投资场所。资本输出的增加和对外国投资场所的争夺，又引起各国垄断集团对世界市场的瓜分。为了瓜分世界市场，各国垄断集团之间可以签订协约，于是，就出现了国际性的垄断同盟组织。垄断的程度日益加深，垄断的规模越来越大，必然走上瓜分世界这条获取超额利润的道路。从此资本输出取代商品输出成为垄断组织压迫和剥削全世界的坚实基础。

第三，殖民扩张的全球化。19 世纪末 20 世纪初，帝国主义大国为了夺取最大限度的垄断利润，加强推行殖民政策，最终把整个地球瓜分完毕。从此，世界开始区分为实行殖民主义的压迫民族和沦为殖民地半殖民地的被压迫民族，宣告了帝国主义殖

民体系的建立。

世界政治经济体系的形成是以国际分工的完成、世界市场和世界货币体系的出现、帝国主义殖民体系的建立为主要标志的。世界政治经济体系主要是由以国际分工为基础的世界资本主义生产体系，以不平等交换为基础的世界资本主义贸易体系，以垄断资本为基础的世界资本主义金融体系，以统治与被统治、剥削与被剥削为基础的世界帝国主义殖民体系综合形成的。它打破了民族壁垒，完全把世界联成一体。

国际分工是国内分工超越国界发展的结果，是国际贸易和经济联系的基础，它以面向世界为目标，以相互联系为前提。

世界市场的建立有一个过程，是从商品的国际化开始，进而到货币的国际化，资本的国际化。商品的国际化，就是各国的商品不能根据本国的商品价值进行国际交换,商品价值必须转化为商品的国际化价值,才能在世界市场上交换。货币的国际化，就是指由于世界贸易的发展，各国间商品贸易量的增加，货币发展成为世界货币。资本的国际化，就是世界货币转化为国际资本。国际资本加速了资本的积累和集中，促进了银行资本与工业资本相结合，形成了金融资本和国际资本的垄断组织。

世界市场同世界货币体系互为条件，密不可分。世界市场使货币发展为世界货币，形成世界货币体系；反过来，世界货币促进了世界市场的扩大和发展。

世界市场的基本特征就是它的统一性和扩张性。所谓统一性，就是在世界市场上，无论哪个国家的商品、货币、劳动力、资本以及科学技术都可以自由流动，并且在价格、利润和利息方面趋于统一；无论哪个国家的生产、交换、分配和消费等环节均被卷入世界资本主义的流通之中。所谓扩张性，就是指世界市场随着资本主义生产的不断发展而不断扩张。

帝国主义殖民体系是帝国主义统治、控制和掠夺殖民地半殖民地的总称，属于世界资本主义体系的一部分。在殖民地，帝国主义直接掌握国家权力，在政治、经济、军事、文化各方面实行全面的、直接的统治，使殖民地完全丧失独立性，在法律上处于从属地位。在半殖民地，政治形式上是独立的，实际上在财政、外交等方面的权力被帝国主义所把持，帝国主义通过扶植代理人，强迫签订奴役性条约，攫取种种特权，干涉内政外交，控制经济命脉，进行间接的统治。

总之，世界政治经济体系主要是由以国际分工为基础的世界资本主义生产体系，以不平等交换为基础的世界资本主义贸易体系，以垄断资本为基础的世界资本主义金融体系，以统治与被统治、剥削与被剥削为基础的世界帝国主义殖民体系综合形成的。它打破了民族壁垒，完全把世界联成一体；它创造了人类历史上空前的发达的生产力，开辟了人类社会物质文明的新时代；它加速了殖民扩张的进程，把赤裸裸的压迫和掠夺送往世界各个角落。所有这一切，都是世界政治经济体系建立的必不可少的条件。

三、世界政治经济体系的发展及其动因

世界政治经济体系的形成过程：

第一个时期，从19世纪末20世纪初到1917年的俄国十月革命，是纯粹统一的资本主义世界政治经济体系。

第二个时期，从1917年的十月革命到1945年第二次世界大战结束，是社会主义体系与资本主义体系并存和斗争的时期。

第三个时期，从第二次世界大战结束以来，是社会主义国家体系、发达资本主义国家体系和发展中的民族主义国家体系内部及其相互间既矛盾又统一的时期。

世界政治经济体系发展的动因是：

第一，新的科技革命的发展。它的基本特征是：(1) 发明到应用的周期短，迅速转变为直接的生产力，具有速效性。(2) 这次科学技术革命，不是个别理论和单项生产技术的突破，具有全面性。(3) 这次科技革命突破了技术发展中局限于人的体力的手足延长的“骨骼系统”，创立了发达的延伸人的智力的“神经系统”，具有智能性。

它对世界政治经济体系带来深刻的影响：一是新的技术革命改革了国际贸易的结构、内容和发展方向；二是进一步刺激发达国家和一部分发展中国家的资本输出；三是加剧了西方资本主义国家发展的不平衡性；四是加剧了东西方国家的战略竞争；五是促使发展中国家争取本国科技的现代化。

第二，社会主义国家的诞生和社会主义阵营的形成。第二次世界大战结束后，建立了众多的社会主义国家，社会主义国家在世界政治经济体系中的出现，打破了资本主义独占天下的格局，不仅为世界政治经济体系增添了新的力量，而且为世界政治经济体系朝着有利于人民方向的发展起到了推动作用。

第三，第三世界的崛起和壮大。第三世界的崛起是战后的头等大事，作为一支世界性的新兴力量，登上国际舞台，根本改变了国际政治力量对比，瓦解了殖民制度，打击了霸权主义和强权政治，加速了世界民族主义和社会主义因素的增长以及世界民主化的进程。

第四，垄断资本的自我调节。垄断具有两重性，既表现为腐朽性，又表现为进步性。二战后，由于实行凯恩斯主义，采取国家干预政策和社会福利政策，缓和了阶级矛盾，垄断资本主义国家的经济持续发展，经济的繁荣，一方面增加了垄断资本的调节能力，另一方面又增加了腐朽趋势。

世界政治经济体系中的“行为主体”构成了该体系的“骨骼”系统，世界政治经济体系中的“影响因素”构成了该体系的“神经”系统，或者叫“经络”系统。世界政治经济体系就是由这些系统构成的有机的统一体。归纳起来，影响世界政治的因素主要有科技、经济、军事、意识形态、地缘政治等等。这些因素，既可以成为推动世界政治发展的积极因素，也可以成为阻碍因素，在某种特定条件下，有的因素还可以成为引起世界政治经济急剧变化的决定因素。

第三节　世界政治经济体系的特征和发展规律

一、世界政治经济体系的基本特征

世界政治经济体系具有如下特征。

整体性：世界政治经济体系是一个整体，是不可分割的，它不是单个行为主体政治经济之和，也不是它们政治经济运动规律的简单延伸，而有着自己特殊的运动规律。整体性表现为各行为主体的意志和愿望相互冲突、相互制约而融合简化为一个总的平行四边形的“合力”，而不是单个行为主体之间构成的一种“单个力”。

联系性：世界政治经济体系内外部分都是相互联系的。这种联系性，既表现为相互并存和相互依赖，也表现为相互制约、相互渗透和相互转化。世界各国的相互依存既有合作式的，也有冲突式的；而且随着国际形势的变化，时而合作，时而冲突，时而二者兼而有之。这种合作与冲突就构成了世界政治经济体系的联系性。

不平等性：世界政治经济体系中各行为主体之间在政治地位上不是平等的。世界政治经济体系自形成以来就是不平等的，甚至是以不平等为前提的。它同帝国主义的殖民战争和争霸战争紧密相连。其实质就是统治与奴役、剥削与被剥削的关系。

运动性：世界政治经济体系并不是一成不变的，内部充满着矛盾和斗争，推动着世界政治经济体系的不断演变和发展。自世界政治经济体系形成以来，已经历了多次变化，第二次世界大战后，更使世界政治经济体系增添了新内容。今后，世界政治经济体系的演变还将继续下去，这种演变是绝对的、不可阻挡的，演变的方向必然是朝着有利于人类的文明与进步、世界的和平与发展的方向发展。

二、世界政治经济体系的发展规律

世界政治经济体系演变的规律性结论：

第一，世界政治经济体系的演进道路是曲折的。世界政治经济体系的演变使国际社会的主权国家不断增多，世界从“一球一制”变为一球两制。世界政治经济体系的演变，给国际社会带来了较为稳固的和平与安宁，带来了新的生机，国际专制势力的强权政治，正在走向按世界人民意志处理国际事务的民主政治。

第二，世界政治经济体系的演进端面是多层次的。世界政治经济体系的演变不是孤军独进，而是多“军团”多层次共进的。因为国际社会中各行为主体是按照各自的意志独自行事的，不可能有统一的行动和道路。反对战争，维护和平，在国际社会树立了一面鲜艳的大旗，使国际社会中不分种族、民族、阶级、集团、国家等一切进步力量，聚集在这面旗帜下，形成了世界政治经济体系中的主旋律。世界政治经济体系的演变表明，世界是多样化的，它的运行是多层次的。

第三，世界政治经济体系的演进方式是多模式的。世界政治经济体系的演变没有一个固定不变的模式，而是多种模式互换的。世界政治经济体系的演进离不开战争与革命这一模式，但不是绝对的。随着国际社会基本矛盾的发展变化，随着科学技术的进步，随着世界人们争议民主意识的提高，战争与革命主题就必然地逐渐地为和平与发展的主题所取代，改革正在成为国际社会不可抗拒的潮流，和平为上，发展为要，对话合作为先的世界政治经济新模式正在为所有进步力量所倡导所遵循。

思考题

1.国际社会的内容和特征是什么？

答案参考要点：一个地球、两种制度、三类国家、五大矛盾是国际社会的新概括，它体现了国际社会的新内容。国际社会具有系统性、矛盾性、无序性等特征。

2.世界政治经济体系形成发展的动因是什么？

答案参考要点：第一，新的科技革命的发展；

第二，社会主义国家的诞生和社会主义阵营的形成；

第三，第三世界的崛起和壮大；

第四，垄断资本的自我调节。

3.世界政治经济体系形成的条件和标志是什么？

答案参考要点：第一，两次科技革命的成功；

第二，垄断的产生和发展；

第三，殖民扩张的全球化。

其形成是以国际分工的完成，世界市场和世界货币体系的出现，帝国主义殖民体系的建立为主要标志。

4.简述世界政治经济体系形成和发展的历程。

答案参考要点：第一个时期，从 19 世纪末 20 世纪初到 1917 年的俄国十月革命，是纯粹统一的资本主义世界政治经济体系；第二个时期，从 1917 年的十月革命到 1945 年第二次世界大战结束，是社会主义体系与资本主义体系并存和斗争的时期；第三个时期，从第二次世界大战结束以来，是社会主义国家体系、发达资本主义国家体系和发展中的民族主义国家体系内部及其相互间既矛盾又统一的时期。

5.世界政治经济体系有哪些基本特征？

答案参考要点：世界政治经济体系具有整体性、联系性、不平等性、运动性等特征。

6.怎样认识世界政治经济体系的发展规律？

答案参考要点：第一，世界政治经济体系的演进道路是曲折的；

第二，世界政治经济体系的演进端面是多层次的；

第三，世界政治经济体系的演进方式是多模式的。

第二章

当代世界经济格局及其演变

本章学习目标

了解世界经济格局的涵义及其演变规律，认清当前世界经济格局中美欧日优势地位，明确世界经济一体化和地区经济集团化的发展趋势，把握经济全球化为经济发展带来了机遇和挑战，抓住机遇，趋利避害，通过对外开放加快发展。

本章重点难点

世界经济是社会生产力发展到一定历史阶段的产物。它是世界各国和地区在经济相互联系中所形成的一定的国际生产关系的统一体，是在世界市场与国际分工的基础上形成的世界范围的国际生产力、生产关系及与其相适应的国际交换关系。当今世界经济是一个市场、两种制度、三类国家、多种集团的多极化格局的世界经济体系。战后世界经济格局的演变主要经历了三个阶段，几个主要世界经济组织发挥了重要作用。当今世界，振兴经济、发展经济已成为时代的主旋律，经济在国际社会中的地位和作用更加突出，世界经济体系的基本结构决定了世界主要政治力量的构成和变化。因此，研究当今世界经济的演变及其规律性，了解各国经济的相互依赖关系，有助于从更深层次把握当前世界格局的走向。

第一节　战后初期两大经济集团的形成与对立

世界经济是指国际关系行为主体在世界经济领域中相互关系的总和，是世界范围内的各国经济通过某些方式和渠道，在国际分工、国际交换、资本国际流动、国际市场的基础上有机结合而形成的相互联系和相互依存的经济整体。世界经济的本质是包括生产关系和生产力在内的生产方式，因此说，世界经济也就是世界范围内生产方式的总体。当代世界经济是一个市场、两种制度、三类国家、多种集团的多极化格局的世界经济体系。

世界经济是国际社会生产力发展的必然结果，是资本主义生产方式的产物。世界经济是随着社会生产力的发展而产生，随着资本主义生产方式在全世界的确立而形成，随着国际社会生产力的不断发展而发展的。世界经济作为一个统一的历史的客观的经济整体，有其形成和发展的历史过程，有其自身的特殊矛盾和特殊运动规律。世界经济从萌芽到形成到发展变化大致经历了三个时期：第一个时期从16世纪中叶地理大发现和世界市场的初步形成到18世纪中叶西欧开始产业革命，是资本主义手工业的盛行时期，也是世界经济的萌芽时期；第二个时期从18世纪中叶英国产业革命开始到20世纪初的第一次世界大战，随着生产和资本的国际化，各国、各地区之间的经济联系变得更加紧密和固定，把所有民族的经济生活都纳入到了资本主义的国际分工和国际交换体系之中，从而形成了全世界资本主义占统治地位的、统一的、无所不包的世界经济体系；第三个时期从第一次世界大战，特别是俄国十月社会主义革命的胜利，出现了新的社会主义经济体系，到第二次世界大战结束以后，两个对立经济体系的形成和世界经济由国际化向全球化发展，世界经济融合为一个相互依赖、密不可分的统一整体，形成了战后世界经济的新格局。20世纪70年代后，世界经济的各种力量剧烈变动，布雷顿森林体系瓦解，美国经济霸主的地位逐步丧失，世界经济转向了多极化。

一、世界经济格局的形成与变化动因

所谓世界经济格局，是指一定历史时期内世界各国或国家集团在世界经济领域中相互作用而形成的一种结构与态势。其核心内容，是大国或国家集团之间的经济力量对比关系和支配世界经济的权力分配状况。它是世界经济领域内各种力量要素在一定的历史时期相互作用而形成的既相对稳定，又不断变化的结构和状态。它体现的是各种力量要素的经济实力及在此基础上它们在国际金融、国际贸易、世界市场等世界经济总体中所处的地位、作用和相互关系。构成世界经济格局的基本单位，可以是国家，也可以是国家集团和跨国公司等。这些基本单位出于自身利益考虑，在世界经济领域中相互竞争、相互制约又相互依存，构成了世界经济格局的内在矛盾运动，成为推动世界经济格局不断变化和发展的主要动力。

世界经济格局是一个多层次、多视角的综合体。在某一阶段的世界经济格局中，围绕着中心力量的是许多较弱的经济力量。而充当世界经济格局主角的或处于中心地位的则是具有强大的经济力、科技力和资源力，具有较强的国际竞争力，具有对世界经济剧变事件进行调整和适应能力的一个或多个经济大国。决定世界经济格局的主要基础，是各个国家社会生产力的状况和水平。战后初期，美国以其强大的经济实力，确立了它独霸世界经济领域的世界经济格局。

不同的世界经济格局，是由于各经济大国之间的相对经济实力、相互关系以及他们对世界市场占有情况的变化而形成的。贯穿其中并作为其基础的是大国经济实力对比的变化。这种变化就是经济发展不平衡规律作用的结果。一些相对处于劣势的国家以“跃进式”方式在短时间内进入先进国家行列，从而引起世界经济格局的变化。

二、美国世界经济霸主地位的确立与资本主义经济体系的形成

第二次世界大战给欧洲发达的资本主义国家及社会主义苏联的经济带来了极大灾难。二战结束后，德国、意大利、日本这些战败国几乎变成了一片废墟，战胜国中的英国和法国也是遍体鳞伤，欧洲作为一个整体，国民生产总值下降了大约25%。而美国正相反，其经济在战争中得到迅速发展，国民生产总值增长了50%以上，在全世界工业总产量中，欧洲工业产量仅占世界的26%，美国一国就占到44.7%，美国以其强大的实力，确立了它在工业生产上的绝对优势和国际贸易、金融方面的统治地位。1948年，美国的出口贸易额占资本主义世界的32.5%，黄金外汇储备的74.6%；在资本输出方面，美国是世界上最大的资本输出国；在科技方面，美国几乎垄断了当时世界上所有的新科技领域。

战后美国急剧膨胀起来的社会生产力迫切需要国际市场来吸收，不然的话，随着战争的结束，美国政府开支的减少，战后经济萧条将随之到来。美国为了保持它在战后经济领域中的优势地位和由其控制下的世界经济秩序，迫切需要建立全球性的金融、自由贸易和国际经济组织。为此，它采取了如下步骤和措施：

第一，建立以美元为中心的国际货币体系。早在第二次世界大战结束前夕，为了建立新的“国际货币秩序”夺取国际金融领域的领导权，在美国的积极倡导下，1944年7月在美国新罕布什尔州的布雷顿森林召开了有44个国家参加的国际货币金融会议。会议通过了《联合国货币金融会议的最后决议书》，以及《国际货币基金协定》和《国际复兴开发银行协定》两个附件。这三个文件总称为《布雷顿森林协议》。国际货币金融协定的签订，建立了一个以美元为中心的资本主义国际货币金融体系，确立了美元的霸主地位。

第二，成立关税及贸易总协定。二战结束以后，美国为了抢占世界市场，极力主张国际贸易自由化。在它的倡导和筹组下，1947年由23个国家参加，在日内瓦会议上签订了《关税及贸易总协定》。《关税及贸易总协定》规定：成员国之间实行自由、无差别的贸易原则；在其主持下组织多边贸易谈判；拆除贸易壁垒，取消进出口限制，逐步地削减关税。该《协定》的签定，对战后世界贸易的规范与发展，推动各国经济增长起到了一定的促进作用，尤其是为美国的商品输出创造了极为有利的条件。

第三，实施马歇尔计划。美国为了称霸世界，需要一个统一的强有力的西欧做盟友，为了其经济的繁荣，也需要一个广阔的自由欧洲市场。基于这一需要，1947年6月5日，美国国务卿马歇尔提出了《欧洲复兴方案》，人称“马歇尔计划”。该方案的主要内容是：美国拨款100多亿美元来援助西欧各国复兴战后的经济，但受援国必须购买一定数量的美国货，撤除关税壁垒，取消或放松外汇限制；接受美国对使用援助的监督，把本国和殖民地出产的战略物质供给美国；设立由美国支配的“对等基金”；保障美国私人投资和开发的权利；削减同社会主义国家的贸易，实施美国所要求的财政政策，把进步力量排挤出政府等等。从1948年到1952年，美国

以赠款和贷款的方式向西欧17个国家提供了总额为130多亿美元的援助，使大量美国资本和商品打入欧洲市场，加强了对西欧国家的政治和经济控制，把西欧纳入了美国对苏联冷战的战略轨道。

第四，实施两个"安全网"。美国之所以能够建立和维持对西方世界的经济霸权，西方国家之所以愿意认可和接受美国的经济霸权，是因为美国凭借其经济、科技和军事实力的绝对优势，能给西方国家建立和维持"经济安全网"和"军事安全网"。所谓"经济安全网"，其核心内容是美国向西方国家提供稳定的美元和自由汇兑制度，开放的市场和自由贸易制度以及廉价的石油稳定供给制度。所谓"军事安全网"，其核心内容是美国和西方国家通过各种多边或双边的共同军事安全条约体系，美国向西欧国家和日本提供核保护伞，增加了西方国家的军事安全感。

第五，建立世界银行组织。为了保证国际收支和货币汇率的相对稳定，促进国际贸易的发展，由美国牵头，于1945年12月27日成立了《国际复兴开发银行》(即世界银行)。世界银行通过组织和发放长期贷款来解决一部分会员国经济发展对资金的需求。世界银行建立的初期，它发放贷款的对象主要是西欧国家，之后，它把贷款的对象开始转向亚洲、非洲、拉丁美洲的发展中国家。由于世界银行发放的贷款利息较低，条件也较优惠，客观上对发展中国家解决资金困难是有利的，但美国也通过世界银行的这一作用，加强了对不发达国家的经济控制。

美国通过上述步骤、措施以及在其倡导下成立的并受其控制的战后国际货币体系及三大支柱，标志着战后初期世界经济格局的形成。

美国经济霸主地位确立的主要表现是：

第一，在国际金融领域建立了以美元为中心的国际货币体制。"布雷顿森林协定"确定美元与黄金本位制双挂钩：一是美元与黄金直接挂钩，确认一盎司黄金等于35美元；二是其他各国货币与美元保持固定比价，建立固定汇率关系。

第二，在国际贸易领域积极推行贸易自由化。1947年日内瓦会议签定的《关税及贸易总协定》规定实行自由、无差别的原则，为战后美国对外经济扩张提供了便利，推动了国际贸易和世界经济的发展。

第三，推行一系列"援助计划"加强对世界各地区的控制。这种控制主要有：一是实施马歇尔计划，加强对西欧的控制和渗透；二是实施"道奇路线"，扶持日本；三是实施"第四点计划"，对亚非拉国家进行经济政治渗透。

第四，对社会主义国家全面封锁，遏制社会主义国家的发展。1949年11月，美国操纵英、法、意等15个西方国家成立了"巴黎统筹委员会"，严格控制向社会主义国家的出口，导致了东西方经济关系的隔绝。

第五，大力发展新科学技术，保持在科技领域中的领先地位。美国作为第三次科技革命的发源地，战后初期几乎独占了所有科技新领域，垄断了核技术和电子技术，凭借在科技领域的优势，得以在世界经济体系中维持其霸权地位。

美国凭借自己的经济科技优势，领导建立了以自由贸易和自由兑换为主要内容的资本主义经济体制，其形成的标志是：国际货币基金组织、世界银行的建立，关贸总协定的签署。

三、社会主义经济体系的形成及两大经济集团的对峙与实质

二战后，一些欧亚国家相继建立了社会主义经济制度，他们互相支持，相互合作，从而在国际经济关系中出现了一种新型的、前所未有的社会主义经济体系。

社会主义经济体系是建立在高度集中的计划经济体制之上的，所有制形式单一，生产力相对落后，经济贸易不发达，与西方国家的经济几乎没有往来，并对苏联经济有着严重的依赖性。面对以美国为首的西方国家的经济封锁，苏联采取了相应措施，加强社会主义国家的经济联系。

社会主义经济体系形成主要表现在：

第一，提出两个平行世界市场理论，加强社会主义国家的经济合作与交往。两个平行世界市场的理论，是斯大林根据社会主义国家在西方国家的封锁、禁运下无法正常参与国际市场交往的情况下，求得自身的生存和发展而被迫提出的经济理论。

按照这一理论所进行的集体自力更生的努力，有效地抵制了资本主义国家的经济封锁与禁运，促进了社会主义国家的经济发展。随着东西方关系的缓和，这一理论又暴露出其理论上和实践中的缺点。

第二，成立和扩展“经济互助委员会”。1949 年 1 月建立的“经互会”的宗旨是：苏联与各成员国间进行广泛的经济合作，以抵制西方国家的经济封锁与禁运，加快成员国的经济发展。这是战后最早出现的地区经济集团，也是战后初期世界经济格局的一个重要方面。

第三，积极推进与不同社会制度国家间的经济交流与联系。苏联、东欧、中国以和平共处五项原则为基础，改善了与周边不同社会制度国家的经济政治关系，对西方遏制政策以沉重打击。

两大经济集团在经济上的对峙主要集中在经济“封锁”与“反封锁”的斗争上，实质是社会主义经济制度与资本主义经济制度、社会主义经济集团与资本主义经济集团之间的抗争。

第二节 世界经济格局的演变

一、20 世纪 70 年代后世界经济格局中的多极化趋势

1.资本主义世界三大经济中心的形成。

一般说来，一定阶段的世界经济格局一经形成就具有相对稳定性。但相对稳定并不是一成不变的。随着格局内各种力量要素之间的矛盾运动和实力关系的消长变化，必然会打破原有的力量对比关系的平衡状态，出现根本性的变化，导致原有框架的突破。这样原有的世界经济格局就不得不让位给反映新的力量对比关系的世界经济新格局。

从战后初期到20世纪80年代末，发达资本主义国家的经济经历了三个时期：即1945年到1950年的经济恢复和调整时期；1950年到1973年的经济高速发展时期；1974年到20世纪80年代末的“滞胀”或低速增长时期。战后45年，也是发达资本主义国家经济处于追赶性竞争的年代，由于各种因素的作用，美国经济地位相对衰落，西欧和日本经济经过战后的恢复获得了迅速发展,形成了美国、欧共体和日本三足鼎立的多极化的世界经济格局。

战后初期，美国是世界上惟一的超级经济强国，它凭借其政治、经济、科技的绝对优势，通过建立以美元为中心的世界货币体系，构筑起它在资本主义体系乃至世界范围内的经济霸主地位。但是，这种局面是不可能永久维持下去的，随着战后各国经济力量的增长变化，美国独霸世界经济领域的局面必然被打破，使战后初期一极世界经济格局向着多极化的方向发展演变。

从战后到20世纪70年代初近30年的时间里，世界经济迅速从战争的废墟中恢复过来，跨步进入高速发展阶段。

社会主义的苏联打破了西方国家的封锁禁运，迅速发展了国民经济，率先冲破了美国在世界经济中的垄断地位。战后初期，苏联为了维护国家主权的独立和社会主义制度，拒绝了美国的援助，它通过实施第四个五年计划（1946—1950年），迅速医治了战争创伤，完成了国民经济的恢复任务，工农业总产值比战前增长了70%多。从1951年到1970年，苏联经济获得了高速发展。据统计，1960年，苏联的国民收入只相当于美国的58%，而到1970年则上升到65%；工业总产值1960年只相当于美国的65%，而到1970年则上升到80%。1960年苏联已有十几种工业品产量超过美国，到20世纪70年代，苏联的钢铁、石油、水泥、化肥等20多种主要工业品产量超过美国而居世界首位。20世纪60年代末，苏联已成为仅次于美国的世界第二经济大国，为苏联同美国进行全面对抗提供了坚实的物质基础。

西欧各国的经济得到了恢复和发展，成为世界经济中一个重要的力量中心。从战后到20世纪50年代，基本上是世界经济的恢复时期，西欧各国在美国的援助下，国民经济得到了迅速恢复和发展，到1950年，西欧各国的经济已经恢复甚至超过了战前的水平。之后，西欧各国为了求得自身经济的发展，法国、西德、意大利、比利时、荷兰、卢森堡六个欧洲国家于1958年1月组建了欧洲经济共同体。欧共体组建之初，其经济实力与美国差距很大，它还不是美国的竞争对手。1972年1月，英国、爱尔兰和丹麦加入欧共体，使欧共体经济实力得到迅速增强。1973年，美国、苏联、欧共体的人口分别为2.1亿、2.5亿和2.57亿，国民生产总值分别为1.31万亿、0.68万亿和1.07万亿美元，出口贸易额依次为702亿、215亿和2100亿美元。

欧共体经济实力的增强，使它开始成为世界经济中的一个重要的力量中心，世界经济格局的基本框架开始向多极化转变。

西欧成为世界经济格局中的重要一极。1950年到1970年间，西欧各国经济经过战后初期的恢复和调整获得了迅速发展，出现了长达20年之久的经济大发展的

“黄金时期”。据统计，这一时期西欧各国的国民生产总值年均增长率为 5.5%，人均国民生产总值增长率为 4.4%，工业生产增长率为 7.1%，大大超过了同期世界平均的增长速度。1958 年西欧六国组建欧共体后，大大增强了同美国、日本的竞争实力，到 1975 年，欧共体的工业总产值，出口贸易额分别占资本主义世界的 32.7%和 47.37%。1979 年，欧共体的国民生产总值达到了 23 800 亿美元，首次超过了美国，出口贸易额达 5 711 亿美元，是同期美国出口额 1 786 亿美元的 3 倍多，居世界第一位。西欧经济的巨大增长，使它能够在经济上与美国平起平坐，成为世界经济格局中举足轻重的一极。

日本经济的崛起和快速增长，使它成为世界经济中又一个重要的力量中心。

战后日本经济迅速崛起，发展速度大大高于其他资本主义国家，成为当代世界经济格局中一个重要的力量中心。1956 年至 1973 年的 18 年间，日本经济年均增长率为 9.7%，其中 1966 年到 1970 年的 5 年中，年均增长率竟高达 11.6%。20 世纪 70 年代末，日本的国民生产总值等于英、法两国的总和，是美国的一半以上，但按人均计算，已与美国不相上下。20 世纪 80 年代后半期，日本在赶超美国方面又有新进展。到 1989 年，日本人均国民生产总值已超过美国的 10%左右，国际储备是美国的 2.63 倍。这时日本已成为仅次于美国的资本主义世界第二经济大国。

20 世纪 70 年代以后，美国经济发展速度虽明显放慢，但它仍是世界上最强的经济大国。据统计，美国在资本主义世界工业生产总值中所占的比重，1948 年为 56.4%，1970 年下降到 37.8%；美国在世界出口贸易额中所占的比重，1948 年为 32%，1970 年下降到 15.2%；1948 年美国的黄金储备占资本主义世界的 74.6%，1977 年下降到 36%。1971 年 3 月 15 日，美国政府宣布停止以美元兑换黄金。1971 年和 1973 年美国两次宣布美元贬值，以美元为中心的固定汇率制终告垮台，出现了浮动汇率制，马克和日元成为国际货币。这标志着美国经济霸权地位的衰落。20 世纪 80 年代，美国在科技、金融、市场三方面的优势发生了极为不利的变化：丧失了在高技术领域的优势，金融实力从世界最大的债权国变成了世界最大的债务国，工业制成品特别是高科技产品市场份额迅速减少。美国的衰落和日本的兴盛是互为条件的，美国之所失正是日本之所得。在科技竞争中，日本在 22 项超先进技术中有 16 项处在世界领先地位，日本已成为世界最大债权国，国际收支在 20 世纪 80 年代一直保持巨额的顺差。尽管如此，美国在经济实力、国民生产总值以及高新技术等方面仍然处于世界第一位。1987 年，美国的国民生产总值为 44 361 亿美元，欧共体为 37 820 亿美元，原苏联为 27 750 亿美元，日本为 16 077 亿美元；人均国民生产总值，美国为 18 200 美元，日本为 13 180 美元，欧共体为 11 690 美元，原苏联为 8 360 美元；对外贸易额，美国为 6 745 亿美元，欧共体为 18 906 亿美元，日本为 3 820 亿美元，原苏联为 2 037 亿美元。在科技领域美国仍处于领先地位。以上事实说明，美国仍然是世界上经济最强大的国家，对世界经济的发展仍起着至关重要的作用。

欧洲 12 国的联合和日本经济的崛起，从根本上改变了世界经济格局的主体框架，世界经济格局经过近半个世纪的发展与变化，进入了多极格局的新时期。纵观战后世界经济格局的发展演变，贯穿其中的基础是大国经济实力对比关系的变化，由此引发出各经济大国之间的相对地位、相互关系以及它们对世界市场的重新瓜分情况的变化。

经过20世纪70~80年代世界各国经济的发展变化，尤其是美、日、欧力量趋于均衡，世界经济格局多极化终于形成。

2.新兴工业化国家的出现。

广大发展中国家从第二次世界大战结束到20世纪70年代末，由于争取政治经济独立和发展经济的初步胜利，经济实力有所增强。1950—1980年，发展中国家实际国民生产总值每年平均增长5.2%，不仅高于历史上任何时期，而且明显高于西方发达国家同一时期的增长速度（4.7%）。在这个时期，在拉丁美洲和亚洲出现了一些新兴工业国，形成了一支新兴的经济力量。

新兴工业国概念，是说明发展中国家一些国家和地区工业化已取得重大的发展，但与老牌资本主义国家的工业化不同，处于发展中国家与发达国家之间的过渡阶段。新兴工业国的标准是：人均国民生产总值达1 500美元，制造业在国民生产总值中占25%，制造业吸收占总就业劳动力的25%以上。新加坡、南朝鲜、台湾、香港人称“亚洲四小龙”，在20世纪60年代，就是抓住发达国家经济调整的机遇，将经济发展战略由“进口替代”转为“出口导向”，积极吸收发达国家资金、技术、生产出的工业制成品销往发达国家，促进了经济的发展。1989年人均国民生产总值，新加坡和香港均超过1万美元，台湾7 400美元，南朝鲜4 968美元。20世纪80年代，东亚地区发展中国家继续保持经济增长的势头，但大多数发展中国家经济状况发生了逆转，曾经艰苦赢得的一些经济成就逐渐丧失。虽然发展中国家在世界经济发展中总体上依附于西方发达国家，但是，由于新兴工业化国家的出现，使发展中国家在世界经济中的地位明显上升。特别是“亚洲四小龙”通过经济发展战略的及时调整和转变，用20至30年的时间，从落后的农业社会或转口贸易港发展为新兴工业国家和地区；从依靠美国援助发展到有能力向外输出资本；从低收入国家跃居中高收入国家；从高度失业到全民就业；从恶性通货膨胀变为经济快速而稳定增长；从进口替代迈向出口导向的国家和地区。“亚洲四小龙”30年间年平均经济增长率为8%~9%。“四小龙”的经济发展模式成为一种令世界瞩目的市场经济模式。

3.原苏联经济实力的起伏变化。

在20世纪50年代，苏联确定了在20年的时间内，要使自己的产品产量按人均达到或超过美国的水平，在战略武器上取得对美国的优势，从而达到对美国的全面优势的发展战略目标。为达到这一目标，苏联政府采取一系列措施，力争保持国民经济的高速发展。1959至1965年的7年中，工业总产值年均增长9.1%。1955年苏联的工业产值仅为美国的35%，到1970年工业产值已达美国的80%。

进入20世纪60年代后，苏联对经济体制和经济政策进行了一定程度的改革。特别是勃列日涅夫执政后，苏联政府在继续优先发展重工业的同时，注意加强农业、消费品工业的发展和不断提高人民生活水平；对管理体制以及计划工作进行了一定程度的调整；较多地强调效率和质量，提倡科技进步，主张集约化发展经济。因而1965—1980年的三个五年计划期间，苏联国民收入年均增长5.9%，工业总产值年均增长6.8%，农业总产值年均增长2.4%。其总体发展速度仍然高于发达国家和发展中国家。但是，由于苏联经济结构的不合理，过分强调优先发展重工业，经济管理体制上高度集权化和行政化，经济增长方式主要是依靠以追加投资、新增项目和增加劳动力投入等为主的粗放型增长方式，加上与美国进行大规模军备竞赛等因素，制约了苏联经济的发展。从70年代开始，苏联国民经济的发展速度明显下降，从而使苏联在世界经济多极化过程中走向弱势，并为苏联的解体埋下祸根。

造成苏联经济发展缓慢的原因是多方面的，主要是：苏联高度集中和僵化的发展模式不能适应经济发展的要求，科学技术革命没有受到重视，社会劳动生产率没有达到理应赶上西方发达资本主义国家的高度；苏联长期以两个平行世界市场理论为指导，关起门来搞建设，而客观上并不存在两个平行的世界市场，不开放给本国经济带来了很大的损害；苏联长期奉行霸权主义，扩军备战，到处伸手，耗费了巨额资金，给经济造成了难以承受的沉重负担，引发经济危机，在世界经济竞争中打了败仗。

二、世界经济一体化和地区经济集团化的新趋势

1.新科技革命的推动。

经济的第一贡献力来自科技进步，在科技进步普遍物化为多种高附加值商品的社会中，综合国力的竞争实质上就是科学技术的竞争，科技水平已成为衡量一个国家综合国力的重要指标。

战后的科技革命是以原子能的利用、电子计算机和空间技术的发展为主要标志的。它的基本特征是：发明到应用的时间距离短，科技成果迅速转化为直接的生产力，所有科学与技术领域发生深刻的变革。新科技革命提高了劳动生产率，加深了各国生产的国际化，扩大了各国经济联系的规模与范围，更新了国际分工的内容，加强了世界市场的作用，促进了各国间经济的相互依赖，导致地区经济集团的建立和壮大，加速了世界经济一体化，加剧了各国经济发展的不平衡，扩大了相互间的差距。新科学技术革命和科学技术一体化对国际关系的影响，造成了多极科技发展实体，与此相适应形成了多极化的世界政治经济格局。新科学技术革命和科学技术一体化，使整个世界变小，变得透明，为国际联系和交流提供了新手段。

2.世界经济一体化的趋势。

所谓世界经济一体化是指国家之间通过设立一套机构，在经济方面打破国界，实行不同程度的合作与调节，这种合作与调节使各国在生产、流通、分配等领域向着结成一体的方向演变。

世界经济一体化是一个国家、一个民族的经济关系跨越自身疆界的显著变化，是生产力要求越出自身疆界的产物。世界经济一体化最明显地表现在国际投资、国际贸

易、国际货币和跨国公司等领域的发展上，而各国之间的矛盾磨擦贯穿其始终。

国际投资迅速增长，带来了资本国际化。资本主义世界对外直接投资增长，超过主要资本主义国家所有经济活动指标的增长速度。

国际贸易已成为各国经济发展中不可缺少的组成部分，已成为国际交往中最活跃的组成部分，资本主义进出口贸易的增长比生产的增长速度高得多，这是国际经济关系中的一个基本特征。

国际货币中，美元、马克、日元已成为世界上最强劲的国际货币。目前，国际金融交易活动规模迅速扩大，仅外汇交易额年达 35 万亿美元，是全世界货物和劳务贸易的 12 倍。

跨国公司是世界范围内商品生产和商品交换的主体，它通过对外直接投资在国外建立分支机构并由此形成超国家的生产和销售网络。跨国公司是当代国际经济生活国际化的主要承担者和体现者，跨国公司的活动涉及世界经济生活的一切领域。从而把经济领域的一体化提高到前所未有的水平。

3.地区经济集团化的新特点。

区域经济集团，是由地域上相邻或相近的一些国家组成，是由一些社会经济制度、生产力和经济社会发展水平大致相近的国家，在一定的共同利益的基础上为了实现经济的互补互惠，而由国家政府出面协商，或通过签订正式协定及条约而建立起来的区域性集团组织。区域经济集团化是当代世界经济发展的基本趋势。它的出现不是一些国家或地区为解决临时困难，或应付经济矛盾与摩擦的权宜之计，也不是为寻求经济的一时发展与提高竞争力的一种应急性的对策与措施，而是社会生产与经济生活国际化发展到一定阶段和程度的产物。

20 世纪 80 年代中期以来，随着科技革命的纵深发展，生产国际化、经济全球化、贸易自由化趋势日益明显，世界各经济力量中心出于自身利益的考虑，加强了与周边国家之间的经济联系，组建区域经济集团，以此作为提高自己在世界经济中地位和竞争实力的手段。世界经济格局经过 20 世纪 80 年代末 90 年代初大的震荡与改组，出现了以美、日、欧三大中心组建的区域经济集团。即以欧共体为核心的欧洲区域集团、北美自由贸易区和亚太地区经济合作组织。

第一，以欧共体为核心的欧洲区域集团的形成与发展趋势。欧共体为了增强其在世界经济中的地位和竞争实力，1985 年提出了建立欧洲统一大市场的设想，即建立一个没有内部边界、实行商品、劳务、人员和资本自由流动的欧洲统一大市场。这一设想在 1993 年开始启动实施。同年 11 月，根据《马斯特里赫特条约》又成立了欧洲联盟。1994 年 1 月，欧盟同欧洲自由贸易联盟的五个国家成立了欧洲经济区。它的成立把欧洲 17 个国家的经济和市场连接成一个整体，覆盖面积包括了从地中海到北冰洋沿岸的整个西欧地域。欧洲经济区拥有 3.7 亿人口，1989 年国民生产总值达到了 5.53 万亿美元，大大超过了美国和日本。欧洲经济区的核心是欧盟，欧盟为了扩充实力，又提出了“东进”、“北扩”、“南下”的战略构思。即首先接纳东欧 6 个联系国为成员，加快发展同波罗的海三国及斯洛文尼亚等前南斯拉夫国家的关系。同时又与俄罗斯、乌克兰签署了“伙伴合作协定”，加速同其他一些独联体国家的谈判，以实现“东进”目标。1995年1月，欧盟吸收了瑞典、芬兰、奥地利为其成员，达到了“北扩”的目的。与此同时，它的“南下”意图也表现得越来越明显。欧盟提出，到2010年与地中海国家建立自由贸易区，以营建规模更大的欧洲—地中海经济圈。这个自由贸易区一旦建立，将横跨欧、亚、非三大洲，包括近40个国家，拥有8亿人口和7万多亿美元的国民生产总值。

第二，北美自由贸易区的建立。在欧共体提出建立欧洲统一大市场的设想不久，美国和加拿大也在1988年1月签订了《美加自由贸易协定》，提出建立北美自由贸易区的方案。1991年6月，美、加、墨三国开始谈判，到1994年1月宣布正式成立北美自由贸易区。北美自由贸易区拥有1 928.9万平方公里的面积、3.68亿人口、6.5万亿美元的国民生产总值和近6 000亿美元的年出口额，其经济实力和市场规模已超过了欧盟。北美自由贸易区的建立从大西洋的另一边向人们展示，区域经济集团化存在着进一步扩大的趋势。由于墨西哥加入了北美自由贸易区，从而使世界上出现了第一个由发达国家和发展中国家共同组建的自由贸易区。贸易区内有两种不同类型的国家，两种发展水平迥异的国家在没有军事目的的情况下组建区域经济集团，这种现象在战后是从来没有过的。

第三，亚太地区的集团化较之欧美起步较晚。早在20世纪60年代日本就提出了建立“太平洋共同体”的倡议，然而由于这一地区存在不同的社会制度，不同的经济体制，悬殊的经济发展水平以及强烈的民族自我意识等因素，区域集团迟迟未能建立起来。但是，组建亚太区域经济组织的努力并未停止。

1989年11月，经澳大利亚总理霍克倡议并积极筹备，在堪培拉举行了首次亚太经济合作部长会议，亚太地区有组织的经济合作正式起步。中国于1991年加入该组织。1993年6月，正式启用亚太经济合作组织（APEC）的名称，从此飞速发展，每年召开一次非正式首脑会晤。这是一个由各成员或地区的外交部长、主管经济贸易的部长参加的区域经济论坛和磋商机构，具有官方性质。其宗旨是：相互依存，共同受益，坚持开放性多边贸易体制和减少区域内贸易壁垒。该组织每年举行一次部长级会议，举行三次至四次高级官员会议，并可就某一专题举行部长级特别会议。自1993年开始历经西雅图、茂物、大阪、马尼拉、温哥华、吉隆坡等首脑会议。APEC在面对诸多矛盾的同时，在协调亚太地区经济关系方面取得重大进展，形成了独具特色的“亚太经合组织方式”，成为目前最具活力的区域集团。APEC独特的合作方式在于：它不是一个像欧盟那样排他性的、体制完备的经济集团，而是一个具有广泛经济协商功能的“大家庭”一类的机构。它的所有成员中，除了美国、日本、加拿大、新西兰、澳大利亚五国之外，都是发展中国家和地区。1994年11月的茂物会议确定了在成员国中分两步实现贸易、投资自由化，即发达国家在2010年以前，发展中国家在2020年以前实现既定目标。APEC所采取的协商方式会对世界经济合作产生巨大影响，推动经济一体化和区域集团化的发展。

世界经济一体化，不排斥地区经济集团化。地区经济集团化是最终实现世界经济一体化的具体步骤和途径，是世界经济一体化的有机组成部分。地区经济集团化是世界经济各方面变化的一个集合，涉及国际贸易、金融、科技、生产、资源流动与配置、消费、政策与经济关系，它是世界经济力量的分化与重组，是世界经济运行方式的转轨，是世界经济发展的新形式。

地区经济集团化，20世纪50年代是初创时期，20世纪60至70年代是发展时期，20世纪80年代进入较高层次的经济一体化时期，20世纪90年代出现了北美、欧洲和东亚三大地区经济集团。这个时期的世界经济地区经济集团化的加速发展，是经济活动高度国际化对国际经济合作提出的更高要求，与实现这一要求所遇到的障碍这两者之间的尖锐对立所促成的，是经济活动国际化加深与国际经济竞争加剧相互作用的产物。地区经济集团化的发展必将对世界经济和国际经济关系产生重大影响。

当前，发达资本主义国家争夺世界市场出现新特点。当今发达资本主义国家仍然只能按照实力来分，但现在更多地按照经济实力来分割世界市场。分割市场得失的标志已经主要不是看占领多少势力范围，而是看对市场占有的广度和深度。西方发达国家分割市场出现新形态：它们争夺市场的手段更加依赖资本输出，而资本输出是由跨国公司进行的，投资的重点转向第三产业和资本、技术密集型产业，而且更加集中于西方发达国家，争夺市场的重点也转向西方发达国家。对发展中国家市场的争夺也很重要，欧共体与地中海、非洲、加勒比和太平洋国家早就建立了制度化的联系，美国与拉丁美洲要创立“西半球自由贸易体制”，日本要与东亚、东南亚国家建立更密切的经济关系；地区经济集团化与跨国公司企业一体化并存，构成西方发达国家争夺世界市场的新图景。地区经济集团化新的变化和特点使西方发达国家之间经济越来越融为一体，同时又加深了发展中国家之间经济的分化。

纵观战后初期世界经济格局的形成和演变，可以看出如下规律在起作用：

第一，世界经济一体化规律。当今世界，各国经济上相互依赖日益加深，经济生活的国际化程度越来越高，各地区的国家为增强其在世界上的竞争能力，通过相互签订国际条约或协定，制定共同的行动准则，甚至通过部分国家主权的让渡，建立起国家的机构以实现经济一体化，极大地推动了世界经济格局的变化。

第二，世界科技不断向纵深发展规律。科学技术是第一生产力。当代世界经济是在科技革命的基础上形成和发展起来的，世界经济格局的变化深刻地体现着科技格局的变化。战后出现的第三次科技革命，使美国垄断了许多高科技领域，成为世界的经济霸主。20世纪70、80年代出现的新的科技革命，在科技领域形成美国、苏联、欧共体、日本的基本格局，从而导致在经济领域形成同样的四极格局。科技革命推动着经济不断发展，高科技使经济由国际化走向了全球化。经济全球化使世界各国的经济密不可分，相互依赖，逐步实现在交通、生产、资本、科技、信息、消费、经营和经济政策等方面的全球化，使世界经济呈现出跨国家、跨地区的力量，从而影响和促进世界经济格局的发展与变化。

第三，世界经济不平衡发展规律。世界经济不平衡发展，是当代世界经济格局多极化、世界贸易和国际金融多中心，国际经济关系多元化与区域集团化的客观依据。有商品经济的存在，就会有发展的不平衡，发展不平衡是商品经济的本性。当代世界不同类型的国家经济与政治，都存在着不同性质和特点的发展不平衡。由于经济发展不平衡规律的作用，一些相对处于劣势的国家以“跃进式”方式在短时间内进入先进国家行列，从而引起世界经济格局的变化。

第三节 当代世界经济

一、当前世界经济新变化和新特点

当前世界经济新变化表现在：

第一，以科技进步为中心的综合国力较量。综合国力是反映一国整体实力的综合性经济指标，其中经济实力构成整个指标体系的核心，而经济的第一贡献力则来自科技进步。在科技进步普遍物化为多种高附加值商品的社会中，综合国力的竞争实质上就是竞争科技，为一个国家综合国力的重要标志。

第二，世界经济发展不平衡明显。其表现在：一是从资源状况来看，发展中国家在不合理的国际经济秩序中，其资源优势并未能转化为产业优势；二是从产业结构来看，发展中国家产品附加值低，技术含量少，在对外贸易中处于不平等地位；三是从资本关系来看，国际资本的流量、流向都在发生不利于发展中国家的转变。在不平衡规律表现的作用下，各国实力对比发生变化，其结果是大国力量的逐步均衡化，世界经济格局向多极化转变。另一方面，世界经济形势也由于不平衡规律的作用而更加错综复杂和动荡不安。争夺世界市场掀起贸易保护主义，西西矛盾激化。发展中国家分化，对南南合作产生不利影响。新兴国家在成功地缩小与先进国家的差距同时，面临更加激烈的市场之争和规则之争。最不发达国家和地区的长期贫困化，阻碍了世界经济的整体繁荣。

第三，各国经济结构的新调整。其突出表现在以下几个方面：一是高技术含量的新兴工业部门迅速建立起来，并在很短的时间内成为主导产业；二是国民经济的部门结构发生了重大变化；三是知识经济在工业化国家获得巨大成功，并正在引起一系列深刻的变化。

当前世界经济结构调整的特点是:发达国家明显快于发展中国家；新兴产业明显快于传统产业；产品结构微型化、智能化等。

经济结构的调整是科技革命的必然结果。第一，科学技术进步引起劳动生产率的提高是产业结构、部门结构变化的原因；第二，生产的发展和社会分工的深化是产业结构、部门结构调整的重要原因；第三，居民生活的社会化是产业结构、部门结构变化的又一个重要因素。

当代世界经济发展的基本特点：

20 世纪 80 年代末 90 年代初，世界经济经过大的震荡、调整与改组，进入了一个新的发展阶段。纵观半个世纪以来世界经济的发展变化，可以看出，当代世界经济的发展出现了许多新的现象和新的特点：

第一，高新技术成为各国经济竞争的重点。从当今世界经济发展的实际情况看，科学技术、尤其是高新技术对经济的增长和生产力的发展起着至关重要的作用。科学技术作为生产力越来越受到世界各国的高度重视，为了不至于在这场新的科技革命中成为落伍者，各国均把经济竞争的主攻方向转向高新技术领域。其表现：一是各国都为发展高新技术注入了大量资金。近十年来，美国的科研经费增加了1倍多，已达到近2 000亿美元。英、法、德、日四国的科研经费的总和1970年仅为380亿美元，1988年达到了1 300亿美元，增长了近3.5倍。20世纪90年代以来，各国科研经费的增长势头仍然很快，1991年日本的科研经费比1990年增长7.3%，1992年法国政府民用科研投资增长7.3%，1992—1994年英国的科技预算增幅均在10%以上。新兴工业国家如韩国、新加坡等也纷纷提高科研经费。二是各国工业企业大量生产高新技术产品。为了使高新技术产品迅速投入市场，各国工业企业都大量投入资金和人力进行高新技术的开发，在保证资金投入的前提下，把大量的人才调往科研和新产品开发领域，为开发高新技术产品提供了智力保证。

第二，西方发达国家间的经济矛盾在加剧。目前，在世界经济中占据主导地位的仍然是美、日、欧实力最强的三方。过去因东西方政治对立，军事对峙，西方国家间的矛盾一般居于次要地位。20世纪90年代后，由于苏联的解体，政治和军事对抗消失，经济安全取代军事安全成为首要问题，美、日、欧之间的经济矛盾和冲突逐渐表面化，经济关系趋于紧张。在高技术领域，美国在总体上仍居优势，但也受到日本和欧共体多方面的挑战。目前日本已在微电子技术、家用电器、光纤通讯技术等领域超过美国，欧共体对美国的技术威胁也在增大，在许多领域已赶上美国，一些高新技术已处于世界领先位置，由于高新技术竞争地位的变化，在高新技术产品上的摩擦也越来越严重。近年来，美、日、欧之间经济大战连绵不断，汽车战、油料战、农产品价格补贴战、钢铁战、纺织品战等此起彼伏，愈演愈烈。在军火销售方面摩擦日益增多，英、法两国是美国军火销售的主要竞争对手，为了抢夺市场，美国采取多种手段排挤英、法，引起英、法的强烈不满。

第三，南北之间的经济不平衡性更加严重。战后,在民族解放运动高涨和殖民体系瓦解的基础上,广大发展中国家纷纷摆脱帝国主义的羁绊，获得政治独立，在经济发展上也取得了一定成绩。但总的说来，经济发展还比较缓慢且面临诸多困难，进入20世纪90年代后，发展中国家与发达国家在经济上的差距进一步扩大，南北之间的经济失衡更加严重。这种严重失衡使广大发展中国家普遍陷入艰难的困境，为生存和发展而斗争已成为大多数发展中国家所面临的首要任务。

第四，世界经济区域集团化正在加速发展。世界经济区域集团化是生产力高度发展的结果，是建立在经济生活国际化客观基础之上的。战后，随着世界经济格局的发展演变，世界经济走上了多极化。美、日、欧成为当今世界经济实力最强的三极。它们为了保持和进一步夺取在世界经济中的优势，都在同周边国家广泛加强联系，组建不同类型的区域经济集团，以加强自己的经济实力，提高自己在国际经济中的地位。20世纪80年代后，随着美、日、欧为中心的欧洲区域集团、北美自由贸易区、亚太地区经济合作组织的建立，为了加快地区经济的发展，世界各大洲区域经济集团化的步伐显著加快，大大小小的区域性合作组织如雨后春笋般地涌现出来，遍及世界各地，形成了一个以各个区域为活动范围和联系主体的经济网络。区域经济集团化的加速发展，是当代世界经济的一个显著特点。

二、世界经济发展的全球化趋势加强

1.关于经济全球化的概念。

到目前为止，学术界仍然没有被广泛认同的经济全球化的定义，众说纷纭，莫衷一是。我们认为，经济全球化就是资源、资本、技术、劳动力等生产要素在全球范围内的自由流动和合理配置。它至少包括以下两个方面的内容：第一，这些生产要素可以在全球范围内自由流动。它有别于世界上早已存在的某些生产要素在两个国家或几个国家之间，以国际贸易形式的交换与流动。第二，为了实现生产要素在全球范围内的自由流动，世界经济的许多“游戏规则”逐步地被统一了起来。它有别于世界上一些国家在双边或多边谈判基础上，就某些生产要素的交换达成的协议。这些协议的规则通常不能适用于协议签署国以外的国家和地区。

第二次世界大战以后，由于关税及贸易总协定（GATT）的存在，以及在它的主持下进行的八个回合的多边贸易谈判的结果，它们在逐步统一经济规则的基础上，促进了国际贸易的发展。尽管如此，但是由于“两个平行市场”的存在，世界市场分裂成为两个部分，因而生产要素并不能在全球范围内自由流动，只有到20世纪90年代初苏联解体以后，原来实行计划经济的国家普遍地实行了市场经济体制改革，几乎所有国家都走上了市场经济发展之路。因此我们认为，经济全球化是20世纪90年代世界经济的一个突出特征。一方面，从进入20世纪90年代以来，除了原有的商品流动增长速度继续高于整个经济的增长速度之外，国际间资本和劳务的流动以惊人的速度增长；另一方面，在关贸总协定和世界贸易组织（WTO）的主持下，越来越多的国际经济规则被统一了起来。从内容来看，这些经济规则不仅涵盖了全球的商品和服务贸易、金融、投资、知识产权保护、经济发展等诸多领域，而且对民族国家的约束力大为增强；从地理范围看，绝大多数国家都被纳入了国际经济规则的管辖范围之内。就上述两个标志而言,尽管生产要素在国际间的自由流动是统一国际经济规则产生和发展的基础，但统一的国际经济规则可以说是全球化更重要的标志。当然,要在全世界真正实现经济全球化要有一个很长的过程。

许多否定经济全球化存在的人提出，仅就国际间生产要素流动的相对发展水平来看，19世纪末至20世纪初，生产要素的国际流动已经达到了很高的程度，统计数据表明甚至比目前的水平还要高。况且，第二次世界大战结束之后，商品和资本的国际流动一直保持了较高的增长速度。为什么惟独到了20世纪90年代才被称之为经济全球化时代呢？事实的确如此。然而，他们忽略了世界市场长期被分裂的事实。在这种情况下，生产要素虽然可以在各国之间流动，但不会是“自由的”，因为已有的国际经济规则并不能平等地适用于所有国家。伴随“冷战”的结束和世贸组织的出现，国际经济规则出现了根本的变化。世贸组织所制定的规则不仅涵盖了货物贸易、服务贸易、投资、知识产权保护等领域，而且这些规则对民族国家的约束力大大加强。这些特征是以往历史上任何一个时期都不具备的。正是在这种意义上，我们认为从 20 世纪 90 年代开始，世界经济进入了全球化阶段。

还有人认为，经济全球化难以实现，更有现实意义的是区域经济一体化。诚然，经济全球化不可能很快实现，但是经济全球化毕竟是人类长期以来的理想，例如中国人历来有“世界大同”的愿望。我们不能轻易否定经济全球化实现的可能性，因为经济全球化的趋势正在迅猛地发展。因此，我们更愿意把经济全球化看作是世界经济发展的一种进程，而区域经济一体化则是逐步实现经济全球化的一种过渡形式。

经济全球化是在不断扩大发展的科技革命和生产国际化推动下，各国经济相互依赖、相互渗透日益加深，连成牵一发而动全身的有机整体。

其主要表现在：

第一，随着生产专业化和国际分工的进一步发展，各国之间的经济协作和相互依赖性加强，经济的相关性、依存性提高。重大发现为生产专业化提供了物质技术条件，因为科技成果的商品化以及在各国间的传播，在国际价值规律的作用下，主要国家的产业结构和技术水平呈现出某种一致化的趋势即使是经济发展水平存在较大差异的国家之间，也通过产业结构的调整，即发达国家将劳动和资源密集型产业转移到发展中国家的途径，使双方的产业联结在一起。

第二，跨国公司的发展使各国间的相互依赖性加强，经济深层次的联系日益密切。跨国公司是通过对外直接投资，在国外设立子公司和分支机构，从事生产、销售和其他经营活动，以获得高额利润的跨国经营组织。由于跨国公司有利于促进国际分工的发展和不同发展水平国家之间产业结构的升级，所以各国的政府对跨国公司的政策有了显著的变化，从原来的对抗关系转变为非对抗的合作关系。

第三，科技人员的国际流动和技术贸易的发展，是经济全球化的重要内容。随着知识在经济发展中作用的不断提高，科技人员的国际性流动日益频繁，联合研究、合作开发等成为经常性的活动。技术贸易的快速发展是经济全球化的重要内容，跨国技术贸易的主要形式有：购买先进的设备，包括进口成套设备和单机、关键设备等。

第四，经济的全球化还表现在国际货币体系的发展和各国在金融关系上联系的加强。从一般意义上讲，生产的扩大、市场的拓宽使货币将相关的国家和地区紧密联系在一起了。但当代各国之间的金融关系则主要是通过资本的输出入活动得到强化的，而国际贸易的结算，国际劳务服务的清理，债权和债务的偿还等，使各国都拥有一定数量的外汇储备。

经济全球化的客观基础是国际分工。国际分工的二重性决定着经济全球化的二重性。在当代世界，发达资本主义国家仍是国际分工体系中的主体，居支配地位，从而使当代国际分工体系主要由资本主义国家生产关系所决定，具有剥削和不平等的性质。

推动经济全球化的主要因素有：第一，东西方由对抗走向对话，使国际形势趋于缓和，从而为全球经济发展与合作奠定了新的基础。第二，跨国公司迅猛发展，成为经济全球化的主要载体。第三，信息技术的飞速发展，业已成为经济全球化的根本动力。第四，市场经济体制已为各国所接受，并发挥越来越重要的作用。

其特征为两重性：经济全球化占主导地位不仅给世界经济注入活力，改变原有经济、贸易和投资的格局，也使经济运行模式发生了变化。同时全球化也存在消极的一面。一是西方国家凭借其雄厚的实力和先进的技术，不断争夺市场，在发生贸易纠纷时实行双重标准，以经济手段干涉别国内政和侵犯别国主权。二是在一定程度上加剧了发达国家与发展中国家经济发展不平衡的现象。竞争性：利益是驱动各国参与和推动全球化进程的根本动力。一些西方大国为了争夺市场和经济主导权，相互摩擦变得更为激烈和更加经常化，贸易争端的领域不断扩大，而金融领域的争夺更为突出。融合渗透性：在全球化浪潮中，西方文明以商品、信息为载体进行传播，其渗透性是显而易见的，而且贯穿经济全球化全过程。经济政治化明显：为了确保市场和经济利益，国家一直在计划和制定全球化规则，不仅尽力要打开发展中国家的市场，并企图把别国纳入其势力范围，争夺全球或地区经济主导权，甚至把西方的价值观、体制、社会结构和生活方式也强加给别的国家。信息化：信息技术和网络化的飞速发展，使整个社会的生产方式、生活方式以至思想观念都在经历一场史无前例的深刻变化，成为促进生产要素结构变化的主要动力，也是当前全球化趋势的明显特征。

第二次世界大战以后，特别是20世纪八九十年代，“冷战”结束和苏联解体以后，在国际经济交往日益密切和国际经济交往规则逐步统一的基础上发展起来的经济全球化趋势，在很大程度上改变了各国经济发展的环境。它为正在实现经济起飞的我国发展提供了极好的机会，但同时也对我国提出了极为严峻的挑战。

2.经济全球化与区域经济一体化的关系。

区域经济一体化（或称区域经济集团化）是指，在地域上邻近、经济发展水平相近的国家为某种目的结成联盟，对外逐步实行统一的关税或其他政策，最终可望实现经济政策的完全统一。区域经济一体化组织的形式多种多样。从理论上讲，按照一体化的发展水平划分，区域经济一体化组织从低到高可分为以下六种类型：(1) 关税特惠区。这是最初级的一体化组织形式，它只要求成员国之间实行关税特惠。(2) 自由贸易区。它要求成员国之间消除贸易限制，但同时每个成员国对区外保持各自的关税政策。早期的欧洲自由贸易区（EFTA）和目前的北美自由贸易区(NAFTA) 属于这种类型。(3) 关税同盟。它要求在自由贸易区的基础上，成员国对区外实行统一的贸易政策。早期的欧洲经济共同体（EEC）和目前的南美洲南方共同市场属于此类。(4) 共同市场。它要求成员国在关税同盟的基础上允许区内生产要素的自由流动。欧盟在它的发展历程中曾经经历过这一发展阶段，当时称之为欧洲共同市场。(5) 经济货币同盟。在共同市场的基础上，成员国不仅具有共同的经济政策，而且要有统一的货币。欧盟（EU）是目前世界上惟一的经济货币同盟。(6) 政治经济一体化。这是最高形式的区域经济一体化组织。它既要求成员国在经济上完全融合，还要求在政治、军事、外交等各方面的融合，存在一个超越民族国家的政府。进入到这个阶段也就等于统一成一个国家了。可见，区域经济一体化集团的最终目标是，在国家集团范围内逐步实现完全的经济一体化。因此可以说它是世界经济实现全球化的一个过渡形式，经济全球化是区域经济一体化的进一步延续。

“二战”以后，自区域经济一体化组织最早在西欧出现以来，它犹如雨后春笋般地发展起来，几乎遍及世界各个角落。据世贸组织的统计，区域性贸易协定的实施数量在1950—1959年间有3个，1960—1969年间有19个，1970—1979年间上升到39个，1980—1989年间为14个，1990—1998年间则为82个。目前，几乎所有的大国都是区域经济一体化组织的成员。世界贸易总额的55%~60%是在贸易集团内发生的。

不过，从理论上讲，区域经济一体化有悖于经济全球化，因为它违背了关贸总协定及世贸组织的非歧视原则。即使一体化组织对区外国家的贸易壁垒不增加，但其内部的贸易优惠措施没有给予区外国家，这本身就意味着歧视。但是，一体化组织区内贸易壁垒的消除又会扩大相互间的贸易。究竟一体化所带来的贸易创造效应是否会超过它的贸易转移效应，这是一个没有统一结论的问题。因此，关贸总协定以及后来的世贸组织对一体化组织基本上给予了认同的态度。在它的第24条中规定：允许自由贸易区和关税同盟在下列条件下存在：(1) 贸易壁垒在一体化之后大体上不增加。(2) 同意在一段“合理”时期内消除全部的“区域内货物交换的所有关税和其他贸易限制。做出这一规定的目的是为了促使一体化组织不断地向前发展”。但也有反对者认为，最大限度的内部自由化可能会比部分自由化更能给非成员国造成损害。(3) 以上措施将向关贸总协定通报，关贸总协定将设立一个工作组来确定以上条件是否得到满足。在20世纪50年代欧共体成立时，关贸总协定对此曾有过激烈的争论，决定不对其进行严格的审查，因为欧共体最初的6个成员国表示，如果关贸总协定认定欧共体违反了其第24条，它们将退出关贸总协定。这一先例使得后来的绝大多数一体化组织都包含着许多漏洞。

研究显示：战后区域内贸易、资本流动和全球贸易、资本流动呈现出共同发展的格局，并且前者比后者的增长速度更快。然而，我们并不能由此断言全球化没有受到区域经济一体化的不良影响，因为没有人知道如果没有区域一体化协议，情况将会怎样。

区域经济一体化的缘由及其发展趋势：

当然，对于战后区域经济一体化迅速发展的原因，人们有不同的解释。不同类型的国家组建和加入一体化组织的动机也有很大的差异，既有经济方面的因素，也有非经济方面的因素。考察这些因素对于说明区域经济一体化的发展趋势有着重要的意义。

关贸总协定或世贸组织无法满足一部分国家在开放贸易方面的需求，由此导致一些条件相似的国家撇开这些国际组织，组建区域经济一体化组织。

在多边贸易谈判中，参与方数量众多，各自的管理制度有很大的差异，这使得协议的谈判和实施存在诸多困难。而在区域一体化协议中，首先，参与者数量的减少使得各方对搭便车的忧虑降低，有关贸易自由化利益和损失分配的不确定性大大减少。其次，相似的管理制度有助于增强各方做出更加可信的承诺，也为监督协议的实施提供了便利。最后，某些区域一体化组织有着超越国家的执法机构（如欧盟），会减少在实施和执行协议方面的不确定性。因此许多在多边贸易谈判中无法达成的协议却能够在双边贸易谈判中达成一致。在这种意义上说，区域经济一体化组织是多边贸易体制的实验场。许多贸易自由化措施都是首先在区域一体化内部实施的。目前，绝大多数一体化组织内部的贸易和投资自由化程度都高于世贸组织。且不说欧盟的例子，即使像北美自由贸易区所确立的目标也远高于世贸组织。它不仅要实现区域内的贸易和投资自由化，而且还要实施统一的环境保护标准、劳工标准、知识产权保护法规、竞争政策，以及建立北美开发银行等等。

一些国家把区域经济一体化协议，作为增强其影响市场的能力，或者作为规避关贸总协定或世贸组织关于非歧视性要求的一种手段。

区域一体化组织作为一种工具，通过它可以试行一些尚未在多边贸易体制中提到的问题，并向贸易伙伴施加压力。美国于20世纪80年代决定同其贸易伙伴谈判自由贸易区，部分原因就是对关贸总协定成员拒绝在1982年开始新一轮多边贸易谈判感到不满。

一些国家把区域经济一体化协议作为一种锁定贸易自由化或制度改革进程的机制。

保护主义政策主要出自国内利益集团的压力，而区域一体化协议则限制了国内利益集团的压力。限制的方式，一是“优惠淡化效应”，因为区域一体化意味着一个更大的政治团体，国内利益集团在设计共同政策时的影响力将被削弱。二是“优惠不对称效应”。成员国在具体问题上所得到的优惠可能不同，由此产生妥协的需要会提高效率。区域一体化协议的形成可以干扰寻租利益集团的形成，因为它们不得在区域范围内重组。此外，一国加入区域一体化组织，有助于向外部世界发出一个清晰而可靠的信号：本国的贸易自由化体制和改革具有长期的稳定性，因为它将受到一体化组织的约束。对于外部投资者而言，这是极为重要的。像墨西哥加入北美自由贸易区和东欧国家加入欧盟与其签订的自由贸易协定都有这方面的动机。

区域经济一体化能保障市场准入。无论何种形式的区域一体化组织给非成员国带来的都不是收益。对非成员国而言，为克服这种负面影响有三种选择，第一种是加强多边贸易谈判。从狄龙回合开始的历次多边贸易谈判多少都和区域一体化的发展联系在一起。狄龙回合的前半部分是重新谈判欧共体实施共同外部关税以后的减让平衡；后半部分是减少欧共体共同外部关税水平。在肯尼迪回合中，美国国会相信欧共体对美国的出口增加造成了潜在的威胁，因此减轻欧洲经济一体化所带来的贸易扰乱后果是一项重要的任务。1973年欧共体增加了丹麦、爱尔兰和英国以及推行共同农业政策，是启动东京回合谈判的一个因素。至于乌拉圭回合则是和“统一欧洲法案”的实施、美加自由贸易区的实施、欧盟共同农业政策所引发的世界农产品贸易畸形联系在一起的。第二种选择是组建新的一体化组织。欧共体的产生直接刺激了英国组建欧洲自由贸易区。第三种选择是加入到业已存在的一体化组织中去。尽管英国倡导组建了欧洲自由贸易区，但它的抵消作用越来越小。最终英国为能够顺利进入欧共体市场不得不放弃欧洲自由贸易区而率先加入欧共体。随后整个欧洲自由贸易区也都合并到欧共体之中。

区域经济一体化能影响国际经济规则的制定。区域经济一体化组织在国际经济规则制定过程中的作用越来越大，同时规则对民族国家的约束力越来越强，这就迫使任何国家都不再能忽视规则的制定过程。加入一体化组织有利于维护自身的利益，因为在一个范围较小的组织内一国的呼声更容易得到尊重，进而这种呼声可以通过一体化组织在全球谈判中得到放大。法国农业的利益之所以多年来得到保护，是和欧盟在国际经济规则制定中的地位联系在一起的。这种考虑即使对美国这样的大国也不例外。长期以来，美国主导着全球规则的走势，然而到了 1986 年，当时的欧洲共同市场与欧洲自由贸易区签署合并协定，并宣布 1992 年建立欧洲统一大市场。这一决定动摇了战后美国的霸主地位，由此刺激了美国要迅速与加拿大签署“美加自由贸易协议”及以后的“北美自由贸易协议”。如果说小国参与区域经济一体化组织是为了维护自身在国际经济中的利益免受损害，那么美国组建区域经济一体化组织则主要是为了维护其规则制定者的利益。从乌拉圭回合谈判及随后的多边贸易谈判中可以看到，区域经济一体化组织已成为主导规则制定过程中的重要力量。以至于一些没有加入一体化组织的国家，为了共同的利益也在谈判过程中联合起来，例如“凯恩斯集团”就在乌拉圭回合的农产品贸易的规则制定中发挥了重要作用。从某种意义上说，目前大国之间对规则制定权的争夺已经演变为一体化组织之间的争夺。

非经济考虑也是许多区域一体化组织产生和发展的原因。

区域一体化的一个重要收益是有助于改善成员国的安全。首先，它有助于改善国内安全。例如，埃及、摩洛哥和突尼斯一直担心原教旨主义的蔓延。这种担心是地中海国家与欧盟签订自由贸易协定的一个重要动机。其次，通过组建区域一体化组织对抗来自第三国的威胁。南非发展共同体（SADC）最初就是为了对抗来自南非的威胁。海湾合作委员会部分地是对伊朗和伊拉克两个地区性大国的反应。最后，安全威胁促使相邻的国家组成一体化组织。1951 年的煤钢联营协定（ECSC）和 1957 年的欧洲经济共同体是为抵御美国的控制和苏联的威胁。东盟的建立是为了缓解印度尼西亚和马来西亚的紧张关系；南方共同体具有缓解巴西和阿根廷紧张关系的功能，等等。

从区域经济一体化发展的推动因素可以看出，不同类型的国家组建和参与区域一体化组织的动机有很大差别。大国的动机更多地体现为推动区域贸易自由化，扩大在国际经济规则制定过程中的影响力；而中小国家的动机更多体现为获得市场准入的机会，锁定国内贸易自由化和体制改革，改善国家安全环境等。

区域一体化对成员国的影响具有多样性。传统意义上的静态影响包括：改善贸易条件，实现规模收益递增，强化竞争，吸引外国投资等。实际上，经验研究显示：这些静态效应并不大。近年来，人们强调它的动态效应，如强化政策的可信度，提高经济增长率，改善国家安全等。同时，不同构成的区域一体化组织对成员国的影响也不相同。一般认为，在南北型（由发达国家和发展中国家组成）一体化组织中，发展中国家能够从中受益，而南南型（全部由发展中国家组成）一体化组织对成员国的收益不大。

总之，在经济全球化时代，一体化的动态收益将会越来越大，并将成为推动区域经济一体化持续发展的动力。目前，伴随经济全球化的发展，欧洲和美洲初步形成了区域一体化的格局，欧盟致力于东扩，北美自由贸易区致力于扩展到整个美洲大陆。但这种扩张不会是一帆风顺的。欧盟东扩之后能否保持一体化机制的正常运转，一直是现有成员国争论的焦点。美洲自由贸易区的计划将会受到以巴西为首的南美大国的抵制。2000 年在巴西举行的南美洲国家首脑会议上，巴西已公开提出不能按原计划于 2005 年签署美洲自由贸易区协定。未来不确定的是东亚地区的区域一体化的发展。以日本为首的东亚地区在建立排他性的区域一体化组织过程中，一方面该地区多数国家不愿意以日本为核心发展区域经济一体化；另一方面，所有排他性的区域一体化计划都会受到美国的反对，而这一地区对美国市场的高度依赖成为发展区域一体化的一个重要障碍。至于目前的亚太经合组织根本不具备区域一体化组织的特征。能否形成以美日欧为核心的三足鼎立的区域一体化组织格局将直接影响全球化的进程和方向。

3.全球生产要素的自由流动。

生产要素在国际间的流动是经济全球化发展的基础。它具体表现为资本、劳动力和技术的流动。商品和劳务不属于生产要素。但是依照国际经济学中的斯托尔佩—萨缪尔森定理，商品和劳务作为生产过程的结果，在国际间的自由流动可以替代生产要素的流动，实现国际生产要素价格的均等化。如上所述，19 世纪后期到 20 世纪初生产要素国际流动曾达到很高的水平，但是它们和我们所考察的现代意义上的经济全球化无关。

战后，国际商品流动和生产要素的流动推动了国际经济规则的发展；反过来，国际经济规则的发展，又促进了国际商品和生产要素的流动。就商品流动而言，战后关贸总协定的多边贸易谈判及其相应的国际贸易规则，大大降低了国际商品流动的障碍，致使全球贸易的增长速度一直高于经济的增长速度。20 世纪 70 年代的世界石油危机、资本主义的经济“滞胀”和非关税壁垒的盛行，曾一度使全球贸易的增长速度放慢，但“东京回合”协议的实施大大缓解了这些因素的影响。伴随“乌拉圭回合”谈判的结束和全球经济的繁荣，全球贸易再次进入一个新的增长期。

在国际资本流动方面，战后的发展历程大致可分为四个阶段。第一阶段，从战后到 1972 年的石油危机。由于国际范围内的私人银行贷款和证券投资受到限制，资本无法突破地域的限制，更多地表现为在货币发行国境外的流动，市场交易行为也大多发生在“国外”，即“欧洲美元交易”。资本流动形式集中表现为官方援助和直接投资。从1973年开始到1982年为第二阶段，固定汇率制度被浮动汇率制度所代替，发达国家开始解除对跨境资本流动的限制。这期间石油美元和欧洲资本市场的迅速发展，构成了国际资本流动的主体。伴随石油美元的流动，掀起了私人商业银行向发展中国家提供贷款的高潮，同时也为拉美债务危机爆发埋下了伏笔。20世纪80年代是国际资本流动的第三阶段，其特征是发展中国家的债务危机，国际资本流动进入了一个收缩期。1988年以来为第四阶段，国际资本流动呈现出全球化的特征：资本跨国界流动对经济发展的影响大幅度上升；资本流动的速度加快，并具有高度的投机性；更多的国家以更有利的条件进入国际资本市场；国际资本市场的价格呈现趋同之势，利率波动具有明显的联动性。

与商品、资本的流动性相比，劳动力的流动性受限制最大。1950—1985年期间，世界人口年均增长率为1.9%，其中欧洲为0.7%，北美为1.4%，拉美为2.7%，南亚为2.3%，大洋洲为2.0%，东亚与世界平均水平持平。人口增长率的格局和经济发展速度决定了全球劳动力流动的格局。20世纪60年代之前，世界移民的输出国主要是欧洲，输入国主要是美国、加拿大、澳大利亚、阿根廷和巴西。虽然这是劳动力流动的一个高速增长期，但规模却远小于19世纪末和20世纪初，主要原因是各国对人口流入都采取了严格限制措施。20世纪60年代之后，欧美大陆间的移民有所放慢。西欧成了净输入国，移民主要来自欧洲其他国家和发展中国家，其中发展中国家成了主要的输出国。移民的受教育程度也呈现上升之势。这和近年来各国鼓励高技术人才输入政策有关。2000年10月17日，克林顿总统签署的《21世纪美国竞争力法》大大放宽了对外国技术人员来美国工作发放的I—IB签证的限制。法律规定，在2001—2003年财政年度发放的签证将增加到19.5万人，并将以前由于名额限制而积压的未发签证全部算在2000年财政年度内。德国政府决定对外国技术人员发放特别签证，总理施罗德最近表明了通过发放特别签证确保吸引欧盟以外2万高技术人员的想法。英国和法国也开始修改入境管理制度，决定对预计会出现人才短缺的以信息产业为主的领域，放宽劳动许可证发放限制。

各国在鼓励引进高技术人才的同时，对普通劳动力流入的限制却越来越严格。经济全球化的进程，不仅没有带来更加自由的劳动力流动，反而使发达国家的劳动者越来越担心外国劳动力会抢走他们的工作机会，甚至一些极右势力和团体显示出种族排外倾向。这是全球化进程中一个重要矛盾：发达国家一方面倡导全球化，另一方面坚决反对劳动力的自由流动。即使在绝大多数一体化组织中，迄今也并未实现劳动力的自由流动。不过，欧盟可能是一个例外，它在区域内基本上实现了劳动力的自由流动。

4.全球经济规则逐步统一。

伴随全球生产要素的自由流动，全球经济规则经历了一个不断强化和统一的过程。“二战”后，以《布雷顿森林协定》为基础组建了世界银行、国际货币基金组织，确立了全球经济发展和金融领域的国际经济规则；以《哈瓦那公约》为基础组建了关贸总协定，确立了贸易领域的国际经济规则。这些国际经济规则对战后世界经济的发展起了积极的作用。不过，在世贸组织诞生之前，国际经济规则的管辖范围和约束程度还都很有限。只有到了世贸组织时代，统一的国际经济规则才真正形成。这种统一的国际经济规则呈现出下述几个方面的特征：

(1) 发达国家主导着国际经济规则发展的方向。

发达国家与发展中国家经济实力的对比决定了国际经济规则的主导权掌握在发达国家手中。在发达国家内部，尽管不同国家的利益冲突很多，但对国际经济规则基本发展方向的立场却是一致的。在发展中国家内部，经济发展水平和在国际经济中地位的差异，造成一部分发达的发展中国家越来越多地接受和拥护发达国家的立场。例如，墨西哥由于加入了北美自由贸易区，在2000年的贸发会议中基本上成了发达国家的代言人。同样，急于加入欧盟的中、东欧国家也有与发达国家相似的立场。

在国际金融领域，发展中国家从20世纪90年代的金融危机经历中深感国际金融机构需要制定限制投机性的国际资本流动的规则，解决全球化进程所带来的贫富差距扩大现象。为此，国际范围内提出了各种各样的改革方案，例如，为新兴市场国家和地区建立一种类似封闭型基金的国际投资基金；增发特别提款权；组建由国际机构管理的国际交易和支付体系；制定新的国际清算体系的规则等。但是，这些方案如果得不到发达国家的支持是不可能变为现实的。

在世贸组织内部，尽管发展中国家的数量占绝对优势，但绝大多数发展中国家被排除在规则制定过程之外。例如，直到乌拉圭回合谈判，有30个发展中国家根本没有能力向日内瓦派驻谈判代表。对于有能力派驻代表的发展中国家而言，要参与到决策过程之中也不是一件容易的事情。世贸组织决策过程是非常缺乏透明度的，即使像部长理事会这样的会议，大多数发展中国家的贸易部长也被排除在最终的决策会议之外。例如，在1999年10月日内瓦讨论西雅图会议的日程时，只有20个国家的部长被邀请参加。

目前，发达国家正试图把环境标准、劳工标准、竞争政策、电子商务等多种领域的问题，纳入到世贸组织的管辖范围之内。在西雅图会议上，发达国家提出了劳工标准和环境标准问题，遭到了发展中国家的普遍反对，加上美欧在农产品贸易上的冲突，以及公众、非政府组织对全球化进程的担忧，会议最终陷于破产。但这并不意味着今后发达国家不再提出这些问题。因而，发达国家与发展中国家将会有越来越多的冲突。

(2) 区域经济一体化组织在国际经济规则制定过程中的作用加大。

一国影响国际经济规则走向的能力取决于多重因素，如经济实力、政治实力乃至军事实力，其中最直接的因素是本国市场的规模，即它能向其他国家的出口提供的市场规模。战后，美国取代英国成为世界最大的市场，因此它理所当然地成了国际经济规则的主要制定者。早期国际货币基金组织和世界银行的组建，国际贸易组织（ITO）改为关贸总协定，以及相对应的国际经济规则都是美国人说了算。无论是日本还是欧洲任何单个国家都不足以与美国抗衡，因为它们的市场规模都无法与美国相比。然而伴随着欧洲经济共同体的产生，其联合市场规模开始能够与美国市场规模相抗衡。到 1992 年欧洲统一大市场的形成，欧盟市场的绝对规模开始超过美国。于是，它们在国际经济规则制定过程中的发言权越来越大。

在国际金融领域，布雷顿森林体系确立了以美元为中心的国际货币体系。1960 年第一次美元危机之前，美元的世界货币地位无人能撼动。为了平抑世界黄金价格，1961 年美国不得不求助于主要欧洲国家的中央银行建立“黄金总库”。1962 年又在国际货币基金的协调下分别与主要欧洲国家及其他发达国家签署了《借款总协定》和《货币互换协定》，以维持美元的汇价。尽管这些国际组织和协定的参加国并不完全是欧洲经济共同体成员，但它们已经开始挑战美元的世界货币地位。布雷顿森林体系瓦解之后，欧洲经济共同体成员国在继续保持固定汇率制的同时，着手组建统一的货币计量单位，从欧洲货币单位（埃居）发展到欧元。虽然欧元产生后的汇率走势不佳，但它已经在国际结算、国际储备、资本市场定价等各个领域占据越来越高的地位，从而标志着对美元构成的全面挑战。20 世纪 70 年代以来，无论是在国际货币体制改革，维护全球汇率稳定，解决全球债务和金融危机，还是在确立全球金融市场规则方面，欧洲经济共同体或欧盟都发挥着不可替代的作用。和欧盟相比，其他区域经济一体化组织对全球金融规则的影响则要小得多。这和它们的市场规模是联系在一起的。近来，以日本、中国、韩国和东盟为主体的东亚国家（即“10+3”）正试图从金融合作开始朝区域经济合作方向发展。它的进一步发展将客观上冲击和替代国际货币基金组织的部分现有职能。

由于区域经济一体化组织首先是一种贸易组织，所以在国际贸易领域，一体化组织对国际经济规则的影响更为明显，即使是规模较小、发展水平较低的一体化组织也能发挥应有的作用。在关贸总协定早期的多边贸易谈判中，美国的立场决定着整个谈判的进程和结果。由于美国单方面向全球开放出口市场，而不要求其他国家做出对等的开放，所以没有任何国家敢于挑战美国确立的规则。

进入 20 世纪 60 年代之后，随着欧洲经济共同体的形成，美国独家制定规则的格局开始改变。这在农产品贸易中表现得最为突出。欧盟寻求一种便于其共同农业政策运作的方式来管理世界贸易，美国则希望较大程度的自由化。这种分歧导致从狄龙回合到东京回合农产品谈判基本上没有取得进展。欧盟的大前提是，共同农业政策的原则是不可谈判的，谈判的重点应该是稳定世界农产品市场；相反，美国则强调扩大农产品贸易自由化和农业在关贸总协定中特殊地位的必要性。这迫使美国从 20 世纪 80 年代开始决定和欧盟开展农产品出口“补贴战”。到了乌拉圭回合，美欧之间的农产品问题谈判再次成为决定整个谈判进程的中心环节，以致谈判不得不多次推迟结束。和以往多边贸易谈判不同的是，由 14 个农产品出口国组成的“凯恩斯集团”站在了美国一边，从而大大加强了美国的谈判力量。直到乌拉圭回合一揽子协议达成的最后时刻，一个折中的农产品自由贸易协议才宣告完成。同样，在乌拉圭回合的服务贸易谈判中，欧盟作为一个集体对规则的制定发挥了重要的影响。针对服务贸易自由化，最初美国的立场是，按照货物贸易谈判的路子达成一个具有普遍约束义务和覆盖所有服务部门的强制性协议；最惠国待遇原则应该适用于所有签字方，国民待遇必须作为一项具有约束力的一般义务。欧盟则坚持，任何框架协议只应包含具有一般约束性的有限义务，特别是国民待遇应仅仅是一个目标。这意味着任何约束性的承诺只在具体部门水平上适用。最终，和农产品贸易谈判不同的是，美国做出了更大的让步，欧盟关于建立一个松散协议的主张得到了实施。

和欧盟的地位相比，作为世界第二大经济强国的日本，对国际经济规则制定的影响力要小得多。当然，日本并非没有意识到这一点。从 20 世纪 80 年代开始，它一直致力于在东亚地区建立区域经济一体化组织，但这种努力并未取得明显的成效。

（3）国际经济规则覆盖的范围越来越广。

以国际货币基金组织、世界银行与关贸总协定为核心确立的国际经济规则，名义上涵盖了金融、贸易与经济发展三大领域，但随着生产要素国际流动的发展，受规则管辖的领域越来越广。早期的关贸总协定所关注的只是关税减让领域，随后又扩展到非关税减让领域。到了乌拉圭回合，服务贸易、与贸易相关的投资、知识产权保护、农产品贸易、纺织品贸易等也开始被纳入到其管辖范围之内。即便如此，目前仍有众多的新领域等待制定国际经济规则，例如环境保护、劳工标准、竞争政策、电子商务、贸易便利等。从这种意义上说，世贸组织已不再是一个单纯的贸易组织，以至人们称之为“经济联合国”。另一方面，随着世贸组织取代关贸总协定，它所覆盖的地理范围也越来越具有全球性质。在乌拉圭回合之前，关贸总协定的缔约方从最初的 23 个逐渐上升到东京回合的 99 个。乌拉圭回合结束之后，除了俄罗斯、中国及中国台湾等极少数国家和地区以外，缔约方已涵盖了世界上几乎所有国家和地区。就涵盖的贸易量而言，世贸组织的缔约方占世界出口贸易总额的比例从 1982 年的 77%上升到了 1997 年的 90%。此外，世贸组织还有一项协调三大国际经济组织在制定国际经济规则方面的功能，以便实现全球经济决策的一致性。在乌拉圭回合中，参加方讨论了关贸总协定如何与布雷顿森林体系机构更密切合作的问题。参加方都同意，有必要在保证三个机构的运作一致和相互促进方面进行合作。多数国家政府认为，这种合作有助于克服国际货币、财政和贸易政策相互矛盾的倾向。乌拉圭回合结束之后，世贸组织分别于 1996 年 12 月和 1997 年 4 月与国际货币基金组织和世界银行签署了有关协议。

相比之下，国际货币基金组织和世界银行在确立规则方面的进展要慢得多，但这并不意味着它们没有做事。近 20 年来，国际资本流动已成为生产要素国际流动中发展速度最快的部分，并且对民族国家经济发展的影响越来越大。这在亚洲金融危机中表现得尤为突出。如何为其制定合理的规则已成为国际金融组织的一项重要课题。与此同时，经济全球化使全球范围内的贫富差距越拉越大，并已成为全球化进程中的一个重要障碍。如何缓解或克服这一障碍也向世界银行提出了新的挑战。

(4) 国际经济规则对民族国家的约束力在加强。

按照规则的约束力程度，国际经济规则可以分为三类：

第一类是强制约束型规则。即其成员国（或成员方）对规则（表现为协议）的承诺是强制性的。首先，不允许成员国对规则作单方面的解释；其次，存在一个为所有参加者所认可的管理和裁决机构；最后，成员国必须无条件地接受裁决机构的裁决。世贸组织所确立的规则便属于此类规则。世贸组织和关贸总协定相比，最重要的区别就是：前者是贸易磋商的论坛，而后者是贸易管理和裁决机构。这突出表现在它的争端解决机制上。在世贸组织诞生之前，大多数国际经济规则是非强制型的。就规则的实施而言，它所确立的规则对成员方的约束是有条件的。尽管关贸总协定中设立了争端解决机制，但没有确定的时间表，裁决也很容易被阻挠，许多案件久拖不决。乌拉圭回合协议引入了一个结构上更健全、各阶段界定更明确的程序。正如世贸组织前总干事鲁杰罗所说：与关贸总协定的争端解决机制相比，新的世贸组织争端解决机制从一开始就更有力、更自动、更可靠。

第二类是有条件约束型规则。即其成员方对规则的承诺是可选择的。国际货币基金组织有关固定汇率制的规则就属于这一类。它规定：美国政府有义务应外国政府的要求按规定的汇率收购美元和黄金；其他国家有义务用购买美元和黄金的办法，维持本国货币与美元的汇率；各国货币与美元汇率的波动幅度不得超过1%；但是当一国国际收支出现长期失衡时，本币与美元之间的汇率可以调整。这也就等于说，当成员遵守规则对承诺的条件不满足时，它可以不履行这种承诺。在世界银行的规则面前，如果成员方一时无法满足世界银行的贷款条件，它可以放弃获得贷款的资格；待能够满足贷款条件时又可以重新获得。至于关贸总协定的相关规则，大致也可归入此种类型之内。

第三类是自愿约束型规则。即其成员方履行规则的承诺是一种自愿的选择，即使不履行也不会受到直接的惩罚（但可能会遭受间接的损失）。诸如“巴塞尔协议”对银行自有资本比率的规定，国际劳工组织对劳工权利的规定，国际环保组织对减少大气污染的规定等等都属于这一类性质。

世贸组织出现之后，尽管第二、三类规则仍然存在，但民族国家开始部分地受制于第一类规则。这是国际经济领域的一项重大变化。按照世贸组织的争端解决机制，由世贸组织任何一个协议而引起的争端，均由“争端解决机构（DSB）”处理。该机构有权成立专家小组，接受专家小组的报告，并检查建议的执行情况。如有必要还可以授权实施报复措施。和关贸总协定相比，世贸组织消除了争端的一方阻碍成立专家小组或阻碍通过专家小组报告的可能性；增加了仲裁的机会；对专家小组工作程序的不同阶段规定了时间限制；规定了专家小组使用的标准术语以及监督专家小组报告执行情况等。根据世贸组织的规定，只有成员方全体反对才可以阻碍通过专家小组报告，而这是不太可能发生的事情。不满意裁决的一方可以到上诉机构进行申辩。如果上诉机构同意专家小组的报告，它就必须接受报告所做的建议或支付赔偿。如果该成员不履行专家小组报告或没有支付足够的赔偿，那么赢得争端的成员经“争端解决机构”授权可采取报复措施。这种争端解决机制为小国起诉大国提供了便利条件，因为它们不再担心大国会阻止裁决的通过。

世贸组织规则约束的强制性，还表现在透明度和监督条款上。在关贸总协定时代，较小的贸易国经常发觉，主要成员方在多边贸易谈判或在解决双边贸易争端时达成的协议缺乏透明度。这些双边协议虽然并不直接涉及它们的事情，但有可能会对其产生潜在的损害。更有争议的是，贸易大国达成的协议经常会在多边贸易谈判的谈判组或理事会中成为既定事实。进入世贸组织时代以后，针对各成员方政策的透明度，世贸组织要求所有贸易法规和规定都应公开出版，并且要建立咨询点，负责回答有关卫生和产品标准的问题，提供有关文件。在发挥监督职能方面，世贸组织定期地检查各成员的贸易政策和外贸体制，涉及发展中国家利益的问题由贸发会议审议；监督为国际收支平衡目的而实施的贸易限制设在“收支平衡限制委员会”；纺织品监督机构审查涉及多种纤维协定国家的双边纺织品贸易协议，而纺织品委员会监督多种纤维协定的分阶段取消进程；还有几个委员会负责具体协议的运作，它们每隔三个月或两年时间监督检查各成员有关贸易政策的实施情况。

自世贸组织产生之后，上述各种约束机制基本上发挥了应有的作用。无论是发展中国家，还是发达国家都必须遵从世贸组织的裁决。尤其是对大国贸易争端的裁决及其执行，确保了世贸组织作为一个国际商业裁决机构的威信。以欧美之间的贸易争端为例，近年来双方在一系列领域内都出现了争端，其中包括：美国大豆出口优惠政策、欧盟的香蕉和牛肉进口政策、欧盟的飞机进口政策以及欧盟与美国的生物高科技产品争端等等。虽然某些领域的冲突最终尚未结束裁决，或者双方对裁决结果还存有争议，但所有做出的裁决都得到了执行。从世贸组织所裁决的争端范围来看，不仅涉及到了直接的贸易政策，而且还涉及投资政策、产业政策、税收政策等领域。

（5）国际经济规则在限制国家干预贸易的同时，为企业留下了越来越大的空间。

发达国家的经济自由化浪潮反映到国际领域，便是不断地限制政府对经济活动的影响，传统意义上民族国家政府为加强国际竞争力而采取的各种政策手段正在不断地被“剥夺”。在金融领域，20世纪80年代以来，以国际货币基金组织和世界银行为代表的国际金融机构，向广大发展中国家推行所谓的“华盛顿共识”（即稳健的财政、低通货膨胀率、放松管制的市场和自由贸易），才能达到最好的经济增长。这些政策主张的核心是，减少政府对经济的干预。反映到对外金融政策上，即为开放资本账户，放松对资本流动的管制。

在贸易和投资领域，以世贸组织为核心的国际组织所确立的贸易和投资自由化规则，同样也在不断地“剥夺”民族国家政府的权利。经过数轮多边贸易谈判，关税水平已大幅度降低。乌拉圭回合的完成进一步降低了各国的关税和非关税壁垒。所有缔约方的平均关税率从9.9%降为6.5%，其中发达国家从6.2%降为3.7%，发展中国家从20.5%降为14.4%，转轨国家从8.6%降为6%。有关数量限制、海关程序、补贴、国际贸易、技术规章和标准、政府采购等非关税措施也都被列入明文禁止之列。通过“与贸易相关的投资措施协议”，东道国对外资的限制也受到了一定约束。总之，民族国家政府影响贸易和投资的能力受到了越来越多的制约。

与此相反，企业所得到的自由活动空间却越来越大。以跨国公司为例，一方面，它们受东道国政府的约束日益缩小，进口数量不再和出口数量挂钩，毋需再考虑国产化比率的要求；另一方面，长期以来受到人们批评的“转移价格”机制、投机性的资本流动则不受国际经济规则的约束；虽然大多数国家都有反垄断法，但在世界市场上反垄断法却处于“缺位”状态，等等。

国际经济规则的这种变化带来的一个重要的结果是，国际经济竞争的重心正在从国家层次转向企业层次。依靠政府制定保护性的产业政策、贸易政策、财政政策、金融政策（如在传统的“进口替代”战略或“出口导向”战略实施中的那样）来保护民族产业，应对国际竞争越来越困难。因此，如何扩大本国企业的市场力量已成为民族国家政府提高其国际竞争力的一个重要课题。20世纪90年代以来，伴随各国政府不断放松反垄断法的趋势，全球范围内企业购并和各种形式的“市场合作”便是对这种规则变化的一种反应。

5.经济全球化：对发展中国家的利弊。

在很长一段时间内，西方国家许多有关经济全球化的论著曾把经济全球化的好处说得天花乱坠。它们把经济全球化描绘成是一个对所有国家充满了投资、增长、经济公平和社会进步的机遇，似乎有了经济全球化，不管是发达国家，还是发展中国家都可以从中取得无限的好处，各国可以因此而进入平等发展的新时代。但是随着经济全球化的发展，人们逐渐发现，经济全球化在为各国的发展带来好处的同时，也带来了严重的负面影响。实际上，经济全球化为各国带来的机会是极不平等的：它所带来的好处基本上为发达国家所占有，而发展中国家除了少数比较发达的国家以外，大多数国家的处境可能变得越来越困难。因此人们担心，经济全球化将使各国之间的贫富差别越来越大。

毫无疑问，由于各国逐步取消了国际经济交往中用以保护自身发展的关税和非关税的壁垒，实现了资源、技术、资本和劳动力等生产要素的自由流动以后，肯定会促使诸生产要素在全球范围内实现更加合理的配置。但是，所谓的“合理配置”是指，各种资源可以得到更加充分的利用，并发挥最大的经济效益，从而有助于节约全球资源和实现可持续发展的目标。也就是说，这些生产要素最终是要流向资本雄厚、技术先进、经济发达的国家及它们的跨国公司。加上在经济全球化规则的制定方面，发达国家起着主导的作用，因此经济全球化的绝大部分好处将为发达国家所得。即使有一部分发展中国家也将从中取得部分好处，那也只能为比较发达的发展中国家所得。例如，科学技术的自由流动，可以为一部分比较发达的发展中国家提供获得先进技术和经济发展的新机遇：它们可以通过参与国际技术交流与合作，比较容易地分享发达国家长期积累的科技成果，从而有可能使这些国家在某些领域内充分发挥后发优势，实现跨越式发展。但是具有这种吸纳和拥有先进技术能力的发展中国家至今为数甚少。至于绝大多数发展中国家能否因此而得到好处是令人怀疑的。

实际上，对于许多发展中国家而言，经济全球化的负面影响可能要远远大于正面影响。它的负面影响主要表现在以下几个力面：

第一，通过自然资源在全球范围内的合理配置，使生产成本降低，效率提高，产量增加，从而创造出更多的财富。但是，在现有的国际分工的条件下，由于它们的经济地位决定，广大的发展中国家将始终处于出售廉价原材料的地位，而在生产链中增值最多的下游部门始终处于发达国家的控制之下，因此在经济全球化条件下财富将越来越集中于少数国家及其利益集团手中，从而导致世界范围内贫富差别的进一步扩大。

第二，由于经济全球化浪潮的冲击，关税和非关税的保护措施取消以后，发达国家廉价的商品将毫无阻挡地冲击发展中国家市场，从而使它们软弱的民族经济受到严重损害。结果，发展中国家将更加难以依靠本国的力量发展经济，如果想要发展也只能依靠引进发达国家跨国公司，在国内设厂、办企业，从而不得不将本国工人和居民重新置于外国资本的剥削和控制之下。

第三，在经济实力不足的情况下放开市场，实行贸易和金融自由化，将为发展中国家带来巨大风险，其中金融自由化的风险最大。金融自由化不仅可以削弱本国宏观经济政策的实际效应，而且还可以诱发国内的金融危机，甚至由此导致整个经济的危机。近年来，一些国家盲目加大金融市场的开放度，最终导致灾难性的金融危机。

第四，由于广大发展中国家在自身经济实力不足的情况下迅速地融入世界经济，从而使它们的经济更加容易受到世界经济，特别是发达国家经济波动的影响。因此，一些发展中国家的经济将变得越来越不稳定。

正因为如此，2000年世贸组织西雅图会议期间，居然有那么多的组织和个人集聚在世贸组织会场外抗议和反对经济全球化。这件事情说明：世界上已有越来越多的人认识到，对广大发展中国家来说，经济全球化不仅不会是十全十美的，而且可能具有很大的风险。因此，诸如世贸组织这样的世界性组织和各经济大国，应该考虑到广大发展中国家的利益，积极采取措施，在制定规则、推进经济全球化进程的过程中，更多地考虑到发展中国家的利益，设法加速它们的发展，真正实现互惠互利、共同发展的目的。

三、知识经济的发展

知识经济是以知识的生产、传播、运用为基础的经济，知识经济中的“知识”是指研究事物运动状态和变化方式的规律，是通过现象、资料、数据获得的对规律性的认识。“创新”是知识经济的核心，政府应积极创造条件为企业的创新活动服务；对教育和科技的投资是知识经济的重要特点，是对知识战略地位的强调；一个国家或企业的发展，取决于知识资产的质量和数量状况。

知识资源的特点有：一是非消耗化；二是共享性；三是非稀缺性；四是易操作性。知识资源在经济活动中扮演着十分重要的角色；第一，知识作为经济资源改变着经济增长的方式，在经济增量中知识的贡献具有决定性的作用；第二，专利、商标、版权等体现智力劳动的资产，构成企业未来发展的决定性因素。第三，企业的管理方法、经营方式、企业文化和企业的信息处理系统等，是体现企业内部发展动力的资产。第四，员工的知识素质、工作技能、创造能力、合作精神等构成企业的人力资源资产。

知识经济是信息化的经济。信息是知识经济的主要经济要素之一。信息产业已经成为知识经济发展的基础产业。知识经济运作的重要内容就是要了解信息，掌握信息，利用信息，储存信息，创造信息。所谓信息，是指人类知识的传递。在知识经济时代，人类认识客观世界的知识，不仅是不断积累的，而且需要相互传递，使之成为共同的认识和财富。在知识经济中，信息是一种经济资源，是一种可以创造价值，增加财富的经济资源。

知识经济是一种可持续发展的经济。知识经济的持续发展主要依靠的不是自然资源，而是一种最常见的最丰富的智力资源，是新知识、高技术、好信誉、最佳服务。

知识经济是一种以无形资产为主的经济。在知识经济中，知识成为诸生产要素中的决定因素，无形资产的价值远远大于有形资产。不仅企业的资产是无形资产多于有形资产，而且产品的价值也是无形价值超过有形价值。

知识经济是一种网络化经济。其因素在于：信息是知识经济运行与发展的主要经济资源。而知识经济中的信息，主要是通过网络进行传递和掌握的，并实现其经济价值的。由此导致知识经济活动的网络化。通过信息数据网络，把各类产业经济部门有机联为一体，把公司内部的各部门有效融为一体，是知识经济的主要特征。通过网络技术和全球性网络、地区性网络，实现知识与信息资源的开发和利用，推动经济的发展。这是知识经济运作的主要形式。

知识经济是一种"产业创新"的经济。产业创新是知识经济发展的原始动力，也是其最有生命力的特征。知识经济的发展，就是不断地利用新知识、新信息、新技术、新人才，开创新产业、新产品、新消费、新市场的过程。而其中的"产业创新"是知识经济创新的核心内容。

四、当今世界主要经济组织及其作用日益增强

1.国际货币基金组织。

该组织是联合国经营国际货币金融业务的专门机构，于1945年12月27日在美国正式成立，总部设在华盛顿。其宗旨是：促进国际货币合作和国际贸易发展；稳定汇兑，避免竞争性的汇率贬值；协助建立关于成员国之间货币交易的多边支付制度和消除阻碍世界贸易的外汇限制；通过提供短期贷款，解决成员国国际收支暂时不平衡时产生的外汇资金要求。

国际货币基金组织授权制造一种特殊货币，人们称之为特别提款权，它被纳入国

家外汇资产中，特别提款权具有一种人为的价值，它是根据世界上五种主要货币的平均值计算出来的，流通中的214亿特别提款权价值超过了340亿美元，占世界储备资金的3%。国际货币基金组织的行动手段是靠提供财源来帮助那些国际收支不平衡的成员国。一旦需要，国际货币基金组织随时可以创建一种合适的贷款方式。此外，它还为成员国提供技术援助，并研究国际货币制度改革问题，及加强同其他国际机构的联系等。

2.世界银行。

是由国际复兴开发银行、国际开发协会和国际金融公司组成的一个集团，是联合国附属的专门机构。它成立于1945年12月，其目标是通过从发达国家向发展中国家输送资金帮助发展中国家提高生活水平。其宗旨是：促进生产事业的投资以协助会员国境内的复兴与建设；鼓励不发达国家的生产与资源开发；用鼓励投资以发展会员国生产资源的方式，促进国际贸易长期均衡的增长以及维护国际收支平衡。

世界银行负责世界性的发展援助。一方面，它通过贷款为不能以适当条件取得私人资本的生产建设筹集资金，以解决成员国经济发展的长期需要。因此贷款期限较长，利率大多按市场水平计算。另一方面，它向150多个成员国提供广泛的技术援助，在致力于减少贫困，促进发展中国的经济复兴和开发方面起到了积极作用。

3.关税及贸易总协定。

是一个有关关税及贸易政策的多边协定及国际经济组织，但不是严格意义上的国际组织。其宗旨是：缔约国在互惠互利基础上，通过削减关税及其他贸易壁垒，取消国际贸易中的歧视待遇，促成“提高生活水平，确保充分就业及实际收入与有效需要大幅度增长，充分利用世界资源，扩大商品的生产与交换”诸项目标的实现。关贸总协定所确定的战后多边贸易体制是以自由贸易为目标的，包括“互惠性”、“透明性”、“非歧视性”三大原则。

4.世界贸易组织。

它以建立没有贸易壁垒的世界单一市场为自己的宗旨，构成了新的世界多边贸易体制得以运转的基础。它将多边贸易体制管理的领域范畴大大拓宽，从商品、服务扩展至环境保护、知识产权以及各成员国内部与贸易有关的宏观调控、财政、立法等国内政策。世界贸易组织通过定期审议各国贸易政策的机制，确保这些成员国的国内贸易政策与世界贸易组织的规定相一致，它的成立及运作，已经体现了推动世界贸易增长的显著作用，对全球贸易自由化的纵深发展具有重要意义。

五、未来世界经济发展的新趋势

第一，以经济和科技为基础的综合国力的竞争将日益激烈。随着和平与发展成为时代主题，当今世界各国开始调整自己的战略重心，国家间竞争的重点将由政治、军事转向经济和科技。以经济和科技为基础的综合国力竞争将成为未来较长时期内世界范围的国际竞争的主战场。基于这一认识，当前世界各国特别是大国之间已经开始展开一场发展经济和科学技术，增强综合国力的竞赛，以争取在未来的新的世界格局中占据有利地位。现在无论是发达国家还是发展中国家都清楚地看到，如果在这场世界性的激烈竞争中落伍，它就有可能被挤出世界市场。因此，大力发展经济和科学技术，保障本国的经济安全，对世界各国至关重要，对广大发展中国家尤为重要。因为这场经济和科技的竞争和较量，将最终决定各国在世界力量对比和新的世界格局中的地位。

从未来的国际经济和科技竞争格局看，将由过去美国、日本和联邦德国之间的竞争，转为欧洲统一大市场、北美自由贸易区和东亚经济贸易圈三大经济区域的竞争。这将是更高层次上的竞争，竞争强度势必更大。但由于各个经济圈实力的均势和经济上相互依赖程度的加强，它们之间的关系将是竞争与协调共存。在竞争中进行协调，在协调中进行竞争，这将是今后世界经济发展的必然趋势。

第二，世界经济发展不平衡将更加明显。经济发展不平衡是世界经济发展的基本规律。从世界经济发展的趋势看，21 世纪世界经济发展的不平衡态势将更加明显。其一，从南北之间经济关系看，不平衡性将明显增强，差距有可能进一步扩大。其二，从西方国家间的经济实力消长变化来看，今后一段时间里，可能是美国还会相对下降，日本上升，西欧稳定增长，美国、日本、欧洲经济实力趋于均衡。其三，从发展中国家内部看，不平衡性也在发展：一方面是亚洲与拉丁美洲和非洲的差距在扩大；另一方面是不同发展类型国家之间的差距也在逐步扩大。其四，“独联体”各国和东欧国家的经济转轨遇到巨大困难，在今后一段时间内，多数国家还难以制止经济下滑的趋势。其五，从太平洋和大西洋两地区的经济发展看，太平洋地区的经济活力和增长势头比大西洋地区强劲。亚太地区的经济发展已成为世界经济中最活跃的地区之一。世界舆论普遍认为，21 世纪将成为太平洋世纪，亚太地区将成为 21 世纪世界经济发展的中心。

第三，世界经济格局将更趋多极化。目前世界经济格局是以美国、欧共体、日本为核心的三极为基本框架的。除此之外，虽还存在一些集团和区域性的力量中心，但由于它们的经济实力较弱，对世界经济的影响还是有限的。但要看到，在经济、政治发展不平衡规律的作用下，各国、各区域集团实力消长不定，随着新生力量极的出现，世界经济格局将向更加多极化的方向演变。首先，中国的国际经济地位正在稳步提高。从 1978 年十一届三中全会以来，中国共产党认真总结社会主义建设中的经验教训，提出了改革开放和进行社会主义现代化建设的基本国策，确立了“一个中心，两个基本点”的基本路线。中国的经济建设和社会发展速度明显加快，综合国力显著增强，国际经济地位明显提高。20 世纪 80 年代，中国的经济年增长率高达近 10%，20 世纪 90 年代，经济持续发展，中国已成为世界经济不可忽视的力量。其次，俄罗斯未来的经济地位将会加强。俄罗斯是目前世界上领土面积最大的国家，拥有丰富的自然资源和强大的工业基础。它经过震荡后一段时间的调整，一旦步入稳定，实现经济复兴，俄罗斯将会成为世界经济格局中一个重要的成员。再次，一系列新的经济集团正在崛起。20 世纪 80 年代以来，在发达国家组建自己的经济板块的同时，发展中国家也在组建自己的区域性的经济集团。如 1985

年12月印、巴等7国组建的"南亚区域合作联盟", 1991年7月加勒比共同体12国组建的统一市场以及中东一些国家组建的区域性集团的发展, 都对原有世界经济格局形成了强力冲击。在21世纪里, 随着各新生力量极的诞生、成长、壮大, 世界经济格局将由现在的三极向未来的四极、五极或更多极的方向演变。

第四, 世界经济将趋于全球化。经济全球化是一种有着多方面和多层次内容的复杂的社会经济现象, 它是国际社会生产力发展的必然结果。随着生产力的发展, 资本和商品必然要走出国界, 向世界各地发展, 社会化的大生产也必然要逐步冲破国界, 向全球市场扩充。因此, 作为一种长远的发展趋势, 经济全球化是不依人们意志为转移的。经济全球化产生的原因是多方面的, 但主要有两点: 一是当代世界新科技革命、信息产业等发展的结果; 二是资本主义生产方式全球扩张的结果。随着21世纪科技革命、信息革命和社会生产力的发展, 经济全球化的进程将会进一步加快。①

思考题

1.战后初期两大经济集团是怎样形成的? 它们之间的对峙的实质是什么?

答案参考要点: 美国经济霸主地位的确立, 美国领导建立了以自由贸易和货币自由兑换为主要内容的资本主义国际经济体制; 苏联东欧经济互助委员会的建立。实质是社会主义经济制度和资本主义经济制度的抗争。

2.美国是怎样建立起世界经济霸权的?

答案参考要点: 第一, 在国际金融领域建立了以美元为中心的国际货币体制; 第二, 在国际贸易领域积极推行贸易自由化; 第三, 推行一系列"援助计划"加强对世界各地区的控制; 第四, 对社会主义国家全面封锁, 遏制社会主义国家的发展; 第五, 大力发展新科学技术, 保持在科技领域中的领先地位。

3.战后两极经济格局是怎样演变的?

答案参考要点: 20世纪70年代多极化发展趋势, 80年代世界经济一体化和地区经济集团化的发展趋势, 90年代经济全球化的发展趋势。

4.怎样认识地区经济集团化的趋势?

答案参考要点: 世界经济一体化, 不排斥地区经济集团化。地区经济集团化是最终实现世界经济一体化的具体步骤和途径, 是世界经济一体化的有机组成部分。地区经济集团化是世界经济各方面变化的一个集合, 涉及国际贸易、金融、科技、生产、资源流动与配置、消费、政策与经济关系, 它是世界经济力量的分化与重组, 是世界经济运行方式的转轨, 是世界经济发展的新形式。

5.怎样认识经济全球化?

---

①甄炳禧.处在十字路口的世界经济[J].国际问题研究:2008(2).

答案参考要点：经济全球化是指在不断扩大发展的科技革命和生产国际化推动下，各国经济相互依赖、相互渗透日益加深，连成牵一发而动全身的有机整体。

其主要表现是：

第一，随着生产专业化和国际分工的进一步发展，各国之间的经济协作和相互依赖性加强，经济的相关性、依存性提高。

第二，跨国公司的发展使各国间的相互依赖性加强，经济深层次的联系日益密切。

第三，科技人员的国际流动和技术贸易的发展，是经济全球化的重要内容。

第四，经济的全球化还表现在国际货币体系的发展和各国在金融关系上联系的加强。

经济全球化的客观基础是国际分工，其特征为两重性、竞争性、融合渗透性、经济政治化明显、信息化等。

6.如何认识知识经济？

答案参考要点：知识经济是以知识的生产、传播、运用为基础的经济，知识经济中的"知识"是研究事物运动状态和变化方式的规律，是通过现象、资料、数据获得的对规律性的认识。"创新"是知识经济的核心，政府应积极创造条件，为企业的创新活动服务；对教育和科技的投资是知识经济的重要特点，是对知识战略地位的强调；一个国家或企业的发展，取决于知识资产的质量和数量状况。

第三章

当代世界政治格局及其演变

本章学习目标

了解世界政治格局的涵义及其演变规律，认清两极格局终结的标志及其特点，明确格局转换新时期各国综合国力优势的角逐，提高坚持党的基本路线的自觉性。

本章重点难点

国际政治主体参与国际事务表现为国际政治行为。各国国际政治行为的相互作用，使国际社会呈现出政治格局局面。世界政治格局是指活跃于国际舞台上的主角国家和各种政治力量相互作用而形成的一种结构样式和规模等。它既寓于国际政治体系的母体之中，又是国际政治行为的必然结果。时代决定着世界政治格局的基本内容、形式以及演变的基本规律。

掌握马克思主义时代理论，是学习这一章的中心环节。把握世界政治格局的涵义及其演变规律，认清两极格局终结的标志及其特点，明确格局转换新时期各国综合国力优势的角逐。

第一节 战后两极政治格局的形成

一、第二次世界大战对世界政治的影响

世界政治，是一个阶级范畴，是资本主义生产方式的产物。世界政治，是指世界中国家与国家之间的政治关系，是国际社会行为主体在政治领域中相互关系的总和，包括世界范围内的战争与和平，强权与民主，合作与对抗等政治现象。世界政治常常表现为一些国家企图控制其他国家的行为，为保持、扩大和显示国家力量服务。世界政治根源于经济，它是由世界经济关系决定的。但世界政治不是消极地反

映世界经济，政治是经济的集中表现，世界政治对世界经济有着巨大的反作用。世界政治的基本要求是：第一，主权国家是世界政治关系的主体和基础。第二，国家利益关系是世界政治发展演变的立足点和出发点。第三，当今世界政治，是以维护世界和平与促进各国发展为目标的。

世界政治格局，是当代世界政治形式最基本的特征。它与世界经济格局、世界军事格局紧密联系、相互交叉，共同构成了世界格局。三者之间相互依存，互为条件，不可分割。世界政治格局决定着世界格局的精神面貌，世界军事格局是世界格局的安全保障力量，并随着世界政治格局的发展变化而发展变化，世界经济格局是世界政治格局、世界军事格局的基础，并制约和影响着世界政治和军事格局的发展和演变。

世界政治格局，是指活跃于世界舞台充当主角的国家和国际组织之间在一定历史时期内相互作用形成的一种政治结构和态势。世界政治格局的形成，取决于主要国家或国家集团在国际上的地位和作用及综合国力的对比。推动世界政治格局发展变化的最终动因来自世界经济的发展变化。

世界政治格局决定了世界政治经济体系的主要内容。世界政治格局寓于世界政治经济体系的母体之中，它是世界政治经济体系的骨干内容和重要组成部分。世界政治经济体系有着深刻的内在联系，并按照一定的规律运动，这种内在联系的具体体现就是世界政治的基本格局。世界政治基本格局的变化反映着世界政治经济体系的变化和发展。

世界政治作为特殊的一种政治现象是人类历史时代变迁、阶级关系存在的集中表现。在奴隶社会、封建社会历史阶段，只存在具有与这个时代相适应的国际政治，不存在全球意义的世界政治，更不存在当代意义的世界政治。随着资本主义生产方式的确立，才为世界政治的形成奠定了基础，创造了条件。世界政治的形成与发展大体经过了两大阶段：

第一，世界政治开始形成阶段，18世纪60年代到19世纪末。18世纪60年代，第一次产业革命首先发生在英国。这次产业革命又是一次大发展的历史机遇，英国等西欧国家就紧紧抓住这个机遇，使资本主义生产完成了从工场手工业到机器大工业的过渡。全面地确定了资本主义生产方式，大大地提高了社会生产力，推动了商品经济的发展。资产阶级为了寻找更广阔的商品市场和原料市场，往来奔走于世界各地，这就必然冲破闭关自守的障碍，把越来越多的国家纳入国际分工和世界市场之中。在这种情况下，世界政治开始形成。

第二，世界政治的确立形成阶段，19世纪末到20世纪初。19世纪以来，资本主义进入到帝国主义阶段。世界市场和世界领土基本上被瓜分完毕，帝国主义殖民体系最后形成。由此，世界政治已由数国扩及到一切文明国家。但是，世界上仍有65%的人民和72%的土地，处于帝国主义殖民体系统治之下，被排斥于国际社会的行为主体之外，所以全球性的世界政治体系尚未形成。

第二次世界大战后，社会主义由一国向多国发展，民族解放运动空前高涨，亚非拉新兴独立国家以国际社会平等成员资格获得了参与解决国际事务的权利，至此，全球性的世界政治体系最终形成。

世界政治的形成是有条件的，首先，经济活动超出国界，必然产生超出国界的政治权力，列强对超国家权力的追逐维护，成为联结各国政治的主要条件；其次，世界范围的竞争与争夺日益激烈，各国难以完全依靠自己的力量来实现政治目的，促使国际安全相互依赖的加深；再次，阶级斗争对国际关系的重大影响，国际法和国际组织的出现，在维护各国合法权益，促进社会进步，缓解国际冲突，维护世界和平等起到重大作用，为世界政治最终形成奠定了坚实基础。这就是世界政治形成的主要动因。

第二次世界大战是人类历史上空前的一次大劫难，是人类无法忘却的全世界人民联合起来反对法西斯的战争。

但是，这次战争对人类历史的进程产生了深远的影响，以巨大灾难与牺牲为代价，摧毁了旧的国际政治环境，换来了世界新的面貌，推动了世界政治格局的演变。

第二次世界大战对战后世界政治格局的影响。

第二次世界大战的胜利，打破了德、日、意法西斯和英、法、美及苏联三大力量鼎足的政治格局，极大地改变了世界面貌，对世界政治格局产生了重大影响。

（1）欧洲失去了主宰世界的地位。19世纪末，尽管发生了欧洲大国自相火拼的第一次世界大战，但并没有从根本上动摇欧洲主宰世界的地位。第二次世界大战，欧洲被一分为二，其政治地位一落千丈，失去了世界首强的地位。欧洲不能再称霸世界了。

（2）促进了世界社会主义运动的发展。第一次世界大战促使苏联社会主义第一次登上人类历史舞台。第二次世界大战导致了一系列社会主义的诞生，社会主义由一国发展到多国，这就极大地改变了世界政治力量的对比，对战后世界政治格局产生了深远的影响。

（3）开辟了民族解放运动的新时期。战后，随着西欧殖民大国的衰落，无暇顾及和维持旧的殖民统治，亚非拉近百个国家相继在战后取得独立，革命队伍不断壮大，为不结盟运动的兴起和第三世界的形成奠定了基础。

（4）导致美苏两大力量在全球的对峙。第二次世界大战的结束，西欧大国国际政治领导地位的瓦解，导致了美苏两大力量的对立状态。第二次世界大战打破了旧的力量对比格局，形成了新的雅尔塔体系即两极力量结构主宰世界的格局。但是这种体系未能维持美苏合作，反而加剧了美苏之间的矛盾，这就形成了长期的“冷战”状态。

二、雅尔塔体制的形成和作用

第二次世界大战后形成的以“雅尔塔体制”为基础的两极政治格局，是继自17世纪40年代出现的威斯特伐复亚格局，1815年拿破仑战争后形成的“维也纳格局”，第一次世界大战后形成的“凡尔赛—华盛顿体系格局”的第四次政治格局。

两极政治格局确立的条件。以美苏争霸为特点的两极格局的形成与确立是有条件的，其主要条件是：

1.二战后引起国际政治力量对比的新变化，是两极政治格局形成的前提条件。

第二次世界大战后，国际政治力量对比发生了新的变化：一是德国、日本、意大利成为战败国，英国、法国的综合国力大大削弱；二是，美国大发战争横财，急剧增强了自己的军事、政治和经济力量；三是，苏联经受了战争考验，社会主义国家在欧亚大陆联成一体；四是，亚非拉第三世界各国民族解放运动风起云涌，形成了一股不可抗拒的革命浪潮，直接动摇了旧殖民体系。正是基于这样的力量对比，为二战后形成的两极政治格局创造了前提条件。

2.雅尔塔体制是两极政治格局确立的基础。

第二次世界大战还未结束，美、苏、英三国领导人就开始勾画战后的世界蓝图。三大国首脑先后举行了德黑兰会议（1943年11月28日~12月1日），于1945年2月4日~11日召开了雅尔塔会议，同年7月17日至8月2日又举行了波茨坦会议。就协调战争行动，打败法西斯、处置德、意、日法西斯，建立战后的国际新秩序等问题进行了讨论。他们所达成的协议安排了美、苏两国的势力范围，建立起美、苏为首的国家集团，形成东西对抗的格局，人们称之为“雅尔塔体制”。

雅尔塔体制的主要内容包括：第一，彻底打败德国法西斯，惩办战犯，分区占领德国，在经济上消除德国东山再起的实力。第二，欧洲（包括德国的柏林）要一分为二，东部受苏节制，西部归以美为首的西方。第三，重新确立波兰的国家地位，恢复波兰的主权，成立波兰政府。第四，美苏背着中国人民在对日作战问题上达成协议，满足了苏联提出的对日作战条件。第五，把中国的大部分、日本、韩国作为美国的势力范围。第六，苏联在中国东北地区有优越权的保证；南库页岛归还苏联，千岛群岛交给苏联；朝鲜由苏联节制；中国大连港国际化。第七，亚、非、拉过去受英、法控制的殖民地、半殖民地，美国可以插足。第八，成立联合国组织，苏、美、英可以通过一票否决权控制世界等。

雅尔塔体制是战后世界两极政治格局确立的基础。这种政治格局仍未摆脱大国和强权争霸的基本特征，只不过是把“欧洲中心”转换成了“东西对抗”、“美苏争霸”。以雅尔塔体制为基础的两极政治格局的确立，其核心是美苏对抗争霸世界，其特点是“四个斗争”。第一，在政治上，表现为两大阵营的斗争。第二，在经济上，表现为封锁反封锁的斗争。第三，在军事上，表现为全面“冷战”和局部的侵略与反侵略的斗争。第四，在意识形态上，表现为和平演变与反和平演变的斗争。

雅尔塔体制同任何历史事件的形成一样，它的存在都有其客观合理性。它保证反法西斯战争的胜利，防止军国主义复活，打破旧的政治格局，维护世界和平与稳定等，都有着重大的积极作用。但是，也有消极的一面，造成大国主宰世界，促使霸权主义、强权政治的发展，也给世界动荡不安埋下隐患。

二战后美苏二极为中心的两大集团对峙的格局正是在此基础上发展起来的。雅尔塔体制是指美国苏联两个大国安排战后世界，划分势力范围，既为战后世界政治格局奠定了基础，也为后来美苏两个超级大国争夺世界霸权开了先河。

雅尔塔体制的实质是，美、英、苏三大国根据各自的实力和利益规定的势力范围，谋求战后在均衡的基础上进行合作的体制。这个体制对于战时三大国的合作，尽快结束战争以及解决战争遗留问题都有积极意义，它粗略地勾画了战后的世界政治格局，规定了战后苏联与美英等国军事力量所及的地方就构成了东西方的分界线，在一定程度上体现了和平民主的原则，表明不同社会制度和意识形态的国家是可以和平共处的。它所体现的东西方关系和美苏对抗，是战后世界政治格局的核心和主要标志。但它毕竟是三大国强权政治的产物，一些国家特别是中国的民族利益受到了损害，这是需要批判的。

三、两大阵营和两极政治格局的确立

1.帝国主义阵营的形成。

战后，美国成为世界霸主，公然宣称要“领导世界”，谋求世界霸主地位，为此，以它为首承担起拼凑帝国主义阵营的任务。

在政治上，以遏制苏联为旗号，抛出了杜鲁门主义。

在经济上，为了控制西欧，将西欧纳入“共同抗苏”的阵线，推行马歇尔计划。

在军事上，为了同西欧共同对付苏联，成立了北大西洋公约组织，标志着帝国主义阵营的形成。

在外交上，为了在不发达国家和地区排斥老殖民主义、防止苏联势力侵入，提出“第四点计划”。

2.社会主义阵营的形成。

苏联国际地位的提高，经济的恢复和推行和平的对外政策。为了适应新形势，从1947年夏季起，苏联在政治、经济、军事、意识形态等方面采取措施，对美国的扩张政策进行针锋相对的反击。

在政治上，于1947年9月成立欧洲九国共产党、工人党“情报局”。

在经济上，于1949年1月成立了“经济互助委员会”。

在军事上，于1955年5月成立了“华沙条约组织”，标志着社会主义阵营的形成。

在亚洲，中国、朝鲜、越南的社会主义革命取得了胜利，并同苏联分别签订了互助友好同盟条约。

从50年代中期开始，以美国为首的西方国家在经济上以“巴黎统筹委员会”为核心对社会主义国家实行全面禁运和封锁；政治上实行孤立排斥社会主义国家的政策；军事上全面对峙，美苏进入“尖锐冷战”时期，双方剑拔弩张，在全球各地激烈争夺势力范围。1958—1961年第二次“柏林危机”，使美苏冲突进一步升级，1962年发生的古巴导弹危机更是一度把双方推向战争边缘。古巴导弹危机和平解决后，美苏关系才开始走向有限缓和。这一时期国际政治格局的主要特点是：各国以意识形态为

界标，把整个世界划分为两大阵营，它们相互为敌，不相往来，实质是两大社会制度之间的全面较量。

3.两极政治格局的主要特征。

(1) 美苏矛盾是国际政治的主要矛盾。

美苏两国的关系构成了整个国际关系的核心和主线。

(2) 两极对峙以“冷战”为主要形式。

两极对峙的形式是冷战，既紧张对抗，又缓和对话。

(3) 美苏争夺的战略重点在欧洲，主战场在第三世界。

苏联采取以实力为支柱，以缓和为主要手段，以经济合作为诱饵的策略，企图分化西欧联盟，离间欧美关系，瓦解“北约”，将美国排挤出欧洲。美国对东欧除采取外部施加压力外，还使用和平演变的战略，鼓励东欧国家走“南斯拉夫道路”，使东欧逐渐脱离苏联的控制。

战后亚非拉一些地区也是美苏争夺的主战场和“热点”地区。

第二节　两极政治格局的演变和终结

一、两极政治格局的演变

二战后世界政治格局的发展与演变大体经过了三个时期。其演变大致形成两极格局对立式样、三个世界格局式样和东西南北关系式样。

第一个时期：从二战结束到20世纪60年代初，是社会主义与资本主义两大阵营对立并存的时期。随着第二次世界大战的结束，美苏两国战略利益和相互间矛盾日益尖锐。美国为了达到“领导国际社会”，实现“美国世纪”的野心，就处处以苏联为对手，企图铲除苏联这个障碍。美国为了不使苏联为首的共产主义势力突破雅尔塔体系划定的界限，从东西两线加强对苏联的遏制，先后出台了“杜鲁门主义”、“马歇尔计划”，推行遏制苏联的“冷战”政策。

在美国妄图称霸世界的同时，以苏联为首的社会主义阵营正在酝酿之中。中国革命的胜利和民主德国的建立标志着社会主义阵营的形成。包括欧亚大陆9亿多人口、十几个国家以马克思主义为指导思想，以双边和多边条约为法律依据，形成了社会主义阵营。中苏同盟是这个阵营的核心。社会主义阵营在欧洲建立了经互会和华约组织，以对抗以美国为首的北约和经合组织七国集团。

两大阵营的斗争遍及全球，贯穿20世纪50、60年代。两大阵营对抗的主要内容是围绕处理战败国问题、战争遗留问题、经济多边问题、殖民地半殖民地的民族解放等问题展开的。这种对抗斗争既反映了两种社会制度的冲突，又反映了不同国家利益的矛盾，其对抗的实质是美苏对抗。

第二个时期：20世纪60年代，是两大阵营解体和世界向两极过渡的时期。20世纪50年代，两大阵营对立的世界格局解体。20世纪60年代，世界政治形势发生了急剧的变化，世界出现了大动荡、大分化、大改组的政治局面。

在社会主义阵营内部，苏联推行大国沙文主义，导致中苏联盟的破裂；苏联加强对东欧的控制，发生了匈波事件和武装入侵捷克斯洛伐克事件，遭到东欧和其他社会主义国家的强烈不满和谴责。社会主义阵营已不再是一个统一的世界政治力量。

与此同时，以美国为首的帝国主义阵营也发生了大分化。战后西欧和日本经济力量的猛增，其独立和反对美国控制的倾向也开始发展起来。美国侵朝、侵越战争耗资5 000亿美元，大伤元气，最终造成了资本主义阵营的瓦解。同时，美国又遇到了苏联崛起和盟国独立倾向加强的挑战；20世纪60年代，发展中国家已形成一支独立的政治力量登上历史舞台，也严重地打击了美国的力量。总之，两大阵营的解体，苏联力量的增长，两个超级大国争霸的格局到20世纪60年代已初步形成。

20世纪70年代前后三个世界的格局式样：

(1) 苏联推行霸权主义，社会主义阵营瓦解。

(2) 西欧日本独立倾向增强，帝国主义阵营分化。

欧洲经济共同体的成立和壮大，说明西欧要在政治经济领域联合起来，成为美苏争霸中的一角，而不是美国附庸。这种情况最明显地表现在戴高乐主义的出现和勃兰特实行的新东方政策上。

(3) 第三世界的兴起和团结。

由于以上起因，其结果使这个时期的世界政治格局具有了新的特点：一是霸权主义取代帝国主义成为世界的最大危险，二是两大体系和两种制度的对立退居次要地位，三是世界各国以安全利益为基点全面对抗。

这些新情况的出现，说明世界政治格局又有了新的变化，这就是说在三个世界格局式样的基础上，东西矛盾、南北矛盾突出了。

第三个时期：20世纪60年代末到80年代初，是美苏激烈争夺世界霸权和全世界人民反帝反霸反殖斗争不断发展的时期。世界两极格局初步形成以后，美苏争夺世界霸主地位的斗争就激烈地展开了。美国发动了侵朝和侵越战争，苏联推行了南下攻势，在非洲介入安哥拉和埃塞俄比亚，1979年入侵阿富汗，出现了苏攻美守的态势。

20世纪60年代末70年代初，世界人民反帝反霸及反殖斗争出现了高潮，取得独立的民族国家已达80多个，在联合国132个成员中，发展中国家就占99个。亚非拉各国为维护自己的权益，组织了不受大国操纵的政治、经济集团，形成了反对霸权主义、维护世界和平的主要力量。

以雅尔塔体制为基础的两极政治格局确立后，在20世纪60年代，其特点主要表现为资本主义与社会主义两大阵营的对峙与斗争，之后，世界两极政治格局的基本特点则表现为美苏两个超级大国争夺世界霸权的斗争。这种争夺直到80年代末才画上了句号。美苏两个超级大国争霸经历了三个阶段：

(1) 美攻苏守阶段，从20世纪50年代末到70年代中期。美苏争霸世界的战略态势，是随着双方实力的对比的变化而变化的。从50年代末到70年代中，由于美苏实力地位不同，美国在战略上处于攻势，而苏联处于守势。美国的战略攻势主要表现在两大方面：一是在军事上，从1953年开始，逐步制定了大力发展核武器和战略空军，削减常规兵力，以核威慑支持自己的霸权地位，对付苏联。二是在政治上，推行“和平演变战略”，并与军事上的“报复战略”相适应。

为了应付美国的军事威胁，苏联采取了一系列战略的调整。20世纪70年代初，把“美苏合作战略”改为“全面争夺”的“积极进攻战略”。同时，又制定了“火箭核战略”，准备与美打核战争。

(2) 苏攻美守阶段，从20世纪70年代中期到80年代初。这个期间，美苏争夺霸权的战略态势由美攻苏守转变为苏攻美守。20世纪70年代中期以后，在“缓和”的掩饰下，迅速地发展经济和军事，到20世纪70年代末，苏联经济实力已达到美国的67%左右，工业产值达到美国的80%，军事力量接近和超过美国。

苏联凭借经济尤其是军事实力，在世界各地大肆扩张，打击美国而称霸世界。苏联的进攻战略主要是在军事上，一是建立了进攻性远洋海军，拥有一支庞大的导弹核舰队；二是加快更新常规武器；三是形成了与美势均力敌的战略核武器力量。苏攻美守战略的转变，其标志是1968年8月20日，苏军入侵捷克斯洛伐克，1975年底，苏联介入安哥拉内战，1977年苏联插手埃索争端，控制非洲之角，1978年苏联支持越南入侵柬埔寨，扶植金边政府，翌年12月又入侵阿富汗，直接威胁着美国及盟国的战略利益。这就是苏联的南下战略。

在这个阶段里，美国实力开始相对衰落。在军事上，全球战略目标与国家实力相对不足矛盾日益尖锐。在经济上，政府财政赤字增加，通货膨胀严重，经济衰退引起国内社会动荡。在战略上美国政府进行了调整，推行了“新亚洲政策”、“尼克松主义”政策，标志着美国由战略进攻向战略防守转变。

(3) 僵持对峙、互有攻守的阶段，从20世纪80年代初到80年代末。这10年里的前半期美苏争霸世界处于均势，所以有过短时期的缓和，缓和过后就进入对峙时期。后半期美苏双方在战略上互有攻守。主要表现是，苏联攻势减弱，除了在阿富汗问题上坚持侵略攻势，在印度支那半岛和远东地区表现为加强军事干预，进一步插足黎巴嫩冲突，力挫美国独霸中东的计划外，在其他地区与美国争夺失利居多。总之，在这个阶段，美苏争夺的特点是：争夺、对抗与对话协商相联系，对抗不失控制，对话不放弃争夺。这种两大强国的力量对比和竞争态势的战略方针，是明显而典型的两极格局的特点。

20世纪80年代前后的东西南北关系格局式样：

(1) 中美建交、中苏关系解冻，以对话代替对抗的大三角关系形成；

(2) 欧洲成为维护世界和平的力量；

(3) 世界性的经济问题突出。

二、冷战结束两极政治格局终结

1.两极政治格局终结的主要标志。

(1) 戈尔巴乔夫上台，谋求同美国缓和紧张关系，放弃对抗政策，是两极政治格局终结的先声。1985 年 3 月，戈尔巴乔夫上台执政。鉴于苏联实力的下降，对内提出改革，振兴经济；对外提出外交新思维，从过去强调两种制度、两种意识形态斗争转变为相互渗透、相互依存，开始放弃同美国的对抗政策，下决心摆脱冷战的阴影，缓解同美的关系。

(2) 1989 年 12 月美苏首脑马耳他会晤是冷战结束的标志。戈尔巴乔夫上台后的 11 月间，美苏首脑在日内瓦会晤为转折，美苏关系由紧张转向缓和。从这次会晤到 1990 年 9 月赫尔辛基首脑会晤止，在短短 5 年时间内，美苏首脑进行 8 次会晤，46 次外长会晤和多次军事领导人会晤，达成了中导条约、销毁和不生产化学武器协定、欧洲常规武装力量条约等。这就标志着冷战的结束。

(3) 苏联解体致使两极对抗中的一极不复存在，标志着战后美苏争霸格局的正式瓦解。从 1989 年开始，东欧社会主义诸国先后发生了剧变；1991 年 7 月 1 日，“华沙条约组织”公开正式解散，苏联先后从东欧撤回大部分驻军和核武器。“北大西洋组织”也由原来的军事政治组织转变为政治军事组织。以美苏为核心的两大军事集团对抗消失；1991 年 12 月 26 日，在世界上存在时间最长的社会主义苏联宣布解散，成立“独联体”。列宁缔造的世界上第一个社会主义国家——苏联走完了 74 年的路程，战后形成的两极格局正式结束，世界政治格局从此进入一个新的转换的过渡时期。

2.冷战留下的思考。

东西方冷战延续了 40 多年，给我们留下的思考是：第一，两种意识形态、两种信仰、两种政治制度和两种生活方式之间的较量和斗争。冷战思维就应运而生。第二，东西方之间军备竞赛愈演愈烈，核战争和新的世界大战的危险长期威胁着世界和平。但是双方却努力以政治方式解决国际冲突作为世界各国尤其是大国处理相互间关系的基本行为准则。第三，东西方在行为动机上互相猜疑、夸大对方的威胁，由此加速了冷战和对峙，使双方之间对抗更为激烈、紧张。第四，冷战的结果则表现为苏联解体和东方集团的政治剧变，以美国为首的西方实现了“不战而胜”的目的。从此，世界社会主义运动走进低谷，遭到前所未有的挫折。

3.两极政治格局终结的主要原因和意义。

主要原因是：其一，最直接的原因是苏联解体、东欧剧变，导致了战后美苏两极争霸的政治格局终结。其二，国际社会基本矛盾不断发展，世界基本政治力量不断转换、互相作用，是美苏两极格局终结的根本原因。其三，美苏两极格局从形成之日起，就存在着强权政治及其恶性扩展、争霸世界，给自己身上套上了不可解脱的绞索。双方危机日深，危害了世界的和平与安定，到头来必是以失败而告终。

两极政治格局终结的具体原因主要是：

第一，苏联国内政策的根本转向。

苏联国内政策的根本转向，促成了苏联的解体。提出“革新”社会主义的口号，推行一条“人道的、民主的社会主义”路线，使改革逐步背离了社会主义方向，放弃了苏共的领导地位，实行多党制和政治多元化。在这种政策的指导下，苏联形势急转直下，国内经济、政治、民族三大危机愈演愈烈。

第二、苏联对东欧政策的根本转向。

一方面苏联不再是东欧“自由化”的任何障碍，反而成为这种“自由化”的积极支持者。东欧的演变反过来又加剧了苏联的演变，削弱了苏联的国际地位，使苏联失去了雅尔塔体制下在欧洲分得的势力范围。

第三，苏联对美国政策的根本转向。

美苏关系的根本性缓和，促成了两极格局的终结。所谓根本性缓和，就是说苏美的这次缓和带有结束冷战冲突的性质，不像前两次缓和带有争夺优势的性质。

两极格局终结的主要原因是世界政治经济发展不平衡，世界主要政治力量之间在综合国力竞争中的实力消长变化所致。

两极政治格局的终结，是以东欧剧变和苏联解体为标志的，是苏联东欧一极的塌陷造成的。

1989 年东欧剧变，不仅改变了东欧国家的性质和发展方向，而且导致了 1990 年经济互助委员会和华沙条约组织的解散，两个德国的统一，雅尔塔体制欧洲部分崩溃。1991 年苏联解体，不仅作为超级大国的苏联已不复存在，而且最后完成了两极格局的解体过程。

苏联解体的原因比较复杂。概括起来，有以下几个方面：

第一，历史根源。苏联是在俄罗斯帝国的版图上建立起来的，历史上沙皇俄国推行的扩张政策和大俄罗斯主义政策极大地伤害了各少数民族的感情。

第二，体制根源。苏联的政治经济体制是在斯大林时期形成的，在和平建设时期，其弊端越来越暴露无遗。加上苏联出于与美国争霸的需要，长期以来把重工业、军事工业放在首位，忽视农业和轻工业的发展，结果造成农产品和轻工产品严重短缺。这种体制上的弊端使苏联经济到 20 世纪 70 年代后几乎停滞不前。

第三，戈尔巴乔夫改革的失误。在政治体制改革中，戈尔巴乔夫过多地揭露和否定苏联过去的政治不民主、无法制、不人道现象，大力提倡“公开性”、“民主化”和“人道主义”。在指导思想上，提出“新思维”，把政治体制改革的目标定为：“建立一个人道的、民主的社会主义。”实质上就是政治上以多党制取代共产党一党执政，经济上变公有制为私有制，指导思想上用民主社会主义取代马克思列宁主义。经济体制改革方面，戈尔巴乔夫对经济体制改革的复杂性、长期性认识不足。没有提出一个系统的方案，许多措施不仅脱离实际，而且急于求成，头痛医头，脚痛医脚，这使得本已濒临崩溃的经济形势骤然恶化，人民生活水平大幅度下降。

第四，民族矛盾和冲突。民族矛盾和冲突的加剧和尖锐化是导致苏联解体的重要原因。以美国为首的西方大国打着“民主”、“人权”的幌子，反对苏联政府的干预措施，积极鼓励苏联各少数民族的独立行为。

第五，西方的和平演变。"冷战"开始后，为了遏制苏联的影响，实现美国称霸全球的战略目标，战后历届美国政府除了和苏联在政治上对抗、经济上封锁、军事上争夺和较量外，还制订了一套"不战而胜"的和平演变策略，其基本构想是要把苏联纳入西方社会体系中。东欧剧变后，西方国家加强了对苏联的和平演变攻势，采取既压又拉的手段，鼓励苏联的民族分离主义和支持戈氏实行多党制，极力诱导和促使苏联朝资本主义演变，最终加速了苏联的解体。

两极政治格局的终结的意义：其一，削弱了美苏两个超级大国的力量，打破了长期冷战给世界环境带来不安宁的局面，为世界实现和平与发展创造了条件；为早日出现世界其他政治力量的进一步发展提供了机遇，推动了世界政治向多极化发展的进程。其二，两极格局的终结还带来了一定的负面影响。旧的格局被打破，世界社会主义跌入低谷，而资本主义相对得势，对未来建立新的世界政治秩序会有消极影响。在格局的转换时期，世界各种矛盾会多起来、复杂起来，地区冲突、不稳定的因素也会增多，使得五颜六色的世界形势更加变幻莫测。

两极政治格局终结对世界政治的影响：

苏联解体宣告了以美苏争霸为特征的两极政治格局的终结，标志着一个以意识形态和军事对抗为主导的国际关系时代的结束，对当代国际政治产生了深远影响。

(1) 国际力量对比向西方倾斜。

苏联解体后，东方集团从国际政治中消失了。以美国为首的西方国家成为两极格局解体的受益者、胜利者，国际力量对比明显地倾向西方。

(2) 和平与发展成为国际政治的主题。

两极格局解体后国际政治中的主要矛盾发生了变化。冷战结束使美国的超级大国地位衰落了，大国关系的重心由军事对抗转向以竞争和协调为主要内容的经济领域，在世界进步力量的推动下，和平和发展成为世界的大趋势。随着两极格局的解体，世界格局的多极化趋势在全球和地区范围内，在政治、经济等领域都有了新的发展，国际关系中的经济科技因素进一步凸显。

(3) 世界大战的危险下降，但地区冲突明显增多。

随着两极格局的终结，美国成为全球惟一超级大国，在未来很长一段时期美国不会遇到像苏联和华约那样的对手。美国与俄罗斯、日本、德国、中国等的矛盾是存在着，但远不至于到发动世界大战的程度，况且美国在冷战中也元气大伤，需要调整其国家战略，所以打世界大战的可能性大大下降，全球出现了"大和平"时期。但世界并不安宁，与"大和平"状态相比，随着两极世界政治格局的解体，被美苏矛盾所掩盖、压制的地区矛盾突出了，局部战争和武装冲突明显增多。历史积怨、民族冲突、宗教纠纷、领土争端、权力角逐等成为局部战争和武装冲突不断爆发的原因和导火线。局部战争和武装冲突的增多，对世界和平与稳定产生了巨大冲击。

(4) 国际政治竞争从主要争夺军事优势转变为争夺经济和高科技优势。

战后几十年的历史表明，一个国家的强盛衰弱，最终起作用的是综合国力，核心是经济与科技发展水平。愈来愈多的国家重视经济与科技的发展，重视以经济科技为核心的综合国力的提高，把经济安全置于国家安全的首位。

(5) 世界政治呈现多极化趋势。

两极政治格局终结后，世界主要大国展开了一场以争夺世界政治新格局主导权为主要特征的竞争与角逐。极大地推动了世界政治多极化的过程。

(6) 世界进入新旧格局过渡时期。

从旧格局的瓦解到新格局的建立需要一个长期过程。其特点：一是此次格局转换是在没有经过世界大战的条件下完成的，不可能有战胜国和战败国，也就不可能由大国安排，只能是各种力量自然发展合力作用的结果。二是各国需集聚增强力量，谋求在新的世界格局中独立一极的地位。

进入二十一世纪以来，国际局势总体保持和平态势，但局部性的战争、动荡与紧张有所加剧。霸权主义是当今世界动荡不安的主要根源；单极与多极之间的国际秩序之争仍是国际斗争的主线。国际反恐斗争形势依然严峻；国际反恐阵线的内部分化倾向进一步显现。世界经济在经历金融危机之后可望出现复苏，但高油价、对战略性资源的恶性之争、国际贸易保护主义对世界经济的不利影响趋于上升，国家主权在国际关系中的基石地位没有弱化而在强化。①

具体反映在：美国推行单极世界的战略与世界多极化趋势形成战略冲撞，伊拉克战争使世界新军事变革加速，国防防扩散形势更趋复杂，国际反恐事业任重道远，世界经济领域内深层次矛盾突出，大国和强国对能源产地和供应渠道的争夺愈演愈烈。综观全局，当前世界的和平与安宁面临着三大挑战：美国霸权主义依然盛行，全球化负面效应日益明显，世界性的社会矛盾愈趋尖锐，这三大挑战将长期影响国际形势的演变。

随着世界多极化、经济全球化快速推进和国际安全形势的深刻变化，各国在相互依赖与合作不断深化与加强的同时，面临的共同挑战也愈益突出和严峻。国际形势中一个突出的负面特点是传统安全因素和非传统安全威胁因素交织。尤其是今年来，太空、极地、气候等新特点问题升温，对现有国际规则和全球化治理秩序提出了新的严峻挑战。这些问题任何一个国家都无法独立面对，只有通过联合国舞台走国际合作、全球治理之路，才能解决问题，实现互利共赢的正确选择。②

第三节　当代世界政治格局发展的趋势和特点

一、多极化趋势是一个长期的历史过程

过渡时期是一个长期历史时期主要由于：

第一，这种长期性，是由两极格局中苏联一极垮台的突然性决定的。

①丁原洪.对当前国际形势的几点看法[J].国际问题研究：2006,（5）.

②尹承德.世界新热点与全球治理新挑战[J].国际问题研究：2008,（5）.

第二，两极政治格局的瓦解是在和平条件下进行的，这种和平性决定了格局转换的不彻底性，这种不彻底性导致这一阶段是各种矛盾充分发展的时期。

苏联解体，两极政治格局终结以后，世界正处于旧格局被打破、新格局尚未建立起来的新旧格局交替的过渡时期。大国的关系产生了重大变化，大国力量均衡化的趋势和世界政治格局多极化的趋势都在发展。西方国家陷入了第二次世界大战以来罕见的全面危机之中，经济增长持续停滞不前，债台高筑，失业人数剧增，政治危机、社会动荡加剧。大国争相制定新的发展战略，集中主要精力解决国内问题，目标是增强综合国力，抢占有利的战略地位。“经济第一”导致西方国家之间矛盾呈上升趋势。欧洲动荡，政治、经济不景气，而亚太形势相对稳定，经济发展，在国际政治经济中地位不断上升。意识形态、社会制度界限淡化，国家利益成为各国战略取舍的最高准则；各国利益相互渗透，共同利益成为各国控制利益冲突的有效途径；国家的经济、政治、军事、外交等各种利益相互制衡，一种利益目标可通过其他利益手段来实现。

二、向多极化格局发展的世界政治特点

“过渡性”是向多极化格局发展的最基本的特征，决定当今国际形势具有以下双重结构性质：

第一，世界和平因素与战争因素并存。

主要表现在：

(1) 和平与发展是当今时代的主题，要和平、求合作、促发展已成为时代的主流。

(2) 世界经济一体化和地区合作不断加强，各种地区性、国际性的合作组织空前活跃。

地区性冲突和战争，在很多情况下都是通过和平的方式得到缓解。

第二，政治关系与经济关系并存。

经济利益成为当前国际关系的重点，综合国力的竞赛成为大国较量的主要形式，贸易谈判被赋予与冷战时期军控谈判同等重要的意义，世界主要国家间领导人的你来我往，所带的成员和所谈的问题，大部分都与本国的经济利益有关。

第三，世界一体化趋势与民族分离趋势并存。

欧洲共同体、东南亚联盟、北美自由贸易区、亚太经合组织等经济集团组织在这一阶段得到前所未有的发展。这些区域集团组织，虽然是激烈经济竞争的产物，但他们使经济突破了民族国家的狭隘壁垒，在更大的区域内融为一体，客观上成为全球经济一体化的重要阶梯。

民族分离趋势也在加强，主要表现在前苏联、东欧地区与第三世界的一部分地区，这种倾向在全球范围内虽然不占主导地位，但有可能引起连锁反应，冲击整个世界。

第四，国际政治趋向缓和，但霸权主义、强权政治仍是今后世界动荡不安的主要因素。冷战后，世界主要大国积极寻求军事安全合作，安全合作模式成为冷战后重塑国际和地区安全的主要标志。

三、过渡时期世界政治的新变化

过渡时期世界政治的新变化主要表现在：

第一，多极化趋势。

世界朝着多极化方向发展是不以人的意志为转移的发展趋势。其客观依据是世界上存在着东西矛盾、南北矛盾、西西矛盾。矛盾各方的力量对比是不平衡的，但矛盾的任何一方将力求自身的发展，争得自己应有的位置，多极化必将出现。苏联解体后东西矛盾已不成为主要矛盾，西西矛盾和南北矛盾已经上升，西西矛盾成为主要矛盾。

第二，大国关系的深刻调整。

（1）美、欧、日关系

欧盟、日本随着自身经济实力的壮大，要求建立与美国平起平坐的平等伙伴关系。在经济、政治上逐渐摆脱对美国的从属地位，形成美、欧、日三足鼎立。冷战后西方大国矛盾的尖锐化使美国不得不正视现实。

从1997年开始，美国加紧推行“两洋战略”。在大西洋方面，美国认为欧洲稳定对美国自身的安全至关重要，如果没有欧洲，美国在世界上的领导地位就难以实现。因此，美国极力推动北约东扩，挤占俄罗斯的传统势力范围和战略空间，力图进一步削弱、遏制俄罗斯，防止其东山再起。同时防范和制约德国的重新崛起，巩固和扩大美国在欧洲的领导地位。在太平洋方面，美国进一步巩固和强化了美、日军事同盟和美澳双边军事联盟，构成美国在该地区的战略安全框架，防止中国对美国的霸权提出挑战，并把日本进一步控制在自己手中，从而巩固和扩大美国在亚太地区的主导权。

两洋战略的实施是冷战后美、欧、日关系的重大调整。它表明美、欧、日在安全利益一致的基础上建立了面向全球，面向21世纪新同盟关系。

（2）美俄关系

今后美俄矛盾的焦点仍集中在北约的下一步东扩和独联体一体化问题上，俄将继续坚持“全方位”外交，力争同美建立“平等伙伴关系”，成为世界政治的一极。

（3）美中关系

美国在全球和地区事务中要发挥作用，离不开中国的合作。把与中国保持“全面接触”作为冷战后对华政策的基础。美国在与中国“全面接触”的同时，开始建立防范中国的战略态势。中美关系仍将不断发生纠纷和磨擦，斗争难以避免。

（4）中俄关系

双方认识到发展一种新型战略伙伴关系对改善两国地缘政治环境，确保周边安全具有重要作用，把对方看作是在逐步形成的多极世界中对维护和平与稳定发挥重要作用的一极。中俄建立面向21世纪的战略伙伴关系，不仅符合两国根本利益，而且对反对霸权主义，维护世界和平与稳定，促进世界政治的多极化将产生巨大的影响。

第三，国际政治组织作用的不断加强。

联合国、北约、东盟、非统组织、美洲国家组织、不结盟国家联盟和政府首脑会议等，它们在调解国际争端，缓和国际形势，反对强权政治和霸权主义，建立新的国际政治秩序，维护地区和平与稳定方面发挥了巨大的作用。

50 多年来，尽管少数大国曾一度把联合国作为推行霸权的工具，甚至打着联合国的旗号，发动侵略战争，但是联合国仍在维护世界和平，调解地区冲突，防止紧张局势进一步恶化，推动国际裁军与军控，反对种族歧视，加速世界非殖民化进程，促进全球经济发展等方面取得了令人瞩目的成就。在推动南北对话，唤起世界各国重视全球发展问题的环境保护，以及增进世界各国在社会、文化和人权方面的交流与对话，作出了突出贡献。

冷战后联合国的影响和作用的提高，表明联合国不再像冷战时期那样仅仅是超级大国的“表决机器”和推行强权政治的工具，相反，其维护国际和平与安全的作用明显增强，可以看到，无论是维护世界和平，还是促进全球发展，联合国在世界政治中的作用都越来越重要。同时，也将面临十分复杂的任务和更严峻的挑战。

第四，经济因素对世界政治影响日益增大。

（1）冷战后世界主要大国国家安全利益的重心已由政治军事安全转变为经济安全。

在当今世界，尽管局部战争和地区冲突仍造成地区局势不稳定，但政治军事安全对于大多数国家，特别是世界大国来讲，已不再是国家安全利益的惟一首要问题。世界主要大国一方面在广泛的领域进行裁军，一方面纷纷确立经济优先的国家发展战略，表明经济安全已成为国家安全的重心。

经济安全重要性日益突出的另一个不容忽视的原因，是冷战后全球经济日益一体化。它使各国之间的经济协作不断深化，各国在经济上的相互依赖性加强，经济的内在联系日益密切。这种结果使国与国之间一方面可以从国际分工中获取更多的经济利益，另一方面也使国家经济发展和安全利益受到外部经济力量强有力的制约和影响，形成了“一荣俱荣”、“一损俱损”的利害关系。

（2）国家政治利益的实现由意识形态的较量向综合国力竞争转变。

综合国力是指一个国家的全部实力和潜力（物质力量和精神力量）及其在国际事务中的影响力的总和。综合国力是一个国家国际地位高低的主要标志，是一个国家战略的基础，也是一个国家推行外交政策的基本依据。世界格局的变化和发展是建立在一定的各国力量对比关系变化的基础上的。而促使各国力量对比关系变化的主要机制就是竞争的机制。

（3）冷战后国际竞争的主要战场转移到经济领域。

大国追求国家利益的手段由主要依靠军事实力向主要依靠经济实力转变。在新的主战场，世界主要国家特别是西方大国围绕高新科技主导权、国际贸易和国际金融主导权、信息主导权等，展开了激烈的角逐。

冷战后，国际竞争的主战场转移到经济领域，大国追求国家利益的手段由主要依靠军事实力向主要依靠经济科技实力转变。

伴随军事力量下降的是经济和科技力量在国际政治中的影响和作用日益增强。随着经济安全取代军事安全成为国家安全的核心。国际竞争的制高点也从军事力量转向科技力及由科技力决定的经济力量方面，随之而来的是国际竞争主战场的转移。

对世界各国来说，信息革命直接关系到未来的经济地位和国际竞争能力。从某种意义上讲，谁在信息技术中领先世界，谁就将取得未来全球经济科技竞争的优势。因此，谋求以经济为核心，以科技为先导的综合国力的优势已成为众多国家追求的首要目标，地缘政治向地缘经济倾斜。

在和平与发展两大时代主题中，展望新世纪初世界政治向什么方向发展？其发展趋势是：

第一，国际安全形势的发展趋势。总体上看，世界和平安全形势日趋缓和，世界大战和大国之间发生战争的可能性非常之小，新型合作体系将不断建立，地区冲突的程度将得到一定控制，但仍将持续发生，并将趋于复杂化、长期化。具体表现是：经济竞争取代冷战时期的军事对抗，大国之间发生直接战争基本上成为不可能，冷战后安全合作机制的建立有助于减少相互误会和防止世界大战的发生；联合国维和作用不断加强，加强地区安全和稳定作用正在成为更多国家的共识。

第二，国际主要矛盾的发展趋势。今后若干年，国际政治将更加趋于复杂，将受到西西矛盾、南北矛盾、新东西矛盾三种矛盾的同时挑战。冷战时期国际政治由东西对抗这一矛盾为主导，将转变为“三大矛盾”为主导。西方国家在政治、经济、安全方面的矛盾全面发展。

第三，国际力量格局的发展趋势。世界政治格局将逐渐形成欧洲、美洲、亚洲三大中心区域和美国、中国、日本、德国、俄罗斯五大力量相互竞争、相互制约，又相互合作的多极化格局。其主要表现是：欧、美、亚三大中心区域在世界政治经济文化中的影响日趋接近，将形成欧美亚三足鼎立的局面；美、中、日、德、俄五大力量日趋均衡，将形成多重三角政治战略关系，相互之间的政治距离趋于接近；世界政治形势向多极化发展的框架已成定局，但具体的内容和形式正在发展演变之中，至于最后形成一个什么样模式的政治格局，还要拭目以待。

四、全球化与世界政治的发展

全球化已是当代国际生活中无可辨驳的事实，将成为人类社会的主题。全球化促进了世界经济的发展，加强了各国政治对话与合作，培养着全球意识，但对世界政治的影响也是不可忽视的。

“全球化”，简言之就是把全地球五大洲各国各地区的人群在各方面联结成一体的进程。新科技革命成果是全球化的原动力，新生产力革命则是全球化的主动力。全球化首先由科技全球化、生产全球化开路，进而形成经济全球化、政治全球化、文化全球化、国际关系全球化等。其中经济全球化与政治全球化的发展是相辅相成的。经济全球化必然推动政治全球化，政治全球化是全球化对世界政治影响的必然结果。

政治全球化正朝着“全球政治”的新现象发展。一方面各国政治交往的扩大与频繁，另一方面各国政治生活相关性空前加强。政治全球化加强了各国在政治生活中的对话与合作，为克服民族国家的局限性、解决危及人类生存与发展的全球化问题，提供了某种政治机制与可选择的途径。

国际政治生活日益展现的相关性是政治全球化的核心。这种相关性，一方面是指国内国外政治的界限日益接近，超国家权力日益强化。国内政治国际化、国际政治国际化的现象与日俱增。国际社会及国际组织等超国家机构，协调国际关系，维护国际社会的整体利益。另一方面，政治全球化的相关性还意味着政治生活与政治现象的某种共同性、规律性。共同的东西当然就是相关的东西，所以在深层次上反映着政治民主化，要求人们超越民族、国家、阶级的局限，关注并且遵循政治发展的规律，参与政治全球化过程。①

全球化与中国。对于中国来说，全球化浪潮是无法回避的现实。不管你赞成还是反对，全球化都按其自身的逻辑向前推进，不以任何人的主观意志为转移。实际上从三中全会以来，中国由不自觉到自觉地已加入全球化的发展进程。我们要立场坚定，旗帜鲜明地迎接全球化的挑战，把握住它给中国带来的发展机遇。我们应在战略上、大局上、宏观上采取的基本态度是：第一，高举邓小平理论的伟大旗帜，坚定改革开放的信心，更加自觉地把我国现代化事业置于世界舞台，在全球化中求生存、求发展、求富裕。第二，坚持反对霸权主义和强权政治，以博大胸怀，战略眼光理性思考和审慎的对策推进全球化、驾驭全球化，促进人类文明进步。第三，充分发挥联合国等国际组织的作用，积极介入国际机构的建构、努力争取协调好全球化与建立公正、合理的国际政治、经济新秩序的关系。

总之，当代世界是全球化世界，21世纪是全球化世纪，我们要以成熟的思考、国际战略的眼光审视现实和未来，迎接和战胜全球化浪潮的挑战。

五、当代世界政治面临的新问题

1.“新干涉主义”威胁世界和平问题。

20世纪90年代末2000年初，世界形势发生了许多值得深思的新变化。美国加紧实施称霸世界的单极战略，国际舞台上力量对比失衡，多极化进程受到干扰。以美国为首的为掩盖侵略科索沃的脸嘴，鼓吹“新国际主义”，其核心就是“新干涉主义”。

何谓“新干涉主义”，其内容是，其一，“捍卫人类普遍的价值观”，认为西方的自由、民主、人权、法治等价值观是普遍的，应该推广到全球，这是义不容辞的“义务”。其二，“人权高于主权”。他们提出“人权无国界”、“主权有限”论和“主权过时论”。

---

①时殷弘.论民族国家及其主权的被侵蚀和被削弱——全球化趋势的最大政治效应[J].国际论坛：2001，(4)．

“新干涉主义”的要害，就是为西方资本主义国家利益服务的工具，在这一点上它与殖民主义、反共产主义等没有什么本质的差别。“新干涉主义”既有冷战思维和强权政治特征，又有浓厚的“西方中心论”的色彩。

2.新世纪的国际政治是以国家利益为中心。

在冷战时期的美苏两极格局下，国际政治舞台上往往是以意识形态和社会制度划线，“谁是我们的敌人，谁是我们的朋友”经纬分明，划分敌、我、友是国际外交的首要前提。美苏两极格局解体后，国家利益包括经济、安全、战略利益等上升，成为国际关系的中心，而政治意识形态的作用逐渐下降为次要的地位。

目前，世界各国纷纷采取实用主义的务实外交，跳出了以社会制度、意识形态划线的束缚，传统的“敌、我、友”模式已不再有生命力，自觉地遵守“没有永恒的敌人，没有永恒的朋友，只有国家利益才是永恒的”原则。由于共同的敌人的消失，以前压抑的内部矛盾却暴露出来，诸如美欧矛盾、美日矛盾，俄与中东欧国家的矛盾。这些矛盾的解决也是围绕着国家利益这个中心进行。因此，21世纪实现国家利益，尤其是经济利益将成为各国制定对外政策的中心因素，也将成为国际政治的中心内容。

3.21世纪国家的交往方式问题。

战略伙伴关系，是当今国际政治舞台上新出现的一种国家间的交往方式，是适应国际政治的需要而产生的一种外交模式。

第一，战略伙伴关系的提出及类型。最早提出战略伙伴关系的是俄美。1992年6月，为开创俄美关系的新纪元，俄美双方签订了《俄美伙伴和友好关系宪章》。其结果并没有达到“融入西方社会”、“迅速走向市场经济”的目的，反而引起俄各界人士的强烈不满，俄罗斯寄希望于西方的愿望落空。俄民族主义力量上升，提出恢复大国战略，在外交上与西方拉开距离，谋求同中国等大国发展关系。1996年4月，俄中两大国决定共同构筑“平等信任的、面向21世纪的战略协作伙伴关系”。并就双边关系、国际重大问题和原则达成共识。

1997年中俄双方发表了《关于多极世界和建立国际新秩序的声明》。由于中俄双边关系的发展，带动了新的三角关系，美国、法国等其他西方国家先后于1997年与中国也相继建立面向21世纪的战略伙伴关系。

目前，国际关系舞台上建立各种各样的伙伴关系，从性质上划分，可分为三大类型：第一类是美国、西欧和日本的军事结盟关系。这种关系是他们之间早已存在的军事同盟关系的加强，是以军事集团为依托、军事条约作保证的结盟关系。第二类是美中建立的“战略伙伴关系”。这种关系是在某些国际问题上互相借重的关系，他们在作出承诺时就有保留，使用模糊的提法，为任意解释留有余地，不明确自己的义务，以国内法律可以改变双方国际条约，根据国内政治斗争的需要，自食其言。我们对这种伙伴关系要有清醒的认识。第三类是俄中建立的战略伙伴关系。这种关系是一种松散的政治协作关系，对美国与北约既能形成政治威慑，但制约力量也是有限的关系。

第二，战略伙伴关系的本质和意义。从1996年以来形成的各种战略伙伴关系，就本质而言，是一种政治对话关系，是不针对第三国、不搞对抗，推动平等合作的正常国家关系，而不是传统意义上的结盟关系。

战略伙伴关系的出现具有重大的国际政治意义。它是战后国际关系发展的良性互动，是推动国际政治关系多极化的重要战略措施；它是推动国际关系朝着平等、合作、对话方向发展的良好的外交行为，带动世界其他国家外交政策的调整，对世界形势的发展与稳定起了积极的作用。但是，目前已形成的战略伙伴关系还不完善，只是国家之间建立的定期首脑互访和沟通的机制，没有通过国际会议确定，缺乏对强权政治的约束力。

第三，中国发展战略伙伴关系的基本原则。其一，坚持中国的外交战略，反对霸权主义，维护世界和平，把握当前国际形势的本质特征，制约美国“单极世界”战略。其二，坚持和平共处五项原则基础上建立世界新秩序，从自身的安全利益、经济利益出发，加强同主要大国的关系，争取最大限度地发展与西欧和日本的合作关系，不能使他们同美国绑在美国全球战略的战车上。其三，坚持灵活有利的外交策略，发展世界主要政治经济大国的双边关系，推动国际政治多极化的进程，第四，发展同周边国家的友好关系并稳定中日的周边环境；扩大同发展中国家的基础关系，加强中国外交的立足点；发挥中国在联合国和其他外交舞台上的作用，推动国际重大问题的解决，等等。

4.和平与发展在21世纪的地位问题。

在《邓小平文选》第三卷中，邓小平先后有12次之多提到和平与发展是当今世界的两大问题，他指出，“带全球性的战略问题，一个是和平问题，一个是经济问题或者说发展问题。和平问题是东西问题，发展问题是南北问题。”他在1992年春南方谈话中又指出：“世界和平与发展问题，至今一个也没解决。”进入21世纪的今天，人类还远未进入和平与发展的时代，这个时代刚刚崭露头角。要解决和平与发展问题，任务艰巨而道远，将是21世纪人类社会所面临的主要问题和主要任务。和平与发展两大问题在21世纪将更加突出。我们要十分关注这个问题。

六、世界政治的新走势

“冷战”的结束,标志着国际政治进入了一个崭新的历史时期。“冷战”后，世界政治的总体趋势是走向缓和与合作，世界可能经历一个较长时期的和平发展时期。然而国际冲突与斗争远未终止，无论从世界格局来说，还是从地区冲突来说，不稳定的因素还很多。但是，只要我们处理得当，我们完全可以争取到一个和平的国际环境，可以使我们集中精力加速我国的发展，提高我国的综合国力。

1.“一超多强”：“冷战”后世界的基本格局。

对于1989年“冷战”结束以来的世界格局，人们有不同的认识。一种意见认为，苏联解体以后只剩下美国一“极”，而世界其他国家的实力都够不上“极”。因此，世界已由“两极”格局变为“单极”格局。另一种意见认为，世界已形成“多极”格局，即除了美国之外，欧盟、日本、俄罗斯、中国等也都构成了世界的“极”。第三种意见认为，当今世界既不是“单极”，也不是“多极”，而是“一超多强”，即是由一个超级大国（美国）和多个强国组成。我们以为，“冷战”结束以后，到新的“两极”或“多极”格局出现以前，“一超多强”是这个时期国际政治的基本格局。

(1) 美国是当今世界惟一的超级大国，但它难以实现建立“单极”世界的理想。

“冷战”结束和苏联解体以后，美国成了世界上惟一的超级大国。尽管在苏联解体以后，由于“苏联威胁”的解除，欧洲和日本等美国的盟国敢于要求与美国平起平坐，但是，它们任何一国都没有能力单独与美国较量。美国仍然是世界上最强大的国家。正如亨廷顿指出的，“美国显然更愿意建立一个它作为霸主国的‘单极’体系，而且它也经常这样行事，好像这种体系已经存在了似的。另一方面，大国们则更愿意建立一个‘多极’体系，以便它们单独或集体寻求自己的利益，而无须受到实力更强的超级大国的限制、胁迫或压力。它们感到受到了美国寻求全球霸主地位的威胁。”“超级大国试图建立一个‘单极’体系的努力促使其他大国做出更大努力来实现‘多极’体系。几乎所有的地区大国都越来越坚持自己寻求各自不同利益的权利。它们寻求的这种利益往往与美国的利益相冲突。”

美国要建立一个真正的“单极”世界，以便在任何时候实现自己的目标。要做到这一点，除了必须具有超群的军事力量之外，还必须具有超群的其他权力资源。这种超群地位使得其他国家都不敢向它的地位提出挑战。但是就目前而言，美国对于西方发达国家，充其量只能“领导”，谈不上“支配”。更何况世界上还有中国、俄罗斯和其他发展中国家。从美国对南联盟动武就可以看出来，它以北约的名义纠集十几个国家一起干，说明它知道在当今世界上美国要自己单干是不行的。联系到美国的一些失败的外交举动，如《赫尔姆斯-伯顿法》和人权提案等，都说明尽管美国是西方的“老大”，但美国要重新成为名副其实的“世界霸主”，差得很远。估计在未来一段时间内，随着各国实力的进一步增长，美国建立“单极”世界的愿望将越来越难以实现。美国将不得不接受自己与多个强国并存的世界格局的事实。

(2) 俄罗斯决不会甘心于“二等国家”的地位，它将致力于恢复昔日的威风。

原苏联实际上是“冷战”的殉葬品，是最大的失败者。“冷战”以后的10年内，它的后继者——俄罗斯的经济已经连续下降了大约40%，其严重程度甚至超过美国1929—1933年的“大萧条”时期。即使从现在开始俄罗斯经济实现持续增长，预计也要到2010年以后才能恢复到转轨前的水平。不仅如此，俄罗斯的当权者们原以为，苏联的解体，并宣布改变其原来的社会制度，甚至按照美国的要求销毁对准美国的核导弹以后，俄罗斯立即可以得到美国等西方国家的大笔援助，使经济迅速得到恢复，然后顺理成章地融入资本主义世界。但实际上，西方国家只是在口头上高喊援助俄罗斯，频频开具“空头支票”，但行动上却迟迟不予兑现。而且，由于俄罗斯人民不仅没有从改革中得到好处，反而因严重的通货膨胀和经济危机而深受其害，因此它的“改革”也得不到人民的支持。于是，俄罗斯陷入了进退两难的境地。事实教训了俄罗斯的当权者们，向资本主义大国摇尾乞怜不可能“振兴”国家，只能使俄罗斯沦为“二等国家”。这种情况也刺激了俄罗斯国内的党派斗争和民族主义情绪。结果，“冷战”后的俄罗斯不仅经济难以恢复，而且政治上也出现了分裂。尽管普京在2000年总统竞选中取胜以后，国内社会趋于稳定，但是原有的矛盾没有解决，包括普京在担任代总统时发誓要解决的，并且得到民众支持的车臣问题也没有真正解决，因此俄罗斯的走向仍是今后一段时期内国际政治走势中难以预测的问题之一。

但是，俄罗斯决不会甘心于当“二等国家”，它要重组属于自己的势力范围。因此，它在苏联解体以后不久，重新把苏联的大部分加盟共和国组织在一起，成立了“独联体”，并且不时地在国际舞台上喊出自己的声音，以显示俄罗斯的存在。但是由于国内政治纷争和经济危机等原因，俄罗斯的实力已经大不如前了，可是它决不会善罢甘休，它要在一些重大问题上采取行动，显示自己的存在。

应该承认，目前俄罗斯为恢复其昔日在世界上地位的努力，受到了国内政治纷争、民族矛盾以及经济危机等因素的严重牵制。而且，直到目前为止，俄罗斯国内矛盾的发展仍然难以把握。但是不管如何，随着经济的逐步恢复，俄罗斯国内的政治、民族以及其他社会矛盾可能逐步得到缓解，最终使俄罗斯的国力得以回升。考虑到原苏联在世界上不可一世的表现，以及俄罗斯民族的特性，一旦其实力恢复到与原苏联实力相当的时候，它就会对美国在世界上的“独占”地位提出挑战。但是，这并不等于世界会回到美俄两个“超级大国”称霸世界的“两极”世界中去，因为照现在的发展趋势看，俄罗斯要恢复到原苏联的水平，还需要10~15年时间。而在这一段时间内，其他西方大国以及中国，将得到快速发展。可以预计，到俄罗斯的实力恢复到原苏联实力的时候，这些国家的实力早已发展到更高的程度，因此仍然形不成“两极”格局，俄罗斯只能接受“一超多强”格局的事实。

(3) 随着各自实力的增长，其他大国将在世界事务中起更重要的作用。

从近期看，除了美国与俄罗斯以外，世界大国至少还有德国、法国、英国、意大利、日本以及中国。随着它们经济实力的增长，必将对美国的地位提出挑战。从再长远一点看，迅速发展中的印度、巴西，也都可能成为未来“多强”世界中的成员。

德国、法国、英国、意大利和加拿大本来就属于“七国集团”的成员，具有相当的经济和军事实力。虽然从最近一段时间看，由于它们在最新的科技革命中落后美国一步，经济迟迟不能实现快速回升，但是从它们现有的经济和科技实力看，用不了多久，它们的经济都会先后得到恢复和发展。正由于它们已经拥有比较强大的实力，因而它们绝不甘心于接受美国的控制和摆布，它们会对美国提出越来越多的挑战，从而在世界事务中起更加重要的作用。

日本是当今世界第二大经济强国，但它又是第二次世界大战的罪魁之一。虽然战争失败了，但是至今不思悔改。不仅如此，它的政界头面人物还不时地为日本在“二战”中的侵略行径翻案。战后以来，它在《和平宪法》的限制下，不敢明目张胆地复活军国主义，但是一直在利用美日《安保条约》，发展军事实力，为军国主义复活做准备。近年来，它积极准备伙同美国部署战区导弹防御计划，严重地威胁着中国以及其他周边国家的安全。日本的动向引起了世界人民的普遍关注和警惕。日本军事实力的扩张也受到多方面的制约。首先，在“二战”中深受日本侵略之苦的东亚国家的人民坚决反对日本军国主义的复活；其次，日本人民深受日本军国主义之害，国内存在着一股强大的反对军国主义复活的和平力量，它们是日本军国主义复活的最大制约力量；最后，美国人民也决不会忘记“珍珠港事件”的历史教训。美国对日本是不会放心的。美国与日本联合在亚洲搞什么“安保条约”固然有利用日本，继续保持它在亚洲的“存在”，但是这一条约又何尝不是约束日本的一条锁链呢？

中国是一个发展中的社会主义大国。在“冷战”之后，中国在国际事务中的地位更显得突出。随着它经济实力的增强，其在世界上的地位日益重要。由于其国家性质，中国将作为其他大国的制衡力量存在于世。由于中国的支持，多数发展中国家可能在世界上发表它们的意见；也由于中国的存在，发达国家争夺世界的斗争可能得以揭露和制止。此外，随着印度和巴西等国经济的发展，它们在国际上的地位也将不断上升。

当然，要在世界上建立起真正的“多极”体系，也不是短期内能实现的。它还要看，全球力量对比的发展。因为在国际政治中，可能发生突发性的变化，而这种变化是难以预测。只要美国不发生急剧衰败的突变，其他国家与美国的力量对比就不会发生根本的改变，那么在21世纪较长的一段时间内，还会继续保持“一超多强”的格局不变。

(4) “一超多强”格局的确立，有助于暂时消除世界大战的危险。

“冷战”时期，国际局势之所以不时紧张，有时甚至似乎世界战争一触即发，就是因为世界上存在着美国和苏联两个超级大国，各自操纵两个对立的军事集团，试图压倒对方，独霸世界的结果。但是，在原苏联解体以后，在现有的大国中还没有一个国家的势力能与美国相匹敌，由于美国与其他国家之间的实力差距过大，而且在本课题研究的时间范围内，预计原苏联的继承者——俄罗斯也不可能恢复昔日苏联强盛时期的实力，因此没有一个国家能对美国的世界霸权提出真正的挑战。而且在“冷战”以后，各国把主要精力集中于经济方面，因此各国之间的矛盾更加错综复杂。加上由于20世纪内世界性战争的沉痛教训，包括美国人民在内的世界反战力量空前壮大，因此世界战争一时打不起来，世界会变得相对平静一些。然而应该看到，世界局势的这种相对平静只是暂时的，俄罗斯决不会甘心于充当“二等国家”的角色，凭借其长期养成的大国心态和强烈的民族主义情绪，它一定会想方设法，重整其昔日的威风。但是，即使从现在起俄罗斯经济开始逐步恢复，但要想回复到10年前原苏联的水平，至少还需要10年时间。况且，在俄罗斯经济恢复的道路上，尚有诸如民族分裂主义、党派斗争等“拦路虎”，在未来的10年中还不知会发生什么事情。因此，在未来的十年二十年时间内，世界大战打不起来。

(5)“全球化”——发达国家继续推行霸权主义的新借口。

世界都在变化，但是有一点也许是永远不会变的，那就是强权政治。世界上以强凌弱的强权政治由来已久。远的不说，即使在“冷战”时期，在美国和苏联两个超级大国的把持下，霸权主义横行。凡是世界大小事务（包括国际事务，甚至是一些国家的内政），美国和苏联都要插手；凡是不符合它们利益的，无论是美国还是苏联，都要以武力和非武力的方式加以干涉。“二战”后发生在世界各地的武装干涉、武装颠覆、军事政变、经济封锁，甚至一些国家的所谓“民主选举”，追根究底都有美国或苏联参与的背景，都是美苏霸权主义劣迹的表现。

“冷战”以后，在军事和意识形态对立趋于淡化的形势下，美国再要坚持赤裸裸的霸权主义行径似乎有点“不合时宜”，因此必须要有新的“掩饰”。于是，他们抓住“冷战”后全球化迅速发展的趋势，借口“全球化”的发展把世界各国紧密地联系在一起，世界范围内的任何动荡都会威胁到国际社会的安全，因此美国及其盟国必须联合起来加以制止，以确保和平与发展。在这个“理论”中，“国家主权”日益失去了它昔日的尊严，所谓的“民主”、“人权”、“民族问题”等都成为他们用来反对别国的“有力武器”。“人权高于主权”就是以美国为首的北约国家武装攻击一个主权国家的新借口。以美国为首的北约组织对南斯拉夫科索沃地区进行的武装干涉正是在这种借口下进行的。

诚然，随着交通和信息技术的加速发展以及国际经济活动日益频繁，一个硕大的地球似乎变得越来越小，最终变成了一个小小的“地球村”，从而拉近了国与国之间的关系。于是，世界上关于“全球化”的议论越来越多。其实，迄今为止，“全球化”仍是见仁见智的问题，各人的理解可能有很大的差别。但是在众多“全球化”理论中有一种理论认为，“全球化”是“西方化”的同义语，或者说是以西方人为主导的近代化的新阶段。他们“把全球化的根本动力看成西方世界对非西方世界的征服、同化和整合。”有人甚至直截了当地说“全球化就是美国化”。美国某些狂妄自大的决策者们显然以此为根据，直接把美国的思维逻辑，甚至把它的国内立法一古脑儿搬到国外，企图将它们“美国化”，推行霸权主义政策。

毫无疑问，“全球化”与“西方化”等同的观点是不能令人信服的。“全球化”无疑是当前世界的一种发展趋势。但是随着各国之间的联系越来越密切，各国之间的政治、经济和社会交往日益频繁，一个国家的兴旺与衰败都与“地球村”休戚相关；而“地球村”的兴旺发达也有赖于各国的发展。因此“全球化”要求世界各国共同发展，因而决不能成为某些国家凌驾于另一些国家之上，一部分国家服从于另一部分国家的理由。

(6) 结论。

基于这种“一超”和“多强”格局可能长期并存的判断，我们可以就这一时期的战争与和平问题做出这样的结论：

第一，世纪之交，从总体上来说是处于不确定的、各种力量进行激烈较量的过渡时期。大国在重构它们之间的关系时，既有希望合作的一面，也有相互冲突的一面。但是，由于各大国的发展需要有一个过程，而美国的实力也将牢牢保持领先的地位，因此，虽然战争的威胁依然存在，但是战争的可能性将受到限制。尽管可能在一些地区爆发局部战争，但不可能发生大国之间的世界大战。

第二，由于东西方大国之间存在的“伙伴关系”符合各方的基本利益，因此在较长时间内这种关系不会破裂，也不可能发生全面的对抗。

第三，由于美国超级地位优势明显，而且国内（主要是在国会内部）存在一种狂热的霸权主义与干涉主义情绪，因此美国意欲建立“单极”世界的进程。这就意味着战争危险依然存在。所谓的“人权问题”、“民主问题”和“民族问题”等都可能成为未来世界不安宁的因素。

第四，由于世界其他大国，特别是中国对战争的制约作用，因此尽管可能频频出现以霸权主义为特点的干涉主义，但国际冲突与战争将是有限和可以控制的。

总之，世纪之交的国际局势总的特点是和平而不是战争，但矛盾与冲突将持续存在，并且可能出现短时间的国际紧张局面。

2.可能导致未来国际冲突的因素。

从“冷战”向“后冷战”时期的过渡是世界政治的一个转折期。它的最大特点是，在大战危险消除的同时，存在着广泛的不稳定因素。其中主要的不稳定因素包括：主权国家重组和宗教、民族矛盾激化在世界各地造成广泛而复杂的地区冲突和局部战争；猖獗的恐怖主义和跨国犯罪对世界各国所造成的新威胁；区域性的金融危机及日益增多的经济摩擦；部分国家和地区的逆裁军趋势，以及公开和潜在的核军备竞赛；生态环境恶化、资源紧张；“冷战”遗留下来的地区性对抗态势；霸权主义、干涉主义乃至“人道主义”战争。

(1) 强权政治与干涉主义。

以美国为首的北约对南联盟发动的军事打击，是“冷战”后最典型的强权政治与干涉主义。这次干涉所显现的新的战争模式和北约业已开始的新战略，像一块乌云一样正向世界扩散，它将直接影响21世纪初的国际安全。

在当代，干涉大体上可分为两类：一类是联合国体系之内的干涉，即由联合国组织的干涉，如联合国直接组织的各种维和活动，以及由联合国授权进行的反侵略战争等。这类干涉通常被认为是合法的。另一类是联合国体系之外的干涉，也就是未得到联合国批准，或是绕过联合国进行的干涉。这类干涉都是不合法的。北约对南联盟的干涉，就是一次非法的干涉。在国际关系中，干涉基本上都是在力量对比悬殊的情况下发生的。就联合国体系之外的情况而言，干涉都是大国对小国，强者对弱者的行为。从这个意义上讲，干涉具有大国和强国的属性，它特别表现为超级大国的特权。自第二次世界大战结束以来，在世界上进行干涉最多的国家，就是美国。当然，中小国家在地区的范围内，也有许多干涉行为，例如以色列干涉黎巴嫩，土耳其干涉塞浦路斯，越南干涉柬埔寨等。

干涉主义作为一种政策，它所追求的目标有两类：一是为了“利益”，另一是为了“价值”。为了“利益”进行干涉，干涉者的目的就是要获得某种现实的好处，例如获得石油资源；为了“价值”进行干涉，干涉者的目的是要实现某种道德原则，诸如为了推行人权标准和民主制度等。在冷战时期，美苏两个超级大国在各自势力范围内的干涉，虽然带有某种意识形态的色彩，但本质上是出于利益，是为了确保自己的霸权不被削弱。这次北约干涉南联盟，尽管人们知道它有明确的利益考虑，但它自己却反复宣传是为“价值”而战，是“捍卫人道主义”原则。

北约对南联盟采取的干涉行动，它们自己把它称之为“新干涉主义”。所谓“新干涉主义”，也就是人道主义干涉，即出于维护人权等道义原则，而不是出于某国私利而进行的干涉。为了使这种不合法的干涉披上某种正当的外衣，它们采取了自己给自己授权的多边干涉模式，想以集体行动的方式来掩饰自己的行径。不管北约以什么理由轰炸南斯拉夫，它在世界上开创了强国集团武装干涉集团外主权国家的先河。世界爱好和平的国家与人民，应该警惕这种事件的再次发生。

(2) 恐怖主义。

21 世纪初，人类社会所面临的国际安全挑战，如果说有什么是最不可预测的，那就是恐怖主义。因为恐怖主义分子可能来自于任何国家、任何阶层，恐怖事件可能以任何形式，发生在任何时间和任何地点，伤害的对象可能是任何人。在这种情况下，尽管世界各国面对可以预见的未来不必为可能发生世界大战而担心，但却不得不时刻准备着投入反对这场被人称做“永无休止的地下世界大战”的恐怖主义战争。

当前世界上影响比较大的恐怖主义派别，主要有：①宗教恐怖主义。这是以宗教为意识形态的派别，例如以原教旨主义为指导的恐怖主义，其主要宗旨是以暴力改造现有国家，并以“圣战”打击西方社会。②奉行民族分离主义的恐怖主义，或称民族恐怖主义。这一类恐怖主义的组成主要是极端民族主义者、自治主义者、种族分离主义者，其运动的目标是实现民族分离或民族自治。③新法西斯主义的恐怖主义，或称种族恐怖主义。这个派别奉行的是反动的种族主义，突出的表现是仇外、排外，其袭击对象主要是外籍工人、黑人以及其他非白人群体等。他们主要出现在一些欧洲国家和美国。④黑社会恐怖主义。这是国际犯罪集团搞的恐怖主义，诸如国际贩毒集团，他们的活动一是属于相互争权夺利的仇杀，二是针对有关政府部门的报复性暗杀活动。⑤生化恐怖主义。这是指使用生化武器的恐怖主义，是一种新型的恐怖主义。日本的“奥姆真理教”所搞的恐怖活动就属于这类。⑥“革命”恐怖主义。这是指左翼游击队搞的恐怖主义。

自 20 世纪 90 年代以来，恐怖主义活动的上升趋势表明，21 世纪的国际社会面临着严峻的反恐怖主义的形势。一方面，“冷战”时期延续下来的许多旧矛盾依然存在，在南亚、北非，形势依然严峻，在中东地区和北爱尔兰地区，尽管已有和平协议，但要真正解决问题，还有很长的路要走。另一方面，新的矛盾正在不断出现，例如，在科索沃的民族冲突中就出现了恐怖主义问题。

从另一个角度来说，随着“冷战”的结束和苏联的解体，人们发现，核武器以及大规模杀伤性武器的走私和扩散的危险性大大增加了。在俄罗斯和欧洲的一些国家，已破获了一些核材料走私案件。这有可能使恐怖主义者配备的武器从常规武器升级到核武器。人们担心，一旦恐怖分子获得了这样的武器，人类也许就真的进入了一个“超级恐怖活动时代”。

不过，对恐怖分子来说，生化武器也许是更容易得到，使用更方便，对平民威胁更大的武器。东京地铁发生的沙林毒气事件说明，恐怖分子已把生化战付诸行动了。美国政府技术评价局认为，如果用飞机把100公斤炭疽杆菌培养液撒在华盛顿的上空，就会造成100万人死亡。一般来说，带有政治目的的恐怖组织多数不会轻易使用大规模杀伤性武器，因为他们必须考虑大众的支持因素。然而，现在的一些宗教和种族狂热分子，却根本不考虑任何制约因素。面对这样的形势，任何国家的政府都是不可掉以轻心的。

(3) 极端民族主义。

极端民族主义历来是世界不稳定和不安定的一个重要根源。“冷战”以后，再次在全世界掀起极端民族主义浪潮。它大体上包括四个部分：

①前苏联东欧国家发生剧变后出现的民族分离主义浪潮。

在前苏联东欧地区，民族主义的主要表现是国家分离。在这种分离中，出现了一系列复杂的争端。一方面，新独立国家之间的领土争夺、财产分割还存在很多问题；另一方面，这些新国家的纷纷独立起了示范效应，使得那些更小的民族自治单位的少数民族地方势力受到了鼓舞，进而也纷纷起来要求独立。车臣、达吉斯坦和科索沃都是其中的突出事例。据统计，在前苏联地区，领土和民族争端发生了200多起，波及700万平方公里的土地和3000万人口。在前南斯拉夫地区，民族分离过程中发生的争端和战争已酿成惨痛的内部种族仇杀和外部的列强干涉。

②非洲国家频繁出现的部族、民族冲突。

在一些发展中国家，特别是在非洲，民族冲突的发生和激化与西方国家进行国际干预有重要关系。“冷战”结束后，美国等西方国家把在全球推行其社会制度和价值观念作为对外战略的重要组成部分，加紧对发展中国家施加政治、经济压力，要求其实行西方式的民主制度。在一些国家的民主化过程中，原有的政治体制被取消后出现了较大的国内动乱，许多争端变成了严重的部族冲突。此外，西方国家还利用一些国家政局不稳和经济困难的形势，支一派打一派，更加剧了一些国家的民族矛盾。从社会结构上看，发展中国家的贫困也助长了民族主义的泛滥。贫困造成了社会财富和政治权力分配的不均，一些处于不利地位的民族或部族，不可避免地要起来进行斗争。在卢旺达，胡图族和图西族之间就存在这样的问题。在非洲，往往越是低收入的国家，民族冲突越激烈。

③西方国家以新法西斯主义、白人至上主义为表现形式的种族主义浪潮。

在欧洲，新法西斯主义分子和种族主义分子以纵火、殴打等方式发泄他们的排外、仇外情绪，其打击矛头主要是指向外国移民或外籍劳工。在美国，这股浪潮主要表现为种族歧视。

④历史上遗留下来的民族矛盾和斗争。

这样的矛盾和斗争在各地都有。所谓的“科索沃问题”，实际上是当地占多数的阿尔巴尼亚族和占少数的塞尔维亚族长期矛盾、斗争以至相互镇压的结果。从民族冲突的事实看，它往往是一种缺乏自我约束机制的过程，因此矛盾的激化与升级常常表现为必然的趋势，而且一旦演化为局部战争，外部力量常常很难加以控制。联合国的维和行动就多次遭受失败。

按照梵埃维拉的观点，民族主义导致战争可能有这样一些因素，即不是独立国家的民族要求建立独立的国家；散居的民族追求统一；民族关系中出现追求霸权的因素；少数民族受到压迫；新出现的民族国家缺少安全性和可防卫性；民族间的历史中相互犯下过罪行。他认为,战争的危险性与这些因素的强度是成正比的。

从世界范围的民族冲突的发展趋势看，未来的十年很可能仍然是民族主义能量的释放期，因民族矛盾而引发的冲突，还不可能从根本上得到解决。历史经验表明，民族之间一旦失去相互信任，一旦形成相互仇恨的心理，往往很难改变。民族之间的和解，甚至要比国家之间的和解困难得多。世界范围的民族冲突局面是否能缓和，在某种程度上取决于世界经济的发展状况，取决于大国关系，但最根本的还是取决于冲突各方的意愿。只有参与冲突的民族都有了和解的愿望，和平才有可能实现。

(4) 国际关系中的经济战。

从国际安全的角度来说，经济战就是国家之间以强制性经济手段进行的政治对抗。就经济摩擦或经济战的目的而言，大体可分为两种情况：一种情况是出于纯经济目的，诸如因为贸易的不平衡或不公平；另一种情况是出于政治或其他非经济原因，诸如为了制止侵略，打击恐怖主义，或是出于维护人权、民主等意识形态方面的原因。显然，作为一种强制性措施，它既可以作为经济报复手段，也可以作为政治对抗手段。在联合国，经济制裁主要是作为一种解决政治问题的选择，《联合国宪章》中就有关于以经济制裁制止侵略的规定。

在经济战中，参与制裁的国家相对被制裁者而言，在国际经济关系中通常居于主导地位。所以，这主要是经济大国的一种特权，并且往往与强权政治相联系。在“冷战”时期，实施制裁的主角一直是以美国为首的西方工业化国家，而受到制裁的则主要是社会主义国家和发展中国家。当然，战后随着西欧和日本的经济恢复和经济起飞，它们与美国的经济矛盾也日益增多。对于这些国家，美国亦不时挥起制裁的大棒。当然，除了强权政治模式之外，在历史上经济战中也曾出现过中小发展中国家制裁发达国家的特殊事例。如 20 世纪 70 年代石油输出国组织（OPEC）发动的石油价格战，对石油输入国（特别是西方主要的石油消费国）的经济造成了巨大的冲击，以至导致了西方国家 1974—1975 年和 1979—1982 年两次经济危机。

“冷战”结束以来，国际关系中的经济战频繁发生。由于使用军事力量越来越不得人心，经济制裁成了一个最容易的选择。美国作为当前世界惟一的超级大国，更频繁地利用自己的优势挥舞起了经济制裁的大棒，以便“惩罚被认为不符合美国标准的一切，从庇护恐怖分子，从事毒品交易到未能保护海龟”。它不但把矛头指向它的“敌对国”，诸如伊拉克、利比亚、伊朗、朝鲜，而且经常把矛头指向它的“盟国”，因为这些“盟国”在经济上也不时威胁到美国的利益。

从安全的角度来看问题，受制裁当然是一种不安全。但我们也可以看到，这种所谓的“扼杀经济战略”，大部分是不起作用的，而且往往使制裁者本身受到极大伤害。这是因为在经济全球化和区域经济一体化的今天，受制裁的国家通常有广泛的选择余地。它们在失掉一些经济关系之后，完全可以找到其他的合作伙伴。所以，制裁者充其量只能给受制裁者造成暂时的困难，而同时却又主动放弃了自己的市场。

由于实行经济制裁政策没有实效且使美国付出了高昂代价，近来这种政策在美国国内也日益受到批评。美国布鲁金斯学会对外政策研究所所长理查德·哈斯在其新著《经济制裁与美国外交》一书中认为，制裁几乎从未起过作用。他指出，作为一种干预的形式，它既会给无辜人民造成很大伤害，也会给美国企业界、工人和对外政策的利益造成很大的损害。因此他建议，要避免单方面制裁，不要实行从属性制裁（即迫使其他国家参与制裁，否则就对它们实施制裁），制裁面不要太宽，允许总统有权暂不实施某些法律等等。

从国际经济战未来的发展趋势看，经济制裁这种手段还会存在下去，因为乐于实施制裁的国家还没有更好的选择。21世纪，随着世界和平趋势以及政治经济化趋势的加强，这种政治冲突经济化的现象有可能增多。由于诉诸武力不得人心，因此霸权主义有可能更多地采取经济战的方式。在全球化的过程中，激烈的经济竞争，也有可能导致国家间的经济战。在未来的10年中，包括走出金融危机的东亚国家在内的一大批发展中国家，在经济上有可能再上一个台阶。它们的发展会使发达国家感受到巨大的压力。

21世纪初，世界经济出现两种互动的趋势：一种是相互依存性导致的合作；另一种是发展不平衡性导致的竞争和战争。这两种趋势相互制约，可能会共同决定21世纪的经济发展过程。

（5）跨国的生态环境破坏。

21世纪的国际冲突，除了涉及人的因素之外，还会涉及很多生态环境的因素。“冷战”之后，随着世界大战和核战争危险的缩小，人类面临的其他危险却日益突出。其中，生态威胁就是最严重的一个。人类所面对的生态问题大体上可以概括成三个方面：人口压力过大；资源消耗过度；生存环境破坏严重。多伦多大学学者霍默·狄克逊（Homer Dixon）认为，环境的变化会导致一系列严重问题：气候变暖可能导致北冰洋不冻航线的紧张，并导致对南极资源的争夺；膨胀的人口和土地压力可能造成环境移民潮，他们会给接受国的国内秩序和国际稳定带来不利影响；水供应的减少和上游的污染可能导致冲突；在发展中国家，粮食作物的急剧减少，会导致城乡之间、定居者与游牧者之间的冲突；如果环境的恶化使粮食供应日趋紧张，则出口者就会用食品作为武器。霍默·狄克逊认为，环境的变化最终会导致南方和北方国家的资源枯竭，会导致阶级和种族分裂，并可能导致起义和暴动。总之，环境的恶化会使国际社会出现紧张局面，增大各种不同冲突的可能性，并使得合作失败。

一般来说，可能导致冲突的生态环境的改变可以大致分为两种情况，即生存空间和生存资源的改变。迄今为止，在生态领域内，各国最重视的就是对生存资源的争夺，特别是对不可再生性资源的争夺。综观20世纪的国际冲突，为占有或支配别国的石油资源而经常采取军事行动。在20世纪90年代的海湾战争中，美国之所以大动干戈，正如尼克松以往所指出的，既不是为了民主，也不是为了自由，而是为了石油。展望21个世纪，这样的争夺还会更加激烈。

对淡水资源的争夺，历来是引发国际河流沿岸各国间冲突的重要方面。根据联合国的报告，21世纪的全球水资源情况不容乐观。按照国际用水量标准，到21世纪初，将有越来越多的国家处于严重缺水状态。格莱克（Peter H. Gleiclt）认为，随着人口的增长，随着生活标准的改善和用水要求的提高，随着全球气候变化导致的水供应问题的日益增多和供应的日益不稳定，水与供水系统越来越可能成为军事行动的目标和战争的手段。他说，在水短缺的地方，为了有限的水资源而发生的争端有可能使国家产生这样的认识：获得水乃是实现国家安全的问题。水与国际安全的关系表现为：很多水系都是多国共有，下游国家往往不能确保自己得到足够的干净用水；由于某些国家可以通过修建水利设施支配别国的用水，因而水资源可能变成战争的手段；一些干旱、半干旱国家由于人口增长过快，将很快进入严重缺水状态，这很可能导致争夺水资源的战争；世界上有许多国家还是以水利发电为主，因此随着可用水的短缺，能源短缺将成为严重问题。

人类生存环境的恶化，说到底是人类自身的行为造成的。由于地球的生态环境是一个整体，因此某个国家改变生态环境的行为，往往会殃及到其他国家，甚至会殃及整个世界。一般来说，一个国家对生态环境的破坏，通常是出自本国利益的行为造成的，但其结果却影响到了他国的生态环境，以及影响到它们对自然资源的利用。例如，国际河流的上游国家过度利用水资源，或对本国内森林资源的乱砍滥伐，一般属于“故意而非敌意”的行为。但也有少数是出自某种敌意的行为，即某个国家蓄意对其他国家发动或威胁要发动生态战争，例如使用生化武器进行战争。核战争，说到底也是生态战争。核战争的最终结果，即所谓的“核冬天”，其实就是地球生态环境的毁灭。在当代国际关系中，还有两种纯属故意的越界污染行为，一种是发达国家把国内禁止发展的污染企业转移到发展中国家；还有一种是发达国家向发展中国家故意转移垃圾。后一种行为完全可以称为“生态战争”。

全球日益严重的环境问题，已经导致了全球范围内以环境为中心的政治斗争。例如，在西方发达国家快速发展的绿党与其他派别的斗争，已经遍及包括国会在内的政治斗争的每一个角落，而且其影响越来越大。在生态政治中，政府行为也将是非常重要的方面。在20世纪90年代，一些国家的政府对内开展了打击生态犯罪的斗争。例如，俄罗斯联邦安全局就提出了反对“生态走私”的问题。而美国则开展了所谓的“环境外交”。这种情况意味着生态问题会日益变成政治问题和外交问题。

思考题

1.何谓世界政治格局？要成为世界政治格局的主角应具备什么条件？

答案参考要点：世界政治格局是指活跃于国际舞台上的主角国家和各种政治力量相互作用而形成的一种结构样式和规模。世界政治格局主角应具备的条件是：实力、独立的外交、对世界事务的影响力。

2.怎样认识以雅尔塔体制为基础的两极政治格局的形成、发展和终结？

答案参考要点：雅尔塔体制、北约、华约。三个世界格局式样、东西南北关系式样、东欧剧变、苏联解体。

3.为什么说现在的世界正朝着多极化方向发展？

答案参考要点：西西矛盾、南北矛盾成为过渡时期的主要矛盾。资本主义经济政治发展不平衡规律、大国战略的调整。

4.格局转换的内涵和特点是什么？

答案参考要点：从两极格局解体到最后形成新的多极世界格局，将有一个比较长的过渡时期。特点是：(1) 新格局通过力量的消长、分化组合自然形成；(2) 几大力量中心的实力存在相当大的不均衡。

5.两极格局的终结对国际政治的影响是什么？

答案参考要点：(1) 国际力量对比向西方倾斜；(2) 和平与发展成为国际政治的主题；(3) 世界大战的危险下降，但地区冲突明显增多；(4) 国际政治竞争，从主要争夺军事优势转变为争夺经济和高科技优势。

6.两大阵营分化和瓦解表现在哪些方面？

答案参考要点：帝国主义阵营：戴高乐主义、法国退出北约军事一体化计划、新日美安全条约的签订、新东方政策。社会主义阵营：波匈事件、中苏论战。

第四章

发达国家的经济与政治

本章学习目标

引导学生认识西方发达国家政治民主和经济繁荣的本质,资本主义经济政治的新变化并没有改变西方发达国家垄断资本主义的本质及其固有的矛盾，西方发达国家全球战略的霸权主义实质。

本章重点难点

自第二次世界大战结束以来，发达国家在世界经济、政治和国际关系方面一直居于中心地位，几乎同世界上每一个国家和地区都有不同程度的联系，因此，研究发达国家经济、政治及其霸权兴衰的历史，对我们观察国际斗争的风云变幻，把握世界潮流的基本走向，具有十分重要的现实意义。通过对发达国家经济政治和全球战略的全面分析，重点解决对发达国家政治民主和经济繁荣的本质的认识；当代发达国家的新变化和对外战略的演变并没有改变垄断资本主义的实质及其固有矛盾的问题。

第一节　发达资本主义国家的经济

一、发达资本主义国家经济在战后的快速发展

在第三次科技革命的有力推动下，资本主义国家的劳动生产率迅速增长；产业结构和就业结构不断调整变化；对外贸易不断发展。20 世纪70 年代中期以后，由于第三次科技革命的间隙和世界性经济危机的影响，资本主义国家步入长期的低速增长阶段，但由于各国的发展基数庞大，它的社会财富的绝对增加量并不少，经济实力也在不断增强，工人的生活水平缓慢地提高。20 世纪 90 年代以来，随着科技革命在某些领域新的突破创新和资本主义国家经济结构的调整，资本主义国家经济呈现快速增长

势头，主要资本主义国家的经济达到了前所未有的繁荣程度。

第一，发达资本主义国家经济在战后的快速发展。

快速发展得益于第三次科技革命的推动。第三次科技革命的出现，首先是因为生产发展使人们对新技术、新工艺的需求增加，同时又为新技术的研究发明提供了必要实验条件和足够的物质保证，使科学技术的飞速发展既有必要又有可能，为科技的进步注入了巨大的活力。其次，科学技术作为生产力，本身具有加速发展的趋势。再次，是因为国际、国内竞争不断加剧，迫使垄断资本把发展科技作为提高竞争力的一个最有效的手段；最后，是因为国家对科研的重视和有雄厚的经济实力，可以集中全国的科技力量，动用巨额资金，重点突破某一尖端技术领域。

第二，社会经济结构的变化的作用。

其主要表现为：

首先，以现代科学技术为基础的新兴工业部门以很高的速度发展起来；

其次，传统工业部门虽然也在不断进行技术改造并有所发展，但与新兴工业部门相比，都在相对地衰落；

再次，新兴工业和传统工业正在紧密地结合起来。

第三，不平衡发展规律的作用。

经济发展不平衡是资本主义的绝对规律，发展的不平衡反映在两个方面：一是发展速度的不平衡；二是发展水平的均衡化。

第二次世界大战后，资本主义国家发展不平衡的一个突出特点是不平衡发展更加具有跳跃的性质。这从美、日、西欧经济此涨彼落的变化情况可以明显看出。

二、发达国家在当今经济发展中面临的矛盾和困难

当代资本主义国家都是以市场经济为其基本经济运行方式的。在这种方式下，企业的生产和经营，以及社会的资金、物资、人力的配置和利益的分配、消费需求的实现等一系列问题，主要通过市场的引导和调节来解决。市场经济的构成要素是市场机制和市场体系。市场机制就是市场对经济生活发生作用的形式、手段及其系统的作用过程。市场体系是指相互联系、相互制约的多种内容的市场所构成的交换体系或网络。

第一，市场机制的缺陷。

主要表现在以下几个方面：首先，市场调节不能直接实现对国民经济的宏观控制。其次，市场调节主要在现有的经济活动中起作用，并且市场信号对供求关系的反映在某种程度上具有滞后性。再次，市场机制的作用只有在完全竞争的条件下才能充分发挥，并且主要适于那些对价格、竞争等反映敏感的产品和企业，而对垄断性的行业以及供求对价格不敏感的产品具有局限性。

第二，国家垄断资本主义的发展及实质。

国家垄断资本主义是国家政权同垄断资本相结合的垄断资本主义。其实质是：为了垄断资产阶级的整体利益和长远利益，国家以所有者的身份，参与社会再生产过程，并通过各种措施，对国民经济进行干预和调节，以维护经济的正常运行，保证垄断资本赢利的条件，维护资本主义制度。

在当代资本主义国家，国家和垄断资本的结合，首先表现在两者的“个人联合”上；其次还表现在两者的经济融合上，即国家不仅作为上层建筑，执行保护资本主义私有制、维护资本主义剥削的共同外部条件的职能，而且已经作为经济活动的承担者，为维护垄断资本利益，直接参与资本主义的再生产过程。国家垄断资本主义时期的国家，是总资本家或者说总垄断资本家，它不是脱离垄断资本主义总的机体而独立存在的超阶级的服务工具，而是垄断资产阶级特别是最大的垄断组织的工具，是为垄断资产阶级特别是大垄断资本家的利益服务的。

战后发达资本主义国家的国家垄断资本主义的发展，主要表现为国家作为总资本家，全面干预经济生活：扩大国有垄断企业，增强国家干预的经济力量；财政政策的调节；货币政策的调节；实行经济计划化和经济立法；加强国际性调节等。这些干预形式在一定程度上为抑制生产无政府状况，缓和经济危机，促进国际经济协调发展等方面都起了较大的积极作用。但是，随着国家干预的加深，许多有利因素逐渐转化为不利因素，各种矛盾也更加尖锐，资本主义国家经济由高速发展转化为低速增长。特别是进入 20 世纪 80 年代以来，资本主义国家普遍陷入“滞胀”困境。

第三，经济“滞胀”困境。

滞胀即停滞膨胀，是指生产停滞和通货膨胀的并存状态。其具体症状是，生产停滞不前，物价居高不下，失业普遍增加，资本主义陷于全面深刻的经济危机中。在滞胀面前，原来的国家干预调节方式已无能为力，凯恩斯主义失灵。所以自 20 世纪 80 年代以后，资本主义各国相继放弃了凯恩斯主义理论，改为供给学派的货币主义政策，在继续实行对总需求调控的同时，加强对总供给的调控。国家宏观经济政策的重点目标从反对失业和争取“充分就业”转向反对通货膨胀和追求经济的稳定增长，对宏观经济政策的具体实施也从短期应急逐渐转向长期安排。各国经济干预政策的调整，导致了经济干预调节方式的一系列变化。具体表现在：其一是适当减少国家干预，充分发挥市场机制的作用；其二是把供给管理和需求管理结合起来；其三是官民合作，开发新技术。“滞胀”是国家垄断资本主义的消极作用日益加深的集中反映，是国家垄断资本主义发展到一定程度后，资本主义基本矛盾进一步深化的必然结果。尽管资本主义国家为了摆脱滞胀，采取了很多调整措施，经过十年的努力，通货膨胀又有所缓和，但经济停滞问题却未见多大成效。

第二节　发达资本主义国家的政治

一、发达资本主义国家的政治制度

根据资本主义国家民主政治理论和民主原则建立起来的政治制度包括：选举制度、议会制度、政府制度、政党制度。

发达资本主义各国民主政体包含三条原则：即多数原则、程序原则、少数原则。

所谓多数原则，即少数服从多数的原则，是指政治民主这种“多数人的统治”——实际上是“人民”中多数人的统治，是按多数人的意志决定政府的组成或变更，并进行其他政治决策。所谓程序原则，是指政治民主要求，不论是民主的政治决策，还是民主的选举，都必须有法定的、可遵循的程序和规则，通常这种程序和规则是由宪法和其他法律来规定的。所谓少数原则，是指政治民主在少数服从多数的同时也要保护少数人的正当权益。只要少数服从多数的裁决，就允许少数人保留自己的意见。资本主义的政治制度用少数服从多数，按程序办事，保护少数人权益这三条原则来体现“人民当家作主”。可是，“人民”是一个历史范畴，在资本主义社会里，“人民”是以资产阶级为主，“多数人的统治”就是按照资产阶级中的多数人意志来进行国家的统治。民主制作为一种政体形式，在这三条原则的作用下，能更好地为其内容服务。

选举作为一种政治制度，是指公民以及政党按照一定原则选出代表，组成代议机关来决定国家政治事务的一种程序。

议会是资产阶级民主的主要标志，它一般由选民选出的具有一定任期的议员所组成。

当代资本主义国家的政体形式主要有：议会君主制、议会共和制、总统共和制。

资本主义国家的行政机关主要由国家元首、中央政府和地方政府机关所组成。

各国在组织政府过程中，遵循所谓相容或不相容原则，禁止兼职和从事营业原则。

资本主义国家的政党制度可分为一党制、两党制和多党制，它们都是资产阶级各经济利益集团互相竞争在政治上的反映。

(1) 选举制度

选举是政府和执政者合法性的惟一根据，是防止国家权力异化于人民的重要保证。因此，选举制度是“主权在民”原则的体现。它通常包括选民资格和候选人资格的规定，以及选举的程序规定等三方面内容。

(2) 议会制度

议会属国家的立法机关或权力机关，它对行政和司法机关起着“分权制衡”的作用。议会的主要职权是立法权和监督权。立法权包括立法的创议权、通过法案权和修正权，实际就是制订和修改法律的权力。议会君主制为不少资本主义国家所采用。如英国、西班牙、葡萄牙、比利时、瑞典等都实行这种政体，其中尤以英国为代表。

议会共和制和议会君主制从总体上讲并无多大差别，其差别只在于国家元首上面。在政府和议会等关系不变的前提下，世袭的君主被选举的总统所取代。

总统共和制——美国是最早实行这一政体的典型国家。总统共和制具有如下特征：(1) 总统具有高度的权力。(2) 国会是最高立法机关。(3) 政权组织依照三权分立原则设立，立法、行政、司法组织独立行使职权。(4) 总统由普选产生，并有严格的任期。(5) 总统共和制下的内阁是集体顾问机构。

(3) 政府制度

各国在组织政府过程中，一般都必须遵循如下两条原则：(1) 所谓相容或不相容原则。即指政府成员的职务同担任议员的身份是否相容的原则。在总统制国家，一般是实行不相容原则。在内阁制国家，绝大多数则是实行相容原则，即政府部长必须是议员担任。(2) 禁止兼职和从事营业原则。多数国家都规定政府成员不得兼职和从事营业，有的国家还规定，政府成员在从政期间，必须公布其个人财产。

目前，多数资本主义国家实行在形式上给予地方以广泛的"自治权"，实际上是中央集权的地方管理制度。如美国的联邦制，欧洲大陆国家的省、市管理制；英国的区、郡、市制等。就其实质而言，都是国家统治机器的组成部分。

(4) 政党制度

资本主义的政党制度可分为一党制、两党制和多党制，这种划分法通常以主要政党或处于垄断地位的政党的数目和掌权方式决定的。

资本主义政治制度作为一种国家统治形式，相对于封建的专制制度，无疑是一种更高级的政治形态。从资本主义政治制度的实践来看，它成为一种有效稳定地实行阶级统治的一种政体形式，成为防止专制独裁的理想形式，又是稳定社会、维护资产阶级统治的良好工具。随着资本主义政治制度的日趋完善，其形式和内容也更符合统治阶级的要求。但这种政治制度不能不带有本阶级的烙印，从而没有也不可能解决人民民主的一系列根本问题。建立在资本主义私有制基础上的资本主义政治制度，是以保证资产阶级的私有财产不受侵犯为根本目的。尽管它在法律上规定了公民享有的广泛平等的民主自主权，在政治外表上体现出高度的分权和自由，但却以维护财产私有的方式，确立了经济特权和资本特权，由财产的不平等造成公民事实上的不平等，具有很大的欺骗性和虚伪性。

二、战后资本主义国家政治的重大变化和面临的社会问题

第一，以总统为核心的政府行政权力的加强和集中；

主要表现在：各州权力的相对削弱，联邦权力的相对扩大；立法司法部门权力的相对削弱，行政部门权力的相对扩大；政府各职能部门权力的相对削弱，总统权力的相对扩大。这种形式上表现出的总统扩权，实际上是以总统为中心的整个国家机器不断强化和中央集权逐步加强的反映。

第二，"压力集团"和"思想库"在影响政治决策及其运行方面的作用增强；

"压力集团"是以某种特定利益、政治主张、价值目标所维系的人们所组成的集团。资产阶级在很大程度上依靠上层知识分子来维护自己的阶级统治。当代资本主义的一个突出特点是上层知识分子加入了这个阶级。

第三，"新中间阶层"发展迅速；

以各种专业人员、技术人员、管理人员、行政人员和服务人员为主体组成的中间阶层在当代美国迅速崛起，成为影响美国政治动向和发展趋势的一支重要社会力量。在社会生产过程中，不同程度地参与了资本的控制和管理，拥有部分的经营权、监督权和处置权。正因如此，他们才拥有巨大的社会能量，对当代资本主义社会有着十分重要的影响。得益于垄断资产阶级的改良和收入分配政策的调整以及普遍实行的高工资、高福利、高消费政策，在中产阶级崛起的同时，主要资本主义国家自20世纪70年代以来社会相对稳定，阶级关系和社会矛盾没有激化，这是当代资本主义国家社会政治的又一重大变化。

第四，社会危机加深。

主要表现在：种族歧视根深蒂固，犯罪问题十分猖獗，吸毒贩毒日益严重，以及家庭瓦解、艾滋病流行等。

由于资产阶级改良措施的阶级局限性和不彻底性，其结果使当代资本主义国家成为各种矛盾交错并存的新的统一体。主要表现在四个方面：一是资本占有形式的社会化与资本的垄断化并存。二是经济调节手段的社会性和生产目的的狭隘性并存。三是政治统治形式民主化与阶级特权合法化并存。四是广泛的社会利益与个人主义价值观并存。

战后资本主义国家确实发生了形式上的全面变化，但所有这些变化并没有从根本上改变资本主义国家的垄断资本主义性质，也没有解决其固有的矛盾，所以也就不可能从根本上挽救其被社会主义代替的历史命运。

第三节　发达资本主义国家的外交战略

一、强权政治和霸权主义

强权政治和霸权主义是发达资本主义国家外交战略的基础，崇尚“强权即公理”、“弱国无外交”，将大多数国家排斥在国际政治之外。

资本主义国家实施强权政治和霸权主义的手段是多种多样的。在军事上，就是使用武力或以武力相威胁；在政治上，以实力为后盾，对其他国家施加各种形式的压力。强权政治和霸权主义是当代战争的主要根源。

在国际关系中，强权政治和霸权主义成为发达资本主义国家的政策基础。

强权政治是指强国凭借军事经济实力的优势向外扩张，推行炮舰政策和霸权政策。它们力图建立由大国操纵的国际体系，以谋求霸权。它们崇尚“强权即公理”，“弱国无外交”的论调，将大多数中小国家排斥在国际政治之外。所有这些都是强权政治在国际关系中具体的表现。

霸权主义是指少数大国或强国，通过各种手段，对其它国家进行控制、干涉、谋求对某一地区或整个世界的统治的政策和行为。霸权主义是一种思潮和政策，是对外事务的一项政策，它不属于国家内政。霸权主义否认主权平等，否定国家主权原则或以国内法来否定国际法基本原则，采用各种手段和借口干涉别国主权范围内的事务，强迫别国接受自己的意志、社会政治制度和意识形态。

强权政治和霸权主义两者在本质上是相同的。冷战后资本主义大国并未完全放弃强权政治与霸权主义，仍然将之作为其外交战略的基础。强权政治和霸权主义上升为世界的主要危险，是当代战争的主要根源。

战后，发达资本主义国家外交战略以美国的全球战略最为典型，其全球战略中的强权政治和霸权特征表现得尤为显著。它从美苏两极和两种社会体系的对立出发，制定了遏制苏联和社会主义的全球战略。该战略强调以实力为后盾，以其他西方发达国家为盟友，在此基础上谋求“世界领导权”，“按照美国的构想改造世界”。作为战略的总体目标，从“遏制共产主义”到最终消灭社会主义国家，独霸世界。为实现这一全球战略，战后美国历届政府都不遗余力地采取各种手段实施这一战略。

杜鲁门的遏制战略、艾森豪威尔上台后变杜鲁门的“遏制战略”为“解放战略”。肯尼迪上台后对外推行“和平战略”和“灵活反应战略”。尼克松把“伙伴关系”、“实力地位”、“谈判时代”三原则作为缓和战略的支柱。

卡特接任后，把对外战略的基点由大三角放在“小三角”，即美国、日本、西欧关系上，提出了三边主义的世界战略。1980 年里根上台后，大力推行“以实力求和平”的对外关系总战略。

克林顿总统对美国全球战略作了新的调整：其一是将处理对内与对外关系的侧重点从对外转向对内；其二是将处理对外关系中的重点从军事领域转向了经济领域，更加重视经济安全对美国国家安全的作用；其三是将实施全球战略的重点地区从欧洲转向亚太，其中主要是转向东亚地区；其四是在对华关系上，将视中国为潜在的敌人转变为视其建立“新太平洋共同体”的主要争取的合作对象。其总的战略意图是：以经济为进行国际竞争的主要手段，以在太平洋地区为战略重点地区，通过改善和协调与亚太国家间的关系，其中主要是与中国的关系，形成以制衡西欧为目的的太平洋阵线，以最终实现建立美国主导下的单极世界的战略目标。

美国的全球霸权战略，集中体现了当代帝国主义、强权政治、霸权主义的本质。半个世纪以来，美国以其强大的军事、经济实力为后盾，到处横行霸道。但是，由于美国长期实行国民经济军事化和到处扩张，造成其自身力量和地位的相对衰落；美国的强权政治、霸权主义政策受到越来越多的国家的反对和抵制，美国再也难以实现其独霸世界的战略目标。

二、发达资本主义国家的对外关系

发达资本主义国家的对外关系主要有发达资本主义国家的相互关系、发达资本主义国家与社会主义国家的关系以及发达资本主义国家与发展中国家关系三个方面构成。

（1）发达资本主义国家的相互关系，主要体现在美国、西欧、日本之间的关系上，它经历了一个由美国独霸到三足鼎立的演变过程。

（2）发达资本主义国家与社会主义国家的关系，在冷战时期主要是两大集团之间的关系，特别是美苏关系；冷战结束后这种关系又集中反映在中美关系上。

（3）发达资本主义国家和发展中国家的关系，主要是第三世界国家争取和维护政治独立和经济独立问题，也就是如何解决国际政治经济旧秩序，建立国际政治经济新秩序的问题。当前，这两者之间关系的核心是经济发展问题。两者关系的实质，从根本上说，就是控制与反控制，剥削与反剥削的关系。

第四节 称霸世界的美国

一、美国的基本国情

美国地处北美洲,东临大西洋,西濒太平洋,北接加拿大，南靠墨西哥，面积为九百三十六万三千多平方公里，仅次于加拿大和中国，居世界第三位。人口二亿六千多万，其中白人占80%以上，黑人占11.6%，其它为墨西哥人、阿拉伯人、以色列人和印地安人等。据统计，全美华人人数约占美国人口总数的0.65%，从1785年华人第一次踏上美国国土起，已有200多年的历史，19世纪40年代，大量“契约华工”移美，主要从事淘金、筑路等工作，为开发美国西部做出了重大贡献。在美华人已有77%获得美国国籍，其余23%则作为侨民居留美国，在美华人的分布以西部地区较为集中，约86万多人，占全美华人的52.4%，仅加州就集中了70万，其次是东北部地区，约44.5万人，占全美华人总数的27%，其中28.4万人在纽约。

由于美国华人受教育程度的提高和职业领域的不断扩大，他们在美国教育界、科技界开始占有较突出的地位。目前在全美80多所大学和各类科研机构中，有华人学者10多万人；在美国3000多所大专院校中，几乎每所院校都有华人任教，其中知名学者有2000多人；美国著名大学有1/3的系主任由华人担任。在美国现有的12万世界一流的科学家和工程师中，有3万多人是华人。目前在美国一些著名的大企业、大公司、科研中心和太空中心的专家学者中，华人约占30~50%。华人在美国的科技水平和地位仅次于犹太人，居其他少数民族之上。

美国的历史不长，在二百多年前还是英国的殖民地。殖民者先后在北美洲大西洋沿岸建立了十三个殖民地，统治奴役美洲人民，残暴屠杀当地印地安人，并从非洲掠来大量黑人充当奴隶。英国殖民主义者的残酷统治激起了当地人民的多次起义。1775年波士顿人民打响了独立战争的第一枪，揭开了美国独立战争的序幕。1776年7月4日，在费城召开了第二次大陆会议，组成了以华盛顿为司令的大陆军，通过了杰斐逊起草的《独立宣言》，正式宣布建立美利坚合众国。1783年独立战争胜利结束，1787年通过美国宪法，成立联邦共和国，华盛顿为第一任总统。

美国刚刚摆脱殖民统治的枷锁之后，便走上了侵略和扩张的道路。为了满足资本主义发展的经济和政治需要，从19世纪初到20世纪初的一百年内，美国领土几乎扩张了十倍。美国统治阶级通过巧取豪夺，在短短一个世纪内，就使美国成了一个拥有九百多万平方公里的大帝国，领土的急剧扩张，为新兴的资产阶级开辟了新的活动场所，大大促进了资本主义的发展。

第二次世界大战期间，美国开始时宣布“中立”。1941年12月7日日本偷袭美国的夏威夷海军基地，促使美国投入了第二次世界大战。期间，美国大做军火生意，成为爆发户，1945 年 8 月美国在日本广岛使用了原子弹，创下了人类战争史上动用核武器的先例。同年 9 月日本宣布无条件投降，第二次世界大战结束。美国随即进入了与前苏联对峙长达 40 年之久的“冷战”时期，在此期间美国又直接参与了两场重大的地区战争——朝鲜战争（1950）和越南战争（1965 年）。

二、美国经济

1.战后美国经济的发展。

战后，美国的经济经历了一个曲折起伏的发展过程，大体可以分为五个阶段：

第一，战后初期的经济调整和初步繁荣阶段（1945—1953 年）。美国在第二次世界大战中，为了保证战争需要，大搞国民经济军事化，致使设备更新被推迟，人民群众的消费能力被压抑。战争结束后，居民对消费品的需求增加，企业出现投资热，再加上侵朝战争刺激，经济发展出现了战后第一个“繁荣”高潮。虽然发生了 1948—1949 年经济危机，但国民生产总值（从 1947—1953 年）年平均增长率仍达到 3.94%，其中，1950—1951 年达 8.4%，工业生产的年增长率为 6.5%。

第二，20 世纪 50 年代后期的低增长阶段（1954—1960 年）。由于朝鲜战争结束，军事订货减少，与军火有关的工业生产也随之下降。加上在此期间连续发生了三次经济危机，经济发展升升降降，徘徊不前。1954—1960 年，美国国民生产总值的年增长率只有 2.48%，工业生产的年增长率只有 1.84%.

第三，20 世纪 60 年代的高度繁荣阶段（1961—1969 年）。1961 年 1 月至 1969 年 10 月，美国经济市场出现了 106 个月的持续增长，国民生产总值的年增长率为 4.3%，工业生产的年增长率为 5.95%，造成这种经济增长的主要原因：一是战后新技术革命的推动。二是美国国家垄断资本主义的发展。三是第三世界的廉价原料和燃料供应。四是相对稳定的资本主义世界货币金融体系和国际贸易制度。五是侵越战争的刺激。

第四，20 世纪 70、80 年代在滞胀中缓慢发展阶段。1969 年底美国再次出现经济危机，从此美国的经济一蹶不振。整个 70 年代，美国国民生产的年增长率只有 3.2%，年平均失业率为 6.2%，年平均失业人数为 572 万，消费物价年上涨率达 7.1%。1979—1980 年出现了战后最严重的经济危机。从 1979 年 4 月—1980 年 12 月，美国工业生产下降了 11.8%，失业率最高达 10.8%。1980—1982 年，美国国民生产总值实际年增长率只有 0.13%，工业生产平均下降 3%。从 1982 年底开始，美国经济开始止降回升。1983 年国民生产总值增长 3.5%，1984 年达 6.8%，是 1981 年以来的最高年份。通货膨胀率和失业率均有下降。但是，1985—1986 年间国民经济增长速度再次放慢。1985 年为 2.4%，1986 年为 2.5%，特别是从 1985 年开始，美国从世界头号债权国成为债务国，国内债务也从 1986 年春突破 20 000 亿美元，从而使美国经济发展前景暗淡。

第五，20 世纪 90 年代以来的稳定发展阶段。进入 20 世纪 90 年代以后，美国经济仍在继续衰退。布什上台后，为了遏制经济衰退的局面曾实行了一系列新经济政策。如：缩小市场机制范围，强化国家干预和调节。仅1990年为营救濒临倒闭的金融社团拨款就达1 500亿美元；侧重财政政策的长期效应。与里根政策相比，布什的经济政策更注重长期效应，并期望通过削减公司资本收益税、刺激投资增加税收，压缩军费开支等措施，取得预算平衡。1990年美国军费开支为2 920亿美元，比上一年度减少1%，1991年又比1990年减少2.6%，与此同时减少社会福利开支，1991年保险支出减少46亿美元，农业补贴减少13亿美元，其它支出减少82亿美元。尽管在20世纪90年代初期布什政府采取了一系列措施，但并未能解决美国面临的严重经济问题。这也成为布什总统竞选失败的一个重要原因。

克林顿上台后，把重振美国经济列为全国的“首要任务”，提出要使美国经济“走上新道路”，并采取了一些新的措施和提出了一些新的经济计划。克林顿认为，里根时期的经济政策忽视了政府对宏观经济的调整和干预作用。克林顿主张加强政府对宏观经济的调控，但又不同于凯恩斯主义所主张的扩大政府开支以刺激消费，而是既要削减财政赤字又要增加投资。为了增加税收和削减开支，从1994年7月1日起，汽油、天然气和家庭取暖用油逐步提价；提高富人所得税的最高税率；提高中产阶级社会安全福利税；提高工商企业营业税。在削减开支方面，从1994年到1998年削减政府开支2 460亿美元，仅1994年白宫人员减少25%，联邦政府机构裁员10万，联邦活动开支压缩12%至14%，克林顿推出的这一系列振兴美国的经济纲领，并付诸实施后，一度受到了美国、国内的审慎欢迎，在实行过程中，虽然也遇到了重重困难和阻力，但从结果来看，从20世纪90年代中期以后，美国经济复苏比较明显，在整个20世纪90年代基本上处于缓步增长态势。

2.美国经济实力的相对衰落。

以下问题对美国的经济发展形成制约：

一是财政赤字问题。美巨额财政赤字是历届政府执行凯恩斯主义赤字财政政策的恶果。它已成为美国政府身上一个背不起、甩不掉的包袱。随着克林顿政府增税减支计划的实施，美国财政赤字在1995年减至1 700亿美元。但由于克林顿政府医疗改革计划的付诸实施，财政赤字在1996年又趋上升之势。面对庞大的财政赤字，美国政府已显得山穷水尽。

二是高债务低储蓄问题。美国的高债务问题，不仅反映在高国债方面，公司债务和家庭债务也同样沉重。沉重的债务负担严重地影响了企业的投资和个人消费活动，而这二者又是决定经济增长非常重要的因素。在新一轮的经济复苏中，企业投资的增加大约占经济增幅的1/3，而个人消费更是占美国全部经济活动的2/3。美国的私人储蓄率一向较低，目前更处于十年来的最低水平，不足4%，低储蓄率将使扩大投资缺乏足够的资金来源。为了弥补资金短缺，美国不得不提高利率，从国外筹措资金，但高利率则将阻碍经济增长。以上问题不解决,美国经济便难以实现持续有力的增长。

三是高福利问题。高福利问题也同样是它们所面临的又一个棘手的问题，它严重影响了政府和企业再投资的能力，美国已将其国内生产总值的27%用于社会福利开支，以应付养老保险和失业救济等方面开支的需要。高福利开支加重了美国的财政负担，制约了经济的发展。高福利还形成了产品的高成本，从而进一步削弱了美国产品在世界市场上的竞争力。随着美国社会日益向老龄化社会过渡，削减社会福利开支必将遇到更大的阻力。

尽管美国经济发展中遇到很多困难，但由于科学技术对经济发展的巨大推动作用，由于资本主义积累规律和激烈竞争的强大动力，由于国家政府对社会经济的干预和调节的加强，不仅使美国的经济得以迅速发展，而且逐渐形成了当代美国经济的若干新的变化和新的特点：

第一，经济结构的巨大变化。当代美国的产业结构、部门结构、就业结构和生产组织结构都出现了新的变化和新的特点：第一产业和第二产业在国民经济生产总值和劳动力总数中的比重下降，而第三产业的比重大幅度上升；在工业内部传统的以汽车、钢铁、建筑业为三大支柱的“夕阳”工业部门，迅速地为新型科技工业部门所取代，劳动密集型、资本密集型工业转变为科技知识密集型工业；体力劳动者数量减少，脑力劳动者数量日增；在大垄断企业急剧膨胀的同时，中小型企业蓬勃发展，两者相互依赖，相互竞争，形成了错综复杂的经济关系。

第二，国家垄断资本主义对社会经济的干预和调节加强。美国500家垄断公司，仅占全部工业公司的0.2%，却占有全部工业资产和利润总额的2/3，其突出的特点和变化是生产多样化和混合联合企业迅速发展。同时，随着工业资本和银行资本的快速融合，形成了新的现代金融垄断集团和新的现代金融寡头。私人垄断组织的国际化、跨国化，是战后垄断发展的新现象。美国政府对社会经济的干预和调节，对资本主义再生产及社会安定产生了关键作用。在当代主要资本主义国家中，美国的国营企业比例最低，但美国政府对社会经济的干预和调节作用却是巨大的，主要通过财政货币政策、收入分配政策、国际收支政策以及经济立法等手段不断加强对国家经济生活的调节和干预，又通过国民收入的再分配政策，社会福利政策，失业保险政策，文、教、科技政策，社会团体政策等方式，对社会生活的各个领域进行干预和调节，不断强化国家的经济和社会职能，以保障资本主义再生产的顺利进行，维护垄断资产阶级的统治。

第三，新经济已显雏形，其影响极为深远。

主要表现在：一是传统工业社会的制造业转变为智力型的工业，加大了知识的注入；二是产业的信息化和信息产业化。

早在20世纪80年代中期，美国已意识到知识密集型产业对美国经济发展的重要性和迫切性，开始着手进行大规模的产业结构调整，将一些污染重、费工费料、技术简单、利润微薄的产品逐渐用进口品替代，对一些仍有优势的产业注入新的知识和新的技术以继续保持其在世界的领先地位；集中力量研究开发信息技术等高新技术，建成了“信息高速公路”，为高新技术既在军事领域，更在民用领域大规模应用并迅速形成产业化进行政策扶持。从近几年的经济增长方式变化来看，其呈现以下特点：第一，从产业结构看，高新技术产业异军突起，对美国国内生产总值的贡献率日趋增大；第二，从生产要素看，有形物质资料的作用相对降低，人的知识和智力的作用相对增强；第三，从家庭功能看，曾因工业经济兴起、发达而丧失的家庭生产功能正在逐步恢复；第四，从提高传统产业的科技含量看，信息技术与传统产业的结合正使传统产品升级换代或使传统产业发生巨大变革；第五，从计算机的使用看，目前美国国内的计算机已到了无所不在的地步；第六，从国际贸易看，美国货物出口的排名和内容已有了变化；第七，从人力资源结构看，受过高等教育的人从事的高智能职业，如教授、科学家等；第八，从劳动生产率看，已大大提高。高新技术的迅速开发和广泛应用，有效地提高了美国的劳动生产率，从而大大增强了美国产品的竞争力。

3.战后美国经济政策的调整。

战后美国经济的发展虽然经历了曲折起伏的过程，但总的还是有很大的发展，它是资本主义世界中经济发展水平最高、实力最雄厚的国家。之所以美国战后经济能保持较高的增长速度，除了固有的雄厚物质基础、丰富的自然资源等条件外，美国国家垄断资本主义的迅速发展，特别是美国政府对经济生活的干预日益加深是重要的原因。

美国国家垄断资本主义的发展是以国家通过宏观财政政策和宏观货币政策对社会经济生活进行干预为主导的。作为资本主义制度必然产物的周期性经济危机日益严重，使资产阶级愈来愈不可能单独依赖他们本身的经济力量来对付，而必须利用国家机器来对国民经济进行直接干预。罗斯福总统采取以加强国家干预为主要内容的“新政”,对美国经济进行全面的干预和调节，在美国历史上第一次确立了国家垄断资本主义的形态和体制，凯恩斯主义的提出为发展国家垄断资本主义特别是加强国家对经济的干预提供了理论依据。凯恩斯是英国经济学家，他否定了资产阶级传统经济学所主张的市场经济的自动调节作用，而主张由政府通过市场经济主动进行调节，以弥补市场经济自动调节的缺陷，凯恩斯认为，决定一个国家经济情况的是社会总需求，包括消费者有购买力的需求和资本家的投资。政府应该通过增加财政开支，增加企业订货、预算赤字、扩大信贷等手段，增加社会总需求。这就是半个世纪风靡资本主义世界的赤字财政和通货膨胀的理论根源。

凯恩斯主义实质上为实行国家垄断资本主义，政府广泛干预社会经济生活提供了理论依据，因此，也获得了美国资产阶级的青睐，从罗斯福开始，到尼克松、卡特，几乎每届美国政府经济政策都渗透着凯恩斯主义的基本精神：在萧条时期奉行松的财政金融政策以刺激经济发展，在高涨时期则实行紧的财政金融政策以抑制经济发展。这一时期虽然发生了数次经济危机，但一般比较缓和，总的来看资本主义再生产能比较顺利地进行，缓和了阶级矛盾和经济危机，也保证了资本家取得最大限度的利润，因此，被称为美国经济发展的黄金时期。70年代的“滞胀”结束了美国经济发展的黄金时期，也从根本上动摇了凯恩斯主义雄踞20多年的理论宝座。以凯恩斯主义为理论依据的需求管理政策失灵，主要表现为：当存在大规模失业和商品大量积压时，政府用通货膨胀来刺激经济，失业率下降迟缓，而物价却大幅度上升；政府停止用通货膨胀刺激经济时，物价上升稍缓，而失业率却迅速上升，形成通货膨胀与经济停滞同时并存的局面。

里根政府上台后，转而采用供给学派、货币主义等新保守主义的理论和政策，最突出的特点是奉行自由放任，减少政府干预政策，以充分发挥市场机制的自发调节功能。但是在实践当中，里根政府既无法坚持不干预经济的立场，也无法将减税和削减政府开支的政策贯彻到底。在一定程度上又回到凯恩斯主义的老路上来，他奉行的是一种实用主义的混合的经济理论与政策。

从罗斯福新政到里根经济学，是美国进入20世纪后政府经济政策的两大转折。如果说罗斯福新政是美国资本主义从私人垄断进入到国家垄断的产物，这种既对生产关系的部分调整还对生产力的发展起过促进作用的话，那么里根经济学的出现则说明国家垄断资本主义已经出现了危机，已经开始走下坡路。

1992年克林顿政府上台以来，为了刺激经济发展，在国家预算、税收、金融、教育等方面都进行了一些改革。美国的金融政策的制定是建立在国会通过的年度预算之上的，金融政策的执行是由独立于行政部门之外的联邦储备局董事会来操作。为确保经济软着陆，1994年储备局将利率上调了250个基分点，达到了5.5%，1995年又在此基础上上调了50个基分点。近几年来，美国经济经过了一段较高的增长期，失业率由1992年6月的7.7%下降到1996年5月的5.6%，通货膨胀也大体被控制在3%左右。

4.美国在世界经济中的地位。

美国是当代资本主义国家的典型。西方七国首脑会议的其他参加国日、德、英、法、意、加也都是现代化水平很高的国家，国家垄断资本主义都有较高程度的发展，甚至在某些方面超过美国，但从整体上看，美国仍然是经济实力最强大的国家，在资本主义世界和整个世界经济中具有不可替代的地位和作用。

（1）美国是当今世界经济实力最强大的国家。美国工业门类齐全、技术先进、机械化自动化程度很高，在电力、天然气特别是新兴的电子计算机、通讯、生物工程、航空、航天新材料等部门均居世界领先地位。美国工业品总产值比世界上任何国家都高。

美国的农业高度发达，机械化程度很高。在种植业中，从耕地、播种到收割贮藏等实现了机械化和自动化，每个劳动力平均耕种1 500亩土地，年产粮食上百万斤，是世界上粮食出口最多的国家，被称为“世界粮仓”。

（2）美国是目前世界上基础设施最发达的国家。它拥有先进的立体交通系统和电脑网络服务系统。空运是美国主要运输途径之一，目前，美国国内航空客运占全世界航空客运量近50%，此外，铁路、公路、水运都相当发达。

（3）美国的教育是世界教育最发达的国家之一，中小学教育主要由州教育委员会和地方政府管理，绝大部分学校是公立的，大部分州实行免费的10年义务教育。各州学制不一，大部分为小学6年，初中、高中各3年，高等教育有2年制的初级学院和技术学院，4年制的大学本科和2—4年制的研究生院。美国拥有一批世界上著名的大学如：哈佛大学、麻省理工学院、斯坦福大学、哥伦比亚大学、加州大学、加州理工学院等等。

美国有很先进的医疗卫生系统，不但医疗卫生设备居世界领先地位，而且还拥有高水平的医疗研究和医护力量。自诺贝尔生理学和医学奖设立以来，已有近60名美国人获奖。

5.对世界经济的影响。

从长期的角度看，今后一段时间是美国经济的增长期。它的经济实力将有大的增长。因此，在新世纪的前十年间，美国将保持对世界经济的巨大影响。

(1) 美国将继续以高科技为龙头，推进并带动世界经济的发展。

在知识或高科技的多数领域内，美国的领先地位是世界公认的。一方面，由于长期以来，美国既重视基础科学研究，又热衷于科学研究成果的实际商业应用，因此它在各个领域内都有一批研究成果，随时可以转化为商品，迅速推向世界市场。另一方面，由于竞争的需要，今后美国还将更加重视知识创新，从国家和商业这两个层面进一步推进科技在经济发展中的作用。在所有这些方面，美国都比日本、欧洲各国略胜一筹。特别是在未来竞争中起重要作用的人才问题上，美国更具有其他国家无可比拟的优势。它可以通过招收各国的优秀学生，以优越的研究和生活条件吸引全世界的高科技人才，并以就业和移民等方式，把他们汇集到美国，为美国经济的发展做贡献。

目前，美国正设法通过发起缔结国际公约、多边或双边条约，甚至单方面行动，制定有利于自己的新的国际贸易和技术转让等规范，以便加强其在世界市场，特别是在信息技术领域的有利地位，保持以至拉大它同其他国家之间的科技差距。例如，围绕着知识产权问题，美国已把扩大知识产品出口、增强知识产权保护、增加技术服务作为对外战略的一部分。在国际贸易中，它经常以它的“特别301条款”对各国实行贸易制裁，每年对其他国家的保护知识产权的情况进行“观察”和调查。美国还希望通过其“国际互联网络自由贸易区”倡议，主导地区合作和全球贸易自由化进程，制定有利于自己的游戏规则。

(2) 继续在各国际组织中起主导作用。

二次大战后，由于美国在世界政治和经济中的重要地位，曾经发起建立了联合国、国际货币基金组织、世界银行等一系列国际组织，并且倚仗自己在世界经济中的地位左右着这些国际组织的活动。不过，随着其他发达国家以及一部分发展中国家经济的发展，美国经济在世界经济中地位的相对下降，它对各个国际组织中的影响力也有所下降。为巩固自己在国际金融体系中的主导权，美国把维护国际金融稳定作为它对外经济战略的重要目标。克林顿承认，亚洲金融危机是国际金融近50年来所遇到的最严重挑战。为防止类似危机的再次发生，他提出了“稳定全球经济的六点计划”，并呼吁按照这个设想改革国际金融体系。此外，美国还通过世界贸易组织达成了《金融服务协议》，以此推进全球金融市场的自由化。在国际领域内，由于实力政策仍然是左右国际斗争的基本原则，因此在本课题的研究期间，美国仍将在国际组织的改革及其运行中发挥重要的作用。

(3) 积极推动区域经济集团化的发展。

出于美国自身经济高度发展的需要，除了积极鼓动贸易和投资自由化，协助美国跨国公司从中取得好处以外，美国还努力为区域经济集团化推波助澜。因为经济全球化的真正实现，还有赖于各个区域经济的高度发展。

首先，自从上世纪 80 年代末“冷战”结束，特别是苏东集团解体以来，美国加快了参与创建、扩大和深化以美国为中心的区域经济集团化的进程，试图巩固以美国为主导的原有的国际经济秩序。1994 年 1 月 1 日，在《美加自由贸易协定》的基础上，正式启动了包括美、加、墨三国的《北美自由贸易协定》（NAF-TA），从而在美洲建立起一个拥有 3.6 亿人口，6.4 万亿美元国内生产总值，以及 1.2 万亿美元进出口贸易额的世界最大的区域经济集团。该协定涉及三国间的商品、劳务、贸易、投资自由化、知识产权、贸易争端及其解决等问题。北美自由贸易区的建立，是美国为以北美为基地，向其他主要经济区域渗透而迈出的重要一步。《北美自由贸易协定》达成后不久，美国又提出“西半球自由贸易区”计划，准备分三步走，即先接纳智利，再接纳阿根廷、哥伦比亚、委内瑞拉和哥斯达黎加等，最后接纳拉美其他国家，建成由美洲 30 多个国家参加的“美洲自由贸易区”，实现整个美洲的贸易自由化。

其次，美国对建立亚太自由贸易区也表现出积极姿态。亚太地区拥有世界人口的 50%，国内生产总值的 40%，是极具潜力的市场。尽管要在亚太地区建立贸易自由化组织十分困难，但是美国还是通过亚太经合组织（APEC）一再呼吁建立以自己为主导的、开放的亚太经济贸易体系。1994 年，亚太经合组织成员签署了《茂物宣言》，确定在亚太地区分阶段实现贸易自由化的原则；1996 年又签署了关于贸易和投资自由化的《马尼拉行动计划》。

为了进一步向欧洲渗透，美国于 1995 年提出了建立跨大西洋自由贸易区的设想。其他欧美国家出于各自未来利益的考虑纷纷响应美国的这一建议。然而在亚洲金融危机的冲击下，美欧各国虽然需要协调行动，但由于经济利益的差别和经济周期的不同期性使这一合作受到很大的限制。

（4）继续向世界各地发动强劲的投资和贸易攻势，国际贸易摩擦将急剧增加。

在未来几年内，美国在全球经济和其他全球问题上可能采取的措施包括：在世贸组织内进行新一轮全球贸易谈判，同时在北美自由贸易区和亚太经济合作组织等机制内贯彻同样的贸易和投资规范，争取达成相关协议；筹备建立北美—欧洲自由贸易区；制定和推销美国版的国际货币基金组织、重塑国际金融体系的改革方案，内容涉及汇率稳定机制、国际流动资金监管、提高各国金融政策透明度和公开性等；争取在国际劳工组织和其他国际机制中通过禁止滥用童工等劳动标准，等等。

与此同时，美国还将继续在投资和贸易自由化的旗帜下，加紧向世界上所有的国家进军，与其他国家争夺市场。它的这种积极的进攻姿态必将与世界上的主要国家发生严重冲突，特别是在农产品贸易、纺织品贸易、劳务市场、军火市场等问题上与许多国家发生频繁冲突。为了保护国内企业和打压对手，美国还将继续频繁使用所谓的反倾销、反补贴等措施。总之，在未来一段时间，在经济与贸易领域内，美国与其他国家的矛盾和冲突还将进一步加剧，但是所有这些矛盾与冲突都不至于发展到难以收拾的地步。

高新技术为美国经济发展注入活力

目前，美国经济界把现代经济称之为“新经济”或“知识经济”。所谓知识经济是相对于传统的农业经济和工业经济而言的，它是通过知识的生产、投入、流通、储存创造价值的经济体系。知识经济的核心是知识作为生产要素，在经济中发挥决定性作用。这是20世纪90年代以来，美国经济持续快速增长的最主要原因。

①美国企业对信息技术和设备的投资大量增加。

各类企业为在竞争中增强自身实力，大力增加对信息技术的投资。1991~1995年，美国对信息技术和设备的投资平均每年以14.4%的速度增加，几乎是传统工业设备投资增长率（4.7%）的3倍；其中，与计算机有关的投资增速每年高达29.7%。1996年，对信息技术的投资相当于对其他工业设备投资的1.6倍，相当于美国企业固定资本投资总额的35.7%，占世界同类投资的40%。1997年，美国对信息技术的投资为32%亿美元，比1996年增长了12.4%。目前，信息技术投资占国内生产总值的4%，相比之下，英国为3%，日本为2%。

②信息产业已发展成为美国最大的产业。

从1990年到1996年，美国信息产业产值增长57%。1984年以信息产业为主的高技术产业产值在国内生产总值中的比重不到15%，1997年已增加到33%。1993~1996年，美国国内生产总值的增长中有27%来自信息技术产业，而来自汽车制造业和建筑业的仅分别为4%和1%，在就业人数方面，信息产业也大大超过了传统的制造业。1996年，仅微电子工业就雇用员工240万人，相当于汽车工业从业人数的3倍，钢铁工业就业人数的9倍。信息产业的发展对劳动力的素质提出了更高的要求，促进了掌握现代科学技术知识和专业技能的工人比例的增加。信息产业的扩大和工人素质的提高，为知识经济的进一步发展奠定了物质基础。

③在信息业发展的带动下，与之相关的商业、服务业都出现了繁荣，推动美国经济持续增长。

美国经济的核心已从制造业转移到创造、处理和分配信息的服务业上来。服务业成为美国就业领域中的主导产业。在1994年美国新增加的就业机会中，金融、医疗等服务性行业占90%。1996年，服务业的产值占美国国内生产总值的3/4。与此同时，美国制造业也摆脱了衰退状态，重新兴盛起来。制造业的复兴，为服务业的进一步发展创造了良好的条件。

④利用其信息技术领先的优势，率先进行了经济结构的调整，正在实现由工业经济向知识经济的转变。

美国经济结构调整正在向纵深发展，主要表现在两个方面：

一是信息技术产业重现升势，催生和带动微电子、半导体、激光、超导、生物工程、新材料、新能源、航空航天等关联产业快速发展；同时运用信息技术改造传统产业的速度加快，“新”、“旧”产业界线趋于模糊，企业劳动生产率得以持续提升。

预计今后10年内，美信息产业对经济增长的贡献将由目前的30%上升到50%，这意味着能用较少的自然资源和较多的信息资源生产出更为丰富的物质产品。

二是外包推动美经济结构调整升级。为应对全球化激烈竞争，美企业近年来纷纷把一些业务外包到劳动力成本较低但素质较好的发展中国家，这种趋势目前还在加速发展。美公司外包已从最初的财务、信息处理等后勤业务向制造过程中更关键的业务延伸，进而扩展到在第三地设立研发中心。从长远看，由于外包大大提升了美公司在全球范围内配置资源的能力，使美更能集中资源发展高附加值产业，提升企业竞争力，对增强美经济的整体竞争力将产生重要影响。

美国经济加速向全球扩张

美国经济加速向全球扩张的动因是多方面的，首先，由于科学技术的发展，生产力发展超越国界，需要有更大的地盘来容纳它。其次，美国的自然资源蕴藏虽然丰富，但是相对于需要而言毕竟有限，急需以他国的资源加以补充。不仅如此，美国对于自然资源还有更深一步的考虑，即趁资源输出国急需发展经济之机，输出资本和技术开发当地资源，从而尽量利用它们的资源，而将美国本土的资源保护起来。最后，为降低生产成本和增强竞争能力，美国公司纷纷将生产企业搬到生产成本较低的发展中国家去，直接利用当地的廉价资源，尤其是廉价劳动力。

运输技术的发展，特别是以国际网络（Internet，因特网）为代表的信息技术的发展，加速了美国经济走向全球的步伐。随着信息技术的发展，越来越多的跨国公司卷入了经济全球化的浪潮，美国与其他国家及企业的经贸技术联系和合作不断加强。20世纪80年代末美国实行全球经营的企业仅占美国企业总数的20%，现在已超过60%。1982—1994年间，美国跨国公司母公司和子公司之间的商品出口贸易额从471.26亿美元增至1343.11亿美元，在美国总出口额中所占比重从33.3%增至36.3%；进口额从392.88亿美元增至1194.38亿美元，在总额中所占比重从37.4%增至42.7%。也就是说，目前分散在世界各地的美国公司内部的贸易额分别占美国出口总额的1/3以上和进口总额的2/5以上。

占领国外市场是美国经济向全球扩张的重要目标之一。1994年初，美国商务部将经济增长最快的12个国家和地区，评定为其加强经贸联系，促进产品出口的10个“主要新兴市场”。它们是中国经济区（包括中国内地、香港和台湾地区）、印度尼西亚、印度、韩国、南非、波兰、土耳其、墨西哥、阿根廷和巴西。1994年，美国对十大“新兴市场”的出口占其出口总额的30%，预计到2000年这个比重将增加到40%—60%。1995年7月，美国又将东盟7国列入“新兴市场”。美国计划在10年内将向上述“新兴市场”的出口总额扩大到1万亿美元，从而在国内创造600万个就业机会。在经济全球化浪潮中，美国凭借其技术优势，促进了对外贸易的发展。据统计，在美国的出口商品中，40%以上是计算机、半导体、飞机、通讯设备等高附加值产品。1986年对外贸易还只占美国国内总产值的14%，而1999年已经上升到24%。出口对经济增长的贡献已超过建筑业和钢铁业，成为经济增长的支柱。可见，美国经济的增长越来越依赖于对外贸易的发展。

三、美国政治

1.美国政治制度的特点和实质。

美国是资产阶级共和国，政体是总统内阁制，国会是最高立法机构，由参议院、众议院组成。国会的主要职权有立法权、行政监督权、条约和高级官员任命的审批权、宪法修改权以及对总统和副总统的复选权、弹劾权等。每年举行一次例会，每两年为一届。参、众两院都设有外交、军事、财政等各种委员会，参议院有议员一百名，每州两名，由选举产生，任期六年，每两年改选三分之一。众议院有议员四百三十五名，按各州人口比例选出，任期两年，每两年全部改选一次，参议员和众议员均可连选连任。参议院设议长，由副总统兼任，另设临时议长，由多数党的议员担任，众议院只设议长，由多数党议员担任。

政府实行总统内阁制。总统有很大的权力，既是国家元首，又是政府首脑和武装部队总司令，有权召开国会紧急会议，提名任命（经参议院同意）各部部长、助理部长、驻外大使、高级军官以及高级法官，领导、监督联邦政府的行政机构和行政官员，他的行政命令与法律有着同等效力。总统不对国会负责，直接对选民负责，由间接选举产生，任期四年，可连选连任一次。政府内阁是由各部部长和总统指定的其他官员组成，实际上只起总统助手和顾问的作用，没有集体决策的权利。政府主要官员有副总统、国务卿、副国务卿、总统顾问和助理、白宫办公厅主任、各部部长、中央情报局局长等职。政府机关分办事机构、政府各部和独立机构三大类。

司法机构有联邦最高法院、联邦法院、州法院、上诉法院以及特别法院等。最高法院和联邦法院的院长和法官，由总统提名经参议院批准任命。最高法院法官为终身制。联邦最高法院可以宣布联邦和各州的任何法律为违宪，而使之归于无效。各州也有自己的宪法和法律，也实行三权分立。

三权分立、互相制衡是美国政治制度的主要特征。所谓三权分立，是指国家权力中立法行政权、司法权，分别由国会、政府（总统）和最高法院掌管。所谓互相制衡，是指三个国家机构行使权力时相互制约、相互平衡。美国这一套完整的资产阶级政治制度长期为其他资本主义国家所效法。

美国政治制度另一条基本特征是实行两党制。所谓两党制，就是在资本主义国家中代表资产阶级利益的两大政党，操纵议会或总统选举，轮流组织政府，实行资产阶级统治的制度。

美国的两大政党是共和党和民主党。共和党成立于1854年，党徽是象，民主党成立于1828年，党徽是驴。两大党在组织体制上有许多共同特点。两党都没有固定的政治纲领，只有用以竞选的竞选纲领。也没有固定的党员，选举总统时，投哪个党总统候选人票的就是哪个党的党员。两大党的领导机构为全国委员会，在各州有州委会员、区委员会。

除民主党和共和党以外，还有共产党、社会党、社会劳工党，社会主义工人党以及各种各样的工会组织和社会团体。

美国与其他发达资本主义国家一样，其政治制度和政治体制都是建立在生产资料资本主义私人占有制基础上的。但是，作为有代表性的发达资本主义国家之一，又具有自身的特点。

美国是一个联邦制国家，由50个州组成，与世界上一些按民族标志建立联邦制的国家不同，美国的各州是由历史、地理、经济、政治等因素形成的。根据美国宪法，美国的联邦制包括纵的联邦制和横的联邦制，前者是指联邦与各州的关系，后者是指各州相互间的关系。联邦和各州的关系是美国联邦制的主要内容。联邦政府和州政府之间的权力分配是由宪法决定的。宪法中有些基本规定一方面强调了联邦地位高于州的原则，另一方面也奠定了联邦和州分权的基础。这种分权关系大体包括两个方面：首先，宪法规定了联邦的一系列权力，如以联邦名义和目的而征税、借款；管理对外贸易和州际商业；发行货币，统一度量衡；管理邮政，专利权和版权；管理外交事务和与外国签订条约；建立、管理和指挥军队；批准新州加入联邦等等。其次，宪法对授予州的权力主要采取所谓"保留"式的规定，"凡宪法所未授予联邦或未禁止各州行使的权力皆由各州或人民保留。"州保留的权力主要有：以州的名义和目的而征税、借款；对地方政府进行监督；处理本州内工商业、交通、卫生、文教及一般民事刑事案件；制定州法律等等。

美国实行两党制。在美国宪法制定时，还没有出现政党，所以宪法上没有关于党派的任何规定。两党制是在美国政治生活的演变过程中逐渐形成的，并具有显著的特点。

第一，根本利益一致基础上的政策差异。在美国政党史上，曾经有过两党根本目标相悖的时期，但随着资本主义制度的不断发展，美国的资产阶级两党制正式确立之后，共和党和重新成立的民主党都逐渐成为垄断资产阶级利益的代表。他们在维护美国宪法，推行和保护私有财产制度，市场自由竞争原则等方面表现出高度的一致性。

第二，松散的组织结构与模糊的组织界限。美国政党制度中的一个奇特现象，是两党都没有固定的党纲和本党的共同理想，全国各级党组织之间联系松散，没有统一的领导，基层党员的主要标志是他在选民登记时声明属于哪一政党，既没有入党手续，也不必缴纳党费，甚至在选举中可以跨党投票。

第三，政党成为选举组织。政党的主要任务就是赢得竞选，共和党和民主党都明确宣称自己就是"选举的组织"，一旦竞选结束，也就意味着政党生命的又一高潮的终结。

美国实行普选制。选举制度既是美国政治制度的重要内容，也从另一方面体现着美国政治制度的特点。美国大约有一百万个职位要通过选举产生，其中最主要的是四年一次的总统竞选和两年一次的国会中期选举。美国的总统选举有四个主要步骤：初选，各党全国代表、竞选活动和选举团选举。改选三分之一参议员和全部众议员的国会选举每两年举行一次，与总统的间接选举方式不同，参众两院的议员候选人是由各州党组提名，经各州选民投票选举，得票最多者即当选为议员。由于美国政党制度的特殊性及总统、国会选举的不同体系，产生了政党与总统、总统与国会的相对独立和不一致的可能性，也表现出美国政治制度的地方主义特点。

美国三权分立、互相制衡的政治体制及其联邦制、两党制和普选制等特点，一方面显示出他作为封建专制制度的对立物而对社会发展进步的巨大推动作用，另一方面也表现出它为资产阶级利益服务的实质及其所谓的“民主制度”的虚伪性。

2.美国政治的特点与走势

未来一段时间内，美国政治议程中的主要问题是：保持经济适度增长、扩大就业、社会保险、医疗保健、教育、贫富悬殊、族群间整合、吸毒、犯罪、社区建设、环境保护等等。美国社会基本稳定并维持较强凝聚力，但随着非白人族群所占人口比例的增加，族群间矛盾突出，多元文化主义上升。同时，美国资本主义政治制度的一些弊端，美国现实政治中的腐败现象，高层政治同民众生活的脱节，在“冷战”结束之后迅速暴露出来。面对公众对政治的反感、冷漠，在全球化浪潮的冲击之下，美国政治体制和主流意识形态也在进行调整。美国政治在基本稳定的前提下，既存在变革的必要，也存在变革的余地。新世纪之初的美国政治将呈现出下面特点。

（1）金钱政治的腐蚀，民众的信仰危机。

“冷战”之后，美国面临着民众对国家政治的信任危机，民众对政治越来越不感兴趣。据新闻机构调查，20世纪90年代对国会表示信任的选民从20世纪60年代的42%下降到8%。同期，信任和支持白宫的选民从41%减少到12%。公众不是对某个党派或某些政治机构抱有反感，而是对国家政治普遍感到厌倦和淡漠。

长期的金钱游戏侵蚀着美国的政治道德水准。首先，20世纪90年代以来，政界丑闻不断，且多数与金钱有关。金钱政治首先表现在总统竞选的经费一路飞涨。以募捐高峰阶段（从大选前一年夏季到大选年的夏季）比较，1980年竞选中民主、共和两党共筹集了2 400万美元，而1996年竞选两党筹资竟超过了1亿美元，使美国的选举成为不折不扣的金钱游戏。

其次，金钱政治还表现在企业界、大公司以及一些特殊利益集团在政治活动中拥有过度的影响力，以致能够凌驾于民意之上。例如，尽管多数美国人支持禁烟和枪支管理立法，但由于烟草企业和全国步枪协会，几乎都是共和党总统候选人的重要捐资人，有关立法迟迟不能在国会获得通过。

再次，竞选费用的膨胀迫使政客们将大量时间和精力投入募捐活动，影响了他们为公众服务的质量。由于各个候选人都得到大公司和特殊利益集团的资助，因此他们的竞选主张越来越接近，候选人在竞选中提不出具有自己特色的，和对手在政策问题上又没有多少可争论的话题，于是只有想方设法从道德和人格上攻击对手，竞选格调越来越低。另外，国会议员重选率不断提高。代表企业的利益集团只肯把资金捐给政治主张固定、已经扬名的老牌议员，而政坛新人要想击败他们就面临日益棘手的筹资问题。久而久之，国会里形成了长期连选连任的“华盛顿权贵”。

政界腐败和道德危机不仅涉及国会，更牵涉到政府官员以至美国总统本人。1993 年，涉及克林顿夫妇的“白水事件”开始引起关注。在克林顿担任阿肯色州州长期间，他的夫人希拉里接受克林顿前助手的贷款，和该助手共同投资白水房地产公司，后涉及多项经济案件。在共和党人的坚持下，国会开始调查。总统和第一夫人被传唤作证。

白水事件还未完全平息，1996 年又出现了与白宫有关的“捐款门事件”。据有关消息披露，民主党全国委员会在大选筹资活动中接受来自印度尼西亚、印度、台湾、中东等国家和地区的捐款。1998 年，克林顿被揭出同白宫女实习生莫妮卡·莱温斯基有染，美国社会掀起轩然大波。受命调查“白水事件”的独立检察官、前共和党人肯尼斯·斯塔尔指控克林顿阻碍司法、作伪证等多项罪名。12 月，众议院全体会议以简单多数票通过了弹劾克林顿总统的决议案，克林顿成为美国历史上第二位受到众议院弹劾的美国总统。1999 年 1 月，美国第 106 届国会启动了弹劾审判程序。参议院未获得所需要的 2/3 多数，克林顿最终没有被定罪和弹劾。

克林顿的性丑闻不仅涉及美国面临的一系列道德和法律问题，而且还牵扯到激烈的党派政治斗争，特别是还引起了政客之间、行政部门与国会之间相互揭短。美国公众对这种无休止的个人攻讦、无政治原则的权力斗争表现出越来越大的厌烦情绪。公众对政治领导人进一步失去信任。绯闻和弹劾不仅损害了克林顿本人的威望，而且还对美国的总统职位造成了长久的损害。性丑闻玷污了过去被视为政治圣殿的白宫，打破了总统职位庄严神圣的光环。独立检察官对总统个人（包括私生活）方面的刺探，使以后的总统同他的内阁成员、幕僚和助手不能或不敢真正沟通，很难再保证白宫的工作效率。共和党原本打算利用克林顿绯闻狠狠打击民主党，以获取中期选举的胜利，却没料到那些连篇累牍的、无聊的甚至是下流的、血淋淋的描写，惹怒了选民，结果共和党在 1998 年的中期选举中反遭败绩，众议院议长、共和党人金里奇被迫辞职。总统绯闻事件加剧了不同政治派别、社会阶层、种族集团以至几代人之间的价值对立。总统与国会、民主党与共和党在这场斗争中两败俱伤，使不少美国人担心今后会出现政治报复的恶性循环。

(2) 两党斗争依旧，第三党难有作为。

正如莱温斯基事件引起的弹劾案所显示的，在该案涉及的重大道德是非和法律尊严的问题上，国会议员几乎完全以党派利益为最高出发点，按照党派分野来表态、投票，暴露了美国政治伦理的虚伪和美国民主的弊端。美国民众对两党的政治表现感到同样地失望，对传统的党派之争感到厌倦，希望新面孔，寻求新的政治势力和政策主张成为“冷战”后美国政治的一股潮流。于是 1992 年大选中的独立候选人佩罗和 1996 年总统竞选中的独立候选人福布斯异军突起，震动了美国政坛。

但是，出于多方面原因，美国政坛三足鼎立的局面仍然很难出现。美国两党制能够稳定 200 多年，其基础并不是建立在明确的阶级和意识形态差异之上的。两党的最高目标其实就是在选举中获胜，所以党纲灵活，组织结构更是松散。从基层兴起的新势力、新主张，只要得到民众的拥戴，就可以被这个党或那个党接受，得到有力的助选，很少有另起炉灶的必要。那些试图组织新党的人很快就会发现，自己那些吸引人的观点很快为民主和共和两党所吸收和发展，于是自己的政治主张和两党的纲领逐渐难分彼此。即使独立候选人的主张得到民众的支持，但多数选民仍会由于担心独立人士的介入可能导致政府与两党把持的国会之间的权力失衡而却步。另外，选民们虽然迫切要求选举摆脱金钱和权势集团的操纵，刷新政治，但在选举日益为金钱所左右的今天，能够成为政治新人、为公众注目的只能是像佩罗那样的亿万富翁，指望他们代表人民发言恰似南辕北辙。因此，美国政治中的第三种势力终难成气候。

(3) 主流社会思潮向中间摆动，出现"第三条道路"。

当代美国政治家，很少再能提出改造社会、振兴美国的"宏伟计划"，而只能致力于提出一些有关民众需要的政治、经济和社会福利方案。例如，克林顿在1996年大选期间用以争取选民的是一系列温和的政策行动，如禁止烟草广告，设置芯片滤除电视上的暴力镜头，对学费实行税收减免，限制青少年夜间外出等等。这些政策的规模和轰动效应不大，但引起的争议较小，有把握顺利通过决策程序。而且，这些措施一旦实施，却可以实实在在地改善普通美国家庭的生活质量。克林顿的支持率就在这些点滴的进步中稳步上升，积小胜为大胜。

与这种政治议程"零碎化"的趋势相适应的，是美国主流政治风向的"微调"。以里根的政策主张为标志的共和党保守主义，主导了20世纪80年代的美国政治。20世纪90年代，以克林顿为代表的温和派民主党人接受了一些共和党的传统主张，并在经济和社会政策中取得了一定成功。当新民主党人向中间路线靠拢的时候，共和党右翼在党内采取了咄咄逼人的态度。这些包括基督教右翼在内的保守共和党人特别执着地反堕胎、反移民、反同性恋、反枪支管制。他们在国内甚至提出有明显种族歧视的政策主张，在国际事务中则持孤立主义态度。在他们的驱动下，共和党出现了向右转的趋势，疏离了许多持中间路线的选民。同时，里根主义推行十余年后，其财政收支失衡、社会贫富分化加剧的后果十分明显。美国社会的主流思潮开始从保守向中间路线倾斜。

美国民主党人的"第三条道路"没有浓重的意识形态色彩，攻击性更强，范围更大，目标更高。但同时，美国实力的相对有限性与其日趋扩大的安全目标之间还有很大差距。

自从"冷战"结束以来，美国的国内问题（特别是经济问题）明显凸现出来，加大了其对国际关系的影响力。这是因为：首先，在"冷战"状态下，面对着苏联的强大压力，除了在某些时期（如国内大选和中期选举）以外，国内问题通常被放置在服从于对外斗争的次要地位。但是在后"冷战"时期，由于外部来自敌对势力压力的消失，国内问题必然凸现出来。其次，美国国内政治形势的变化，加大了国会及其他势力对外交政策的影响力。

四、美国外交

1.美国全球战略的确立和演变。

战后美国凭借其综合国力的优势，走上了妄图独霸世界的侵略扩张之路。杜鲁门继承了罗斯福的“世界蓝图”主旨，在战后初期先后抛出了马歇尔计划、杜鲁门主义和第四点计划，确立了独霸世界的全球战略：以实力为后盾，以其他西方发达国家为盟友，谋求“世界领导权”，“按照美国的构想改造世界”。作为战略的总体目标，从“遏制共产主义”到最终消灭社会主义国家、独霸世界。

美国全球战略的演变经历了四个阶段：

第一阶段，战后初期到1968年尼克松上台之前。这个时期，美国对外战略的重点是欧洲，主要对手是苏联，主要目标是在亚、非、拉扩张，控制西欧、日本，达到最终独霸世界的目的。

第二阶段，尼克松上台到20世纪70年代末期。这一时期美国对外战略的特点是实行必要的局部收缩，确保战略重点；改善美中关系牵制苏联；调整美、欧、日同盟关系；以实力加谈判，继续同苏联展开争霸斗争。

第三阶段，里根上台到20世纪80年代末。制订“星球大战计划”，把军备竞赛扩展到太空领域，以确保美国在新技术革命中的领先地位，刺激美国经济发展，并借此拖垮苏联经济；协调盟国关系，确保盟主地位；在第三世界推行所谓“里根主义”和把苏联势力推回本土的“有限推回”战略，实现其在第三世界的扩张；不断调整中美关系。

第四阶段，从克林顿上台到世纪之交。制订“参与和扩展战略”，确立并发挥美国在世界的“领导作用”，实现所谓美国统治下的和平，在政治、外交、军事、经济、贸易和文化等领域保持美国的优势，确保21世纪仍然是“美国的世纪”。

世纪之交的美国国家新战略。

美国新世纪全球战略可概括为：一个目标、三大支柱、六大重点。即确立21世纪美国的世界领导地位；增加美国安全、振兴美国经济、促进全球民主化三大支柱；六大重点为实现和平统一民主的欧洲、建立稳定的亚太共同体、保持美国在全球经济中的繁荣、维护世界和平、应付恐怖主义等跨国性挑战、维护强大的美国军事及外交能力。

美国的跨世纪战略在具体实践上表现为：

第一，经济上，把“经济安全”提高到全球战略的高度；

第二，科技上，明确指导思想，加大投入，确保美国在科技上的领先地位；

第三，安全上，通过东扩西进，两洋出击，控制欧亚大陆，进而控制全球；

第四，军事上，以“塑造、反应、准备”新战略构想为依据，增加国防预算开支，保持和加强美国军力。

第五，在未来国际新秩序构想上，构建“美国主导下的大国合作”的世界秩序。①

2.美国对外政策的指导思想。

美国是一个后起的资本主义国家，在建国后的长时期里一直奉行不介入欧洲大陆事务的“孤立主义政策”。19世纪初美国推行“门罗主义”，借反对欧洲列强干涉美洲之名，开始向拉丁美洲扩张。19世纪末20世纪初，美国发展成为世界上第一大工业大国之后，开始了同欧洲列强对世界的争夺，1889年，美国挑起美西战争，打败了老殖民者西班牙，从西班牙手中夺得关岛、波多黎各和菲律宾。面对亚非拉已被老牌帝国主义瓜分完毕，殖民地人民日益觉醒的现实，美国改变直接统治的老殖民主义手法，打着“门户开放”、“利益均沾”的旗号，推行新殖民主义政策，打入其他帝国主义殖民地势力范围。第二次世界大战后，美国凭借在战争中急剧膨胀起来的强大的经济实力和军事力量，趁德、意、日战败，苏、英、法严重削弱之机，开始推行其称霸世界的全球战略。

战后美国推行侵略扩张政策争夺世界霸权，是由其帝国主义本性决定的。美国是发达的垄断资本主义国家，凭借强大的统治政治力量，掌握和控制着国家的政治和经济，也支配着国家对外政策的制定和执行，作为美国的统治阶级，垄断资产阶级的利益必然以国家利益的名义在美国对外政策中体现出来，在经济方面，国家对外政策要促进垄断资本在世界各地进行扩张，以增进垄断资本的利益并保证这种利益的稳定与安全。战后美国垄断资本的对外扩张主要是通过跨国公司的活动来实现的。跨国公司对外扩张，加强了美国在世界经济中的地位，促进了生产和技术的发展，为垄断资本获取了大量的垄断利润，为缓和国内经济危机提供了重要条件。因此，战后美国历届政府不仅在税收、信贷保险、补贴等方面给跨国公司以扶持和优惠，而且亲自出面通过国际经济组织、首脑会议，签订国际经贸协议，组建地区性经济组织等方式，维护和扩展垄断资本的利益。在政治方面，垄断资本的统治是建立在压迫和剥削工人阶级和广大劳动人民群众基础之上的资产阶级的专政，而美国长期以来是西方资本主义世界的政治盟主，因此必然把社会主义国家作为对手，实行政治对抗、经济封锁和军事对峙，或者用和平演变手段从内部分化、在世界范围内反对共产主义，维护资本主义制度。

美国垄断资产阶级运用多种手段，来保证美国政府的对外政策代表垄断资产阶级的利益。美国对外政策决策机构中的重要人物本身就是垄断资产阶级的头面人物的附庸，与垄断资产阶级的根本利益是一致的。因此，舆论的影响力也就是垄断资本的影响力。

美国垄断资产阶级不仅凭借其强大的经济政治实力，在国内将自身利益凌驾于其他阶级和阶层的利益之上，而且将其作为国家利益。在国际关系和对外交往中不惜损害其他国家利益，以谋求本国利益。纵观美国历史，从“孤立主义”到“门罗主义”，再从“大西洋主义”到二战后美国在世界范围内的扩张侵略，无不是以国

①宋玉华.评新世纪美国政府的全球战略[J].世界经济与政治:1999,(9).

家利益之名行资产阶级利益之实。维护和增进垄断资本利益是20世纪以来美国外交鲜明的指导思想。

以美国垄断利益为基本内容的美国国家利益，主要包括三个方面的内容：

(1) 维护美国的国家安全，这是美国垄断资本实行统治的基础。

(2) 确保美国经济制度和政治制度的独立与完整，这是美国垄断资本利益的根本保证。

(3) 增进美国在全球的经济利益和其他利益，这是美国垄断资本向外扩张的原始动因，就是以美国为领导，以西方资本主义国家为盟友，运用政治、经济、军事、文化等手段，向第三世界渗透，争夺中间地带，在全球范围内遏止共产主义力量的发展，促进资本主义世界的稳定扩张。

3.战后美国对外政策的发展及调整。

第二次世界大战后，美国的综合国力达到了顶峰。美国政治、外交和学界的主流人士对当时的国际形势以及美国的对外战略形成了一个共识，在其后的二十多年里，这一共识事实上一直是美国外交实践的指导方针。这一共识主要有以下七点：

第一，在自由世界阵营里的国家只有美国有力量和道义上的责任来创造一个公正和稳定的国际秩序。

第二，鉴于国际社会相互依存的特性，美国的国家安全利益在全世界范围内存在；

第三，前苏联以及受前苏联指使的侵略和颠覆对世界和平构成了主要威胁；

第四，遏制政策是阻止原苏联扩张以及受原苏联操纵的扩张行为的最有效手段；

第五，为制止原苏联对美国以及其盟友的打击，美国必须拥有核武器；

第六，开放和稳定的世界经济需要美国来领导；

第七，美国需要在类似联合国这样的国际组织中担负起主导作用。

影响美国对外战略近半个世纪之久的遏制政策正是在这种背景下产生的。1946年美国驻原苏联公使参赞乔治·坎南给美国国务院发了一份6 000字的电报，认为苏联的社会制度与美国及西方有着本质性差别和冲突。提出应在全球范围内对苏联的共产主义扩张进行遏制。此后不久，美国国务卿马歇尔1947年6月5日在哈佛大学发表演说，阐述了美国援助欧洲的总方针：由于欧洲经济困难，其所需进口量远远超出其支付能力，若无大量援助，欧洲就会面临严重危险，因此美国将对欧洲进行一揽子援助。从1948年到1951年底，美国通过该计划向欧洲援助大约130亿美元，其中90%是赠予。该计划的实施为避免战后西欧经济的崩溃起到了实质性的作用，也增强了美国在欧洲的政治影响。此后不久，美、加、英、法、比、荷、卢、丹、挪、冰、葡、意12国代表于1949年4月4日在华盛顿签字，正式成立了北大西洋公约组织，该组织的第5项条款规定："各缔约国同意对欧洲或北美之一个或数个缔约国之武装攻击，应视为对缔约国之全体攻击。"至此，一个以美国为首的军事联盟体系在西欧形成。

在亚太，1951 年 9 月 1 日，美国、澳大利亚和新西兰三国在旧金山签订了军事同盟条约“澳新美条约”，条约规定以“自助和互助”的办法保持和发展抵抗武装攻击的能力。1954 年 9 月 8 日，美、英、法、澳、新、菲、泰、巴在马尼拉签署了“无限期有效”的军事同盟条约“马尼拉条约”，条约规定，当任何成员国受到威胁时，缔约各国必须立即进行磋商以采取共同对策，美国在条约所另附的谅解备忘录中声明，对于侵略和武装进攻的意义的承认仅适用于“共产党的侵略”。在同一时期，美国还与日本、南朝鲜、台湾、菲律宾签订了双边军事同盟条约，形成了一道西太平洋防卫圈，以阻止“共产主义势力在亚洲的扩张。”

在中东，美国于 1955 年 11 月以观察员身份加入了“巴格达条约”组织，后改称“中央条约组织”，该组织西以土耳其与北约组织相联结，东以巴基斯坦与东南亚公约组织联结，完成了为美国利益服务的军事集团组织网。

1957 年 1 月美国总统艾森豪威尔提出了为对抗“共产主义扩张”应由美国独家控制中东的艾森豪威尔主义，1954 年春，美国反对法国从印支撤军，主张继续干涉印支三国事务。1954 年 4 月，美国总统艾森豪威尔发表评论，认为当时的局势有如多米诺骨牌，失去越南将导致整个印度支那、缅甸、泰国的丢失，局面就可能出现崩溃，整个地区都可能向共产主义靠拢。

美国一方面在全球重点地区与苏联争夺势力范围，另一方面大力发展核武器以抗衡苏联的战略武器，并提出了核威慑战略、大规模报复战略、确保相互摧毁战略、相互确保抵消理论、互相确保生存理论。

到 20 世纪 60 年代末期，美国的国力已无法全面支撑其全球扩张的对外战略。1969 年 7 月 25 日，美国总统尼克松在关岛发表讲话，首次提出了收缩美国的战略防线，使越南战争越南化，用亚洲人打亚洲人的新亚洲政策，将美国的外交方针概括为“三大支柱”：即伙伴关系、实力和谈判，被称之为“尼克松主义”。该主张标志着战后美国外交政策的重大转折。从尼克松到卡特时代后期，美国国内受越南战争的巨大物资和心理冲击。因此这一时期的美国对外战略重点在于与苏联缓和，进行各方面的裁军谈判。到里根时期又出现较大变化，再次强调实力外交，提出振兴美国，把苏联的势力推回到其境内。此后直至苏联解体，冷战结束，美国一直在对外战略上保持攻势。

冷战结束后，美国成为全球惟一的超级大国，以极微小的代价打赢了海湾战争。尽管如此，由于长期的扩张和军事竞赛，美国的社会与经济力量已显出疲态，振兴美国的综合国力是冷战后美国领导人面临的最主要任务，冷战后第一任总统克林顿首次将经济安全提高到美国国家安全的战略高度，把发展经济与维护民主人权、捍卫国家安全列为美国对外战略的三大支柱。面临冷战后的武器扩散，国际恐怖主义、贸易保护主义、地区与民族冲突等一系列问题，美国很难担负起领导作用，于是建立更广泛的同盟伙伴关系成了冷战后美国对外战略的一个基本方针。美国不会放弃在国际事务中起主导作用的机会，这是美国外交思想中扩张主义的必然体现。但是美国确实需要更多的伙伴为其分担风险、代价和责任，美国在未来世界舞台上将试图起到一种伙伴关系中的主导作用。随着日益增长的欧洲及日本的独立性和世界各地的反霸权势力，美国不得不联合欧洲、日本等国家，加强同它们的联盟。美国在采取海外干涉行动时，将尽可能借助联合国等政府间国际组织、非政府国际组织的力量和机制，加强同盟国和非盟国的协调，以寻求政治上、道义上以及财政上的支持，这是美国外交的一个长期趋势。海湾战争以及北约对前南斯拉夫科索沃危机的战争，是以某种"国际组织"为掩护，由盟国出钱，美国指挥、美国军队为主力的所谓"美国多边外交"的典型例子。这种模式将来还会重复使用。

继续遏制俄罗斯的恢复和发展。美国谋求的大国关系格局是，同其他大国建立更为密切的双边关系，以牵制它们相互之间关系的发展，以避免出现两强或几强联合对抗美国的局面。其主要目标是防止俄罗斯的东山再起。为此，美国将继续在俄罗斯的周围地区采取行动孤立和限制俄罗斯的发展。在西边竭力加强北约组织，推动欧盟东扩和南下；在南边，竭力向石油和天然气资源极为丰富的高加索和中亚地区渗透；在东边，它又同日本通过修订《日美防务合作指导方针》，巩固美国在日本和东亚的军事存在，以遏制俄罗斯势力的向东发展。当然，美国围堵俄罗斯的最终目的还在于，迫使俄罗斯进一步倒向西方世界，成为美国及其盟国的随从。由于在今后很长的一段时间内，俄罗斯将始终是美国称霸世界的严重威胁，因此美国都会把遏制俄罗斯作为它外交政策的重要目标。

继续视中国为意识形态异己而加以遏制。苏联解体以后，中国是世界上惟一的社会主义大国。特别是随着中国经济的快速发展，中国的经济实力空前提高，美国感到了由中国发展带来的威胁。因此，以美国国会的反华势力为代表的力量，竭力想以"民主"、"人权"等种种借口遏制中国。在美国的各个盟国努力与中国发展经贸关系的同时，美国的遏制政策遭到了国内政界、商界等各方面人士的反对，因而这一政策的执行面临着重重困难。

21 世纪以来，美国发动了阿富汗和伊拉克战争，受两场战争的拖累和金融危机的冲击，软硬实力明显受挫。据统计，自 2001 年"9·11"事件以来，美国用于反恐战争的账目费用累计超过 1 万亿美元。2009 年 12 月 16 日，美国众议院又通过了总额为 6363 亿美元的国防拨款法案，其中约 650 亿美元将用于阿富汗战争，这还不包括奥巴马宣布的对阿富汗撤兵计划所需费用。此外，美国国债、财政赤字、失业率屡创新高，巨额的经贸项目逆差和财政赤字、能源价格的高涨、次贷债务危机是美国经济面临的三大风险。奥巴马政府提出了一系列庞大的经济发展计划，试图重振美国经济。为应对国际金融危机，同时着眼于"后危机时代"的国际竞争，奥巴马政府开始重视运用"巧实力"修复美国形象。高度重视经济金融外交，推行全面兼顾的地缘战略，主要目标仍是防范和遏制潜在竞争对手，维持其一超独霸的地位。

由此可见，在未来一段时间内，美国的对外政策仍然坚持其霸权主义的思维逻辑，企图把整个世界牢牢地控制在自己的手里。在这种心态下，美国不可能同任何其他国家真正讲平等和相互尊重，这必然引起包括欧洲国家和日本在内的心理反感和政策反弹。因此，一些美国战略家建议美国的决策者们调整外交心态，改变方式方法。具体建议包括加强多边外交，避免直接发号施令，做出耐心听取别国意见的"平等"姿态；更多地利用非政府组织、跨国公司、国际机构来达到外交目标；加强对外文化渗透和扩大人员交流等等。

4.美国的对华政策。

(1) 20世纪70年代前，美国推行对华遏制战略。

从中华人民共和国成立到中美两国建交，中美两国政府在此30年里始终在时断时续地保持着接触。之所以会出现这种局面，这与美对华长期实行的遏制战略有关。杜鲁门政府时期，在全球推行"遏制共产主义战略"，中国作为一个新生的社会主义国家，毫无疑问地处于美国的遏制战略范围之内。在杜鲁门之后的艾森豪威尔、肯尼迪和约翰逊三届政府继续推行这一战略，但各自又有若干新特点。1953年3月5日斯大林逝世，给美国当局提供了调整战略的机会。艾森豪威尔诱使苏联新领导与美国达成妥协的同时，在军事上对社会主义国家实行高压，利用核优势和强大空军力量来推行"战略边缘"政策。肯尼迪上台后，推行"和平战略"，其主要内容是：利用苏联遏制中国。从艾森豪威尔起，美国便与苏联筹划"共同主宰"世界，通过美苏戴维营会谈，两国开始采取针对中国的"和平"行动，肯尼迪上台后，继承了上届政府的政策，无论是在朝鲜、台湾、越南等问题上，还是在"核禁试"等问题上，美国一直把主要矛头对准了中国。

(2) 20世纪70年代后，美国对华政策的重大调整。

20世纪60年代末，美国政府内外交困：美苏力量对比发生了不利于美国的变化，到20世纪60年代末，苏联在战略核力量和常规力量方面基本取得和美国的均势地位。从20世纪60年代中期起，美国扩大了在越南的侵略战争，美国受越南战争的影响，美国领导人希望能尽快摆脱越战困境，但同时又不甘心放弃与苏联的全球竞争。在这一背景下，改善与中国的关系就成为其国家安全战略的一个重要环节。

美国的战略动机是：中美关系的正常化，首先将迫使苏联不得不在漫长的中苏边界上加强军事部署，从而减轻对北约的军事压力。其次，中美关系改善有助于中国放弃世界革命的口号，从而能在国际舞台上发挥建设作用。正因为如此，才有了中美乒乓外交，基辛格和尼克松访华以及中美签署三个联合公报，但三个公报未能从根本上解决中美在台湾问题上的立场分歧，美国政府在与中国建交后立即在国会通过了"与台湾关系法"，在中美签订《八·一七公报》后，美国政府对国会还有一个解释，即削减对台武器出口以中国大陆不用武力解决统一问题为前提。中美双方以共同的全球战略利益为重，在台湾问题上的分歧被暂时搁置了，于是美国一直同台湾保持着特殊关系。

(3) 冷战后美国的对华政策。

冷战结束和苏联解体以来，世界局势发生了巨大变化。1990年海湾战争爆发后，美国总统布什提出要建立世界新秩序。因此美国政府对外政策进行了调整，其战略目标是：在美苏两极体制解体后，缔造一个由美国独立领导的、并且得以维持其世界霸权地位的世界体制。正是为了实现其提出的总目标，美国特别注意对华政策的调整，因为美国认为中国和俄罗斯是向美国战略地位挑战的潜在大国。因此在对华政策上，一方面保持与中国的政治联系，以维持亚太地区的稳定与安全。美国政府认为：一个长期愤怒、孤立的中国不符合美国的利益，必须把中国纳入国际社会。一个繁荣、开放、稳定的中国对美国的利益极其重要。对华施行“接触战略”，这首先是因为中美两国相互往来双方都有巨大的经济利益。另一方面，美国又以军事实力和强大的经济实力为后盾，利用联合国组织的合法外衣，推行有利于美国的政治主张，使美国在国际上发挥“领导作用”，正因为如此，美国在一些问题上，如台湾问题等对中国内政进行粗暴干涉，并且多次借“人权”问题干涉中国内政。

克林顿上台后，重申要保持美国对外政策的连续性，同时强调要恢复美国经济实力，称保持美国在全球经济中的竞争力是冷战后更为艰巨的任务和挑战。克林顿提出美国对外政策的三个支柱：首先，经济安全作为美国对外政策的主要目标；其次，改组美国武装部队作为对外政策的基础，防止美国的安全利益和国际和平受到威胁；第三，以民主原则和民主制度作为对外政策的基础。“美国的对外政策将以民主原则和民主制度为根基”，并将支持国外的民主和人权作为改善美国安全的一项中心战略原则，把人权外交纳入美国国家安全范畴。美国政府当前对华政策正是在这一思想指导下，谋求促进中国出现广泛的和平演变。一方面加大在人权、贸易、军事等领域的压力，另一方面把鼓励中国内部“实施经济和政治自由化的势力”作为促进中国演变的主要方法。①

5.美国的人权外交。

(1) 人权外交的由来。

美国在发展对外关系时，历来重视动用它的政治、经济模式和价值观、意识形态干涉他国内政，侵略别的民族和国家，特别是打着维护人权的幌子，对其他国家进行渗透一直是美国外交的“传统”。第二次世界大战以后，推行人权外交，干涉其他国家内政成为美国的重要国策。20世纪70年代中期，美国从两种制度斗争和争夺世界霸权需要出发加强了人权攻势。1977年卡特上台正式宣布实行“人权外交”，把人权作为美国外交政策的“核心”，力图凭借经济实力，以人权为武器削弱战略对手的力量和影响。

20世纪80年代后期，美国把人权外交作为分化瓦解社会主义国家的重要手段。其原因是：第一，美苏力量对比出现有利于美国的变化，美国开始推行超越遏制战略。第二，苏联东欧国家的改革遇到严重困难。

冷战结束后，美国仍抱住冷战思维不放，变本加厉地推行“人权外交”，把人权斗争的矛头集中指向广大发展中国家，强迫他们接受美国的政治制度、价值观和人权观。对中国，美国把人权外交作为诋毁社会主义中国的手段，企图利用“人权”问题，来改变中国的内外政策和社会制度。

---

①倪峰.美国新政府对华政策走向分析[J].思想理论教育导刊:2001,(4).

(2) 克林顿政府的人权外交。

克林顿的人权民主战略的手段在文化方面日益重视高新技术通讯手段及对媒体的垄断，在各个方面推行人权。在武的方面，美国和北约推行所谓战略新概念，以人权高于主权，强行干涉它国内政。

(3) 美国人权外交剖析。

①人权外交是虚伪的，其虚伪性集中表现在人权外交的双重标准上。一是美国对国内的人权状况和国外的人权状况采取双重标准。二是美国又把世界各国分成不同等级，对哪些国家的人权状况进行谴责要视美国外交战略和国家利益而定，采取不同的态度。

②人权问题虽有其国际性的一面，但本质上属于一国主权范围内的事。一国人权现状的发展改善归根到底取决于该国历史、社会、经济、文化等条件的制约，是一个历史的发展过程。

③美国同广大发展中国家有不同的人权观。对广大发展中国家来说，人权首先是人民的生存权和发展权。

④“美国人权外交”的实质。就是打着人权外交的幌子搞强权政治，输出美国的价值观、思想和政治制度，维护美国全球霸权地位，建立美国主导的世界新秩序。①

第五节 联合自强的西欧

一、西欧的联合

1957 年 6 月，法、意、西德、比、荷、卢六国签订了《罗马条约》；1965 年 4 月，六国签订了《布鲁塞尔条约》，将煤钢联营、原子能联营、经济共同体合并，统称欧共体；1973 年，丹麦、爱尔兰、英国加入；1981 年希腊加入；1986 年 1 月葡萄牙、西班牙加入；1991 年 11 月通过《欧洲联盟条约》，将欧共体改名为欧洲联盟。

战后 50 年来，战后西欧经济联合的主要成就表现在：一是建立了关税同盟；二是实行共同的农业政策；三是建立欧洲货币体系；四是加强科技合作，联合开发尖端技术；五是建立内部统一大市场；六是发行欧洲单一货币欧元。

1.西欧联合的背景。

(1) 统一欧洲是一个历史性运动。远在罗马帝国时期，欧洲就有一些政治家、思想家幻想建立一个统一联合的欧洲。英国前首相麦克米伦曾说：“欧洲统一运动的历史几乎和欧洲的历史一样久远。”1929 年法国总理阿里斯德·白里安向“国际”提出了成立欧洲联盟的备忘录，并且首次使用了“共同市场”这一概念。西欧历史上的统一思潮后来在欧洲已发展成一种“泛欧主义”观念，深深印在了西欧人的脑海中，所以在西欧无论是知识界、经济界、政界、思想界，还是一般大众几乎无人

①李智.试论美国的文化外交:软权力的运用[J].太平洋学报:2004,(2).

反对搞联合。西欧历史上的统一思想为战后西欧一体化运动奠定了深厚的思想基础。

(2) 西欧联合是战后西欧各国摆脱美国控制，独立发展经济的客观需要。战后，西欧为了摆脱经济困境，不得不接受了美国的"马歇尔计划"。这个计划附有苛刻的条件，美国借"援助"为名，控制了西欧各国的经济、政治。20世纪50年代中期，西欧经济得到了恢复，生产开始回升。西欧经济实力的增强，使它们力图摆脱美国的控制，获得独立自主的发展。但是单凭西欧任何一个国家的力量都难以同美国在经济上较量，只有欧洲联合才有出路。

(3) 西欧联合是对付苏联威胁维护自身安全的需要。二战后，东西方冷战，美国和苏联在欧洲建立了北约和华约两大对峙的军事集团。西欧虽然在军事上有美国保护，但西欧处于两大集团的前沿阵地，仍然缺乏安全感。因此，为应付来自苏联集团的安全威胁，西欧国家有联合自强自救的需要。

(4) 西欧联合符合战后初期西欧各国的对外战略。法国、荷兰、比利时、卢森堡等国对西欧联合极为重视，它们力图通过西欧联合，有效地控制监督德国东山再起。德国也支持走联合一体化道路，它认为只有通过联合，使法德和解，西德才能尽快摆脱被占领状态，提高国际威望，取得独立与平等的地位。意大利除了与西德有相似的考虑外，国内强大的共产党势力，也促使意大利政府依靠西方来增强自己在国内的地位。而英国也想利用联合的西欧，对欧洲施加其大英帝国的影响。

2.西欧联合的进程。

(1) 建立欧洲煤钢联营、原子能联营和经济共同体（战后初期到1958年1月)。1950年5月法国外长舒曼提出计划，主张在一个"超国家"机构的领导下，把欧洲各国的煤钢生产联合起来，建立一个欧洲煤钢共同市场，在市场内部取消关税限制。这一建议得到联邦德国、意大利、荷兰、比利时、卢森堡5国的支持。1951年4月18日，6国在巴黎签订了为期50年的《欧洲煤钢联营条约》，经各国议会批准后于1952年8月10日生效。煤钢联营给各国煤钢生产带来了明显好处，6国决定扩大联营项目，拓展合作领域。1957年3月25日，6国外长在罗马签订了无限期《欧洲经济共同体条约》和《欧洲原子能条约》，即《罗马条约》。1958年1月1日，欧洲经济共同体和欧洲原子能联营在布鲁塞尔建立。

(2) 欧洲共同体的建立与发展（1958年1月至1991年12月)。1958年1月《罗马条约》实施，西欧联合深入发展。60年代初，英国、爱尔兰、丹麦、希腊、土尔其等先后提出申请，要求加入西欧一体化进程。为适应西欧联合的新形势，1965年4月，6国签订《布鲁塞尔条约》，决定将欧洲煤钢联营、原子能联营和经济共同体3个机构合并，统称为欧洲共同体或欧洲共同市场。1967年7月条约正式生效，欧洲共同体成立。

欧洲共同体的建立为西欧经济发展开辟了道路。共同体为维护成员国的利益，先后采取了一系列措施。如：建立关税同盟，统一外贸政策，实行共同的农业政策，建立欧洲货币体系，统一预算等。共同体的政策措施加速了欧洲经济的一体化。欧共体的成员国数目也不断扩大。20 世纪 70 年代以后，英国、丹麦、爱尔兰、希腊、西班牙和葡萄牙都陆续加入了共同体，使共同体的成员国由原来的 6 个扩大到 12 国。

由于在经济一体化方面取得了重要进展，欧共体成员国的经济发展速度都比较快，欧共体在世界经济上的实力地位也大为增强。到 1979 年，欧共体的经济实力，已经超过了苏联，接近美国，国民生产总值达 23 938 亿美元，超过美国，对外贸易额达 11 821 亿美元，3 倍于美国，9 倍于苏联，黄金外汇储备 1 080 亿美元，大大超过美苏日三国的总和。

20 世纪 70 年代中期到 80 年代中期，欧共体由于受到石油、金融危机的打击，经济陷入滞胀，成员国内部关系紧张，利益冲突加剧，导致欧共体经济一体化优势大大削弱。为解决内部矛盾，加速一体化进程，1985 年 12 月，欧共体 12 国首脑会议在卢森堡举行，会议通过了《欧洲一体化文件》，决定在 1992 年 12 月 31 日之前，把欧共体建成没有国界限制的“欧洲统一大市场”，实现商品、资金、劳务和人员的自由流动。

(3) 欧洲联盟的建立（1991 年 12 月至今）。20 世纪 80 年代末 90 年代初，国际局势发生了重大变化。为在未来的世界格局中占据有利地位，发挥欧洲在国际事务中的积极作用，西欧国家决定深化欧洲统一的进程。1991 年 12 月，欧共体第 46 届首脑会议在荷兰小镇马斯特里赫特举行，会议通过《政治联盟条约》和《经济与货币联盟条约》，统称《马斯特里赫特条约》，确定了至本世纪末建立欧洲中央银行，发行欧洲货币和建立欧洲政治联盟的目标。1993 年 11 月，《马斯特里赫特条约》正式生效，欧洲联盟成立。1995 年 1 月，奥地利、芬兰、瑞典加入欧洲联盟。此外，北欧和东南欧一系列国家已经向欧盟提出了加入申请。1997 年 7 月欧盟首脑会议作出决定：邀请波兰、捷克、匈牙利、斯洛文尼亚、爱沙尼亚和塞浦路斯参加首批扩大的谈判。

3.西欧联合的内容。

(1) 西欧经济上的联合。经济联合是西欧联合的主要目标和内容，这主要表现在：第一，建立了关税同盟，在成员国之间取消了关税和贸易限制，对外建立统一关税壁垒；第二，实行共同的农业政策，统一农产品价格，实行农产品出口补贴；第三，建立经济与货币联盟，使成员国经济、货币政策趋于一致，1999 年 1 月 1 日，作为欧盟单一货币的欧元正式启动，除英国、丹麦、希腊、瑞典外欧盟 11 国成为首批进入货币联盟的国家，2002 年 1 月成员国自己货币逐步退出流通领域；第四，建立欧洲大市场，实现成员国之间没有边界限制的商品、人员、劳务、资金的自由流通。

(2) 西欧科技上的联合。20 世纪 70 年代以来，由于忽视发展高科技，西欧科技水平与美国、日本拉开了距离。为赶超世界科技水平，西欧加强了科学技术合作，表现在：第一，协调各国科研政策，为此，1983 年共同体设立“欧洲科技委员会”；第二，制定共同科研纲要与计划，突出表现是“尤里卡计划”的提出。1985

年 4 月，法国总统密特朗提出了一个建立“欧洲协调机构”的报告，即“尤里卡计划”，建议西欧各国在光电科学、大型电子计算机等 6 个领域进行联合研制与开发。尤里卡计划的实施标志着西欧科技合作进入一个崭新阶段；第三，设立联合研究中心，直接从事成员国有共同需要而须投入大量资本和人力的科研项目；第四，设立共同科研基金，从共同体财政预算中拨出，资助共同科研。

(3) 西欧政治上的联合。通过经济联合达到政治上的统一、建立欧洲联邦是共同体创始人追求的目标。共同体执行委员会第一任主席哈尔斯坦说过，共同体是“三级和平火箭，第一级是关税同盟，第二级是经济同盟，第三级是政治同盟”。但是在共同体成立之初的十多年时间里，由于内部主要国家之间相互争夺政治联合领导权，致使政治联合进展缓慢。20 世纪 70 年代以后，美苏加紧了对欧洲的争夺，特别是双方加快了扩军备战的步伐，欧共体的政治一体化开始有了较大的进展。1970 年 10 月欧共体 6 国外长发表了“欧洲政治统一问题”的报告，确定 6 国外长每年定期举行会议，就重大国际问题交换意见，共同协调对外政策，努力做到在国际舞台上“用一个声音说话”。20 世纪 90 年代以来，欧共体为在变化了的世界格局中占据更有利地位，加快了政治一体化的步伐。1990 年 4 月，共同体柏林首脑会议提出了政治联盟将于 1993 年 1 月 1 日和大市场计划同步实现的目标。1995 年 3 月 26 日，“申根条约”正式生效，欧盟成员国人员可以在德国、法国、荷兰、比利时、西班牙、葡萄牙、卢森堡 7 国自由流动，这样商品、资金、劳务、人员的四大自由流动至此已全部实现，欧盟朝一体化方向又迈出了新的一步。

(4) 西欧防务上的联合。二战以来，欧洲一直没有自己独立的防务，安全也完全依赖美国的保护，但欧洲国家并未放弃建立防务共同体的尝试，1955 年 5 月，英国、法国、荷兰、意大利、比利时、卢森堡、西德 7 国成立了“西欧联盟”，中心任务是加强成员国的“集体自卫”，但由于西欧几个大国的矛盾，西欧联盟并未很好地发挥作用。20 世纪 80 年代，西欧国家逐渐重视防务上的联合，1984 年 5 月，在法国倡议下，西欧联盟恢复活动，并经过调整成为共同体国家商讨军事战略、协调各国防务政策的机构。20 世纪 90 年代，由于冷战结束，美国从欧洲撤走 2/3 驻军和德国统一等原因，西欧防务合作进展加快。1992 年 6 月，西欧联盟 9 国外长和国防部长参加的部长理事会，通过《彼得斯堡宣言》作出如下决定：第一，组织西欧联盟军队，其任务是根据联合国和欧安会的要求参加“人道主义”和“维持和平行动”；第二，密切同共同体的关系，将联盟总部由伦敦迁往布鲁塞尔；第三，扩大联盟队伍，吸收西班牙和葡萄牙加入西欧联盟并邀请丹麦和爱尔兰在自愿基础上加入；第四，成立作战计划小组，以作为未来联合参谋部的雏型；第五，成立空军司令部，以适应海外军事干涉的需要；第六，加强与北约的合作，争取北约在侦察、训练、运输等方面提供帮助。1993 年 11 月法德组成“欧洲联合军团”，总部设在法国的斯特拉斯堡，并邀请比利时、意大利、荷兰等国参加，这标志着西欧安全防务一体化开始取得明显进展。

4.联合的途径。

通过建立和完善内部统一大市场、建立经济货币联盟、建立政治联盟等三个方面推进欧洲的联合。

（1）完善内部统一大市场。

1993年1月1日，欧共体统一市场按照预定日期宣告成立。欧共体统一市场成立以后，撤消成员国的内部边界，清除与边界控制有关的有形障碍、与管理规则和技术标准有关的技术障碍、与税收制度有关的财政障碍，实现商品、人员、资本和劳务的自由流通。欧共体统一市场的建设过程，对欧共体成员国的经济发展带来了积极的影响，为各国的企业拆除了原有的贸易壁垒，提供了新的经济机会，为改善共同体的经济结构和增强经济竞争能力创造了条件。统一市场的贸易创造和贸易转向效应使共同体成员国之间的内部贸易占对外贸易总量的比重持续增加。1985~1992年期间，从成员国进口的贸易总额占成员国进口总额的53.4%增至59.3%，向成员国的出口总额占成员国出口总额从54.9%增至61.3%。

统一市场的建立，还促使企业通过跨国投资和兼并扩大了活动范围，实现了规模经济。1989~1992年期间，在欧洲发生的跨国兼并中，欧共体企业投资近60%。在统一市场建设过程中，为欧共体各国创造了900万个工作岗位，投资增长1%，使欧共体经济至少年均提高0.5个百分点。

然而，统一市场正式诞生之后，其运行状况不尽如人意，并未达到最初的预期。究其原因，一方面是客观环境的影响。尽管20世纪90年代以来的欧洲经济衰退与统一市场的建立无关，但却阻碍了统一市场潜在能力的进一步发挥。而1992年以来的一体化进程受挫，也给统一市场计划的实施带来某种不利影响。另一方面，更为重要的是，在统一市场宣布成立之时，虽然绝大多数有关统一市场自身建设的措施已被理事会采纳，但未被采纳的恰恰是最关键问题。近年来，在解决这些难题方面进展不大。迄今为止，欧洲议会批准的关于统一市场的法律仍然停留在95%的水平上，而其中真正转化为成员国法律的比例仅在50%左右。问题较大的领域包括公共采购、保险、知识产权保护、税收政策等方面，从而严重地影响着统一市场的运行。因此，为完善统一市场，并使其正常运转，从而进一步为欧盟企业和公民带来预期的收益方面，今后仍有大量工作要做。

进一步完善统一市场的核心问题是法律的实施。欧盟一级共同法律的制定，在过去几年中进展较快，但成员国转化与实施共同法律的进展则比较缓慢。对此，欧盟执委会正在对那些贯彻共同法律不够积极的国家（如德国、希腊、芬兰等）施加压力，以加强成员国政府和企业界对共同法律的理解和支持。目前，统一市场的完善主要集中在以下几个方面：一是在税收政策方面，清除各成员国与欧盟法规不相符合的税收歧视，逐渐用统一的增值税来取代各国复杂的税收制度。二是在劳动力的自由流动方面，“申根协定”已被正式纳入欧盟体制之中，共同移民政策也有所进展，除英国、爱尔兰可享受例外，其他成员国间的人员自由流动正在成为现实。三是在统一技术标准方面，要求成员国尽快承认彼此的国家标准，只要这些标准符合欧盟法令规定的最低要求。欧盟技术标准的数目虽然一直在稳定增加（已经有6 000多项完成制定工作或正在制定之中），但仍远不能满足企业界的要求，欧盟执委会正在全力推进这方面的工作。最为显著的不足之处是，知识产权保护方面还缺少共同的规范，统一的欧洲专利、商标、版权、工业标志尚未确立。在这方面执委会的有关建议未能引起足够重视，实质性的进展仍有待时日。

尽管统一市场有许多不完善之处，但欧洲企业界对这一市场的期望值却很高。一项对欧洲500家跨国公司的调查显示，90%以上的公司对2000年前的统一市场进展持乐观态度，并准备积极投入市场竞争。随着上面提到的问题的逐步解决，统一市场将会逐步进入正常的运转状态。

（2）建设经济货币联盟。

对于欧洲的一体化大业而言，今后十年，核心的问题就是经济货币联盟的建设，其成功与否，进展速度，以及落实程度如何，都将极大地影响欧洲局势的发展。

欧洲联盟包括经济货币联盟和政治联盟。这两个联盟无论从起源和发展，还是从《马约》所赋予的一体化性质及程度看，都存在着较大的差异。经济货币联盟更多的是欧共体成立以来经济一体化发展的内在逻辑的必然产物，而政治联盟更多的是针对欧洲局势变化产生的外部压力的应变措施。

统一市场实施后，货币一体化的纵深发展变得尤为迫切。因为成员国之间在货币经济政策方面的不一致，必然会给四个自由流通带来消极影响，货币兑换成本必然影响统一市场的运行效率，而在面临经济冲击之时，多种成员国货币的存在可能会引发货币之间的竞争性贬值和汇率倾销，危及统一市场的安全。为了完善统一市场，经济一体化进程必然要推向货币金融领域，这是统一市场向经济货币联盟延伸的内在发展逻辑。

1991年12月，欧共体成员国政府首脑曾在荷兰的马斯特里赫特会议上，就欧洲联盟条约达成协议，1992年2月1日正式签署欧洲联盟条约。经济货币联盟是欧洲联盟条约中最具实质内容的部分。为了在成员国之间达到经济趋同和发行统一货币，条约确定了经济货币联盟的结构和时间表，最终目的是建立欧洲中央银行和用统一货币代替各国货币。经济货币联盟将分三个阶段完成。第一阶段从1990年7月1日开始。其任务是加强经济与货币政策的协调合作，取消外汇管制，允许资本自由流动。第二阶段从1994年1月1日开始，建立欧洲货币局。为建立欧洲中央银行和实行统一货币准备条件，逐步缩小汇率波动幅度，各成员国应使经济状况尽可能达到《马约》规定的通货膨胀率、利率、财政赤字、公共债务、汇率等趋同标准。第三阶段原定1997年1月1日，后推迟到从1999年1月1日开始，欧洲统一货币正式发行使用，建立欧洲中央银行。

欧洲联盟条约于1993年11月1日正式生效，经济货币联盟于1994年1月1日按预定日期进入第二阶段，欧洲货币局宣告成立。1995年12月的马德里首脑会议将统一货币定名为“欧元”，并通过了向第三阶段过渡的时间表。会议决定1998

年初根据经济趋同标准确定首批进入经济货币联盟的国家，1999 年 1 月 1 日启动欧元，同时在加入经济货币联盟的国家之间锁定汇率，各国的利率和汇率政策上交欧洲中央银行，入盟国家政府可以用欧元发行可兑换公债。2002 年 1 月 1 日开始使用欧元纸币和硬币，半年之后各国货币退出流通、1996 年 12 月的都柏林首脑会议又做出两个重要决议：一是约束入盟国家财政纪律的《稳定和增长公约》；二是协调入盟国家与不入盟国家关系的《第二汇率机制》。《稳定和增长公约》要求入盟国家，不能仅在入盟前采取一次性措施达到《马约》规定的财政标准，而必须在入盟后继续保持达标状态，对于出现过度赤字的国家将给予自动惩罚。《第二汇率机制》修改了旧汇率机制既有中心汇率，又有双边汇率的汇率网络，将仅保持各国货币对欧元的中心汇率，从而形成一个稳定的欧元区；外围国家是否加入新汇率机制是自愿的，对欧元的中心汇率通过与欧洲中央银行协商确定，对汇率波幅也不做硬性规定。1997 年 6 月的阿姆斯特丹首脑会议正式批准了《稳定和增长公约》、《欧元的法律地位》和《新的货币汇率机制》三个文件。这些文件旨在于保证 1999 年 1 月 1 日如期进入经贸联盟第三阶段，并确保未来的欧洲统一货币欧元的稳定。以上的进展基本上完成了发行使用欧元和确保欧元作为硬通货的技术准备和法律保障。

欧洲货币局于 1998 年 3 月 24 日、欧盟执委会于 3 月 25 日分别提出了对各成员国趋同状况的考察报告，认为已经有 11 个成员国达到了《马约》规定的趋同标准，被推荐作为首批加入欧元区的国家。这 11 个国家是：奥地利、比利时、芬兰、法国、德国、爱尔兰、意大利、卢森堡、荷兰、葡萄牙和西班牙。希腊和瑞典由于没有达标，英国和丹麦则因享有选择例外权而未获推荐。1998 年 6 月 30 日欧洲中央银行正式成立，开始货币政策的制定和实施工作。

1999 年 1 月 1 日，欧元成功启动，欧洲经济货币联盟进入第三阶段，奥地利等 11 国成为首批加入欧元区的国家。欧元启动以来，其基本状况是成功的，这主要表现在：欧元在商业交易中得到广泛的使用，欧元区的股票交易所已经替代了原有的各国货币，改用欧元计价；在债券市场上欧元的吸引力很强，已经成为仅次于美元的第二大货币；欧元区内部币值稳定，通货膨胀率在 1%左右；名义利率和实际利率都低于长期平均值，实际长期利率为 3.1%；欧洲统一的货币市场、资本市场、外汇市场正在迅速形成之中。

但是，与欧元在内部获得的成功相比，欧元的对外表现却不尽人意。欧元问世后，对美元的汇率持续下跌。欧元对美元的比值从 1:1.17 一路下跌，至 2000 年初曾跌破 1:0.90，10 月 29 日又跌到 1:0.8229 的最低点，与启动时相比欧元的跌幅达到 30%。造成这种状况的原因主要是：启动时欧元汇率高估，作为欧元前身的埃居在 1997—1998 年与美元的平均兑换率为 1:1.12，但在 1998 年下半年受欧元启动前景看好的驱动而攀升；欧美经济的反差大，1998 年美国经济增长达 4.3%，欧元区经济增长为 2.6%，1999 年二者的经济增长率分别为 4.2%和 2.2%；欧美利率差距明显，欧洲中央银行的主导利率是 2.5%，美联储为 4.5%；欧元区内部对财政政策的协调有所松弛；科索沃战争的影响等。但是，从中长期来看，欧元的汇率水平取决于欧洲经济的增长状况、结构问题的改善、一体化的进度和美国经济政策的调整等若干变量的影响。随着美国政府遏制经济过热政策的作用，以及欧盟经济的恢复和发展，预计欧元可以在对美元的某个水平上逐步稳定下来，甚至可能在某种程度上走强。

欧元的启动是世界历史上第一次由一些独立国家使用一种共同货币来替代本国货币，并把各国货币主权转交给共同的新生银行机构，因此，这是欧洲一体化进程中的一个影响深远的里程碑。经济货币联盟第三阶段的建设能否取得成功，可以说不仅是今后几年，而且是今后十几年内欧盟一体化能否取得进展的关键所在。如果欧元区国家能够通过稳定的欧元和一致的经济货币政策，使这些国家的经济状况更为趋同和更加繁荣的话，那么不仅可以吸引瑞典和希腊等国家努力达标以入盟，而且也可以迫使英国和丹麦放弃选择例外权，而最终使欧盟 15 国都能采纳欧元。但是，如果欧元持续疲软，或者无助于欧元区国家的经济发展，那么英国、丹麦、瑞典、希腊等国家将会长期停留在外围。这种货币分裂的局面如长期保持，就会对统一市场的发展造成不利影响。因此，目前欧盟的任务是，尽早采取措施，使欧元稳定币值，并在目前的币值基础上有所提高。

二、西欧经济

1.西欧经济的恢复与发展。

战后初期，西欧各国经济遭到巨大破坏，普遍陷入严重的经济危机，马歇尔计划的实施，第三次科技革命的发展，国外廉价的劳动力和原料，较少的军费开支以及西欧各国采取的符合本国实际的促进经济发展的政策等，使西欧经济得到了迅速恢复与发展，成为资本主义世界的三大经济中心之一。战后西欧经济的恢复与发展大体经历了三个时期：

战后初期到 20 世纪 50 年代初为西欧经济的恢复时期。战后初期，西欧各国是一片废墟，经济萧条，通货膨胀，物资匮乏，粮食奇缺，各国经济濒临崩溃，处于严重的困境中。工业产量只达到战前水平的 70%，农业产量仅达到战前水平的 60%，整个交通网络特别是铁路遭到严重破坏。但是到了 1950 年，西欧各国经济基本上恢复到战前水平，接受马歇尔计划的国家国民生产总值比 1947 年增加 29%，工业总产值增长了 64%。1952 年，西欧各国经济均超过战前水平，工业生产比战前提高了 35%，农业生产提高了 10%。西欧各国经济的迅速恢复与发展，除了西欧各国实施了一些有效的经济措施外，美国战后对西欧的援助也是非常重要的。美国在从 1948 年起实施四年的“马歇尔计划”中，先后向西欧 16 个国家提供了 129.924 亿美元的援助。

50 年代初到 70 年代初是西欧经济的高速发展时期。法国这一时期经济发展速度超过了历史上任何一个时期，1959—1974 年国民生产总值年均增长率为 5.7%，意大利 1951—1963 年为 5.9%，英国经济虽然在西欧各国中发展速度最慢，但仍超过战前水平。1950—1973 年，英国有 6 个年头国民生产总值年增长率超过 4%，其余年份在2.5%—3.5%之间。联邦德国经济发展速度最快，1950—1973年国民生产总值年均增长率为6.25%，20世纪60年代初联邦德国的国民生产总值先后超过了英国和法国，成为资本主义第二号经济大国。20世纪60年代末被日本超过，但仍然是西欧最大的工业强国。西欧其它国家的经济也有不同程度的发展，到70年代初，西欧成了资本主义世界经济的又一个中心，在世界经济领域形成与美国和日本分庭抗礼的局面。

20世纪70年代初以来是西欧经济的低速增长时期。20世纪70年代初期，西欧各国在经历了“石油危机”和1974—1975年资本主义经济危机后，经济速度明显放慢。1975年，联邦德国、英国、意大利国内生产总值分别下降1.8%、0.8%、3.6%，从此西欧开始进入“滞胀”阶段。20世纪80年代欧共体经济实行全面调整，在经历了前半期的明显衰落之后，逐步恢复元气，经济缓慢稳步回升。1988年欧共体12国平均国内生产总值增长率达3.8%，1989年为3.4%。然而，20世纪80年代末欧共体呈现的大好经济形势是短暂的。从1990年开始，欧共体经济增长又明显放慢，随后在经济连续5年衰退之后，经济虽有回升，但欧盟15国1995年经济增长率仅达到2.5%左右。欧盟委员会预测2000年欧盟及由11个国家组成的欧元区经济增长3.4%，2001年将增长3.1%。尽管，西欧在世界经济中仍占有十分重要的地位，尤其是欧盟一体化的加深，其经济将会有较快的发展。

2.欧盟经济的国际影响。

由欧洲一体化进程所形成的集团实力的增长，逐渐使欧盟在“一超多强”的世界格局中占据更为重要的地位，其国际影响及作用与日俱增。

（1）实力大增，但影响力增长滞后。

1990年时，欧共体12国的国内生产总值就已超过美国，出口居世界第一。1995年扩大为15国后，人口增加到3.7亿人，比美国人口多40%；面积达到323.5万平方公里，约为美国的1/3；而国内生产总值增长到7.5万亿美元，为美国6.26万亿美元的1.2倍。1996年，欧盟对外贸易总额达1.9万亿美元，为美国1.7万亿美元的1.1倍。新启动的欧元已成为世界第二种主要货币。在七国首脑会议中，欧盟占据4席（欧盟也派代表与会）。在联合国常任理事国中占据2席。因此，欧洲联盟实际上已经是具有全球性影响的经济主导力量之一。

在苏联、东欧集团解体之后，尽管国际新格局已呈现出多极化趋势，但就综合实力而言，欧盟还不具有与美国平起平坐的能力。然而在若干领域（主要是经济领域）内，欧盟已经具备了与美国抗衡，并能对美国霸权地位提出挑战的实力。例如，1996年欧盟对美国实施《赫尔姆斯—伯顿法》和《达马托法》的抵制，1997年欧盟对美国波音和麦道公司合并的反对，都迫使美国做出相当程度的让步和妥协。欧洲已经不再是冷战时期对美国惟命是从的小伙计。但是，在相当长的一段时期内，由于欧洲一体化还有很多问题有待解决，因此欧盟还远不可能成为对国际政治经济格局产生重大影响的超级大国（集团）。

（2）欧盟的发展有助于多边经济合作的开展。

如上所述，欧洲联盟是具有十分独特性质的组织，即大大超出传统的政府间合作组织而远未形成独立的国家实体。因此，在许多多边国际经济合作组织中，如在原来的关贸总协定、经合组织、当今的世贸组织、西方七国首脑会议等组织机构中，欧盟可以作为独立的权力实体参加，甚至可以代表成员国签约，而在以政治、外交为主的国际关系组织中，欧盟则无权代表成员国参与活动，但在许多这类国际组织中，如在联合国若干机构中，欧盟作为观察员参与活动，另外，欧盟轮值主席国也代表欧盟集体利益。经过多年的经济一体化进程，欧盟成员国已将许多对外经济关系领域的职权集中到欧盟一级。例如，在对外贸易和农业领域，像谈判削减关税、实施保护条款和反倾销措施、制定公共采购规则等，欧盟拥有独享权，可以代表成员国从事国际活动；在环境保护等领域内，欧盟与成员国可以分享决策权和执行权。

欧盟对外经济关系的基本准则是，寻求一种开放性的自身利益。其经济繁荣有赖于，在确保欧盟经济利益前提下的、自由的多边世界经济贸易体系。欧盟直接参与国际多边经济合作，最集中体现在关贸总协定和世贸组织的活动中。事实上，在关贸总协定“乌拉圭回合”谈判中，美国与欧盟是居主导地位的两家谈判方，许多有争议的问题，都是在美国与欧盟两家达成协议或默契后再被多边谈判所接受。世贸组织成立后，尽管发展中国家的力量与过去相比有所增强，但尚不足以改变美国与欧盟居主导地位的态势。欧盟通过一体化形成的对外经济贸易政策，不仅保护了欧盟的自身利益，而且对多边国际经济合作组织的取向与性质产生重大影响，像数量限制、反倾销、补贴、贸易技术壁垒等，最后达成的协议往往与欧盟取得的一体化成果相符合。

(3) 欧盟一体化的对外经济影响。

①欧盟统一市场的发展将促进世界市场的规范化。

作为统一市场建设的必然结果是，把对外经济政策的决策权和执行权更多地集中到欧盟一级。目前，欧盟的共同对外经济政策包括确定和调整共同对外关税、缔结经济条约或协议、指导出口政策、实施贸易保护措施、执行发展和援助政策等。毋庸讳言，共同对外经济政策必然具有内外有别的保护主义色彩。统一市场建设过程之中，内部贸易比重不断上升就是明证。但也必须看到，这些开放型的欧洲工业发达国家的经济基础是建立在彼此之间以及与世界其他地区紧密相关的经济联系之上的。与外部世界建立起协调的合作关系是统一市场得以生存发展的基石之一。因此，贸易保护主义不是成员国共同的基本特征，也不会成为统一市场完善与发展的主导原则。

统一市场的生存逻辑是生产要素的自由流通，反对垄断、保护公平竞争则是其指导原则。反映在对外经济关系上就是：通过所建立的新法规和机制，如公平竞争政策，对等开放市场原则等，迫使其他国家做出相应调整，从而形成对国际经济关系发展变化的推动力量。在今后若干年中，欧盟统一市场对国际经济关系的影响将主要体现在以下两个方面：

一方面，对于其他国家的企业而言，以前所面对的欧盟成员国间不同的国家限制已经取消或变为共同的对外限制。在进入统一市场之时，其他国家的企业或产品面对的是欧盟统一的规则、标准和程序，一旦进入统一市场，其他国家的企业便可享受欧盟成员国企业的同等待遇。因此，对于进入统一市场的外国企业，欧盟要求像本国企业一样受欧盟竞争政策的制约，对像扭曲市场的政府补贴或者价格、产量、技术的垄断都加以限制，这就迫使那些欲进入欧盟统一市场的国家的政府和企业，在制定相关政策时不得不向统一市场的四个自由流通原则靠拢。另一方面，欧盟处理统一市场对外经贸关系的一个原则立场是，强调对等开放的原则，为欧盟企业进入对方市场占有和扩大市场占有率提供保证，尤其是在金融服务、公共采购等领域，欧盟尤其强调这一原则。这就要求与欧盟统一市场发生联系的其他国家在制定本国市场的制度规则方面，必须考虑与欧盟统一市场相对应。由于以拥有3亿多人口的高度发达的统一市场作为对外交涉的强大后盾。这两方面的影响已经和将对国际市场的竞争规则产生很大影响，像近年来国际经济交往中保护知识产权、反对欺诈仿冒行为等，在一定程度上就是欧盟出于保护统一市场，并建立与其适应的外部经济环境的目的而推动形成的措施。今后，这类影响肯定会有增无减，从而使国际市场更多地向统一市场的自由化、有序化发展。

②国际金融领域将出现欧元挑战美元的局面。

今后10—15年内，欧盟一体化进展对世界经济格局最大的影响，莫过于统一货币欧元的发行使用。随着欧元的发行和欧洲中央银行的建立，欧洲货币区将为欧盟及其主要经济伙伴提供一个相对稳定的国际资金市场，欧元将成为与美元、日元并立的主要国际货币。许多与欧盟有传统经济联系的发展中国家，甚至会将本国货币与欧元挂钩以摆脱美元波动的影响，从而形成新的欧元区。欧盟以外的企业也将能像欧盟企业一样，在欧洲市场降低货币交易成本，这不仅会促使国际资金向欧洲流动，而且会推动与欧盟有关的商品、劳务贸易的进一步发展。欧洲中央银行通过协调金融和经济政策，对法兰克福、巴黎、卢森堡、伦敦等国际金融中心产生影响，通过内部价格和外部汇率的稳定对国际货币体系的稳定发挥积极作用。

欧盟使用统一货币的好处，除了减少兑换成本以完善统一市场、保证价格稳定以促进经济增长以外，同样重要的是，在国际贸易和金融领域内免受美元的冲击和控制，增强欧盟企业的国际竞争力。此前，能够称得上是国际货币的只有美元、德国马克、日元三种，其中美元占据着绝对主导地位。综合国外研究机构的分析，欧元发行后经过一段过渡期，国际金融市场的份额分配可能大体上稳定在美元占40%—50%、欧元占30%—40%，其余为日元和其他货币的大框架内。欧元将成为美元的强劲对手，甚至国际货币体系有可能形成以美元和欧元为主导的两极体系。

欧元对国际金融的影响将表现在三方面：国际储备货币、国际金融资产、国际贸易结算。目前，在国际储备货币中美元占近2/3，德国马克和日元加在一起不过占1/5。欧元发行后，这种以美元为主导的国际储备格局将会逐渐改变。欧盟成员国现有外汇储备3700多亿美元，其中90%是美元。欧元启动后，欧盟各成员国的中央银行不再需要保留过多美元作为外汇储备；而世界其他国家出于避免美元风险的考虑，也会适当调整外汇储备的构成，减少美元而增加欧元。据英国金融界预计，欧元发行两年后，外汇储备将会有 1000 亿—1500 亿美元为欧元所取代。在国际金融市场上，以美元为主要投资货币的局面也将有所改变。据美国经济界分析，目前全球国际金融资产拥有量（包括银行存款和证券）约为 3.5 万亿美元，其中大约一半为美元资产，只有 10%左右为欧洲货币资产。欧元发行后，将逐渐从占据欧洲金融市场发展到在国际金融市场上与美元基本处于均衡状态，这将导致 5000 亿—10 000 亿美元的国际金融资产转向欧元。在国际贸易领域内，由于欧盟已经成为世界上最大的贸易集团，这必将有力地支持和扩展欧元作为国际贸易结算手段的地位，至少在与欧盟有关的国际贸易往来中，美元将让位于欧元。在国际贸易结算中，欧元可能占到 1/3 左右的份额。

综合以上三类影响，可以看出一个基本趋势，即这些影响将导致欧元发行后对欧元的需求将会不断上升，从而有助于在过渡期内稳定甚至提升欧元币值。因此，欧元问世后，尽管初期可能受各种因素影响而不太稳定，但随着时间的推移，很可能逐渐成为一种稳中偏硬的国际货币。

此外，欧元的问世也可能有利于国际货币汇率的改革和稳定。过去，美国依靠其在国际货币体系中的主导地位，经常使用发行美元的办法弥补其国际收支逆差，通过美元不断贬值而获利，造成国际货币汇率的波动，而世界其他国家对此基本上是束手无策。欧元问世后，欧元将成为制衡美元的有效手段，迫使美国平衡对外贸易，执行稳定美元的政策。欧元的出现将改变目前以美元为主导的国际货币体系，成为国际汇率体制稳定的新因素。欧元区 11 国在国际货币基金组织中的表决权超过了美国。这将有利于国际货币体系的改革。但是从世界经济发展前景看。美元、欧元以及日元作为国际货币体系中的三种主要货币，相互之间的合作可能会大于对抗，从而使整个国际货币汇率体制有可能处于相对稳定的状态，对世界经济和贸易的增长起到促进作用。

③欧盟一体化将对中东欧产生重大影响。

今后 15 年内，欧盟东扩将是与发行欧元同等重要的引起世界关注的欧洲热点问题。尽管在这一期间，10 个中东欧申请国家未必能全部加入欧盟，但欧盟与这些中东欧国家将强化它们的政治经济关系。从地缘政治看，欧盟的势力范围将直逼俄罗斯边境，享有黑海的直接入海口，并与中亚接壤。这将会对欧洲地区格局和世界格局产生重要影响。

10 个中东欧国家的人口共计 1.05 亿，地理面积 107.8 万平方公里，在经济全球化和地区集团化趋势占主导的多极世界格局中，欧盟东扩无疑会进一步增强欧盟的国际地位。由于欧盟国家与中东欧国家在经济结构、劳动成本、消费方式和投资需求等诸多方面的差异，因而彼此之间存在着很强的经济互补性，欧盟东扩将为双方创造更多的新机遇。近年来，欧盟与中东欧国家间的进出口贸易年增长速度一直在 10%—20%之间。中东欧国家在欧盟外贸结构中所占比例，从 20 世纪 80 年代末的略高于2%提高到目前的10%左右。随着中东欧国家加快入盟的步伐，彼此间的经贸联系会更为密切。由于中东欧国家的关税水平普遍高于欧盟，欧盟东扩将使统一市场扩大，中东欧国家实行欧盟共同关税，必然带来净贸易创造效应。这不仅会使东西欧国家间贸易进一步增长，而且有利于世界其他国家进入中东欧国家的市场。不过，在农产品、纺织品等领域内，会由于产生相当程度的贸易转向效应，从而对目前与欧盟有这类商品贸易往来的发展中国家产生不利影响。

从经济角度而言，欧盟东扩实质上是将统一市场扩大至整个欧洲，而随着欧元的发行使用欧洲将成为一个欧元经济区。因此，欧盟东扩不仅从量上扩大欧盟的规模，更从质上提升欧洲的自由化和有序化。

从欧洲政治的角度而言，随着中东欧国家的入盟，原有的东西方关系将转化为西方与独联体国家的关系。由于中东欧国家与独联体国家曾有过的政治、经济、文化各方面的密切联系，东欧国家入盟后将有利于欧盟与独联体国家间关系的发展，甚至有可能形成一个包括独联体国家在内的泛欧体系。对于以美欧为主导的大西洋关系来讲，这种转变必然会使欧美双方力量对比向有利于欧盟的方向发展，从而加快美国霸权的相对衰落，促进多极世界格局的定型和发展。

在经济全球化加速发展，国际竞争空前激烈的21世纪初，西欧资本主义国家失去了昔日的活力。欧元区国家的经济状况反不如非欧元区国家，而经济问题最为严峻的恰是一体化的创始国。据统计，进入21世纪，德、法、意三个欧盟大国经济年均增长率仅分别为1.1%、1.4%、0.1%，而它们三国国内生产总值占欧元区国家总额的70%。长期困扰欧盟国家的经济社会问题是经济增长乏力，失业人口居高不下，移民压力越来越大。欧盟各国在国际竞争中遇到的最大不利条件是产品成本昂贵，影响其竞争力。

早在2000年出台首个经济发展十年规划即“里斯本战略”时，欧盟就把发展知识经济确立为一大方向。“里斯本战略”一开始提出，在到2010年的10年间将欧盟建成“全球最具竞争力的知识经济体”。与知识经济紧密相连的就是数字经济。可以说，日新月异的数字技术不仅为知识经济的发展奠定了基础，而且孕育着新的经济增长点。目前，数字产业的产值已占欧盟国内生产总值的8%，接近1万亿欧元，行业从业人员相当于欧盟劳动力的6%，对生产力增长的贡献值则超过四分之一。2007年初，欧盟成员国领导人通过了一份内容庞杂的新能源政策，把绿色经济确立为未来的发展方向，视其为一场“新的工业革命”，并试图借此占据未来全球经济增长的制高点。在本世纪第一个十年，欧盟未能实现既定的经济发展目标；在以经济危机为起点的第二个十年，欧盟能否迎头赶上，人们拭目以待。

21世纪以来，欧盟各种矛盾充分显露，陷入凝聚力下降和一体化进程停滞的困境，其前进方向不明，法、德“火车头”作用锐降，经济增长乏力和英国的掣肘是影响欧盟发展的几大症结。欧盟要克服难题，摆脱困境绝非易事，至少要经过极其漫长的过程。①

①朱立群.欧盟是个什么样的力量[J].世界经济与政治:2008,(2).

欧盟现在是世界上主要的经济实体之一，它的经济总量超过了美国，相当于世界的四分之一强。另外，它在全球化中也发挥了越来越大的作用，这一点可以从欧洲的跨国公司在世界500强中的份量看出。过去很多年，美国的公司在世界500强中占了大部分，欧洲过去只是一个配角，但是进入21世纪后，500强中的欧洲公司的销售额已经超过了美国的公司。从500强中欧洲跨国公司份量的变化来看，现在全球化的主导力量有着从美国向欧洲转移的趋势。欧洲经济一体化走到今天已经50多年了，而且不断地发展壮大，说明和谐是内部关系的主流。作为一个整体，他们有着共同的利益，但是当前的欧盟是由27个不同的政治和经济实体组成的，各个个体也有他们自己的利益，这些利益之间也会有冲突。欧盟下一步在推动一体化上面，面临的关键问题还是《欧盟宪法条约》的问题。这个问题之所以重要，是因为欧盟扩大成27国以后，欧盟的成员国大大增加了，在决策机制上必须进行革新，否则的话，扩大便会使得欧盟处于一种半瘫痪状态。欧盟的发展前景就是不断地加深成员国之间在政治、社会、经济领域的融合度，但是在可以预见的未来，它不会发展成为一个单一的国家。

三、西欧政治

1.西欧国家的政治制度。

西欧各国同属一个政治体系，均实行资本主义制度，但由于各国的历史状况和经济、政治条件的不同，它们所实行的政治体制也各不相同。

西欧24个国家的政体主要有三种类型，即民主共和国制、君主立宪制和特殊政体。实行民主共和制的国家有12个，它们是法国、德国、意大利、芬兰、冰岛、爱尔兰、葡萄牙、奥地利、马尔他、圣马利诺。在这些民主共和制国家中，由于总统、议会和政府三者关系的不同，又可分为议会制、总统制和委员制。议会制就是政府由议会中拥有多数议席的一个政党或几个政党的联盟而组成，政府对议会负责，总统是国家元首，但权力有限，行政权力归总理和对议会负责的内阁。西欧民主共和制国家中除法国和瑞士外都是议会制。总统制就是总统掌握国家大权，总统既是国家元首，又是陆海空三军元帅，可以任命政府总理和国家高级官员，授权总理组织内阁，并拥有解散议会的权力等。法国就是实行总统制的国家。委员制以瑞士最为典型。瑞士的委员制就是国家的最高行政权力是由7个委员组成的委员会来行使，委员会实行集体领导，委员的权力是平等的。委员会作出的决定必须有4名委员同意才能生效，并由7人共同负责。联邦议会每年从7名委员中选举1人担任主席，1人担任副主席，主席即为国家元首兼政府首脑。对外代表国家从事外交礼仪活动，对内负责主持联邦委员会，但无裁决权，也无权解散议会。

实行君主立宪制的国家有9个，它们是英国、荷兰、比利时、西班牙、丹麦、挪威、卢森堡、列支敦士登。根据宪法规定，这些国家的元首是世袭的，拥有国家的最高权力，但在行使权力时，受到其它国家机关不同程度的限制。有的君主只具有象征性的意义，无任何实权，如英国、瑞典、卢森堡等。英国女王名义上是国家元首，但不具体处理国家的内政外交事务，只是作为国家统一的象征，其活动多为礼仪性的；有些国家的君主权力较大，甚至能直接参与政务，如丹麦、挪威、西班牙三国，丹麦女王能够任命首相组阁，还可以任命由司法大臣提名的最高法院院长和法官；挪威国王为国家元首兼武装部队统帅，提名首相人选。

实行特殊政体的国家有摩纳哥、安道尔、梵蒂冈三国。

摩纳哥、安道尔实行大公国制，如安道尔，官方语言为法语和西班牙语，法国和西班牙拥有对安道尔的宗主权，行政管理权由7个教区选出的28名议员组成的议会掌握，在外交关系上，法国代表安道尔。梵蒂冈是教皇制，教皇是梵蒂冈的首脑，有最高的立法、司法、行政权，自称“基督在世上的代表”，对所有天主教会拥有“最高管理权”。终身任职，死后由红衣主教团以三分之二的多数选出新教皇。官方语言为意大利语和拉丁语。

西欧的政治制度均实行“三权分立”的原则。行政权属君主或总统、内阁首相(总理)，司法权属最高法院，立法权属议会。西欧国家的议会多采用两院制，分为上院与下院（参议院和众议院或参议院和国民议会)，也有采用一院制的，如瑞典、荷兰、希腊、西班牙。从国家结构形式来看，西欧大多数国家是单一制国家，即有单一的宪法，统一的国家最高权力机关、行政机关体系和国籍。只有瑞士、德国和奥地利是联邦制国家。联邦制国家的外交、国防、货币、海关、铁路、航空、邮电归联邦政府管辖，其他由联邦和州共管或各州自治。

西欧的政党分为三大类，即保守党、左翼政党和自由党，其中各党派内部大多又分为左、中、右三派。在战后西欧各国的政坛上，以社会党为代表的左翼政党一直占据着重要地位，是一支不可忽视的政治力量。西欧各国的共产党虽然都未曾获得执政地位，但也有一定的影响。其中，意大利共产党多年来曾是意大利众议院中的第二大党。

2.推进政治一体化。

西欧各国为重振西欧在国际政治中的地位，确保西欧内部的稳定与安全，从20世纪60年代末开始了政治一体化进程，积极推进西欧的政治联合。政治一体化取得的主要成就如下：一是扩大欧共体机构的权力与职能；二是共同协商各成员国的对外政策；三是加强西欧国家安全防务联合。

20世纪80年代末欧洲的剧变，给欧共体增加了推进政治一体化的压力和条件。建设政治联盟已经成为欧洲经济一体化向纵深发展的重要条件和必然结果，从而终于被正式纳入到《马约》之中。政治联盟包括外交和安全政策、司法与内务合作等内容。然而，除对扩大议会权力等机构条款方面有具体规定以外，《马约》中有关政治联盟的部分并不像经济货币联盟那样有详细的内容、时间表和严格的共同管理规则，更多的只是表达了增进一体化的政治意愿。由于意识到与政治联盟有关的大多数条款的不完全或过渡性质，《马约》设立了一个评议条款，规定除去与经济货币联盟有关的、已经做出明确规定的条款外，其余条款在1996年召开政府间会议进行评议，以便将政治联盟的建设加以落实。

然而，以1992年丹麦公民投票否决《马约》为转折点，此前欧洲一体化顺利发展的形势被纷至沓来的挫折所改变，经济增长的乏力和失业队伍的扩大，使欧洲民众对任何新的一体化举措疑虑重重。到1996年3月政府间会议正式召开时，落实政治联盟建设的初衷已经不可能实现。于是，欧盟各国首脑决定将政府间会议的主题，集中在为适应即将到来的扩大而改革欧盟机构和决策程序方面，并以此来推动政治一体化的发展。

在经过15个月的激烈争执与妥协之后，修改《马约》的欧盟政府间会议于1997年6月在荷兰的阿姆斯特丹落下帷幕。但是，由于英国对几乎所有的改革建议均持反对态度，以及各成员国对改革的范围与程度意见不一，致使许多关键性的议题未能获得通过。例如，法、德两国提出的通过将西欧联盟（欧洲防务组织）纳入欧盟，从而深化欧洲防务合作的计划，在英国及中立国家的反对下被迫搁浅。再如，对欧盟扩大至关重要的机构和决策机制改革，在以比利时为首的众多小国抵制下推迟解决。

不过，最终通过的《阿姆斯特丹条约》（简称《阿约》）毕竟取得了一定的成果，使欧盟的政治一体化有所推进，主要包括以下几个方面：（1）外交政策方面，规定欧盟的总外交策略仍需成员国一致同意，但策略的执行将由多数表决制决定；欧盟理事会秘书长将在国际上代表欧盟。（2）防务政策方面，欧盟进一步加强与西欧联盟的关系，可以请求西欧联盟代表欧盟执行维和、人道主义和解决危机的行动，但与西欧联盟合并或增加欧盟防务功能的决定，必须得到成员国的一致同意。（3）边境政策方面，将《申根协定》纳入条约之中，实现欧盟内人员自由流动；逐步实行移民、签证和避难的共同政策，但至少在5年内仍需一致通过。（4）灵活性条款方面，允许那些希望加深一体化的国家不必等待所有成员国一致同意，而在欧盟结构中加强合作。在除外交安全政策之外的其他领域中，可以用多数表决制使用这一条款。（5）表决制度方面，理事会的表决票权数问题推至接受新成员国时讨论；有限制地扩大多数表决制范围；扩大欧洲议会修改法案或阻止立法的权力，等等。

阿姆斯特丹会议的结果表明，欧盟在经济一体化的有关领域内，尽管成员国间的利益冲突有时相当激烈，但最终还是能从总体利益出发达成协议。这是成员国间经济联合的内在推力和国际经济竞争的外在压力所导致的必然结果，是欧盟国家通过地区经济一体化来应对日益增强的经济全球化的战略措施。而在政治一体化的有关领域内，民族国家的利益仍然占据主导地位，在外交防务、内务司法、机制改革等重大问题上，若想取得实质性的进展，仍然困难重重。《阿约》的签订既不像《马约》那样在欧盟一体化进程中具有里程碑式的意义，也未能像政府间会议预定的那样推动欧盟建设方面迈出实质性的一步，只能说是勉为其难地向前挪动了一小步而已。

欧洲联盟是建立在经济货币联盟、共同外交与安全政策、司法与内务合作三大支柱之上的。其中，经济货币联盟是最主要的一根支柱。它有着严格的经济标准和中央管理法规，执行共同体立法程序，即执委会创议、议会参与、理事会以特定多数表决的决策机制。外交安全政策和司法内务合作属政治联盟范畴，仍保持着政府间合作性质；共同外交安全政策是理事会一致通过的决策机制；司法内务合作是成员国间协商机制。因此，欧洲联盟是一种三类决策机制并存的混合结构。这种在经济领域采取超国家管制与政治领域采取政府间合作的一体化形式，究其实质是，由这些西欧国家的基本特征，即经济的类似性及密切相关性和政治社会文化的多样性所决定的。这是西欧国家历史发展的结果，只要这种基本特征不发生变化，欧洲的一体化就会继续采取这种混合结构。所以，欧洲联盟的发展前途既不会是联邦制的国家，也不会是邦联制的联盟，而是一种介乎二者之间的混合结构。这种混合结构，可以界定为具有一定程度联邦制的联盟，即最高权力机构（理事会）保持政府间合作的联盟性质，而参与决策和执行监督机构（议会、执委会、法院等〉则保持超国家管制的联邦制性质。这一本质特征至少在今后二三十年内不会有大的变化。从发展看，即使能形成某种程度的政治联盟，欧洲国家在社会文化、民族意识等方面的多样性仍会存在，欧洲联盟离发展为联邦性质的"欧罗巴合众国"还有很长很长的路要走。

3.欧盟与北约的东扩。

1989年剧变以后，东欧国家掀起了"回归欧洲"的浪潮。它们把加入欧盟和北约作为在经济、政治、军事等方面与西欧国家实现一体化的最终目标。欧共体为东欧国家的政治经济结构重组，并使其纳入到西方民主和市场经济制度之中，避免由于东西欧之间的结构失衡而影响整个欧洲的稳定，对东欧国家做出积极反应，大力发展、推进东西欧之间的政治经济关系。欧盟东扩基本属于经济范畴，是欧洲自身的事务，困难主要来自东欧国家和欧盟内部。而北约东扩则属于军事安全范畴，但目前更多的是出于政治方面的考虑，所涉及的事务已超出欧洲范围，压力主要来自外部，即来自美国和俄罗斯。对于东欧国家而言，加入欧盟是为了经济繁荣，加入北约则是寻求政治安全。

（1）欧盟的东扩。

为了尽快将东欧国家纳入整个欧洲的一体化结构之中，欧盟先后于1991年与匈牙利、波兰、捷克、斯洛伐克，1993年与罗马尼亚、保加利亚，1995年后与爱沙尼亚、拉托维亚、立陶宛、斯洛文尼亚等10个东欧国家签订了欧洲协议，建立起联系国制度。欧洲协议包括4部分内容：自由贸易、经济技术合作、财政援助、政治对话。其中，最具实质内容的是自由贸易部分。协议规定，通过分阶段引进双向自由贸易，促使东欧国家的经济体制与多边贸易的开放体系和全球竞争相适应。目前，欧盟已基本取消了除农产品外的原来对东欧的"敏感产品"（钢铁、化工、纺织品等）的出口限制，一个包括几乎所有欧洲国家在内的泛欧洲自由贸易区已初步确立，从而为东欧国家加入欧盟打下了经济基础。

1993年6月，欧共体理事会在哥本哈根会议上宣布，一旦联系国满足作为成员国的经济与政治条件，欧共体承诺吸收这些国家加入欧共体。1994年12月，欧盟埃森首脑会议首次邀请6个东欧联系国政府首脑与会，决定实行东扩战略。1995年

5月执委会提出东扩战略白皮书，规定了东欧国家的入盟程序，要求东欧国家把接受欧盟统一市场法规作为入盟准备工作的核心，同时，欧盟与东欧国家建立起组织联系。1995年12月在马德里首脑会议上，欧盟表示在修改《马约》的政府间会议结束半年后，开始与某些东欧国家举行入盟谈判。至此，上述10个东欧联系国均已正式提出入盟申请。

在修改《马约》的政府间会议结束后仅半个多月，欧盟执委会于1997年7月16日公布了称做《2000日程》的东扩蓝图，对10个东欧申请国分别做出评价，并对欧盟面临的有关问题提出改革建议。由于10个东欧国家全部入盟将使欧盟人口增加超过1/3（从3.7亿增至5亿），而国内生产总值仅增5%，东欧国家的人均国内生产总值只有5 500埃居，尚不及欧盟15国人均国内生产总值（17 300埃居）的1/3，因此一次全部接纳10国入盟必然会导致欧盟内部富国与穷国、小国与大国的矛盾和对立。因此，执委会提出5点建议：(1)入盟候选国。执委会认为，目前10个申请国无一能满足入盟的经济条件，但其中爱沙尼亚、捷克、匈牙利、波兰和斯洛文尼亚5国有可能在不久后达到标准。执委会建议于1998年与这5国及塞浦路斯开始入盟谈判。(2)强化机构。执委会呼吁召开一次新的欧盟政府间会议，讨论增加使用多数表决制和对一致表决制规则加以限制，以避免拥有20个以上成员国的欧盟在决策机制方面陷于瘫痪。(3)共同农业政策。执委会建议，强化导向世界市场价格和对农民直接收入付款的改革，大幅度削减对牛肉、谷物、奶制品支持价格的干预。(4)地区援助。建议对帮助贫困地区的"结构基金"进行彻底改革，将符合援助的人口从目前占50%左右降至30%—40%。(5)未来财政。接受第一批新成员国可以在不改变欧盟财政占国内生产总值1.27%的比例状况下进行，但如要超出这一比例，必须对欧盟财政结构做根本性变革。

《2000日程》虽然拉开了欧盟东扩的序幕，但在有关的政策改革方面，欧盟成员国的分歧仍很大，其核心问题是如何解决与东扩有关的经费。由于东欧国家经济发展水平低于欧盟平均水平，入盟后必然加重地区结构基金和共同农业政策的负担，东欧国家将成为欧盟预算的净受益国。德国、英国虽然积极支持东扩，但坚决反对为解决东扩经费而增加欧盟财政预算；西班牙、意大利、希腊、葡萄牙、爱尔兰等国家作为地区政策的受益者，为避免自身利益受损，强烈抵制结构基金的削减；法国和南欧国家为保护本国的农业，拒绝对共同农业政策做彻底改革。

同时，东欧国家入盟也面临着诸多问题。首先，东欧国家的经济发展水平仍与欧盟国家有较大差距，需要谈判调整的领域众多，过渡期亦难避免。其次，根据欧盟传统上先深化后扩大的惯例，第一批东欧国家入盟肯定要在欧元成功发行使用之后。再次，机构改革问题不解决，欧盟东扩就难于顺利进行，但2000年后能否通过召开新的政府间会议加以解决，仍是一个未知数。

1998年3月30日欧盟与捷克、波兰、匈牙利、斯洛文尼亚、爱沙尼亚和塞浦路斯等6国的入盟谈判正式开始。谈判的主要内容是，确保申请国承担欧盟成员国义务和实施欧盟法律的能力，以及进入统一市场的具体措施和过渡期的安排。9月

11日各申请国向欧盟理事会提交了正式声明，保证从入盟之日起除获允许的例外领域外，完全接受欧盟的法律，各申请国的入盟时间基本确定：匈牙利是2002年1月1日，斯洛文尼亚是2002年底，爱沙尼亚是不晚于2003年1月1日，塞浦路斯和捷克是2003年1月1日。

目前，欧盟成员国已经扩大到27个国家，未来还有进一步发展壮大的趋势。

(2) 北约的东扩。

北约东扩是“冷战”思维的后遗症，其战略目的是要把中东欧国家纳入西方体系之中。美国希望通过北约东扩遏制俄罗斯，同时也保证美国长期留在欧洲，从而将扩大后的北约演化成欧盟和俄罗斯不得不服从的国际关系新体系。

1994年，北约提出了东扩计划，俄罗斯对此持反对态度，但无能为力。1997年5月27日，俄罗斯与北约签署了相互关系基本文件，被迫接受北约东扩的事实。同年7月8—9日，北约在西班牙首都马德里举行首脑会议，虽然以法国为首的一些欧洲国家在首批东扩对象国的数量问题上与美国展开激烈争执，但最后还是按照美国的意图第一批只接纳波兰、捷克和匈牙利三国。美国的考虑是，第一批接受三个国家，既可避免过分刺激俄罗斯，又可减少东扩经费，同时也表明东扩不是短期行为，将随着申请国家（斯洛伐克、斯洛文尼亚、罗马尼亚、马其顿、阿尔巴尼亚、保加利亚、爱沙尼亚、拉托维亚、立陶宛）条件的成熟而逐步吸收入盟。1999年3月12日，北约在美国密苏里州举行仪式，正式接纳波兰、匈牙利和捷克三国为新成员国，北约成员国增至19个国家。

北约东扩虽然顶住了俄罗斯的阻力进入实施阶段，但随之而来的是北约各国内部日益激烈的分歧意见。在东扩资金来源与分摊问题上争议日增，特别是以法国为首的西欧国家反对美国独霸北约的冲突日益激化。欧洲国家从欧洲自身利益出发，更多地强调要照顾俄罗斯的利益和反应，北约对俄罗斯提出的多项“优惠”大多是法、德两国提出的。法、德等欧洲国家在防御俄罗斯的战略目标上虽然与美国一致，但在反对美国主宰欧洲事务和争取欧洲平等地位的斗争中，又需借助于俄罗斯的力量。因此，北约东扩与欧盟东扩相比，虽然在时间安排上走在了前面，但实际上，由于其内外矛盾非常复杂，因此发展前景的不确定性也就大得多。北约能否按预定计划在今后10—20年内分批接纳全部中东欧申请国，能否顺利地将新的欧洲政治安全边界划至俄罗斯门前，而不使整个北约东扩计划中途搁浅，仍然是令人怀疑的。

4.德国的统一及其影响。

两个德国成立后，德国统一经历了一个长期、缓慢的发展进程。1989年10月以后，两德统一的步伐大大加快。1990年10月3日，两个德国最终实现了重新统一。

德国统一加强了其本身的经济实力和政治影响，使欧共体在均衡化和多极化的世界经济格局中加强了地位；欧洲战略格局由美苏分治欧洲演变为美德争夺欧洲的主导权；德国将在欧洲舞台上争当主角，法英在欧洲政治中的作用将相对减弱，欧洲地区的基本矛盾将进一步发展；“欧洲的德国”还是“德国的欧洲”，成为人们广泛关注的尖锐问题。

四、西欧的对外政策

战后，西欧各国对外政策的出发点：一是保证西欧的安全，为经济发展创造条件；二是争取同发展中国家建立稳定关系确保原料、市场和投资场所。在此基础上西欧为自己确定了对外政策的目标，即在经济实力增强的同时，不断扩大自己在国际社会中的影响和在全球事务上的发言权，打破美苏两极体制，推动世界向多极化方向发展，在多极世界中争得一极的地位。随着国际形势的变化以及西欧在国际舞台上所处地位的变化，西欧各国不断调整对外政策，发展对外关系。

1.逐步摆脱美国的控制。

战后初期，西欧无论在防务上，还是在经济上都需要美国的支持，外交政策上基本上是步美国的后尘。20世纪50年代末到80年代后期，西欧经济得到了恢复和发展，在维护美欧结盟、抗衡苏联的前提下，为了西欧自身利益，西欧独立自主倾向有所发展。在这一方面法国的戴高乐做得最为突出。

戴高乐1958年出任法国总统后，为维护法国的民族权益，提高法国的国际地位提出了一系列政治主张和对外政策。其主要内容是：第一，拒绝参加北约军事演习，并于1966年正式退出北约军事一体化组织，限期美军撤出法国；第二，改善法苏关系，谋求东西方缓和。1960年赫鲁晓夫应邀访法，1966年戴高乐又赴苏联访问，把法苏关系推向高潮；第三，不顾美国的反对，于1964年同中国建立正式外交关系；第四，进行法德合作。1963年法德两国签订《法德合作条约》，实现历史性和解，推动了欧洲一体化的发展。戴高乐主义的实质是民族主义，它提高了法国在国际政治舞台上的地位，鼓励了西欧其它国家的独立自主倾向。

2.在美苏两个超级大国之间采取均势政策。

西欧认为，保持美、苏双方的均势对西欧自身的安全与发展至关重要。因此，西欧在对外政策上始终保持一种在美苏之间搞平衡，以东西方的稳定均势和缓和来求安全的态度。戴高乐搞过这种均势外交，20世纪60年代，联邦德国也开始这种外交。1969年勃兰特出任联邦德国总理，实行“新东方政策”，积极改善同苏联的关系，承认民主德国是一个主权国家，保证战后欧洲各国的现有边界，改善同东欧国家的关系。西欧的对外均势战略，使战后西欧的紧张局势得到了一定程度的缓和。

3.推动世界向多极化发展。

战后，西欧在国际舞台上的政治影响力和作用大大削弱，外交上深受美苏的压抑。随着西欧经济实力的变化、联合趋势的增强，西欧力争改变这种现状，争取使自己成为多极世界中强大的一极。为此，西欧在处理东西方关系时，反对美苏因军备竞赛和争夺霸权而造成的欧洲紧张局势；在联美抗苏的同时，又独立自主与苏联搞缓和，积极发展东西欧关系；极力加强与第三世界的联系，推动南北关系的发展，借第三世界的力量，扩大西欧自己的国际影响，使西欧成为强有力的一极与美、苏、日等并立于世界。

第六节　图谋政治大国的日本

一、战后日本经济的发展

日本经济在第二次世界大战中遭到严重破坏，战前积累的财富几乎丧失殆尽，战后经济陷于崩溃的边缘，人均年收入只有 20 美元。战后初期的工业产量仅为战前 1937 年的 20%，农产品 1945 年仅相当于 1937 年的一半左右，棉纱不到战前的 10%。导致通货膨胀严重，粮食和能源奇缺，经济形势异常严峻。

但是，日本却在满目疮痍、一片废墟的基础上，经过 20 多年的努力，到 1967 年日本国民生产总值超过了英国和法国，1968 年又超过了联邦德国，一跃成为西方第二经济大国。其经济发展速度之快，成就之大，令世人感到惊奇。然而，进入 20 世纪 90 年代以来，日本经济的发展速度大大减缓，甚至出现停滞，到 1998 年日本经济陷入严重的衰退局面，被称为“日本经济的最黑暗时期”。

日本经济在战后五十多年的发展进程，大体可分为四个阶段：

第一阶段：经济恢复时期（1945—1955）。日本通过优先发展煤炭、化工、钢铁、运输等基础工业部门的“倾斜生产方式”，使日本在困境中很快将国民经济恢复到战前水平，其国民经济主要指标都超过了战前和战时的最高水平。

第二阶段：经济高速增长时期（1956—1972）。这期间日本通过大量引进欧美工业国家的先进技术，进行大规模的设备投资，进行设备更新和改造。大力发展电机、电子、汽车、石油化工、人造纤维等新兴工业。这大大推动了日本经济的快速发展。不仅使工业结构发生了深刻变化，而且也使整个经济结构发生了深刻变化，使日本经济实现了质的飞跃，跨入了世界工业先进国的行列。

第三阶段：稳定增长时期（1973—1985）。1973 年资本主义世界爆发了经济危机，对日本经济造成了严重冲击。由于国际石油价格的上涨和环境问题日益突出需要加以治理，日本生产成本提高，经济增长速度明显放慢，步入稳定增长时期。由于日本政府和垄断资本集团，针对日本经济下降的形势，采取了诸如利用最新科学技术成果，加快工业结构的调整，节能降耗等一系列措施，仍使日本经济保持了稳定的发展势头，其发展速度仍高于其他欧美资本主义国家。

第四阶段：经济国际化时期（1985 以来）。由于日元升值和经贸磨擦迫使日本增加海外直接投资。特别是进入 20 世纪 90 年代以来，西方经济普遍不景气，各国之间的经济矛盾日益突出和加剧。日本“泡沫经济”开始破灭，导致日本国内经济长期萧条。1992 年至 1994 年处于零增长，1995 年至 1996 年有所好转，但 1997 年又开始恶化，1998 年各项经济指标又进一步下滑，1999 年，下降势头有所缓解。针对这种局面，近些年来日本不断加大科技投入，推进国内经济改革，放宽市场限制，发展国际协调型经济。日本经济进一步向全球化、信息化、网络化方向发展。

日本经济在战后五十多年的发展过程中，虽然在20世纪90年代以来出现了衰退现象，但总体而言，其成就是相当大的，它在资本主义世界经济中的地位已大大提高了。主要表现在以下几个方面：

第一，在经济发展速度上，居世界各国前列。从1956年到1978年间，日本经济平均增长率为9.7%，其中1966年至1970年这几年间平均增长率达到了11.6%。这一速度是美国的2.7倍，是英国的4倍，是联邦德国的2.3倍，是法国的1.9倍。

第二，在工业生产水平上，仅次于美国。1958年日本工业生产水平只相当于美国的15.6%，到1972年便达到了美国的49%，升至世界的第三位，仅次于美国和前苏联。随着工业生产能力的不断扩大，日本的工业生产在资本主义世界中的比重有了很大的提高。从1948年的1.2%上升到1971年的9%，居资本主义世界的第二位。现在日本有十多种工业产品如船舶、计算机、汽车等年产量居世界前列，尤以汽车工业发展最快，1965年日本的汽车产量为187万辆，到1985年就超过了汽车王国美国的产量，跃居世界第一位，年产量达1227万辆。

第三，在经济实力上，已成为世界上最大的对外净资产国。早在1988年，日本国民生产总值就已达2.85万亿美元，占世界的15%，相当于美国的60%，超过前苏联，跃居世界第二位。自1993年起，日本外汇储备稳居世界第一位，成为世界上最大的债权国。

第四，在居民生活水平上，堪称世界首富。根据日本经济企划厅统计，1995年日本实际国内生产总值（按1990年价格计算）为458万亿日元，若按1美元兑换105日元计算，已高达4.4万亿美元，占世界经济的17%以上，约占美国同年实际国内生产总值的70%，相当于德国的2.5倍。在1987年时，人均国民生产总值就达2.45万美元，居世界第一位。1995年又达到人均国民生产总值3.6万美元，堪称世界首富。

二、战后日本经济迅速发展的主要原因

战后五十年的和平国际环境，为日本经济的迅速发展提供了良好的时机，既避免了战争的破坏，又节省了大量的军费开支，保证了优先发展经济战略的实施；美国出于称霸世界的全球战略的需要，帮助日本实施了一系列政治、经济改革，客观上适应了日本社会经济发展的需要。战后的日本为美国所占领。日本在依靠美国的援助取得经济重建的同时，就与美国正式结成同盟关系，确立了其作为“美国保护下的通商国家”的战略定位，使战后日本得以“最大限度地利用”“冷战”格局来谋求经济利益和自身发展。在“冷战”时期，日本利用美国的军事保护，几十年一贯地集中力量发展经济，在长期保持西方国家最低的军费开支比例的情况下，创造“日本奇迹”，成为显示低军费促进经济和造福社会的一个范例。

战后日本经济之所以能够得到快速的发展，同时，也是与日本政府以适合本国国情为根本出发点，追求经济的和平发展运作，以及充分有效地利用有利于自身经济恢复与振兴的国际条件分不开的。日本国内政局长期相对稳定，政策有连续性而

且政府的宏观经济政策比较成功，无重大失误，严格的企业管理制度和低消费、高积累的资金积累政策，保证了日本经济的顺利发展。

第一，在美国的主导下，战后日本被纳入到以民主、法律为基础的和平宪法轨道上运行，从而从根本上为战后日本走和平建设、和平发展道路提供了可靠保障。

第二，战后美国出于对社会主义国家的冷战需要，由当初的对日本限制削弱的政策转向“挟日反共”的政策，促进了战后日本经济的恢复。二战后，美国成为西方国家的霸主，并妄图进一步“领导世界”。但是，二战期间及战后初期，一批社会主义国家相继诞生，以苏联为代表的社会主义力量日益强大，引起了以美国为代表的西方国家的极大仇视和恐慌。尤其是中华人民共和国的成立，极大地改变了东西方力量的对比。为了防止“汹涌而来的共产主义浪潮”向外扩散，美国便迅速改变了对日政策，采取“扶日反共”的方针，对日本经济的恢复和发展给予大力地扶持，从而促进了战后日本经济的恢复与振兴。

第三，美国为了重新武装和利用日本，不仅没有要日本的战争赔款，而且也阻碍和反对别国向日本索赔，因而大大减轻了战后日本恢复经济的负担。战败的侵略国向被侵略受害国赔偿，这是国际法中规定的通行惯例。二战后，美国则强迫其受害国放弃向日本索赔。中国虽不受美国操纵的《旧金山对日和约》中关于放弃向日本索赔协定的约束，保留着对日本提出战争赔款的权利。但1972年中国政府为了中日人民友好和邦交正常化，宣布放弃500亿美元的赔款要求。因此，日本经济大国地位的确立，与中国人民博大胸怀有着直接的关系。这是日本经济能够迅速恢复和崛起的一个重要因素。

第四，二战后美国在亚洲进行的两场侵略战争，为日本经济的振兴与发展提供了重要契机。在朝鲜战争和越南战争期间，美国都把日本作为它的生产军需物资的兵工厂和后勤基地。朝鲜战争时期，美国每年向日本发出几十亿美元的军事订货，并把大量军事装备、军队家属运往日本。这一方面极大刺激了日本基础工业的生产和扩大了日本的需求。另一方面，由于美国忙于战争，其出口能力有所降低，这为日本商品打入世界市场提供了良机。

第五，美国在战后为日本安全提供了“核保护伞”，这不仅使日本大大节省了安全防务的费用，并且使其能够集中资金大力发展经济。战后，日本作为以美国为代表的西方盟国中的一员，被美国推向了亚洲地区冷战的前沿。于是美国从日本的冷战安全和“制约”日本的双重战略利益考虑，为其提供了“核保护伞”。

战后日本经济的崛起不仅得益于有利的特殊国际条件，而且也与日本政府能够审时度势，谋求经济和平发展有着直接的关系：

第一，适应战后和平潮流，抓住时机不松懈、集中全力求发展。二战结束后，各国人民普遍要求和平，反对战争。虽然以美苏对抗为主的冷战条件下发生过朝鲜战争、越南战争等局部战争，但未酿成第三次世界大战。就整个世界而言，由于有冷战而没有大战，二战后就进入了相对和平发展时期。日本适应了世界和平大势，抓住了机遇，全力以赴发展经济，决心赶超欧美，取得了骄人成就。

第二，长期保持政局稳定，为经济发展创造良好的局面和环境。日本从 1955 年到 1993 年，一直是自民党执政，没有大的动荡和波折，基本保持了国内政局的稳定，这样可以制订合理的长远发展规划，保持了政策的稳定性和连续性。政局稳定、政策稳定是保证日本经济持续高速发展必不可少的一种国内政治环境。

第三，实行有力的国家干预经济的方针。战后日本政府坚持集中领导，实行了国家干预经济的国家垄断的管理制度。战后日本政府在经济发展的各个时期，根据不同阶段的客观需要和实际可能，确定了经济发展的主攻方向，实行了循序渐进，由低级到高级逐步发展的战略步骤。从 1949 年起，日本政府相继制定了"经济复兴计划"、"经济自立五年计划"、"国民收入倍增计划"、"全国综合开发计划"、"中期经济计划"、"新经济社会发展计划"等。通过这些规划的实施，使政府对经济的宏观管理和对国内经济生活的调控得到了有效落实，这是日本经济发展取得成功的重要前提。

第四，重视科技、教育，尊重知识、尊重人才，是日本民族精神的一个重要特征。政府和民间为实现全民族的追赶目标而能达成协调与默契，则被证明是战后日本政治进步的一个积极成果。日本人有极其高超的模仿和革新能力，他们可以在引进技术的基础上，进行仿制和改进，从而以具有更好外观和功能的产品占领国内外市场，促使经济高速发展。

战后日本经济增长的 60%是靠技术进步取得的。日本从政府到企业都非常重视科学技术，一直把发展科学技术，引进先进技术作为发展经济的战略问题。20 世纪 80 年代日本政府就提出"技术立国"方针，不断加大对科技的投人，以保证国际竞争优势。1995 年日本政府又提出"科技创造立国"的新口号。以科技创新为龙头，为经济发展注入新的活力。重视教育，在日本经济发展中起了重要作用。1947 年在经济极端困难、温饱问题还没有解决的情况下，日本政府还把义务教育增加了三年，每年要拨出国民生产总值的 6%作为教育经费。在日本，要想成为教师必须经过严格的国家考试。教师首先要取得许可证，其待遇相当高。大学毕业后成为教师，第一年的平均工资要高于第一流企业职工的工资。此外还享有抚养补助、住宅补助、通勤补助等，是最令人羡慕的职业之一。日本十分重视人才的培养和使用，使人尽其才，学以致用。

进入 20 世纪 70 年代以后，随着日本同美、欧之间的技术差距的不断缩小，引进机会不断减少，"追赶效果"不断减弱，工业进步的速度随之明显下降，最终使经济增长速度下降。到了 20 世纪 90 年代，日本必须及时抛弃"追赶战略"而转向"创造战略"。但正是由于它长期忽视基础科学研究，因此日本面临着前所未有的困难。基础性、开拓性的科技研究绝不是短期内能取得成功的。再者，在追赶时期，日本往往急功近利地加快经济的增长速度，而忽视全面、均衡发展方面的诸多问题，比如对富有个性、独创性的人才的培养，以及对社会问题的关注，等等。所有这些薄弱环节最终将越来越成为阻碍未来发展的因素。

随着对先进国家的追赶目标的实现，日本日益成为后期的亚洲国家和地区（如韩国、中国及台湾地区，以及东南亚国家联盟）追赶的目标，即成为“被追赶者”。于是，日本也开始面临“如何应付‘被追赶’”这样全新的课题。事实证明，日本曾是一个好的“追赶者”，却不是一个好的“被追赶者”。

第五，日本企业实行严格的科学管理制度。在20世纪50年代，日本许多大企业推行“终身雇佣制”和“年功序列工资制”。使职工利益和企业利益有机地结合起来，使职工感到有依靠，具有安全感。同时，职工在报酬上是有较大差别的，使职工都存在着压力感，他们只有通过竞争，不断创新，才能适应担任收入较高的职位。同时企业也十分重视对职工的“感情投资”，协调劳资关系。甚至还巧妙地运用中国儒家的“齐家治国”、“忠孝仁爱”的思想来管理企业，以增加企业内部的活力和凝聚力。

第六，日本长期实行低消费、高积累的政策。日本居民个人储蓄率在西方国家中是最高的，人均储蓄额达4万多美元。战后日本经济发展所需资金主要是来自国内，来自于居民的高储蓄率。而经济的发展，使人民生活水平不断提高，从而又反过来促进储蓄的不断增长，二者一直处于良性循性之中。同时居民的勤奋和实干精神，既保证了个人收入的不断增长，同时也支撑着日本经济长时间的高速发展。因此，这种被称之为“勤勉型”的经济机制对日本经济的快速发展起到了有力的保证作用。

三、日本经济的病态

日本是一个有坚强实力的经济大国，但它未能把人力资源、技术资源、金融资源等优势构成一个高效率的总系统，因此在国际经济形势发生变化以后，日本无法适应变化了的新形势，昔日“西方经济优等生”、“经济奇迹”的创造者，如今变成了“西方经济劣等生”，一个“病魔缠身的经济巨人”。

1.“日本病”的主要症状。

（1）“泡沫经济”后遗症严重，金融机构的不良债权问题久拖不决。

“日本病”发病于20世纪90年代初的“泡沫经济”破灭。所谓“泡沫经济”是指地价、股票等资产的价格持续出现无法以基础条件来解释的上涨或下跌。它是一种并不真实反映生产活动的金融交易的膨胀。它造成了大量的不良债权，使日本的国际金融地位下降，设备投资过剩，企业经营状况恶化。

长期依靠房地产暴涨而形成的“泡沫经济”的破裂，使日本的“经济奇迹”一夜之间成为泡影。根据大藏省直到1995年9月才开始对不良债权进行的调查，当时日本的不良债权高达38万亿日元，其后逐年减少，1997年12月为28万亿日元。然而，1998年1月发表的数字突然增加两倍以上，为76.7万亿日元，约占总贷款金额的12%以上。2006年以来数字又时有增加。这种奇怪的统计引起了市场的不信任；人们纷纷批评大藏省及银行不公开信息，对不良债权问题拖延不决。为了尽快卸下不良债权的包袱，并防止出现新的不良债权，金融机构普遍产生“惜贷”心理，从而对企业的设备投资，乃至整个经济景气产生了很大的消极影响。

(2) 制造业"三过"现象调整使民间消费和设备投资下降。

所谓"三过"现象是指制造业的过剩雇用、过剩设备、过剩债务。对"三过"现象调整的核心是调整"过剩设备"。设备投资过头了，自然要雇佣过多的人，同时会欠下过多的债。据日本政府估计，目前日本的过剩设备多达35万—41万亿日元，占资本存量的3.3%—4.0%，导致了沉重的维持费负担和资本收益率的下降。但是为了压缩过剩设备，一部分企业不是废弃旧设备，而是压缩新的设备投资，从而导致设备投资下降和机械订单减少。而设备投资的下降，不仅会影响景气的恢复，而且也会影响导入新技术的速度。另一方面，从企业经营的角度看，调整"过剩设备"可能导致新的设备过剩。因为企业往往热衷于对当前成为主流的、表现红火的产业及其设备进行投资，但由于产业结构迅速变化，过不了多久，新购置的设备又成了过剩的设备。

另外，对"过剩雇用"进行调整的结果，必然使失业者增加。目前日本的失业人数已超过300万人，完全失业率在1999年6月已升至4.9%。加上企业内的过剩雇用达280万人，实际失业率超过8%。这意味着，战后日本长期保持的、世界经济史上罕见的"完全雇用"（充分就业）开始崩溃，号称为日本式经营的核心的终身雇用制也发生了动摇。高失业率又不可避免地导致消费的萎缩。

企业对"三过"进行调整，正是"起业家"（开拓新领域、创建新企业的"创业者"）们把资金、劳动等生产要素从经济效益不高的部门"夺"过来，用于创建有发展前途的新兴产业的好时机。然而，当今日本既缺少"起业家"，也缺乏产生"起业家"的金融体制、政府机制等"土壤"，结果"三过"调整的消极效果很大，而积极效果却难以体现出来。

(3) 政府对经济的指导和调控能力差，时有失误。

近年来，日本政府经济政策在处理景气与改革的矛盾方面有重大失误，关键是没有运用好财政政策。桥本内阁实行"改革优先"路线，为改善财政状况而实行"增税减支"，但其结果是使本来就内需不足的日本经济"雪上加霜"，经济形势更趋恶化。小渊内阁转向"景气优先"路线，投入了大量财政资金，虽能刺激景气于一时，却仍未能将"民需"（民间消费和设备投资）带动起来。同时，为了刺激近期经济景气而一味动用财政手段，也有图一时政绩而把难题推给将来之嫌。

总之，日本政府作为国家的功能发挥得极不理想。根据瑞士洛桑管理开发学院的《世界竞争力年鉴》报告，1993年日本在国际竞争力排行榜上失去了连续8年拥有的桂冠下降到第2位，1994年降至第3位，1995年和1996年降至第4位，1997年降至第9位，1998年更降至第18位。2000年以后，作为国际竞争力8大要素之一的"政府影响力"的名次更是处于第28位，另一项与政府有关的竞争力要素"国际化程度"则为第32位。由此可见，日本国际竞争力的大幅度下降，同政府表现差密切相关。

当今是经济全球化时代，是企业选择国家的时代，哪个国家的功能发挥得好，对企业有吸引力，企业就会选择那个国家。由于日本国家功能发挥得不好，对企业缺乏魅力，不仅外国企业很少到日本来投资，一些日本大公司还把总部搬到别的国家去。

(4) 财政包袱越来越重。

为了阻止经济倒退，日本政府又是扩大公共投资，又是减税，又是诱导短期资金市场的零利率。但是，所有这些政策手段都要花钱，仅1998年度政府就追加财政预算23万亿日元，相当于日本国内生产总值的5%，如果追溯到1992年，累计投入的财政投资已超过100万亿日元。其结果，财政赤字对国内生产总值之比已接近10%。中央和地方的债务余额高达600万亿日元，大大超过了国内生产总值(478.3万亿日元)。而且，在上述600万亿日元中，有200万亿日元是近几年增加的。然而，尽管付出如此代价，至今仍换不来"复苏"两字，反而留下极大的后患。

(5) 消费疲软难以扭转。

日本的人均收入虽比美国高，但日本的人均消费支出只及美国的30%。这是因为日本人把收入中的相当部分用来储蓄，储蓄率高达14%。但是据估计，日本经济增长的60%要靠个人消费的增长来支持。日本人不愿意消费的心理是当前日本经济难有起色的重要原因之一。俗话说，"人无远虑，必有近忧"。日本人不愿意多消费的原因可说是"近忧"和"远虑"兼而有之。"近忧"当然是经济形势不好，收入增长减慢甚至减少，失业增加导致人们的不安心理增强等等。至于"远虑"，主要是因为日本人口的年龄结构迅速趋向高龄化和少子化，致使人们担心将来的负担会明显加重。如此悲观情绪，当然就无心增加消费了。

此外，目前的消费疲软也是20世纪80年代末"泡沫消费"崩溃后遗症的表现。在"泡沫经济"膨胀时期，由于股价、地价猛涨，使拥有股票、土地的人们顿时觉得自己发了大财，致使消费也趋于"泡沫化"，人们大把大把地花钱，什么高级轿车、名牌商品、古董名画等等，都成了抢手货。到了2000年以后，随着"泡沫经济"的崩溃，人们的消费泡沫也跟着崩溃，出现了长达近十年时间的消费不振。

2. "日本病"的病因探源：以金融问题为中心。

一说到目前日本的经济状况，人们往往会归因于"泡沫经济的崩溃"，然而，要回答"日本病"的病因，就要弄清楚出现"泡沫经济"的原因。

关于日本经济陷入困境的原因，日本经济学界曾有过一番争论。已故京都大学名誉教授宫崎义一在1992年出版的《复合萧条》一书中认为，日本经济萧条的最根本原因要从20世纪80年代中期急速开展的世界性金融自由化去找，他说："无论是美国经济，还是日本经济，都从20世纪80年代中期开始逐渐向金融自由化、国际化的新经济框架过渡……'泡沫经济'的崩溃则是向金融自由化、国际化这个新经济框架过渡所不可避免引起的调整或重组过程，不能不说这是金融自由化所带来的结果。"宫崎的论点发表以后，也引起了很多学者的反驳。

对进入21世纪以来日本经济出现"异常"萧条的原因，目前存在着两种相反的解释。一种意见认为，金融自由化所致（另一原因是库存循环），另一种意见则认为恰恰是金融自由化进展得太慢所致。那么，到底哪种观点比较符合实际呢？

战后日本经济发展是从战时统制经济体制下出发的。这就不难理解战后日本的发展过程必然是伴随着“改革”的发展过程。在美国占领下实施的战后民主改革，是战后漫长的改革过程的第一幕。1949年实行“道奇路线”，废除了统制经济体制，成为战后日本走向自由市场经济体制的起点。1960年制定“贸易外汇自由化计划大纲”和“国民经济倍增计划”，将日本经济增长植根于“民间企业自由的活动”，促使自由化率在1963年8月达到92%，这意味着战后日本改革进入了以“自由化”为标志的新阶段。在经济自由化的潮流中，一大批优秀企业迅速成长壮大起来。

可以说，战后日本经济的高速增长是积极推进改革和自由化所带来的结果。与此同时，在“冷战”时期的两极体制下，为了使日本发挥“对共产主义的防波堤”的作用，防止日本成为资本主义世界的薄弱环节，甚至被“共产主义化”的风险，也精心设置了很多偏离市场经济原理，或处于市场经济“外部”的“稳定装置”，其中，“护送船队”式（为了不让一艘船掉队，使整个船队按照最慢的那艘船的速度行进）的金融管理体制，可以说是这种“稳定装置”的代表。因为金融稳定是整个经济稳定的关键，在20世纪50年代初废除统制经济的改革中，金融就被作为“特例”，在废除对一般产业的统制时，却把对金融业的统制保留了下来，其用心就是担心搞自由金融制度会引起挤兑。为了防止出现挤兑就不能让银行破产，实施了所谓“护送舰队”式的、带有很多严格规制的金融行政管理。既要实施走向市场经济的改革，又要设置诸种偏离市场经济原理的“稳定装置”，这可以说是在当时国际大背景下、为了对付“共产主义威胁”不得已而采取的“一时的让步和妥协”的措施。

进入20世纪70年代之后，日本虽然比较顺利地克服了两次石油危机，上述的“稳定装置”却被继续保留了下来。这意味着同五六十年代相比，改革和自由化的步伐大大放慢了。其中，对市场化特别落后的金融领域，虽然从20世纪70年代开始渐渐缓和规制，并在20世纪80年代开始议论金融自由化，但步子迈得非常之慢。但是，改革的停滞并没有影响20世纪70年代以后日本经济发展状况继续被外界看好。然而，这种表面上的良好表现仅仅具有相对的意义，其原因是当时欧美发达国家的经济陷入停滞状态，发展中国家除去一些小国或地区之外也都处于经济低迷状态。相比之下，日本在表面上显得不错，但潜在的问题却在不断积累。

金融自由化主要包括“利率自由化”和“金融业务自由化”。日本的利率自由化从1985年开始搞了十年，于1994年实现完全自由化，比英国晚了二十年以上，比美国晚了十年。在金融业务自由化方面，日本的自由化程度在主要发达国家中也是最低的。当日本的金融自由化开始迈步时，其他发达国家的金融业却在迅速变化。例如，美国于1980年制定了《金融制度改革法》，1982年制定了有关取消存款金融机构的规制的法律，实现了存款利率全面自由化。英国于1979年对外汇管理实施自由化，于1986年实施了号称“金融大爆炸”的、以证券市场自由化为中心的大幅度自由化措施。然而，当时日本当局出于“求稳怕乱”，对金融自由化的潮流感觉迟钝，麻木不仁。

20世纪80年代前半期，中曾根内阁也曾对“电电公社”、“国铁”等实施民营化改革，可是，惟独对金融业不敢进行大胆改革，这是日本金融界乃至整个日本经济的“悲剧”。因为金融业限制了整个经济的效率，怎能提高整个经济的效率？

此后，随着“冷战”时代结束，国际上的所谓“苏联威胁”消失，国内以工会为首的“社会对抗势力”也日趋“无力化”，战后出于“稳定至上”的指导思想而设置的这些市场经济“外部”的稳定装置不仅变得多余，反而成为提高竞争力的障碍。

进入21世纪以后，日本经济长期郁积的各种矛盾终于集中地暴露出来，受到了“市场的制裁”，特别是泡沫经济的发生和崩溃正是拖延改革所带来的最大恶果。日本金融改革的滞后，在本质上也是它跟不上信息化潮流的一个原因。因为随着信息通信技术在金融业的普及，金钱与信息日益结为一体：金钱的交换与信息的交换几乎成为“同义语”；本来不过是作为商品、服务交易的媒介手段的金融业，由于信息革命而转身一变，成了不折不扣的“信息产业”。

由此可见，日本经济从停滞走向衰退的真正原因，不是“金融自由化”，而是“金融自由化的滞后”。因此，实行真正的“金融自由化”，才是治愈“日本病”的灵丹妙药。

而今国际金融市场已经是一个每天交易着多达1.0万亿—1.5万亿美元的热钱(国际短期投机资金)、套利基金（投机性的投资信托），同时运转着多达55万亿美元的金融衍生商品的“虚拟经济”世界。只要提一句，在实体经济方面的贸易交易量全世界一天只有500亿—1 000亿美元，就可以令人感到虚拟经济偏离实体经济有多远。这个虚拟经济世界，或称为“外汇、证券、金融市场”已不再是为了促进实体经济发展的“筹资的场所”，而是以投机为目的、以信息通信等高技术所武装的地地道道的“信息的战场”。1997年7月爆发的亚洲金融危机和2008年的全球金融危机，尽管有陷入危机的各国自身的制度上、政策上的原因，但是，其基本背景正是投机过度、“自由过度”的全球性虚拟经济兴风作浪的结果。现在，对于某些发展中国家来说，重要的课题并非是追求“国际投机资金的自由”，而是追求“躲避国际投机资金的自由”。

从这个意义上说，日本的泡沫经济与这个全球性“虚拟经济”有着同一个本质，即过度的投机，或曰“投机资本主义”。正如号称“金融大鳄”的金融家乔治·绍罗什在《全球资本主义的危机》一书中所指出：“现在是认识到金融市场具有内在的不稳定性的时候了。”“摆在我们面前的抉择是，我们是对全球金融市场加以管制，还是任凭每个单独国家去尽量保护其自身利益。后一条道路必定导致这个叫做全球资本主义的庞大循环系统的崩溃。”

“投机资本主义”也可以看做是“资本主义病”。如果不医治这种“资本主义病”，那么，“全球资本主义”也会像日本的“泡沫经济”一样趋于崩溃。“泡沫经济”绝不是某一个国家的问题，而是全球资本主义固有弊病的必然产物。所谓“日本病”不过是“资本主义病”在日本这个国家的特殊表现；不把医治“日本病”同医治“资本主义病”结合起来，“日本病”也是治不好的。

四、当前日本经济的现状与前景

1.世纪之交日本经济面临的困境。

日本面临六十多年来最严重的经济萧条，其现状主要表现是：

第一，国内生产总值（GDP）连续出现负增长。

第二，占实际国内生产总值约60%的个人消费十分疲软。

第三，住宅投资逐年下降。

第四，公共投资虽有增加，但带动整个经济走向复苏还很困难。

第五，设备投资持续下降。

第六，生产活动水平不断下降，至今仍无恢复迹象。

第七，失业率急剧上升。

第八，批发物价下降，企业利润大幅减少。

第九，股票市场低迷、汇率下跌。

第十，贸易出现巨额顺差。

从总体上看，目前日本经济发展状况不容乐观。短期内难有大的起色。这是因为：

其一，个人消费疲软趋于“长期化”。从目前看，失业仍在增加，就业不安感仍在增强。职工收入不断减少，导致人们消费不断萎缩。

其二，不良债权长期难以解决，困扰金融机构。日本不良债权积重难返，导致了银行“惜贷”，企业“惜投”，居民“惜购”的连锁现象，这种局面短期内难以从根本上得到扭转。

其三，亚洲经济危机和全球金融危机对日本经济的负面影响仍将继续。世界经济的波动直接影响着日本经济的发展。

其四，日本国民的信心危机短期内难以消除。这些年来日本消费市场持续疲软，人们对经济发展前景感到担忧和悲观，出现了信心危机。对政府和政治家感到不可信赖，出现信任危机。这些对经济的发展都有着极为不利的消极影响。

总之，日本所面临的问题很多，有的甚至难以或者无法解决。如人口老龄化和出生率下降，失业率不断上升；企业生产能力严重过剩；金融机构背负着巨额不良债权；日本政府的巨额赤字。国债数额巨大，财政已陷入战后最严重的财政危机之中。

展望日本经济的发展，其走上正常轨道至少需要数年时间。这是因为，日本不良债权处理需要数年，全球金融危机后还未恢复元气。从经济周期的规律看，从较大幅度下降转为真正回升，也需若干年的时间，短期内并非易事。

五、日本政治

1.战后初期日本的民主改革。

战前日本是一个军事封建帝国主义国家。1868年日本明治维新推翻了德川幕府的统治，建立了地主阶级的天皇制政权，大力推行一系列积极发展资本主义的政策措施，从而使日本在不到半个世纪的时间里就走完了欧美国家用两个世纪才完成的资本主义工业化进程。到20世纪初，日本便进入了帝国主义阶段，并具有鲜明的封建性和军事性的特征。

随着日本资本主义经济的发展，狭小的国内市场和贫乏的资源已无法满足其资本不断扩张的需要。日本便通过军事侵略为其经济发展开辟道路，先后侵犯中国，霸占中国的领土台湾，吞并朝鲜。在第一次世界大战期间，日本帝国主义大发战争财，使其经济实力大大增强，对外扩张侵略的野心急剧膨胀。1931年日本对中国东北发动侵略，1937年发动了全面侵华战争，1941年12月7日偷袭珍珠港，发动太平洋战争，接着侵占东南亚各国。结果，在被侵略国家的人民奋勇抗击和苏美等反法西斯同盟国家的共同打击之下，于1945年8月15日无条件投降，宣告了日本以军事侵略夺取亚洲乃至称霸世界野心的彻底失败。二战后，一败涂地的日本成了美军占领下的托管国家。当时，遭受日本侵略的各国和日本国内各界民众强烈要求盟国实施波茨坦公告，永远铲除日本军国主义，在日本实现和平和政治民主化；同时，美国为了削弱和控制日本；对其所占领的日本的政策是以非军事化和民主化为基调，实施波茨坦公告。盟军司令麦克阿瑟着手对日本进行民主改革，其主要内容有：

（1）解除日本武装，惩办战争罪犯。解散军事机器，解除日本745万军队的武装；逮捕了43名甲级战犯，其中东条英机等7人被处绞刑，实行“整肃令”，开除军国主义分子的公职；解散右翼法西斯团体；废除“治安维持法”，释放全部政治犯。

（2）修改宪法。1946年11月公布了实际上是由美国人起草的《日本国宪法》，于1947年5月3日正式实施。宪法规定：天皇是日本国的象征，其地位以全体国民的意志为依据；实行行政、立法、司法三权分立的资产阶级议会制；规定“日本永远放弃作为国家主权发动的战争、武力威胁或使用武力作为解决国际争端的手段”；“不保持海陆空军及其战争力量。”“不承认国家的交战权”。新宪法消灭了君主专制主义、国家军国主义倾向，实现了资产阶级民主化，在一定时期内保证了日本的和平发展。

（3）实行农地改革。颁布一系列法令，规定地主出租的土地限制在一公顷以下，多余的土地由政府收购后转卖给农民，其应付款农民分24年还清。将实物地租改为货币地租。农地改革铲除了日本封建土地制，开始形成以自耕农为主的新的土地制，从而大大提高了农民生产的积极性，扩大了国内市场，为日本经济起飞创造了有利条件。

（4）解散财阀，禁止垄断。颁布《解散财阀令》、《禁止垄断法》等；解散三井、三菱、佳友、安田等 83 家持股公司，对 10 大家族财阀的股票及其与之有关的 625 家限制公司的股票全部没收，公开出售，将财阀首脑解职。从而彻底瓦解了战前具有强烈封建色彩的以家族垄断为核心的日本经济模式，使资本社会化，实行企业所有者与经营者的分离，规范了市场制度，大大提高了竞争能力，促进了经济发展。

（5）改革教育制度。废除战前军国主义、封建主义和法西斯主义的教育制度，规定教育与神道分离，实行教育的自由主义化，逐步建立起以发展个人才能为中心的资产阶级教育制度。

（6）改革劳动制度。颁布《工会法》、《劳动关系调节法》、《劳动标准法》，规定工人拥有团结权、团体交涉权、争议权等。

上述这些民主改革措施，为后来日本经济与社会的健康发展提供了根本保障。

2.日本的政治制度。

第二次世界大战后，日本军部的法西斯统治彻底崩溃，日本国家政体发生了变化，以天皇专权的君主立宪制改为以天皇为国家象征的议会内阁制。实行立法、行政、司法三权分立和一定程度的地方自治制度。其构成是：

（1）天皇。天皇是日本国的象征，是日本国民整体的象征。天皇的权限只限在形式上。形式上有任命总理大臣及最高法院法官的权利。而实际上前者须经国会提名，后者须经内阁总理大臣提名。天皇有关国事活动必须有内阁的建议和承认。天皇只能按内阁的决定，作些礼仪上和形式上的活动，无处理国政之权。新宪法没有明确天皇是国家元首。

（2）国会。国会是国家的最高权力机关和惟一的立法机关，它由众议院和参议院组成。众议院 500 个议席，参议院 252 个议席。两院议员均由民选产生。按法律规定，众议员任期为 4 年，可连选连任，但首相有权解散众议院，提前举行大选；参议员任期 6 年；每三年改选半数。根据宪法规定，国会具有立法权、对政府的监督权以及对外交、财政、司法的监督权。日本的立法须经众参两院通过方可生效。如果众议院通过的法案被参议院否决，经众议院 2/3 以上多数再行通过，亦可生效。

（3）内阁。内阁是日本国家最高行政机关。内阁总理大臣，即日本首相，在国会议员中提名，经国会选举产生。但实际上首相往往是由在众议院占有过半数议席的政党领袖担任。当在众议院中没有一个政党拥有超过半数席位，就要由两个或几个党联合推荐首相候选人，并分别由国会众参两院通过投票选举产生。日本内阁的总理府，是首相亲自担任首长的行政机构，下设公正交易委员会、国家公安委员会、公害等调整委员会、宫内厅（专管天皇参与的有关国事活动）、总务厅、北海道开发厅、冲绳开发厅、防卫厅、经济企划厅、环境厅、国土厅。日本内阁下设 12 个行政部门，即法务省、外务省、大藏省、文部省、厚生省、农林水产省、通商产业省、运输省、邮政省、劳动省、建设省、自治省（主管地方行政等）。此外，日本内阁还设有内阁官房（相当于内阁办公厅）、内阁法制局（政府法律顾问机关）、人事院和安全保障会议等辅助机构。

(4) 法院。法院是日本的司法机构。它行使司法权，所有法官“独立行使职权，只受日本宪法及法律约束”。

(5) 多党制。在日本政坛上比较有实力的政党主要有自民党、社会党、公明党、民社党、共产党、新生党、新党、新党魁党等。近些年来，各政党也出现了分化组合的现象。

自1955年以来，日本内阁长期由自民党执政，总理大臣也长期由自民党总裁担任。由于“金权政治”的作用导致自民党内部腐败，自民党在1993年大选中败北。1994年又与社会党、新党魁党联手重新夺回政权。自1996年起，首相之职再次由自民党总裁担任。

六、日本的外交与谋求大国地位的战略

1.战后日本在国际舞台上的地位。

战后初期，日本处于一种内无实力，外无国权的地位。在当初，日本的一切外交活动均由美国占领当局处理。如当时，日本加入《万国邮政公约》、《国际电信公约》等组织，都需要通过美国占领军当局办理。就连日本国的宪法，也由美国人起草。

自20世纪50年代开始，美国推行冷战政策，单独同日本媾和，开始恢复日本的部分外交权。1950年6月，日本外务省第一次发表《战后日本外交的演变》的白皮书，提出同美国结盟，并以其为靠山，站在“自由国家”一边，采取与美国、西欧国家协调的政策，振兴贸易；反对共产主义，但不反对同社会主义国家建立国家关系和贸易关系的方针。1951年9月，日本同美国签订了《旧金山和约》和《日美安全保障条约》。日本在名义上取得了独立，享有外交权，但美军可以无限期地驻扎日本，可出兵镇压日本的“内乱”。实际上日本仍处于美军半占领状态。1952年4月以后，日本同签署和约的48个国家和地区宣布结束战争状态，恢复外交关系。1956年，日本同苏联、东欧各国恢复外交关系。随后日本加入了联合国和国际货币基金组织。1957年7月，日本政府提出日本外交三原则，即以联合国为中心，与“自由主义国家”联合，坚持作为亚洲国家一员的立场。

在20世纪60年代，日本为了适应国内经济飞速发展的需要，明确提出了“贸易立国”的方针，十分强调“经济外交”，把“重返国际舞台”作为刻不容缓的任务，并提出日本是资本主义世界的“三大支柱之一”。

进入20世纪70年代，世界形势发生了重大变化，中国在国际事务中的地位和作用日益增强，第三世界逐渐走向联合与合作，成为反对霸权主义的主力军，世界朝着美、苏、中、日、西欧和第三世界国家的多极化方向发展。1972年日本政府强调，要根据形势变化和日本国家利益，自主地决定外交政策，逐步承担起与日本经济大国相称的国际责任。并改变了向美国“一边倒”的外交战略，开展“多边自主

外交”，即以美国同盟为基础，发展中日友好，联合第三世界，同苏联抗衡的外交战略。1975 年，日本参加了西方七国首脑会议，积极参与国际事务。1976 年提出了“全方位外交政策”，强调日本的行动方针是：以美国同盟为基础，联合亚洲、太平洋地区的一些国家，建立军事、经济、政治、文化等综合性的安全保障体系，尽力争取良好的国际环境，为日本经济发展提供有利的外部条件，提高日本的国际地位。

2.日本谋求政治大国的战略。

谋求政治大国战略的基本目标是：以日美同盟为轴心，以日、美、欧体制为基点，争取成为西方的第二大国；以亚太合作为杠杆，争取日本在亚洲的主导地位；以经济贸易为媒介，积极扩大在第三世界的影响；积极参与各种国际事务，争取日本在国际政治舞台上有更多的发言权，能发挥更大的作用，争取成为联合国安理会的常任理事国。

早在 20 世纪 60 年代，日本政府就提出了“过渡到政治大国”的口号。进入 20 世纪 80 年代后，日本便着手为实现“政治大国”目标创造条件。在经济上，日本已成为举世公认的经济大国、贸易大国、金融大国，在此背景下，日本政府提出进行“第三次远航”，要成为政治大国。1982 年日本首相提出“要在世界政治中提高日本的发言权，增加日本作为经济大国的份量，而且是作为政治大国的份量”。这是日本政府首次明确提出了实现“政治大国”的目标。1987 年日本政府又宣称：“我们必须发挥与其国际地位相称的作用，日本不要辜负世界的期望。”

日本政府的目的就是要建立政治大国以保护和巩固经济大国的地位。在 20 世纪 80 年代出现的多元化世界格局中，不失时机地跻身于几个政治大国之列，以提高其自身的国际地位，使之从经济大国发展为“得到国际公认的能起领导作用的国家”，开创“以日本为中心的太平洋时代”，使日本成为支配世界的强者之一。为此，进入 21 世纪以来，日本政府积极调整内政外交，主动参与国际事务，从各个方面不断努力：

(1) 积极开展“经济外交”，推行全方位的国际化。日本在发展对外经济关系上，提出了“东亚经济圈”的构想，改变过去只与美国发展经济贸易伙伴关系的做法，转而立足亚太，建立以日本为主导的经济圈。它包括日本、亚洲四小龙和十个东盟国家和地区。日本首先把升级换代下来的产品大量地转移到亚洲四小龙，又向东盟地区输出资本，促使东亚地区经济圈内产业结构实现连锁调整，形成了日本生产高新技术产品，“四小龙”生产一般技术产品和耐用品，东盟生产劳动密集型产品的国际分工格局，加强了该地区的经济合作和对日本的依赖关系，使日本与亚洲地区的经济合作迅速发展，成为它对外经济合作的主要部分。到 2001 年，日本开发援助总额达 110 亿美元，超过美国（94 亿美元），跃居世界首位。其中 60%用于亚洲。

(2) 转变防务思想，增强军事力量。从 20 世纪 70 年代中期开始，日本就积极扩充军事力量。1987 年 1 月 24 日，日本政府正式决定废除 1976 年三木内阁制定的军费开支不超过国民生产总值1%的限额，使日本军费开支急剧上升，跃居世界第三位。日本遵循“质量建军”的原则，发展高层次、多领域、全方位的海陆空威慑性的防卫力量，成为世界性的军事性强国。并在1991年的海湾战争期间，突破宪法规定不能向国外派兵的限制，向波斯湾派出3艘扫雷艇，后来又派军队参加联合国维和部队。在防务上，将来日本会由“专守防卫”转变为“海外防卫”。武器装备质量在国际上处于先进水平。2006年,日本的常规军事实力超过英国和法国。日本已成功发射多种火箭,拥有制造核武器的钚和技术,这些都是谋求政治大国地位的重要实力基础。

(3) 积极参与国际事务，加强同世界各国的合作与联系。首先，日本十分重视加强美日欧三边关系。日本领导层认为，美日欧三极的国民生产总值占世界经济的2/3，建立以此三极为主导的国际新秩序就能保障世界未来的和平和繁荣。其次，加强与中国的关系，改善同苏联的关系，发展与第三世界国家特别是与东亚和中东的关系。同时，日本以金钱为外交手段，以取得政治效应。2005年，日本政府表示要以联合国为中心，在维护世界和平方面发挥更大的作用。日本一直为联合国维和部队负担10%的费用，支付联合国会费在全部成员国中居第2位。为解决第三世界债务危机，日本制定了300亿美元“黑字还流计划，并为解决中东、朝鲜、柬埔寨、波黑等问题提供资助，这一切都是要为争取使自己成为联合国安理会常任理事国争取更多的支持。

日本谋求“政治大国”的实质，就是要在全球范围内实现权益的重新划分，这必然会触动有关方面的既得利益，进而导致严重的斗争。如何正视过去的历史，如何处理与周边国家的经济贸易关系，如何使美国和亚洲国家相信日本壮大不是养虎遗患。这些比较敏感的重大问题，其中任何一个得不到恰当处理，就会使日本丧失谋求“政治大国”的基本条件。因此，日本要成为真正的“政治大国”，还要走较长的路。

3.日本的对外关系。

随着日本经济的迅速崛起和世界经济大国地位的确立，日本在外交方面，已由过去主要是扩大日本在世界上的经济影响，转向主要是扩大日本在世界上的政治影响。

(1) 建立与美国的同盟关系。日本政府强调“日美合作是日本外交的基础”，美国也强调美日合作是美国太平洋政策的“基石”。1981年5月，日美联合声明首次肯定“日美同盟”，宣布两国形成了相互依存的平等伙伴关系。1983年，日本进一步确认了“日美军事同盟关系”，并强调日美两国是“命运共同体”。日本追随美国，参与美国的对外活动。如1989年支持美国对东欧和苏联的和平演变，参与对中国的经济制裁。1990年日本出资130亿美元，支持美国在海湾的军事行动。1999年4月，日本国会通过了《日美防卫合作指针相关法案》，即周边事态法案、日美物品劳役相互提供协定修改案和自卫队法修改案。其法案规定：日本为美军提供后勤支援和海上搜索救助；自卫队为援救在国外的日本人，不仅可动用自卫队的飞机而且可动用舰艇，必要时甚至可以使用武器。这样，日本自卫队便跳出“专守防务”限制而介入地区武装冲突。最后由向美军提供基地转变为主动开展合作，合作项目达40项之多。该法案引起了亚洲其它国家的关注和担忧。美国国务卿希拉里于2010年10月27日与日本外相前原诚司在夏威夷檀香山会谈后向记者表示，钓鱼岛属于《美日安保条约》第5条的（适用）范围。这是奥巴马政府首次公开做出上述表示。此外，在同年10月30日越南河内举行的美中外长会谈及随后的记者会上，希拉里也明确宣称钓鱼岛适用《美日安保条约》。日美安全保障体制是冷战时代的产物，当时其主要目标是遏制苏联等共产主义国家的威胁。冷战结束后，该体制已不能适应新的形势，面临着要么废除，要么更新的二重选择。1996年，日美两国对贯穿于整个冷战时期的日美安保体制进行了重新定义。就重新定位后的日美安保体制的内容来看，它已发生了质的变化，由此对整个亚太地区的安全形势和日美双方的国家利益产生重大影响。

（2）建立全面合作的日欧关系。日本政府强调，在日美欧三角关系中，加强日欧关系日益重要。1991年7月日欧签订的《日本——欧共体联合声明》，使日欧关系进入了全面合作的新阶段，日欧友好合作关系得到了进一步加强。日本政府认为，西欧是日本走向政治大国必不可缺的支持者，因此必须从政治、经济、外交、防务及文化科技等领域加强与西欧的合作。

（3）努力改善日俄关系。1991年苏联解体，日本政府想利用这一最佳时机解决日本北方四岛的归属问题。1992年，日本提出：“早日解决领土问题，缔结和约，从根本上改善日俄关系。”并向俄罗斯提供1亿美元无偿援助，建立双方首脑互访制度。通过日俄关系的改善，以改善东北亚地区的战略环境，并推动北方领土问题的最终解决。

（4）建立稳定的日中友好合作关系。1972年9月，日中正式建立外交关系。1978年8月签订《中日和平友好条约》，两国关系在各个领域都获得了较快的发展。1983年确立了“和平友好、平等互利、相互信赖、长期稳定的”日中关系原则。两国贸易关系日益密切，双方互为最重要的贸易伙伴。两国高层次领导人相互访问和接触，往来不断。

（5）加强同第三世界国家的友好往来。加强同第三世界，尤其是东南亚和中东地区的友好合作关系，是日本外交的重要组成部分。这是因为，日本经济对亚洲的依赖程度越来越高。因此，日本努力提高亚洲在其外交中的地位，并把东亚和东南亚看作是自己的经济后院和依托。近年来，日本对东南亚“以经促政”，以资本输出和商品输出开道，开展多边经济合作。日本十分重视与中东国家发展合作关系。因为日本石油进口4/5来自中东，同时中东又是日本重要的商品市场和投资场所。所以，日本以援助合作方式，不断加强和发展同中东国家的关系。①

①周永生.21世纪初日本对外区域经济合作战略[J].世界经济与政治:2008,(4).

七、影响日本未来发展的主要因素

今后一二十年日本的发展前景，将取决于日本如何从当前的“日本问题”泥潭之中走出来。克服“日本问题”取决于日本的改革，取决于日本能否跟上经济全球化的时代潮流。下面，拟从“人的因素”、改革因素以及国际因素三个方面展望日本的发展前景。

1.人的因素。

战后的“日本奇迹”归根到底是日本人民创造的，当今的“日本问题”，也要靠日本人民去克服。我们相信，日本民族是一个勤劳的、富有创造性的民族。但是，在考察影响今后日本发展的“人的因素”时，却不能不指出以下三点：

(1) 人口结构与总量的变化对经济发展的影响。

人口结构的老龄化是发达国家的普遍现象。但是日本的老龄化的速度要比其他发达国家更快，而且老龄化与“少子化”并存。老龄化、少子化对经济发展的主要影响是：导致劳动力人口的减少，从而在一定程度上抵消了劳动生产率增长对促进经济增长的效果，最终导致增长率的下降。导致年轻劳动力的减少，这不利于保持生产现场与企业技术革新的活力，也对保持整个经济的活力产生消极影响。导致收入与消费的减少。以生产年龄人口每人年收入200万日元计，2025年将比1995年减少收入30万亿日元，相当于从1995年以后每年减少1万亿日元需求。导致家庭储蓄率下降，将从目前的14%下降到百分之几，进而导致企业投资热情的减弱，设备投资占国民生产总值的比率将从现在的16%下降到10%多一点。导致税收负担者、养老金负担者减少，增大财政困难。同时，对老龄化导致国民负担加重的担心(预计2025年国民负担率将高达49.9%）将对消费产生抑制作用。导致总人口的减少（根据国立社会保障人口研究所的“中位推计”，日本的总人口将于2008年转为减少)，如果人均国内生产总值增长过缓，经济总量将可能下降，从而导致日本经济在世界上的比重趋于下降。

(2) 人口素质变化对经济的影响。

旨在培养开拓型创造型人才的教育体系的确立和鼓励开拓与创造的社会风气与环境的形成，尚需一两代人做出艰苦的努力。但是与战后一代人相比，年轻一代勤劳精神减退，出现了不愿从事“脏活、重活、险活”的倾向。这意味着日本人口素质难以在短期内实现从“适应工业经济型”向“适应知识经济型”转变。再者，日本几乎是单一民族国家，其在人口方面的“开放度”远远低于美、欧国家，在吸收国外移民问题上的意识也十分保守（在一定程度上与民族主义思潮抬头有关)，因此，很难寄希望于从国外大量引进人才。尽管通过吸收高龄者和女性加入劳动者队伍，有助于克服伴随“从属人口”（65岁以上和15岁以下的人口）比率上升的困难，但其效果将是有限的。也有人提出，应当把迅速提高出生率作为紧急课题，这在青年男女可以自由选择自己的生活方式、人均收入已经很高的日本社会里，“号召”女人多生孩子的做法能否成为“国民的共识”，尚有很大疑问。还需指出的是，日本人口年龄结构与素质的变化，也将成为日本走向“军事大国”的一种制约因素。

2.改革因素。

如上所述，日本早就需要改革。但是，在1997年以前，日本犯了“改革拖拉”或“改革过慢”症，而从1997年开始又犯了“改革鲁莽”或“改革过急”症。在号称“改革元年”的1997年，日本经济形势十分严峻，政府应该采用减税、发行国债等财政手段刺激景气。然而，当时的桥本内阁却仍然坚持“改革优先”，坚持推行以削减赤字为中心的财政结构改革，推出了一系列诸如提高消费税率、停止特别减税措施、削减公共投资等“逆景气而动”的政策，最终导致内需下降，使原本就“需求不足”的经济“雪上加霜”，经济形势更加恶化，引起社会各界强烈反应，要求“不管采取什么手段也要先把经济景气刺激上来”。面对这种形势，政府在1998年底推出紧急景气对策，1999年春又不得不对国会才通过几个月的《财政结构改革法案》做出很大修改，将“大幅度减少财政赤字，不再发行赤字国债”的目标年度从2003年推迟两年。

由于处理不好经济形势与改革的矛盾，“六大改革”的目标不可能在原定的“改革集中期”（1997—2000年）之内实现。尽管小渊首相在1999年5月访美时声称，目前实行的经济改革是，“继明治维新和战后民主改革之后日本的第三次改革”，并称“变革必然会伴有相当程度的阵痛，但我相信日本国民的力量。”但是，在日本国民看来，日本改革的关键在于要进行真正的政治改革（“刷新政治”）。通过“刷新政治”，日本才能找到既懂得改革，又能驾驭改革的领袖人物。否则，今后日本的改革即使不遭到挫折，其引起的“阵痛”也可能比较剧烈，其进程也可能被明显拖延。随着改革期的拖长，由改革而导致的经济增长减速期将被拉得更长。

当今的国际竞争越来越体现为“制度改革的竞争”，也就是说，哪个国家能更早地通过改革导入“领先于时代”的制度，哪个国家的经济就可能在21世纪迎来更光明的前景。在此背景下，人们越来越重视国内外改革的“速度差”对竞争力的影响，改革速度的快慢比以往任何时候都更能左右一个国家竞争力的发展。

有鉴于此，日本改革遇到的困难将导致日本的国际竞争力的下降。

3.亚洲因素。

当前，日本的经济与亚洲经济的相互影响越来越大，相互渗透越来越深。1997年7月开始的东亚金融危机对日本的打击甚至超过了20世纪70年代两次石油危机的冲击，日本的经济波动又加重了亚洲的经济危机。

另一方面，由于日本国内保守的政治体制以及国内民族主义思潮的作祟，日本的一系列内外政策引起了亚洲国家与人民的警惕。因此，在相当长时期内，日本不可能同周围国家形成制度性的合作关系，更不可能组成地区性的经济集团。虽然在东亚金融危机以后，日本鼓动成立“亚洲货币基金”，以保持日元在世界上的主导地位，但实际可能性不大。从席卷全球的地区经济集团化潮流来看，在面对统一的欧洲、北美自由贸易区等地区性经济集团蓬勃发展的形势，日本是一个落伍者，必将日益陷入被动。

八、日本的发展趋势

战后的“日本奇迹”在可预见的将来不可能再现。世人更加关注的是“冷战”后的“日本问题”将给21世纪的世界，特别是给亚洲带来什么样的影响？日本能否克服目前的危机，适应经济全球化、政治多极化与国内人口结构变化的趋势，在新世纪步入新的均衡增长的道路？

首先，恢复经济将是今后十几年日本国家战略的中心课题。这将是一个长期而艰巨的过程。在此期间，如何处理好短期经济景气与改革的矛盾将成为政府经济政策的焦点。

当前，在日本的政治家和学者当中，很多人（特别是实际决策者）把赤字财政和减税看做是对付萧条的“灵丹妙药”。然而，他们忽视了这种政策的长期影响，特别是忽视了赤字财政给将来的后代留下沉重的“公债的负担”问题。目前，日本的公债余额（一般政府粗债务余额）对国内生产总值的比例已经超过了100%，是发达国家中最高的，而且仍在继续上升。如果目前这种利率高于增长率的条件下，公共部门为摆脱经济萧条而背负着日益沉重的财政赤字的现状继续下去，就难免形成“赤字呼唤赤字”的尴尬局面。

与此同时，伴随人口老龄化和少子化的发展，日本经济的活力将持续下降，其实际增长率将可能徘徊在-1%与1%之间。如果是这样，日本的相对经济实力将会有所下降，同美国之间的经济实力差距也会扩大。

其次，在国内政治方面，日本政治体制的变革将更是一个漫长的过程，尽管国民希望能出现对执政党进行有效“制衡”的政治力量，但自民党一党“坐大”的局面难以在短期内改变，特别是1999年初自民党与自由党实现联合，1999年5月自民党、自由党争取到公明党的支持使国会通过了“新日美防卫合作指针”相关法案(包括《日本周边地区安全法案》、《自卫队法改正法案》、《日美相互提供物资、劳务协定法案》等3个法案)，使自民党进一步巩固了自己的地位，也使保守政治势力进一步站稳了脚跟。所谓“两大政党制”的形成将是一个漫长的过程。

新民族主义和所谓“新国家主义”的抬头，是20世纪90年代后半期日本社会思潮的一个重要动向。它将对21世纪前半叶日本的走向产生深刻的影响。在今后十年内，所谓“普通国家”的政治纲领将在日本国内被越来越多的人们所接受。这就意味着，日本国内政治的发展将令东亚人民感到担忧。我国人民不能不对这种发展趋势保持高度警惕。

在对外关系与安全方面，日本将继续以日美关系作为“外交的基轴”。日本在“冷战”后进行对外战略调整的最突出的特点是，加强日美同盟关系及其军事色彩。日美同盟与北约作为“冷战”后美国全球战略的东西两翼，既有相似的一面，又有相区别的一面。从目前来看，日本受《和平宪法》及其国内依然强大的和平主义思潮的制约，还不可能像英、法等欧洲国家那样直接参与由美国打头阵的军事行动，而仅限于对美军进行“后勤支援”。

进入21世纪以来，日本对美国的相对实力（主要是经济实力）下降，也是导致日本更加依赖美国的一个原因。《新日美防卫合作指针》相关法案中的所谓“周边事态”，在某种程度上不过是战前日本军国主义鼓吹的“利益线”的翻版。所不同的是战前日本在亚洲是孤家寡人，甚至与美、英为敌，现在却同美国乃至整个西方结盟。

日本至少在今后一二十年内将继续依赖日美安保体制。但是从长远看，日美同盟不会是永恒的，而且即使在当前也不是铁板一块。尽管从当前看日美矛盾主要表现在经济方面，但是经济矛盾也可能转化为政治矛盾甚至安全矛盾。可以预见，一直到21世纪20年代以前，日本在安全上的目标暂时不是追求做独立的军事大国，而是如同英、法等欧洲国家那样，以追随美国为前提，走出国门，有限度地参加到与自身利益有关的军事行动中去。但是在21世纪20年代以后，也可能出现日美两国“合久必分”，同盟关系趋于破裂，日本转化为独立军事大国的情景。但是不应将今后日本的“军事大国”化与战前那种“军国主义复活”混为一谈，因为战前军国主义是以当时日本的封建土地所有制为基础的。

日本作为世界经济大国和工业化技术强国，在多极化世界格局中将保有一极的地位，但相对于美国、统一的欧洲以及某些发展中大国来说，日本难以同亚洲邻近国家，特别是邻近大国开展真诚合作，形成经济集团，因而包括日本在内的亚洲这一极的地位将有所下降。

21世纪以来，日本经济泡沫破灭，进入长达十几年的低迷期，使其在国际经济中的地位和影响力有所下降。在金融危机冲击下，日本2009年实际国内生产总值比2008年下降了3.2%，是战后第二大降幅，面临着失业率居高不下、通货紧缩、日元升值、个人消费势头减缓等多重挑战。为摆脱困境，日本在经济政策方面开始从过去只追求世界贸易自由化和单纯依靠WTO的政策向谋求区域经济合作的方向转变，积极以扩大经贸合作深化与东盟的关系，以达到主宰东亚区域一体化的目的。在政治方面善于变通，软硬兼施，谋求“入常”突破，谋求海外军事行动突破，谋求主导东亚地区合作的突破。在外交上着眼于国家的长远战略目标和利益。

第七节　当代西方主要社会思潮

一、文明冲突论

1993年，美国的政治学家亨廷顿在美国出版的国际政治和外交事务的权威刊物《外交》上，发表了《诸文明的冲突吗?》一文。文章站在国际政治及全球文化战略发展的角度，对冷战后的世界格局及其主要矛盾冲突做了新的概括，提出了文明冲突论。该文发表后，在欧美国家、亚洲国家，尤其是中国大陆及港、台学者中引起广泛关注和激烈争论。亨氏说，自己在这篇文章中提出的论点是：正在出现的全球政治的主要的和最危险的方面将是不同文明集团之间的冲突。这一观点引起了人们的各种反映；新奇、义愤、恐惧和困惑。他认为，无论这篇文章还产生了什么其他效果，它已触动了各个文明中的人的神经。鉴于人们对这篇文章的兴趣，亨氏于1996年底出版了《文明的冲突与世界秩序的重建》一书。1998年我国出版了这本书的中文版。“文明冲突论”一词，现已广泛见于近几年西方及世界的主要报刊杂志的政治理论和时事评论中，可以说，文明冲突论是20世纪影响最大的国际政治理论之一。文明冲突论的主要观点是：

1.文明的历史意义比国家更大。

文明冲突论认为，文明的历史比民族国家的历史更长。一种文明就是一个文化实体，每一种文明都有区别于其他文明的文化特征，无论这种文明就人口和国土规模看是大的（中国），还是小的（讲英语的加勒比人）。西方人倾向于把民族国家看作是全球政治的主导因素，但实质上，只有几个世纪的历史情况能与此符合，人类历史的大多数时候都是文明的历史而不是民族国家的历史。

文明没有明确的边界，也没有精确的起点和终点。文明的内涵和外延会随着时间的变化而变化。各民族的文化既相互作用又相互重合。各种文明的文化彼此相似或相异的程度也发生着相当大的变化。然而，文明是有意义的实体，尽管它们之间的界限难得清晰，但这些界限却是真实的。文明终有终结，但又生存得非常长久。它们演变着，调整着，而且是人类最持久的结合。事实上，文明是所有史话中最长的史话。帝国兴起又衰落，政府上台又下台，但文明依旧，它经历政治的、经济的、社会的、甚至意识形态的动荡而幸存下来。文明虽然是持久的，但它们也在演变，文明是动态的。

2.在人类历史上，全球政治将首次成为多极的和多文化的。

冷战时期，人们很容易把全球政治理解为包含了美国、苏联及其盟国，以及在其中发生了大量冷战斗争的不结盟国家组成的第三世界。这些集团之间的差别在很大程度上是根据政治意识形态和经济意识形态来界定的。随着冷战的结束，意识形态不再重要，各国开始发展新的对抗和协调模式。为此，人们需要一个新的框架来理解世界政治，而“文明冲突”模式似乎满足了这一需要。这一模式强调文化在全球政治中的主要作用。它唤起人们对文化因素的注意，而它长期以来曾一直为西方的国际关系学者所忽视。同时，在全世界，人们正在根据文化来重新界定自己的认同。在未来的岁月里，世界上将不会出现一个单一的普世文化，而是将有许多不同的文化和文明相互并存。那些最大的文明也拥有世界上的主要权力。它们的领导国家或核心国家——美国、欧洲联盟、中国、俄罗斯、日本和印度，将来可能还有巴西和南非，或许再加上某个伊斯兰国家，将是世界舞台的主要活动者。

文明冲突论者提出，当代文明可分为如下几类：

（1）中华文明。亨廷顿说，所有的学者都承认存在着一个独特的中国文明，它可以追溯到至少公元前150年，也许还可以再往前追溯一千年；或者存在着两个中国文明，其中一个在公元最初的世纪中继承了另一个。他把这个文明称为儒教文明。也许使用中华文明一词更为精确。中国文明不仅是儒教，而且它也是超越了作为一个政治实体的中国。许多学者所使用的“中华”一词，恰当地描述了中国和中国以外的东南亚以及其他地方华人群体的共同文化，以及越南和朝鲜的相关文化。

（2）日本文明。亨廷顿认为一些学者在单一的远东文明的称呼下把日本文明和中国文明合并在一起。然而，大多数学者承认日本文明是一个独特的文明，它是中国文明的后代，出现于公元100—400年之间。

（3）印度文明。人们普遍认为至少自公元前1500年以来，在南亚次大陆存在着一个或一个以上的相继的文明，这些文明一般被称为印度文明。

（4）伊斯兰文明。所有的学者都承认存在独特的伊斯兰文明。伊斯兰教起源于公元7世纪的阿拉伯半岛，然后迅速传播，跨越北非和伊比利亚半岛，并向东伸展到中亚、南亚次大陆和东南亚。结果，许多独特的文化或次文明存在于伊斯兰文明中，包括阿拉伯、土耳其、波斯和马来文化。

（5）西方文明。西方文明的出现通常被追溯到大约公元700到800年。学者们一般认为它有三大组成部分，分布于欧洲、北美和拉丁美洲，加上其他欧洲人控制的国家，如澳大利亚和新西兰。

（6）拉丁美洲文明。虽然拉丁美洲文明是欧洲文明的后代，但它却有区别于西方的独特的认同。它是沿着非常不同于欧洲和北美的道路演进的。它是社团主义的、独裁主义的文化。

（7）非洲文明。大多数研究文明的学者都不承认存在着一个独特的非洲文明。非洲大陆的北部及非洲的东海岸属于伊斯兰文明。在其他地方，欧洲的帝国主义和殖民主义带去了西方文明的因素。但在整个非洲，部落认同普遍而强烈，同时，非洲人的非洲认同感也日益发展，这个地区可能会粘合成一个独特的文明。

3.未来世界主宰全球的将是文明的冲突。

世界格局的决定因素表现为七大或八大文明。冷战后的世界，冲突的基本根源不再是意识形态，而是文化方面的差异，主宰全球的将是“文明的冲突”。亨廷顿说，在这个新的世界里，最普遍的、重要的和危险的冲突不是社会阶级之间、富人和穷人之间，或其他以经济来划分的集团之间的冲突，而是属于不同文化实体的人民之间的冲突。文明的共性和差异影响了国家的利益。世界上最重要的国家大多数来自不同的文明。最可能逐步升级为更大规模的战争的地区冲突是那些来自不同文明的集团和国家之间的冲突。

4.儒教文明（实际上指中国）可能对西方文明构成最严重的挑战。

亨廷顿认为，历史上，中国自认为是兼容并包的一个“中华圈”。当代的中华文明以中国大陆为核心，包括香港、澳门、台湾。以及由华人占人口多数，越来越倾向于北京的国家（新加坡），在东南亚国家有重大影响的华人居民，以及受中国儒教文化颇大影响的非华人社会（南北朝鲜、越南）。中国政府把大陆中国看作是中华文明的核心，所有其他华人社会都应倾向于它。历史上这种认同与华人国家用中国国家的中央权威的关系之变化是一致的，这种文化认同感既有助于几个华人国家之间经济关系的扩展，又为这种关系的扩展所加强；这些华人国家反过来又成为促进大陆中国和其他地方的经济迅速增长的一个主要因素；其结果又为中华文化认同的增强提供了物质和心理的动力。因此，"大中华"不仅仅是一个抽象的概念。它是一个迅速发展的文化和经济的现实，并开始变为一个政治的现实。

今后，以美国为一方和以中国、日本及亚洲其他国家为另一方之间的关系将具有极大的冲突性，如果美国对中国作为亚洲霸权力量的崛起进行挑战，就可能发生一场大战。

亨氏提出，在这样一个多元化的世界上，任何国家之间的关系都没有中国和美国之间的关系那样至关重要。如果中国经济在未来的十年或二十年中仍以现在的速度发展，那么中国将有能力重建其1842年以前在东亚的霸权地位。另一方面，美国一贯反对由另一个强国来主宰欧洲或东亚，为了防止这样的情况发生，美国在20世纪参加了两次世界大战和一次冷战。因此，未来的世界和平在相当大的程度上依赖于中国和美国的领导人协调他们各自的利益及避免紧张状态和对抗升级为更为激烈的冲突，甚至暴力冲突的能力。而这些紧张状态和对抗将不可避免地存在。

文明冲突论反映了冷战以后，以美国为首的西方国家对发展中国家崛起的危机感。文明冲突论的观点受到了世界各国学者的关注，不少学者给予了批评。事实上，文化是表达冲突的载体，而非原因。冲突的真正原因是社会经济，而不是文化。文化差异只是国际间冲突诸多因素中的一种，而不是冲突最根本的动力。文化多元化不仅是世界文化发展的总的趋势，而且有助于世界文化的交流。世界向多极化发展的过程中，不同的思想可以相互交流，而决不应该只是引起冲突。

文明冲突论反映了冷战以后世界格局的重大变化，以美国为首的西方国家对发展中国家崛起的危机感。亨廷顿也不得不承认，现代化并非西方化，把西方化文明与现代文明等同起来的观点是错误的。西方文明是在特定的背景下形成的，有其独特的特性。他认为，西方文明是在继承古代文化遗产、基督教、欧洲语言、精神和世俗权威分离、法治、社会多元与公民社会、代议制、以及个体主义等八个方面，构成了自身不可替代的特性。正是从这个意义上讲，西方文明是不可照搬的。而且现代社会中，西方文化将由全面扩张变得受到全面的抵制。美国向其他文明强行推行自身的文化和价值，本身就是同西方文明中自觉和民主的价值相背离。西方在多极化和多重文明的世界中，只有团结与自强，才能保持自身的利益和地位。

文明冲突论的观点受到了世界各国学者的关注，不少学者给予了批评。事实上，文化是表达冲突的载体，而非原因。冲突的真正原因是社会经济、而不是文明。文化差异只是国际间冲突诸多因素中的一种，而不是冲突最根本的动力。文化多元化不仅是世界文化发展的总的趋势，而且有助于世界文化的交流。世界向多极化发展的过程中，不同的思想可以相互交流，而决不应该只是引起冲突。从文明冲突论中，我们进一步看到了文化及文明发展在世界中的地位和文化的影响力。

亨廷顿对中国的崛起所产生的恐惧心理在很大程度上代表了美国执政者的态

度。美国多年称霸世界，面对广大发展中国家，特别是中国的现代化事业的发展，深感自己的霸主地位面临的威胁，到处树敌，特别把中国当作自己最具有威胁力的敌人。我们相信，在邓小平理论的指引下，中国将会在今后的半个世纪内，继续高速度、持续、稳定地发展，并实现社会主义现代化的宏伟目标，这是不以任何外国人的意志为转移的。同时，中国人民早已向世界庄严承诺，中国即使实现了现代化，也不会称霸，永远与世界人民一起维护世界和平，反对霸权主义。

二、“第三条道路”理论

20世纪90年代，以美国的克林顿、意大利的普罗迪、法国的诺斯潘、英国的布莱尔和德国的施罗德等为代表的左翼政党相继在各国执政，他们在政治上都不约而同地打出了走“第三条道路”的旗帜。“第三条道路”似乎成为欧美国家中一种新兴的政治运动。关于“第三条道路”的理论也再度引起人们的关注。它已经成为一种新的政治思潮。

1.“第三条道路”理论形成的背景。

西方过去数十年中，对“第三条道路”、“中间”路线、处于左右之间、或者超然左右的谈论一直有许多含义。20世纪20年代奥地利和德国的左派社会党人鲍威尔、列维等人，第一次把“第三条道路”引入了讨论。20世纪30年代哈罗德·麦克米兰提出人道主义的资本主义，社会党国际在20世纪50年代寻找介于资本主义和共产主义之间的路线，东欧国家在20世纪60年代倡导人道的社会主义，20世纪70年代的德国绿党，20世纪80年代的瑞典社会民主党，都曾自称是走的“第三条道路”。

20世纪90年代新的“第三条道路”理论不同于社会民主党的理论，它最早是由克林顿提出的，他在1992年的总统竞选中，以“把人民放在第一位”为竞选主题。他说：“我们必须采取的变革既不是自由主义式的，也不是保守主义式的。它是两者的结合，而且与两者截然不同。生活在城镇乡村的美国人民对左、右派的，自由主义和保守主义的陈腐话语，以及使我们的政治代替了行动的其他言论不感兴趣。政府的责任是创造更多的机会。人民的责任是充分利用这些机会。”1998年，克林顿更明确地指出：“我们已把我们的路线称为‘第三条道路’，在这条路线上，政府将更积极、有效、节约；它能够把我们团结在一起，推动我们前进，而不是分裂我们，阻碍我们。”“第三条道路”的提出，是为了超越传统左派和右派，以寻求中间路线的一种尝试。英国首相布莱尔对“第三条道路”理论有系统的论述。他指出：“第三条道路是通向现代社会民主主义的复兴和成功之路”，“标志着在中—左路线上的新起点”。

“第三条道路”的理论是后冷战时代和经济全球时代的产物，它的出现有其特别的时代背景。

（1）两大意识形态对立格局的结束，为各种思想的出现提供了更广阔的发展空间。20世纪80年代末苏联的解体与东欧的剧变，使长期以来存在的两大意识形态的对立基本结束。西方国家在兴奋之余，发现西方国家长期以来，由于冷战而被掩盖起来的固有的社会矛盾，开始显现出来。这些长期得不到解决的矛盾，不能依靠旧的资本主义道路去解决，“第三条道路”的理论开始为资本主义的发展寻找新的道路。

(2) 经济全球化带来的新问题和新挑战，促使西方寻找新的道路。经济全球化已经成为不可阻挡的历史潮流，面对全球化带来的一系列新问题，单靠某个国家的力量是无法解决的。要解决全球化的问题，就必须寻找一种新的全球价值观和新的全球治理机制。这些都是旧的西方理论所解决不了的。

(3) 新科技革命推动产业结构的变革，使社会政治结构发生变化。新科技革命的发展推动了产业结构的变革，第一、二产业在国民生产中的地位下降，以信息产业为核心的第三产业在发达的西方国家正在成为支柱产业。与此相应，“白领阶层”在生产中的地位不断提高。传统意义上的工人阶级与资产阶级的对立和斗争发生着重大变化。民众政治冷淡意识增强，西方国家只有改变其统治形式，才能唤起民众的政治热情。

(4) 政治“代际”的更替推动了西方政治生活的变革。在西方国家中，第二次世界大战后出生的一代开始在各国政坛上成为主导力量。美国的克林顿、英国的布莱尔、德国的施罗德被认为是这一代人中的代表。与他们的前辈相比，这一代人是在资本主义的黄金时期长大的，同时又经历了20世纪60年代的社会价值冲突时期，是“造反”的一代。这种经历使这一代政治人物带有一定的反判意识，不满传统主流政治。但是这一代没有意识形态束缚的政治人物更能代表中产阶级的利益，更容易获得各阶层民众的支持。

2.“第三条道路”理论的主要内容。

“第三条道路”理论提出的目的，是要从政治、经济、社会、文化价值等诸多领域入手，找到一个全面解决现实社会问题的方案。“第三条道路”的主要内容有：

(1) 建立合作包容型的新社会关系。针对20世纪80年代新自由主义降低社会共同体和国家在社会中的地位，以及右翼放纵左翼势力发展，排外主义和种族主义抬头的现状。“第三条道路”提出要建立合作包容型的新社会关系，使每个人、每个团体都参与到社会之中，培养共同体精神。它包括：第一，在尊重个人价值的基础上，倡导建立共同体意识。个人要积极参加社群的公共生活，为社群服务。20世纪90年代以来在西方颇有影响的社群主义理论成了“第三条道路”的重要理论支柱；第二，协调资本与劳工关系，提倡双方建立共担风险、共享利益的关系。“第三条道路”把“利权人”的概念引人自己的理论体系中，不仅提倡建立“利权人”的公司治理结构，而且要建设“利权人经济”。第三，协调国内居民与外来移民之间的关系。政府要培养包容意识，反对排斥行动。肯定移民对社会经济发展的重大贡献，大力反对贫困，维护移民的基本权益，使他们有能力加入到主流社会之中，为社会做出更大的贡献。

(2) 确立能够团结各种政治力量的新政治中心。西方长期实行的政党政治和阶级政治，在今天已失去了众多的支持者。为了恢复左翼对选民的吸引力，重新成为政治生活的中心，必须在理论和实践上改革政治规则和政党制度。他们提出了以下几个措施：第一，在政治思维上打碎左、右两分法，团结各种政治力量，尤其是大量的中间力量。

第二，坚持社会主义的核心价值——社会正义，借以重塑社会团结的凝聚力，确立政府在政治生活中的中心地位的价值号召力。第三，改革封闭的政治制度和政党制度，扩大制度的包容度，实现政党和国家政治制度的现代化。

(3) 由政府管理型向治理型转变。20世纪80年代以来，针对过去政府职能作用发挥过程中出现的问题，一种把市民社会与国家协调在一起，发挥二者合力的理论——“治理理论”应运而生。“第三条道路”的倡导者及时把这一理论运用于实践。他们提出，建立政府与市民之间的合作互动关系。培养公民精神，鼓励公民对政治生活的积极参与，发挥民间组织的主动性。政府要民主化，向更加透明、法治、高效、负责方向转变，成为公众可以信赖的公共机构；改革中央与地方的关系。向地方放权，发挥地方的积极性、主动性、创造性；协调政府各机构之间的关系，建立“整体型政府”；实现国际和全球范围的治理。

(4) 改革福利制度，重新定位国家。“第三条道路”的倡导者在西方国家最难解决的福利制度问题面前，采取了折中主义的态度，力争建立一种能照顾到各个阶层利益的制度，把改革的重点放在个人对自己负责的精神和独立意识上，发挥社会各种组织和机构的作用，使它们对福利制度有更积极的贡献。同时，为国家定位。在混合经济中为国家找到合适的位置。他们认为，国家的职能是：第一，当垄断威胁到竞争时，保持经济竞争。有管制的竞争是市场力量自由发挥的基础。第二，控制自然垄断。第三，建立和维护市场的制度基础。第四，保护公共的、政治的或者文化的产品免受市场的冲击。第五，利用市场实现中长期目标。第六，在宏观和微观层面上减少市场波动。第七，保护工人的健康和合同关系。第八，应付灾难和处理灾难后果。

3.“第三条道路”的实质。

“第三条道路”作为20世纪90年代在西方主要国家中出现的政治思潮，它反映了西方社会政治经济等领域变化的情况，在一定程度上代表了西方社会变革的趋势和方向。这一理论的提出是富有意义的。

但是，应当看到，它实质是为资本主义在21世纪的发展创造尽可能有利的经济和政治的竞争条件。对此，英国的布莱尔和德国的施罗德毫不隐讳地宣布，他们的新“第三条道路”使得资本主义在与社会主义制度的斗争中取得胜利并将决定21世纪的发展趋势。新“第三条道路”理论是为了巩固和扩大资本主义的统治而提出的。

三、“西方马克思主义”思潮

1.“西方马克思主义”思潮的起源。

“西方马克思主义”是20世纪20年代在欧洲出现的一种以“马克思主义”名义出现的思潮。它不同于列宁主义，是西方发达资本主义国家学者中的一个思潮。

西方马克思主义的创始人是匈牙利共产党理论家卢卡奇和原德国共产党理论家柯尔施。20世纪50年代，法国存在主义哲学家梅劳·庞蒂在他的《辩证法的历险》一书第二章概括了“西方马克思主义”的主要涵义：坚持马克思主义的批判性；强调增强无产阶级自我意识，主张自我解放；强调马克思对黑格尔的继承性。

西方马克思主义是西方发达资本主义国家各种与列宁主义相对立的所谓“马克思主义”的集合体。这些思潮既相互影响又彼此对立，具有多样性。20世纪70年代中期以后，西方马克思主义打破过去仅限于在哲学思辨领域研究的旧思维，开始在政治、经济、文化、历史等领域进行广泛的研究，并密切关注生态、妇女、种族等全球性问题，其影响面开始有所扩大。

2.西方马克思主义的不同流派。

西方马克思主义思潮包括有一些不同的流派，主要的有：

(1) 法兰克福学派。这是在法兰克福大学内形成的一个学派。这个学派认为，由于科学技术的进步，时代已经发生了很大的变化，正统的马克思主义已经过时了。因此，必须使马克思主义现代化。他们认为，工人阶级已经不是革命的动力了，因此不能走武装起义的道路。而应通过对资本主义社会的分析、批判，来改变人们的思想意识，也就是通过文化革命、思想意识的革命，慢慢建立一个符合人性，符合人的本质的社会制度。

(2) 存在主义的马克思主义。主要代表是法国人萨特，他把存在主义与马克思主义结合起来，用存在主义理论来论证社会主义，想从存在主义的主张中寻找人类发展的道路。

(3) 结构主义的马克思主义。它的主要代表人物是法国的阿尔都赛。这个流派认为，社会现象里最根本的东西就是它的结构。

3.西方马克思主义的主要特征。

(1) 把马克思主义现代化。西方马克思主义认为，马克思主义产生于古典资本主义时代，现在世界已经进入现代资本主义时期，因此，马克思主义的许多理论和结论在今天已经过时，马克思主义理论已经远远落后于实践，这种脱节构成了马克思主义的危机。只有实现马克思主义的现代化，才能深刻揭示现代资本主义社会的矛盾。他们否定马克思主义的两个重要的理论即剩余价值理论和阶级斗争理论，把对马克思主义的所谓发展，变成了对马克思主义正确的基本原则的自由创造。

(2) 把马克思主义哲学化。西方马克思主义把马克思主义当成一种哲学，并把马克思主义归结为哲学。他们认为马克思主义的经济学理论等等都是从属于哲学理论的。西方马克思主义都以正统的马克思主义者自居。他们提出，只有哲学才是当代革命运动惟一的推动力。而他们正是马克思主义真正的继承人。

(3) 把马克思主义学院化。西方马克思主义只是在大学里作为一种学说和思潮存在，而不付诸于实践。他们与工人运动没有联系。西方马克思主义者各自进行独立的研究，没有成立国际组织，也不开展国际性的活动，采取的是学院式的研究方法。

(4) 批判的马克思主义。西方马克思主义对资本主义持批判的态度。他们认为，马克思主义哲学是一种强大的批判武器。他们普遍把自己的理论称为批判理论，对资本主义社会从各个方面进行批判，揭露了资本主义的弊端。但是，由于他们丢掉了马克思主义的基本理论，这种批判没有能够为解决资本主义社会的矛盾提出可行的途径。

(5) 把马克思主义人道化。西方马克思主义强调，恢复主体在历史过程中的地位和作用，是重建马克思主义的一项重要任务。他们突出人在马克思主义中的地位，并具体研究了作为历史主体的人的本质及其异化。

西方马克思主义脱离无产阶级革命实践，将马克思主义当作学术研究对象，成为学院马克思主义。他们在马克思主义“开放性”的旗号下，用资产阶级思想文化来“补充”马克思主义，否定马克思主义批判性与科学性的统一。因此，他们的思想不是对马克思主义科学理论的真正继承和发展。

思考题

1.为什么说美国是最典型的资本主义国家？

答案参考要点：私有制、国家垄断资本主义；资产阶级民主共和制度、称霸全球的外交战略。

2.如何认识当代发达资本主义国家政治经济的新变化？

答案参考要点：经济结构的变化、垄断组织加强对国民经济命脉的控制、国家对社会经济的干预和调解、三权日趋向行政权集中等。

3.试分析美国称霸全球战略的演变及其原因。

答案参考要点：战略经历四个演变阶段原因：一是适应国际局势的变化；二是美国实力的相对衰落。

4.如何认识西欧经济政治一体化？

答案参考要点：(1) 经济发展对打破民族国家壁垒的需要；(2) 在大国夹缝中求生存的需要；(3) 相同的政治制度、意识形态和历史文化；(4) 世界经济集团化、国际化的推动。

5.发达资本主义国家在经济发展中面临的矛盾和困难是什么？

答案参考要点：(1) 市场机制的缺陷；(2) 国家干预调解方式失灵。

6.发达资本主义国家民主政体的组织原则是什么？

答案参考要点：所谓多数原则、程序原则、少数原则。

第五章

力争恢复大国地位的俄罗斯

本章学习目标

充分认识战后苏联社会主义建设的巨大成就及其存在的困难和问题；认识社会主义改革的必要性及坚持社会主义改革方向的重要性；科学地总结苏联解体的原因及教训，认识社会主义事业发展的曲折性，了解俄罗斯恢复大国的国家战略对我们坚定走中国特色的社会主义道路和准确地把握国际形势的变化具有非常重要的意义。

本章重点难点

俄罗斯是苏联的法定继承者，也是独联体中最大的国家。了解苏联的过去和解体的原因，了解俄罗斯的现状和发展趋势，对我们建设有中国特色的社会主义和准确地把握国际形势的变化不无裨益。科学地总结苏联解体的原因及教训，认识社会主义改革的重要性，认识社会主义发展的曲折性是本章的重点和难点。

第一节　苏联的兴亡及其历史教训

一、原苏联经济政治概述

1.苏联的经济建设成就。

战后初期，苏联坚持斯大林制定的集中一切力量，高速发展重工业，实现国家工业化、建立国防和改造整个国民经济的物质技术基础的经济发展战略；1950 年，苏联在工业产量上，超过了第二次世界大战前的水平，农业总产值也达到战前的 90%。战后初期的经济恢复巩固了社会主义制度，并为苏联的进一步发展奠定了物质技术基础。

2.苏联的政治经济体制改革。

1956年2月苏共“二十大”召开，赫鲁晓夫代表苏共中央作了总结报告，批判了“个人崇拜”，强调恢复和加强集体领导，由于改革缺乏理论准备，带有很大的主观随意性和盲目性。从1966年开始，勃列日涅夫对政治制度进行变革。增强了干部队伍的稳定性，注重干部素质，完善干部选拔和配备制度，重视发挥苏维埃的作用，加强民主法制建设。1985年3月，戈尔巴乔夫在改革中开始逐步放弃马克思主义的指导，导致苏共瓦解、苏联解体。

二、冷战时期苏联的对外战略

1.斯大林时期的和平战略。

在对外实践中具体表现为：

(1) 高举和平旗帜，反对帝国主义的战争政策。

(2) 加强同东欧人民民主国家的合作。

(3) 大力恢复国民经济的同时，十分重视加强苏联的军事力量。

这一时期苏联的外交实践证明了和平外交战略的正确。但苏联在对外关系中的大国沙文主义、大党主义和民族利己主义已显露端倪。战后苏联从别国划入了70万平方公里的土地；在处理与兄弟党关系时，将苏联模式和经验意图强加于人，干涉别国内政，伤害了一些国家的民族感情，影响了社会主义国家的团结和兄弟党之间的平等友好交往。

2.赫鲁晓夫时期的“三和”战略：提出以“和平共处”、“和平竞赛”、“和平过渡”为主要内容的对外政策和战略。

在外交实践中的具体表现为：

(1) 加强控制社会主义国家，把社会主义国家看做是同美国实现合作的资本，要求社会主义国家以苏联为准“对表”；

(2) 赫鲁晓夫采取了一系列的和解行动，调整同西方国家的关系；

(3) 在同美国寻求“和平共处”的同时，加强军事实力，奉行核武器决定一切的“火箭核战略”，搞核讹诈、核迷信；

(4) 打着支持民族解放运动的幌子，用各种手段向第三世界国家渗透扩张。由于苏联经济和军事实力的增强，苏联已具备了超级大国的实力，并同美国形成了相互竞赛和争夺世界霸权的国际格局。

3.勃列日涅夫时期的进攻性战略。

(1) 苏联对美国为首的西方国家，推行“缓和”政策，大搞和平攻势；

(2) 苏联在亚非拉一些战略地区大肆扩张，并取得了一定优势；

(3) 加强对社会主义国家的控制，进一步恶化中苏关系。

4.戈尔巴乔夫对苏联外交政策的调整。

根据“新政治思维”战略，戈尔巴乔夫对苏联的对外政策进行重大调整：戈尔巴乔夫的外交新思维战略是一个庞杂的充满矛盾的体系，其核心是承认全人类的价值高于一切，全人类利益高于阶级利益，强调要社会体系的对抗，实行国际关系人道化。“新政治思维”是戈尔巴乔夫的对外政策和对外战略的理论基础，其主要内容包括：在时代问题上，强调核武器出现后，核战争没有胜利者，各国除合作外别无选择。

(1) 以妥协让步来乞求美苏关系改善和国际形势好转；

(2) 进一步放松对东欧诸国的控制；

(3) 从第三世界收缩脱身，与美国合作解决地区冲突；

(4) 同西欧和日本进行政治对话，寻求达成互利协议，最终建立欧洲大厦；

(5) 改善与中国的关系。

三、苏联解体的原因和历史教训

戈尔巴乔夫上台后不久，提出“改革与政治新思维”，认为美、苏已不能左右世界，必须重视包括中国在内的各力量中心在国际事务中的作用；在战争问题上，认为大战绝非不可避免，提出人类的利益和生存高于一切；在安全和军备竞赛问题上，强调安全是相互的、普遍的。在军备竞赛上不再片面强调优势，提出最低水平的战略平衡和军事上的合理足够论；在国际共运和社会主义国家相互关系问题上，承认国际共运多样性，承认社会主义建设的不同道路和特点，强调应彼此尊重并学习对方经验，防止利益矛盾发展为冲突；在对外政策上，强调国家关系非意识形态化，主张停止对抗，加强合作，特别是加强与欧洲各国在各个领域的合作。

综观戈尔巴乔夫时期“新政治思维”指导下的对外活动，这种战略曾对缓和国际局势、改善苏联的处境起过积极作用，但这一战略对一些国家和地区造成不良影响，特别是在有关苏联国家和民族利益原则问题上，对西方妥协让步，容忍他们干预和插手苏联内政，从而导致苏联内外交困，亡国亡党。

第一，戈尔巴乔夫的改革与苏联的解体。

1985 年 4 月，苏共中央制定了加快社会主义经济发展的战略，把经济改革放在首位。1986 年 2 月苏共“二十七大”制定了《加速国家社会经济发展战略》的方针，1987 年 1 月制定了加快改革的具体措施。1990 年苏共中央 2 月全会作出了修改宪法，取消苏共的领导地位，实行多党制、总统制的决定。1990 年 7 月，苏共召开二十八大，通过了《走向人道的、民主的社会主义》纲领性声明，使民主社会主义成为完整的体系。“八·一九事件”后，联盟加速解体。

第二，苏联解体的原因。

(1) 从历史的角度看，苏联解体是长期发展战略的失败。从苏俄建国到苏联解体一直没有完成发展战略的转变，苏联的发展战略一直是夺权战略的延续；

(2) 从社会的角度看，戈尔巴乔夫上台时，苏联社会危机四伏，困难重重，失去进一步发展的活力。庞大臃肿的管理队伍和畸型的经济结构，严重阻碍着发展战略的转变和调整；

(3) 从政治的角度看，苏联解体的直接原因是戈尔巴乔夫推行“人道的、民主的社会主义”和“国际政治新思维”的结果。当戈尔巴乔夫的经济改革受挫后没有从中总结经验，寻求经济改革新思路，突破最关键环节，而是鼓吹社会主义多元化，实质是取消苏共对国家政权的领导，实行所有制非国有化和私有化；

(4) 从国内的民族政策来看，民族政策的失误是加速苏联解体的重要原因。苏联多年来一直宣称不存在民族问题，但在戈氏的“公开性”、“民主化”的鼓动下，以前苏联在民族问题上犯的错误、在民族关系中的大俄罗斯主义以及民族工作中的失误被揭露出来，导致民族主义迅速泛滥，民族分立活动高涨、民族矛盾表面化和地方实力派的恶性膨胀，而中央政府对民族分裂活动不敢采用强硬措施，使民族危机成为苏联全面危机的一部分；

(5) 从执政党的建设角度来看，苏共放松自身建设、日益脱离群众，导致苏联改革失去政治方面的领导力量，失去多民族团结的核心力量，最终使苏联解体。苏共在党内组织建设上没有建立和完善强有力的监督机制，党内民主遭到破坏，其结果是党与群众的联系日益疏远，失去了战斗力和凝聚力。

第三，苏联解体的影响和教训。

使国际共产主义运动和世界社会主义事业受到严重挫折；标志着两极格局的瓦解，世界进入新旧格局的过渡时期。

一是要解放思想，实事求是，一切从实际出发，理论联系实际；把马克思主义的普遍真理同本国的具体实践结合起来，寻找适合自己国情的建设道路。改革是社会主义的自我完善，在社会主义国家任何一个政党取得政权后必须把发展生产力、抓经济建设、提高人民生活作为中心任务来抓。

二是要真正弄明白社会主义本质和中心任务，制定一条符合国情的社会发展战略；

三是在社会主义国家改革中，必须坚持马克思主义、坚持无产阶级专政、坚持共产党的领导、坚持社会主义道路。

社会主义事业是全人类的伟大事业，它需要几代人的努力，社会主义最终取代资本主义是历史的必然，在漫长的历史过程中出现一些曲折和反复是符合历史规律的现象，我们要善于总结经验教训。

从苏东剧变的经验教训中得出以下结论：

第一，社会主义建设本国化、特色化。苏东改革的失败与中国改革开放的成功实践，从正反两个方面证明了社会主义本国化、特色化问题的重要性。各国的无产阶级政党，应从本国实际出发，在坚持社会主义普遍原则的前提下努力探索有本国或民族特色的社会主义建设模式，并根据国内外形式的发展不断加以改革和优化。

第二，发展生产力是中心任务。

社会主义社会的主要矛盾是人民群众日益增长的物质文化需要同落后的社会生产力之间的矛盾，解决这一矛盾的惟一手段就是大力发展生产力。以经济建设为中心，大力发展生产力，是建设有中国特色社会主义的核心。

社会主义国家应充分认识发展生产力的重要性和紧迫性，在借鉴中国等国家发展经济的基础上，从本国实际出发，创造性地探索发展生产力的对策和措施，集中精力进行经济建设。大胆变革不利于生产力发展的政治体制、经济体制、科技体制等社会生产关系和上层建筑，优化生产力发展的社会因素，尤其要注意科技与教育对生产力发展的基础性作用，努力提高本国经济发展速度。

第三，经济体制市场化。

社会主义国家应提高对经济体制市场化变革历史必然性的认识。在借鉴中国推进经济体制市场化经验的基础上，从本国实际出发，创造性地探索经济体制改革的具体方针、政策、程序、措施。转换国有企业特别是大中型企业的经营机制，培育统一开放、竞争有序的市场体系，深化分配制度与社会保障制度的改革，转变政府职能，建立具有本国特色社会主义市场经济体制，以适应全球经济一体化趋势。

第四，发展民主和加强法制。

社会主义国家应充分认识到以发展民主和加强法制为核心的政治体制改革的重要性、长期性、艰巨性。顺应世界历史潮流，在汲取苏联、东欧政治体制改革失败教训和借鉴中国政治体制改革成功经验的基础上，从实际出发，积极探索适合本国特点的政治体制改革方针、政策、程序、措施。努力扩大社会主义民主，健全社会主义法制，依法治国，建设有本国特色社会主义民主政治，充分发挥社会主义的优越性。①

第二节 变革中的俄罗斯概述

一、苏联演变中的俄罗斯

20 世纪 80 年代末，苏联的经济、政治和社会形势恶化，激化了民族矛盾，民族分离主义势力迅速崛起，在一些加盟共和国打出了独立旗号，煽动脱离苏联的民族情绪。1989 年，波罗的海三国就成立了一些组织，加紧进行脱离苏联的活动。1990 年 3 月立陶宛宣布独立，拉脱维亚和爱沙尼亚紧步其后。三国发表主权宣言。波罗的海三国独立掀起了第一次民族分立浪潮。

叶利钦在俄罗斯人代会竞选中以争取俄罗斯主权为王牌，他提出：俄罗斯的“一切问题均由中央集权制度造成的”。1990 年 5 月 29 日叶利钦当选为俄罗斯联邦最高苏维埃主席后，立即宣布：俄联邦的主权意味着独立，自下而上的独立。俄罗斯共和国必须保卫自己不受苏联中央政权的支配。俄罗斯“应有独立的内外政策，有权与任何国家签署包括国际条约在内的一切文件”，俄罗斯法律比苏联法律和宪法更为至高无上。6 月 12 日，俄罗斯人代会通过了主权宣言，声称俄罗斯在一切方面都是独立的，保留根据联盟条约规定的程序自由退出苏联的权利。继波罗的海三国宣布独立之后，俄罗斯的这种分立主义行为，对已经开始动摇的苏维埃社会主义共和国联盟无疑是雪上加霜。随后，各加盟共和国纷纷效法，全苏 15 个加盟共和国都发表了主权宣言，20 个自治共和国也有一半发表了主权宣言。苏联总统戈尔巴

①李慎明.居安思危——苏共亡党的历史教训［J］.东欧中亚研究：2007,（2）。

乔夫为保住联盟，防止苏联政局的恶化，于1991年4月23日单独同俄罗斯、乌克兰、白俄罗斯等9个共和国领导人发表决定整个国家命运的“9+1”联合声明，提出签定新联盟条约，通过新宪法，建立新的中央政府，将国名改为主权共和国联盟，进一步加速了苏联的解体。6月12日，叶利钦以57.3%的多数票当选为俄罗斯总统，7月10日，叶利钦签署“非党化”总统令，禁止共产党在俄罗斯联邦政府机关和国营企业进行活动。面对日益严重的政治、经济、社会和民族危机，1991年8月19日，苏联副总统亚纳耶夫发布命令，宣布由他本人代替戈尔巴乔夫履行总统职务，同时成立以他为首的8人苏联国家紧急状态委员会，力图维护统一的联盟国家，然而，叶利钦所控制的俄罗斯在反共反联盟中扮演了重要角色，致使“八·一九事件”中亚纳耶夫等人挽救联盟的行动失败。从此苏联中央仅成为一个政治空壳，而俄罗斯却成了原苏联政权的主体。叶利钦声称：“彻底摧毁联盟中央的时机已经到来”，并下令停止俄共活动，没收俄共财产。戈尔巴乔夫宣布辞去苏共中央总书记职务，要苏共中央自行解散，并下令剥夺苏共财产。各共和国的共产党也被禁止活动，财产被没收。全国掀起反共浪潮，苏联共产党不复存在。

1991年8月24日，苏联第二大共和国乌克兰宣布独立，从此掀起了第二次独立浪潮。1991年12月7日，叶利钦赴白俄罗斯首都明斯克，与乌兰克、白俄罗斯领导人共同签署了《关于建立独立国家联合体的协议》，12月21日，11个加盟共和国的领导人在阿拉木图签署《关于独立国家联合体协议的议定书》、《阿拉木图宣言》等文件，同时宣布“随着独立国家联合体的成立，苏维埃社会主义共和国联盟将停止存在。”12月23日，叶利钦到克里姆林宫同戈尔巴乔夫会谈，要求戈尔巴乔夫交出克里姆林宫、苏联武装力量的指挥权、控制2.7万枚核弹头的“核按钮”以及国家的重要档案。12月25日19点戈尔巴乔夫宣布辞去总统职务。19点38分印有镰刀锤子和五星的苏联国旗从克里姆林宫凄然降落，取代它的俄罗斯白蓝红三色旗在夜幕中升起，世界上第一个社会主义国家从此消失。俄罗斯成为原苏联的合法继承国，在国际上行使原苏联的一切权利。

俄罗斯原称俄罗斯苏维埃联邦社会主义共和国,1922年12月加入苏维埃社会主义共和国联盟，是苏维埃社会主义共和国联盟中最大的加盟共和国。1991年12月25日苏联解体后改称为俄罗斯或俄罗斯联邦。1992年4月17日，俄罗斯第六次人民代表大会决定使用两个同等地位的正式国名：俄罗斯或俄罗斯联邦。

俄罗斯位于欧洲东部亚洲北部，横跨欧亚两大洲，是世界上幅员最大的国家，面积1710万平方公里，占原苏联总面积的76%。人口1.48亿，占原苏联总人口的52%，居世界第7位。西面、西南面靠大西洋，东临太平洋，北濒印度洋。与其相邻的国家有14个：东南与中国、蒙古、朝鲜交界，西北与挪威、芬兰接壤，西南与爱沙尼亚、拉脱维亚、立陶宛、波兰、乌克兰、白俄罗斯、格鲁吉亚、阿塞拜疆、哈萨克斯坦九国为邻。俄罗斯是由130多个民族组成的多民族国家，俄罗斯人口占82%，语言为俄语。俄罗斯的主要宗教为东正教，其次为伊斯兰教和佛教，城市人口占全国人口的73%，最大城市莫斯科人口超过800万，圣彼得堡人口为400

万。俄罗斯国旗是白、蓝、红等幅平行布局的三色旗，国歌是《爱国者之歌》，国庆节（独立日）是6月12日。按照1978年的俄罗斯联邦宪法规定，俄罗斯目前仍包括16个自治共和国，5个自治州，49个州，10个自治专区，6个边疆区。

俄罗斯不但地域辽阔，而且拥有雄厚的经济潜力。俄罗斯拥有可耕地2.3亿公顷，是世界上可耕地面积最大的国家，它的西半部多为平原，整个平原面积占总面积的70%，俄罗斯年产粮食约1亿吨。俄罗斯自然资源极为丰富，森林覆盖面积占俄罗斯全国领土面积的2/5以上，木材总蓄积量占世界的20%，居世界第一位；煤炭产量仅次于中国，居世界第二位；俄罗斯水利资源丰富，地下矿产种类繁多，石油和天然气，以及金、银、铀、铜、铁等矿物的储量都很大，是世界上自然资源最丰富的国家之一。

俄罗斯是前苏联经济实力最强的加盟共和国，原苏联国防工业企业和研究机构的80%集中在俄罗斯。苏联解体前，俄罗斯的经济实力占原苏联经济综合能力的60%以上，农业产值占原苏联农业总产值的50%，煤产量占原苏联的55.4%，石油占90%，天然气占75%，原苏联森林资源的90%在俄罗斯，俄罗斯机器制造业发达，化工、纺织、木材加工占有重要地位，钢铁、汽车、化肥、建材、电器等工业均在原苏联各加盟共和国中居首，在航空、航天科技和工业方面处于世界先进水平。尽管它的轻工业和农业相对落后，但它仍然是当今世界的经济大国。俄罗斯具有人才优势，原苏联80%以上的科技人才集中在俄罗斯，俄罗斯是世界上国民文化素质较高的国家，受过高等教育的占17%，每万名居民中，在校大学生为186人，完全消灭了文盲。

俄罗斯军事力量强大，是仅次于美国的军事大国。苏联解体后，俄罗斯继承了原苏联75%的兵力和80%的武器，原苏联80%的核武器部署在俄罗斯境内，为俄罗斯拥有。

俄罗斯人虽然在全国人口中占绝对多数，但并未能消除民族间的紧张关系，民族矛盾不断激化。2 660万少数民族虽然只占全国人口的18%，但他们分布的地区却十分广阔，占俄罗斯版图的53%以上，这些地区不仅资源丰富，战略地位也相当重要。原苏联社会矛盾中，民族矛盾十分突出，各加盟共和国对联盟中央的主权争夺战不断升级，引发了俄罗斯联邦各少数民族分立主义和分离主义倾向的增长。尤其是北高加索地区，由于历史原因和现实的民族矛盾，导致了车臣—印古什危机。车臣—印古什共和国位于俄罗斯西南部，面积1.57万平方公里，人口127万，分属100个民族，其中车臣人占57.8%，印古什人占12.9%，俄罗斯人占23.5%。1922年11月30日成立车臣自治区，1924年7月7日成立印古什自治区，为俄罗斯联邦管辖。1934年1月15日合并成立车臣—印古什共和国，1936年12月5日改为加入俄罗斯联邦自治共和国。1991年"八·一九事件"后，车臣—印古什发生动乱，以退役将军杜达耶夫为首的全国人代会执委会同临时最高委员会全面对抗，占领了克格勃大楼和政府所在地，10月杜达耶夫当选车臣"总统"并宣布车臣独立。为缓解民族矛盾，1992年1月，俄罗斯确定16个自治区和4个自治州升格为共和国，允许这些共和国拥有较大的自主权，包括有权制定宪法和建立立法机构。1992年3月13日，俄罗斯联邦中央政府与18个民族自治共和国的代表商定了《关于划分俄罗斯联邦中央国家权力机关和俄罗斯联邦版图内各共和国权力机关之间管辖范围和权限条约》，但是车臣—印古什和鞑靼两个共和国领导人拒绝在条约上签字。以后，俄罗斯政府采取各种方式，包括政治对话、武力威慑等，未能使车臣改变其立场。1994年12月11日，俄军出兵清剿以杜达耶夫为首的车臣分离主义分子，并击毙了杜达耶夫，但车臣久攻不下，1996年8月俄军宣布撤出车臣，将车臣“独立”问题搁置5年。1997年1月，马斯哈多夫出任车臣总统，兼任政府总理、防御委员会和安全会议主席。车臣实际上处于俄罗斯政府无法有效控制的状态中。以巴萨耶夫等人为首的武装匪帮在达吉斯坦共和国和俄罗斯的一些大城市制造了一系列造成平民伤亡的恐怖事件。1999年8月，俄军再次进驻车臣围剿车臣叛匪，第二次车臣战争爆发。2000年2月6日，俄军攻下车臣首府格罗兹尼，取得了决定性的胜利。但是车臣问题并未彻底解决。由此可见，俄罗斯的民族矛盾将始终是一个潜在的、政局不稳的因素之一。

二、俄罗斯的国际地位

俄罗斯独立初期，采取向西方一边倒的方针，在国际事务中屡屡向西方表示信赖，追随西方国家，但是，俄罗斯并没有得到应有的回报，反而在国际社会中倍受西方国家的冷落，处处受到牵制，从而丧失其大国独立自主地位。体现在两个方面：

第一，西方国家不履行对俄罗斯经济上的承诺。1992年西方七国宣布援助俄罗斯240亿美元，但计划并没有按期执行，实际上只兑现了一半。1993年的343亿美元的援助计划更是纸上谈兵，因为除了其中150亿美元作为俄罗斯推迟抵偿外债外，其余部分均未兑现。在国家间的经济贸易关系上，俄罗斯始终处于被歧视的地位。以美国为首的西方国家，对俄罗斯采取限制与其进行经济贸易的一系列措施。如美国仍沿用对原苏联贸易限制的法律条款来对待俄罗斯，使其在参与世界市场竞争中处于不平等的地位；西方国家还百般阻挠俄罗斯进入世界市场，甚至禁止俄罗斯出口军事技术，在对俄投资、减债、科技转让等问题上与人权、修改反导条约挂钩，向俄罗斯施加压力。

第二，西方国家竭力贬低俄罗斯的国际地位，使俄罗斯在国际社会中难以发挥大国的作用。苏联解体后，华约组织解散，俄罗斯已不再拥有原华约中的盟友，原华约中的盟友纷纷要求加入北约组织。于是，俄罗斯被北约冷落一旁。昔日称霸欧洲和世界的雄威一扫而光。例如，在波黑问题上，北约无视俄罗斯的存在，不与俄作任何磋商，便发出了空袭塞族的最后通牒。1994年11月12日，在不与俄罗斯打招呼的情况下，美国又单方面宣布解除对波黑穆斯林的武器禁运。1997年7月8日，西方国家不顾俄罗斯的强烈反对，吸纳波兰、捷克、匈牙利加盟北约，迈出了北约东扩的第一步。1999年3月爆发的科索沃战争，也说明美国根本就没有把俄罗斯这个联合国常任理事国放在心上。在西方国家眼里，俄罗斯不过是只小尾巴，是个“小弟兄”。

可见，俄罗斯已经失去了昔日苏联在国际社会中的大国地位，其国力的严重衰退使它在国际社会中只能充当配角，这与其大国的原有地位是格格不入的。在这种情况下，俄罗斯国内的民族主义倾向被越来越多的人所接受。俄罗斯政府亲西方的外交政策引起国内人民的不满，也激怒了国内的反对派，俄政府也认识到“俄罗斯对自己国家利益和世界地位的认识太迟了”。在国内人民不满和反对派的攻击下，俄罗斯政府从1993年夏开始调整对外政策，强调“国家利益和安全必须成为外交工作的基础”，并明确表示要确保俄罗斯的大国地位，为国内经济发展创造有利环境。

俄罗斯对外政策的调整并不意味着俄罗斯从根本上改变面向西方的总方向，俄罗斯的重点仍然在欧洲，因为俄罗斯需要西方国家的政治支持和经济援助，有求于西方。因此，采取务实的政策，处理、维护与美国为首的西方国家的关系，仍然是俄罗斯在今后一段时间内对外政策的主导方针。

第三节 俄罗斯经济

一、俄罗斯的经济状况

1992年1月，俄罗斯在改革中实行“休克疗法”，迅速向市场经济转轨，当时人们的情绪是相当乐观的，以为能很快融入西方体系实现繁荣。而八年的严酷现实打破了人们的幻想，俄罗斯经济仍处于危机状态，主要表现在：

（1）经济实力大幅度滑坡。从1992年起，俄罗斯经济一直为负增长。1992年~1996年，俄罗斯国内生产总值下降46%，工业总产值减少54%，消费品生产下降58%，轻工业基本上陷于停产。私有化给俄罗斯造成的损失要大得多，苏联解体前曾是世界第二位经济强国，其GNP一度达到美国的67%，而1997年末俄罗斯GNP仅为4300亿美元，占美国的5.7%，世界的1.2%，居世界第13位，在加拿大、墨西哥之后，被称为“拥有核武器的荷兰”。

（2）通货膨胀恶性发展，失业急剧增加。1992年俄罗斯的财政赤字达1万亿卢布，这就迫使俄罗斯中央银行无限制地发行货币，而俄罗斯的经济自由化措施又助长了通货膨胀，通货膨胀率高达2000%，卢布大幅度贬值，同美元的比价由1991年的90:1一度跌至1994年10月间的3000:1。1997年俄经济形势有所好转，但1998年经济状况又趋恶化，通货膨胀率仍高达84.4%，卢布贬值75%。经济的衰退推动了俄罗斯失业大军的形成，1998年俄罗斯的失业人数猛增到800万人。

（3）对外贸易状况恶化，债务负担沉重。苏联解体后，俄罗斯把对外经济联系的重点转向西方，但由于其产品质量低，国际竞争力差，很难进入国际市场。俄罗斯科技人员占世界总数的12%，但科技产量仅占世界总数的0.3%，现在世界市场上科技产品的年销售额约为2.3万亿美元，俄罗斯仅占0.3%。俄罗斯主体出口产品仍然是原料性产品。1998年以来，国际能源市场价格下跌，主要靠石油及天然气出口的俄罗斯损失惨重，外贸年损失达150亿美元。俄罗斯债务增加，1998年底内债为700亿美元，外债1573亿美元，总计相当于GDP的50%，而俄罗斯外汇储备很少，1999年9月仅为109亿美元。西方一些人士估计，2000年俄罗斯预算支出中，还债比例高达40%。

(4) 居民生活水平下降，两极分化严重。由于经济下滑、物价上涨和失业剧增使俄罗斯人民的实际收入大为减少，生活水平显著下降，贫困阶层范围扩大。前苏联时期享有的各种福利待遇大多被取消，以1991年为基准，1997年人民生活水平下降了30%~40%。政府支付能力下降，1998年已拖欠工资758亿卢布，退休金235亿卢布，下层民众生活苦不堪言。按收入低于平均工资45%为贫困线的划分标准来统计，俄罗斯生活在贫困线以下的人口占70%。与此同时，在经济转型过程中，由于法规不健全，以及官商勾结，国有资产被大量鲸吞、盗卖，国有资产严重流失，社会财富逐渐集中在几个大财团手中。金融巨头别列佐夫斯基说："六大新兴财团控制着俄罗斯经济的50%。"而别列佐夫斯基自己占有的资产为30亿美元。日本报纸认为别列佐夫斯基等人"是共产党体制瓦解后，在俄罗斯经济混乱之际大发横财的企业家和爆发户"。俄罗斯贫富差距日趋扩大。

事实证明，俄罗斯实施"休克疗法"是完全错误的。之后，俄罗斯采取了务实稳健的经济政策。1997年经济形势出现转机，国民生产总值增长0.4%，工业产值和农业产值分别增长1.9%和0.1%，是苏联剧变后首次摆脱负增长。但是好景不长，1998年又出现新的经济动荡。8月份宣布听任卢布贬值、冻结内外债务的措施导致严重的金融危机，9月国内生产总值、工业产值、农业产值分别下降9.9%、14.5%和15%。被叶利钦定为"经济增长年"的1998年已成为"反危机年"。1999年俄经济形势有所好转，国内生产总值比前一年增长3.2%，工业生产增长8.1%，全年通货膨胀率为36.5%，大大低于前一年的84.4%。但是，1999年俄经济的好转，并不意味着2000年或今后一个短时期内俄经济就可以步入稳定和持续增长期，俄罗斯经济各种问题积重难返，短期内难有较大起色。

经济方面，俄罗斯从1992年开始进行激进的经济改革，目的是加速向市场经济过渡，并以此实现经济的稳定和发展。改革结果，虽然在经济体制转换方面取得了很大进展，但是由于改革方针和政策失误，社会经济不仅没有稳定，反而危机加重，形成经济危机、财政货币危机和社会政治危机交织并发，长期不能摆脱的局面。直至1999年由于改革政策的调整，特别是外部环境的有利变化才出现经济稳定和复苏的迹象。

(5) 市场经济体制的框架已经基本建立，但有"资本原始积累"的色彩。

经过十年的经济转轨，俄罗斯的所有制结构发生了重大变化，市场主体基本实现了多元化。截至1996年底，实现私有化的企业共12.46万个，占私有化初期国有企业总数的60%；在产出上，国有经济占国内生产总值的28%，非国有经济占72%(其中私有经济占28%)。与此同时，宏观经济体制改革也取得了很大进展。价格已全面放开，通货膨胀基本得到控制；财政体制由国家财政向社会公共财政转化，形成了新的预算体制和税收制度，建立了分税制的分级财政体制；两级银行体制基本形成，中央银行独立并转变职能，商业银行走向规范管理，利率已经放开，金融市场迅速发展；对外经贸基本自由化，货币已实现国内可兑换；社会分配制度发生变化，社会保障体制改革取得进展，社会保障基金来源多元化，社会保障事业社会化；国家的经济作用重新界定，政府职能已经转换，中央地方经济关系不断调整。

这一切表明，市场经济体制的框架已经基本形成，但是所建立起来的不是现代文明的市场经济，而是“资本原始积累”式的野蛮的市场经济，与其相伴随的不是效率与公平，而是经济长期衰退和人民生活普遍贫困化，并充满投机、欺诈、掠夺、腐败和犯罪。新经济体制的各方面还很不完善，机制尚未有效运转，市场秩序远未形成。

(6) 社会生产长期下降，综合国力大大衰弱。

经济转轨以来，俄罗斯的社会生产持续大幅度下降。1992 年国内生产总值下降 14.5%，1993 年下降 8.7%，1994 年下降 12.7%，1995 年下降 4.1%，1996 年下降 3.4%，1997 年停止下降并出现微弱增长（0.9%），1998 年因金融危机而再度下降 4.6%。这样，转轨以来，俄罗斯国内生产总值累计下降近 40%。俄罗斯工业生产的下降幅度比国内生产总值还大，8 年累计下降 46%；农业生产的下降幅度累计达 40%。资料表明，俄罗斯经济危机的深重程度，已超过 1929—1933 年世界资本主义经济大危机。

由于固定资产投资长期大幅度下降（累计下降 74%），俄罗斯的固定资产已普遍陈旧，生产技术严重落后。使用期 5 年以下的设备在全部设备中的比重，从 1990 年的 29%下降到 1998 年的 4.5%，70%以上的设备服役期已超过 10 年。这导致产业部门的劳动生产率极低，除了原料和动力部门之外，其他部门的劳动生产率只相当于美国的 20%—24%。物质技术基础的落后将严重阻碍今后经济的复苏和发展。

社会生产长期下降导致综合国力大大衰弱。1990 年的国内生产总值，按汇率计算，俄罗斯为 10 390 亿美元，美国为 55 222 亿美元，中国为 3 697.5 亿美元；俄罗斯为美国的 18.8%，为中国的 2.8 倍。1997 年的国内生产总值，俄罗斯为 4 400 亿美元，美国为 80 000 亿美元，中国为 9 000 亿美元；俄罗斯为美国的 5.5%，为中国的近 50%。1998 年金融危机以后，俄罗斯按汇率计算的国内生产总值大大下降，1999 年只有 1 800 亿美元，为美国的 2.2%，为中国的 18%。按购买力平均计算，1999 年俄罗斯的国内生产总值为美国的 1/10，为中国的 1/59。

(7) 财政赤字，债台高筑，宏观调控乏力。

由于经济长期衰退，国家预算收入的源泉不断缩小，而预算支出又难以成比例压缩，结果国家预算年年赤字。国家预算赤字较高和企业税负过重（约占利润的 70%以上），使财政陷入两难局面。由于税收计划完不成，财政集中的收入约占国内生产总值的比重往往低于 20%。1999 年财政降低税率，扩大税基的收人政策和改行国库制的支出政策，实现了预算收支平衡。但是，财政的盘子过小，1999 年联邦预算收入约220亿美元，中央地方统一预算收入也只有450亿美元。财政支出基本用于日常经费，难以在实现经济发展战略方面发挥重要作用。

预算赤字导致国家负债累累。1998年6月底，内债余额4 360亿卢布（合700多亿美元），外债共达2 000多亿美元，预算支出的1/3用于还债。国债数额庞大和财政丧失偿债能力成为1998年金融危机的直接原因。危机后政府对债务进行了强制性重组，这虽然减轻了财政负担，却加重了银行危机，并使政府信誉扫地，对债市的恢复、发展和政府实行积极的财政政策十分不利。

外债更是俄罗斯的沉重负担。1999年底俄罗斯外债总额已达1 580亿美元，其中原苏联债务约1 000亿美元。1999—2003年每年需偿还外债150亿—200亿美元。俄罗斯无力偿还如此巨大的外债，惟一的办法是进行债务重组。外债重组包括两部分：一部分为苏联债务，重组方式是同巴黎俱乐部和伦敦俱乐部债权人达成协议，使债务部分减免、部分延期偿还；另一部分为俄罗斯本身债务，重组办法是部分偿还、部分延期、部分靠借新债还旧债。今后几年，外债仍将是国家的沉重负担，政府每年都需与国际货币基金组织就债务重组和获得新贷款进行艰苦的谈判。

（8）通货膨胀，卢布贬值，宏观环境不佳。

经济转轨以来，生产下降和通货膨胀一直是俄罗斯的两大难题。在商品短缺的情况下，一次性全面放开价格，导致通货膨胀恶性发展，1992年通胀率高达2500%。之后，通胀率虽然逐步下降，但水平一直较高，直至1997年才降至11%。1998年金融危机后通胀率再度急剧上升，达84.4%；1999年降为36.5%，但仍然较高。1992—1999年俄罗斯消费价格总共上涨6 168倍。高通货膨胀率促使银行贷款利率一直很高。1992年以来中央银行的再贷款利率（再贴现率）最高达到200%，1999年仍为55%，商业银行给企业贷款的利率还要高。高利率制约着企业投资和流动资金的增加，不利于生产的发展。

高利率和金融投机导致资金倒流，商品生产和流通领域的货币量过少。从信贷资金看，商业银行的资产短期化，放款的绝大部分为短期贷款。在贷款总额中，短期贷款占95%，长期贷款只占5%左右。贷款性质上工商信贷比重低，约占30%（一般应为50%—60%）；证券业务比重高，约占60%。这不仅造成企业固定资产投资少，而且还造成正常生产所需要的流动资金不足。三角债普遍且巨大，支付危机发展，已成为不治之症。货币流通量过少，导致经济实物化，经济实物化为影子经济的泛滥提供了条件，影子经济泛滥又严重影响国家税收计划的完成。

与通货膨胀相伴随的是卢布贬值。1992年7月俄罗斯开始实行经常项目下的卢布可兑换。由于经济衰退、通货膨胀和外汇储备枯竭，卢布汇率狂跌不止。在开始实行卢布可兑换时规定1美元兑换125卢布，到1994年底已跌至1美元兑换3 550卢布。在短短两年半的时间里，卢布贬值96.5%。1995年7月开始实行“外汇走廊”政策，后来又实行“有管理的”浮动汇率制，此间卢布汇率相对稳定。1998年8月金融危机之后，卢布又陷入新一轮贬值的厄运。从危机前的6.1新卢布（1新卢布等于1000旧卢布）兑换1美元，跌至1999年底的27新卢布兑换1美元，贬值

77%。

(9) 经济结构畸形，战略调整艰难。

俄罗斯从苏联继承的是一个畸形的经济结构。转轨以来，由于受多种因素制约，经济结构的变化是二元方向：即结构的某些方面得到调整，如经济军事化的格局改变，三次产业的关系改善；而另一些方面则畸形更重：一是重轻比例失衡，原料性工业过重，二是产业级次停滞，高技术产业落后。

原苏联长期优先发展重工业，社会生产两大部类对比关系严重失衡。在工业总产值中，甲类工业占75%，乙类工业占25%。俄罗斯独立以来重轻结构非但没有改善，反而畸形更重。为了反危机，政府采取“消极适应”政策，发挥能源等重工业现有优势，而食品工业长期衰退，轻工业几乎被消灭。结果，重工业在工业总产值中的比重，从1991年的63.2%升至1996年的80.5%，而轻工食品的比重相应从32.1%降至14.1%，其中轻工业的比重从16.2%降至2.0%。国民经济中起决定性作用的是燃料工业、电力工业、黑色和有色冶金工业，它们在国内生产总值中约占15%，在工业产值中占50%，而在出口中所占比重超过70%。这表明，俄罗斯工业结构没有改变重型低效的特征，而是重型更重；工业生产没有面向最终产品，而是更加倾向于原料生产。工业结构的畸形决定了外贸结构的反工业化趋向，形成出口能源和原材料（占出口的75%）换回食品和消费品（占进口的30%—50%）的低级循环。

(10) 人民生活贫困，社会问题严重。

改革代价的承担者是广大居民和职工，其生活普遍日益贫困化。转轨八年(1992—1999年)，俄罗斯消费价格总共上涨6 168倍，居民实际货币收入总计下降60%。1999年职工月平均工资为58美元，养老金只有16美元。衡量居民生活水平的恩格尔系数上升，达到50%。工资拖欠成为俄罗斯经济和社会的普遍现象。失业率不断上升，1999年达到12.4%，社会两极分化严重，富人阶层占1.5%，中间阶层占25%，穷人阶层占70%，收入低于最低生活费的人口占37.7%。影子经济（包括灰色经济和黑色经济）泛滥，比重约占国内生产总值的30%—40%。黑社会组织迅速发展，有组织的犯罪现象严重。

二、俄罗斯的经济制度

在经济上，俄罗斯虽已基本确立以私有制为主的自由市场经济体制，但目前俄罗斯仍未摆脱以滞胀为特征的经济危机，通货膨胀居高不下，生产滑坡，失业增加，人民生活艰难。据西方经济学家估计，俄罗斯要摆脱经济危机需要十至十五年时间。在经济转轨完成之前，俄罗斯经济很难走出困境。

苏联解体后，俄罗斯经过十年的社会转型，经济上基本确立了以私有制为主体多种经济成分并存的市场经济制度。这种经济制度是通过两个方面的演变建立起来的。

第一，把社会主义公有制转变为私有制。

在加速私有化方面，俄罗斯政府制定的深化经济改革纲领草案把私有化分为小私有化，即小型商业、服务业、建筑业的企业私有化；大私有化，即大型企业的私有化。原计划1992年基本完成“小私有化”，主要措施是拍卖商店、旅馆、小企业等。1993年开始“大私有化”，要在几年内完成。非国有化的主要形式是股份制。为此，俄罗斯政府从1992年10月1日开始向每个俄罗斯居民发放面额一万卢布的私有化证券，以推进国有企业的股份制改造。

在农业方面，1992年12月叶利钦颁布了《俄罗斯联邦实现土地改革紧急措施》，提出“必须在1992年内”对集体农庄和国营农场进行全面改组；保证庄员和职工“不受限制地退出”农庄、农场并“建立农户（农场）经济”，把建立农户经济即农业私有化作为首要目标。随后俄罗斯农业部提出了改组集体农庄和国营农场的方案，其中提出将农庄、农场改组为“农户协会”、“股份公司”、“生产合作社”等。俄罗斯“土地改革和土地资源委员会”主席则明确表示，到1992年底，至少将1/3的土地私有化，实际上只有不到10%的土地实行了私有化。改组工作没有达到预期的目标。1992年底，全俄2.4万个农庄、农场中，有1.6万个进行了重新登记，只有不到1%（139个）的农庄、农场进行了改组。土地私有化法被俄罗斯议会否决，改组集体农庄和国营农场在广大农村遭到抵制。

俄罗斯的国营企业私有化和农业私有化，将是一个困难重重的过程。但俄罗斯政府的私有化路线不会改变，因为俄罗斯政府把私有化作为社会变革的一项重要战略任务，作为向市场经济过渡的中心环节。

第二，把计划经济转变为自由市场经济。

在建立自由市场经济方面，俄罗斯政府提出所要达到的目标，其一是经济自由化，其中包括商品市场、外汇调节、对外经济活动的自由化；其二是稳定金融，主要措施是，消灭国家预算赤字，严格限制给企业提供贷款和稳定卢布汇率。1992年1月2日，俄罗斯政府宣布放开物价，1月26日，叶利钦总统发布自由贸易法的总统令，规定任何人在任何地方任何时间（人行道和机关门口除外）均可以从事商业活动。近年来，俄罗斯政府在进行“改革”中，虽然在形成市场价格体系、增加市场供应方面取得了一定效果，但未能实现刺激生产和稳定经济的初衷，反而导致了以“滞胀”为特点的经济危机。

三、世纪之交俄罗斯的经济政策

2000年3月26日，普京当选为第二任俄罗斯民选总统。普京面临的形势十分复杂，其中经济问题尤为突出。因此，普京在竞选中提出了富民强国的经济纲领，强调将“领导俄罗斯走向一条既不盲目信奉自由主义，也不重新推行共产主义的‘第三条道路”。在《千年之交的俄罗斯》一文中，普京提出了实现“第三条道路”的行动方针和经济政策：

(1) 刺激经济快速增长。普京强调，俄罗斯经济今后若能以8%的速度增长，人均GDP就有可能经过15年赶上葡萄牙和西班牙。而要做到这一点，重要的是增加对产业部门的投资，为此，普京主张实行一种纯市场机制与国家刺激措施相结合的投资政策，积极改善投资环境，吸引外资。

(2) 推行积极的工业政策。21世纪俄罗斯经济的发展水平将首先取决于那些立足于高科技、生产科技密集型产品的进步。因为当今世界90%的经济增长靠的是新知识和新技术的推广应用。

(3) 实施合理的经济结构政策。正如经合组织的一篇报告中指出的，俄罗斯若不大力推进经济结构改革，经济就难以出现持续增长。这几年来，俄罗斯一直忙于处理眼前问题，总是把经济结构改革这一带有长远意义的改革放在后面，从而使这一方面的改革更加困难。

(4) 建立有效的金融体系。为此，必须提高作为国家最重要经济手段的预算的效力；改革现行税制，解决三角债并杜绝易货及其它冒牌的货币结算方式；保持低通胀率和卢布汇率的稳定；建立规范的金融和市场，使其成为融资渠道；改组银行体系。

(5) 取缔影子经济。俄罗斯GDP中影子经济占40%，而发达国家一般占15%—20%。为此，俄罗斯要坚决打击各领域特别是金融信贷领域的有组织的经济犯罪。

(6) 使俄罗斯经济参与全球化。普京强调，如果俄罗斯不参与经济全球化过程，俄罗斯就不可能达到先进国家经济和社会进步所达到的那种高度。同时也强调，俄参与全球化过程必须循序渐进，必须保护本国民族经济的发展。

(7) 推行现代化的农业政策。普京认为："没有俄罗斯农村的复兴，没有农业的振兴，就不可能有俄罗斯的复兴。我们所需要的农业政策必须能够把国家扶持和国家调控措施同农村及土地所有制方面所实行的市场改革有机地联系在一起。

四、俄罗斯的经济改革与前景

1.普京的经济复兴战略：

(1) 在完善市场机制的同时，加大国家对经济的宏观调控作用；

(2) 发展科技产业，尤其是信息产业，逐步实现产业结构调整；

(3) 整顿金融秩序，改革税收体制，改善投资环境；

(4) 缩小贫富差距，改善人民生活。

普京提出"强国富民"的思想，把造福于人民，使公民过上好日子，作为新政权的最终目标。为此，2001年6月28日通过了《俄罗斯政府长期社会经济政策基本方针》，提出了国家今后10年的经济发展目标和实现战略目标的政策措施。

2.经济发展战略目标。

俄罗斯经济发展战略的核心是，"实现经济快速增长"。普京在《千年之交的俄罗斯》这篇纲领性文章中说，政府制定的"经济发展战略，应当能够在相当短的时间内消除持续已久的危机，为经济和社会快速和稳定发展创造条件。"他又说，发展"必须是快速的，因为俄罗斯已经没有时间晃来晃去了。""达到必要的增长速度，不仅是经济问题，也是政治问题。"

在普京关于制定国家长期经济发展战略的指示下，俄罗斯新设立的“战略研究中心”和国家杜马工业政策委员会对今后10年的发展进行了预测。在此基础上，俄罗斯政府制定和通过了《俄罗斯政府长期社会经济政策基本方针》。该纲领提出，在今后10年，国内生产总值的年均增长速度不低于5%，到2010年以美元计算的国内生产总值（含汇率和通胀因素）大约增长1.5倍。具体地说:2000年国内生产总值预计为2 050亿美元,2001年2 290亿美元；2004年2 840亿美元，2010年达到4 570亿美元。通胀率从2004年起不超过10%，个人需求10年内增长80%。资本外流规模减少50%。外贸总额2000年预计为1 305亿美元（出口846亿美元，进口459亿美元），2004年增加到1594亿美元（出口887亿美元，进口707亿美元），2010年达到近2000亿美元（出口1042亿美元，进口953亿美元）。劳务出口到2010年应比1999年增加60%。外汇储备2000年预计为191亿美元，2001年242亿美元，2010年达到524亿美元。如果年均5%的增长速度能够实现，到2010年俄罗斯的国内生产总值将恢复到转轨前水平，即实现经济复苏。

3.实现战略目标的政策措施。

（1）把实现经济快速增长作为各项政策的核心。由于经济危机与财政货币危机交织并发，优先稳定生产还是优先稳定财政货币是俄罗斯宏观政策长期面临的选择。新政府经济纲领在稳定生产与稳定财政货币的关系上，采取两者结合而以稳定生产为主的原则。纲领指出，在即将来临的时期，政府的优先任务是降低或保持通胀率和利率，使其保证经济稳定增长。值得注意的是，这里的提法是“降低”或“保持”通胀率和利率，而不是过去的一味降低通胀率。至于究竟是降低还是保持，则以有利于经济增长为准。通胀率和经济增长参数的具体结合，每年将在全国经济纲领的框架内，考虑经济发展内外条件的变化来确定。

（2）刺激投资。目前，俄罗斯经济的增长主要不是靠投资的增加，而是靠充分利用现有生产能力。总理卡西亚诺夫指出，必须从根本上改变经济增长的质量，从满负荷地利用现有的、往往是落后的生产力，转向对先进的技术设备及人力资源的投入，以便在先进技术的基础上增强企业的竞争力和经济的增长力。为此，将实行刺激增加投资的政策。投资的第一个来源是企业投资。企业靠自有资金进行的投资来源于利润积累和基本折旧基金。为了增加企业积累，决定将利润所得税从35%降到30%，并修订利润税计算方法，将有根据的支出全部列入产品成本。政府还将通过保护产权和投资者权益，促使企业增加投资和转换经营机制。投资的第二个来源是银行贷款。为了促使资金从金融领域向生产领域流动，决定控制通胀，稳定卢布，降低利率。同时，对银行进行整顿和加强监督，提高其资信度，实行银行储蓄保险制度，促进居民储蓄（居民手中约有600亿—700亿美元现金），并转化为投资。投资的第三个来源是国家投资。国家投资对产业结构改造、基础设施建设、基础科学研究和国防工业发展具有决定性的作用。投资的第四个来源是引进外资。今后将努力改善投资环境，加大引进外资力度，同时调整外资结构，增大直接投资比重，而在直接投资中增加对非能源部门的投资，特别是对高技术产业的投资。

(3) 提高居民收入，扩大市场需求。目前俄罗斯经济的增长不是总需求增加的结果，而是卢布贬值使进口商品价格相对提高，需求转向国内商品的结果。但是生产的进一步增长需要总需求的扩大。为此政府把反贫困和提高居民实际收入作为政策的优先方面。对国家公务员将实行高薪养廉政策，对职工将保证工资增长率超过通胀率，使退休人员的退休金稳定增长，并实行最低退休金指数化，对生活在贫困线以下的家庭实行有针对性的社会救助。俄罗斯经济部预计，在到2003年的4年内平均工资将增长近1倍，物价上涨近半倍，实际工资增长50%；而全体公民包括在内的居民实际货币收入增长25%。政府纲领计划使居民消费需求在10年内增长80%。

(4) 建立有效的财政金融体系。有效的财政体系，首先应保证财政本身的稳定。俄罗斯财政的主要问题是，一方面企业税负过重，另一方面国家预算赤字，政策处境两难。惟一的出路是改革税制，简化税种，降低税率，扩大税基。最近，国家杜马通过了《税法典》第二部分，税种将大大简化，从几百种减为50种。同时，2001年还将出台两项新的税制改革方案，一是对个人收入所得税的改革，将从过去的累进税制（税率为12%、25%和30%），改为统一税制（无论个人收入多少，均缴纳13%的所得税）；二是把企业缴纳的作为职工养老基金、就业基金、社会保险基金和医疗保险基金保费的工资总额税改为“统一社会税”，税率从工资总额的39%降为35%。这一切都将有利于进一步减轻企业负担，促使企业和个人依法纳税。

其次，有效的财政体系还应成为景气政策的手段。普京强调，要提高国家预算这一重要经济政策手段的效力，以推动经济发展和经济结构的改造。俄罗斯专家也认为，如要在信息经济、生物工程和其他高科技领域具有实力，国家必须发挥主导作用。这意味着要大规模地增加国家投资，为此必须实行积极的财政政策。

有效的金融体系，首先应为经济发展创造良好的宏观环境。鉴于俄罗斯的通胀率仍然较高，当前政府的政策是继续降低通胀率，并使卢布汇率相对稳定。为了促进出口和保护国内市场，政府目前继续实行浮动汇率制。从长远看，将来条件具备时可能转为实行有管理的浮动汇率制。其次，继续进行金融危机后的银行重组，建立新的银行体系。最后，形成合理的融资渠道。为此政府纲领提出，要发展金融基础设施，建立文明的金融市场，恢复和发展各种证券业务。

在建立有效的财政金融系统的同时，还必须“取缔影子经济，反对官僚腐败和胡作非为，打击经营和金融领域的有组织犯罪现象”。普京认为，这些问题在很大程度上是国家造成的，是规章制度不明、种种限制模糊不清和没有根据造成的，其解决取决于国家。必须坚定不移地执行法制国家的各项原则，不管官员职位高低和其政治观点如何，对于敲诈勒索和受贿者应毫不留情地治罪。

(5) 进行结构改革。经济结构畸形落后是俄罗斯经济发展的严重障碍。普京说：“如果我们希望摆脱目前的萧条，消除经济发展道路上的障碍，就应该向结构改革过渡”。

首先，实行积极的工业政策。当今世界经济增长的90%是靠新知识和新技术的推广应用。随着新技术革命的兴起，西方发达国家的产业结构，从资本密集型产业为主，过渡到知识和技术密集型产业为主。而俄罗斯产业结构中占主导地位的仍然是传统工业，即工业化时期形成的基础工业。俄罗斯的未来和21世纪经济的发展水平，将首先取决于那些立足高科技、生产科学密集型产品的部门的发展。因此，俄罗斯的具体政策为：第一，支持高科技产业（当前特别是信息产业和生物工程）的发展，提高深加工产品的比重；第二，扶持以满足国内需求为主的非原料部门的发展；第三，提高燃料动力和原料部门的出口能力，同时尽力增加非原料部门产品的出口。

其次，推行现代农业政策。农业是国民经济的基础，没有农业的振兴和农村的复兴，就难以有俄罗斯的复兴。俄罗斯"政府的农业政策是把国家扶持和国家调控措施同农村及土地所有制方面的改革有机地结合起来"。第一，把支持农业作为国家政策的重点；第二，寻找和实行适合俄罗斯国情的农业生产经营模式；第三，进行土地所有制的改革。

最后，大中小企业合理结合。普京总统高度重视中小企业的发展，认为中小企业对俄罗斯经济具有重要意义，是当前经济的主要增长点和解决就业问题的主要领域。"政府的政策旨在确保各种经济形式保持合理的比例关系"。为了发展中小企业，政府决定简化中小企业注册手续，缩小许可证范围，减轻纳税压力，鼓励银行贷款，打击犯罪和腐败对中小企业的危害。

（6）调整对外经济发展战略。第一，积极支持企业和公司的对外经济活动，为企业出口合同提供担保，抵制国际市场歧视俄罗斯的行为，尽早加入世界贸易组织。第二，简化海关制度，制定统一关税。加强进口管理，实行进口替代。第三，调整进出口商品结构，改变"出口能源和原材料，进口食品和消费品"的低级循环，把发展高技术产业、扩大科技含量高和深加工产品的出口比重放在首位，同时扩大传统优势产业（主要是能源和基本材料）的出口，这些产品目前仍是主要创汇来源。第四，发展军工综合体，扩大军火出口。1999年俄罗斯出口军火35亿美元，今后将进一步发挥俄罗斯在军事技术方面的优势，增加军事技术产品的生产和出口，在不久的将来使军火出口额达到每年100亿美元。第五，恢复外国投资者对俄罗斯的信心，加大引进外资的力度，与外资共建俄罗斯的"新经济"。

（7）加大国家对科学和教育的投入。普京指出，当代世界经济发展的趋势是：物质生产比重降低，再生产和再再生产增加；先进技术不断更新和迅速提高，知识密集型产品生产增加；信息和电视事业蓬勃发展；注重发展经营，注重完善社会生活各部门的组织和管理系统。这一切使人处于主导地位，正是人，人的高度教育水平、职业素养和社会积极性成为发展和前进的主要动力。普京强调要从这个角度审视预算草案，从而为俄罗斯培养具有现代科学知识和创新精神的人才。

4.走经济改革的"第三条道路"。

普京认为，俄罗斯光明未来的希望取决于三大"法宝"：俄罗斯思想、强有力的国家、有效的经济。为了实现经济稳定、复苏和快速增长，必须完善八年转轨所形成的新经济体制，使其从目前这种“资本原始积累”式的野蛮的市场经济转变为现代的文明的市场经济。

(1) 走市场经济与俄罗斯国情相结合之路。

普京承认俄罗斯已不属于当代世界中经济和社会发展水平最高的国家。他认为经济和社会的危机状况在很大程度上是苏联经济模式造成的，同时改革中的政策失误和错误也是重要原因。关于未来的方向，他认为，既不能回到过去的计划经济体制，也不能再搞前几年的照抄西方模式的激进经济改革，而应走自己的改革道路，寻找自己的模式。这就是将人类社会经济发展的共同方向与本国的具体国情相结合的改革道路和模式。过去的计划经济体制脱离了人类社会经济发展的共同方向，走进了死胡同；前几年的激进经济改革虽然走上了人类社会经济发展的共同道路，但是改革的路线、方针政策偏离了本国国情，使社会付出了沉重的代价。普京说：每个国家，包括俄罗斯，都必须寻找自己的改革之路。俄罗斯……只有将市场经济和民主原则与俄罗斯的现实有机地结合起来，才会有光明的未来。普京道路的公式是：市场经济+民主原则+俄罗斯现实。

(2) 建立“有秩序的市场经济”或“社会市场经济”。

普京在《千年之交的俄罗斯》中主张建立国家干预的市场经济。他指出，“必须在经济和社会领域建立完整的国家调控体系。”他提出要建立“可控制的市场经济”。但在其当选总统以后观点有所变化，普京转而主张建立“有秩序的市场经济”，不再强调如何加强国家对经济的干预和调控，而是强调国家如何确保市场秩序，为市场经济的有效运转创造条件。根据其总统国情咨文，目前国家在建立市场经济体制和维护市场经济运行条件方面将主要发挥以下五个方面的作用：保护所有权；保证竞争条件的平等；保护经营自由；建立国家统一的经济空间；实施社会政策。

德国弗莱堡学派既反对古典自由放任的市场经济，又反对中央集中管理的计划经济，主张走第三条道路，建立“社会市场经济”。战后德国从艾哈德政府起开始实行这种“社会市场经济”模式，创造了经济发展的德国奇迹。普京主张在俄罗斯实行的正是这种“有秩序的市场经济”或“社会市场经济”。

(3) 反对重新国有化，主张完善已形成的混合所有制的微观基础。

由于俄罗斯私有化的问题非常严重：一没有提高企业生产效率；二造成国有资产严重流失，经济损失1万亿美元，加上社会损失共1.7万亿美元（9 500万亿卢布），相当于1996年国内生产总值的4.2倍，相当于二战期间损失的2.5倍。因此，对左派提出重新国有化的主张，普京的态度是，一方面，肯定私有化在改造所有制上的成果，反对实行重新国有化。他认为，尽管私有化存在种种问题和错误，但是它为市场经济奠定了基础。因此“不应该谈重新分配俄罗斯资产的问题”。“如果允许重新分配资产，则遇到的问题和造成的损失将比过去搞私有化时还大。”另一方面，停止资本“原始积累”过程。普京警告寡头们，从现在起划一条线，不要再靠掠夺国家财产暴富，而要增加投资，发展生产，调整结构，实现现代化，照章纳税。

俄罗斯已基本完成所有制结构的改造。截至 1996 年底，国有经济在国内生产总值中约占 28%，非国有经济约占 72%，其中私有经济约占 28%。从 1997 年起，切尔诺梅尔金政府强调改革的重心应转向加强管理。今后的方向主要是：对于已私有化的企业，重要的是保护产权和投资者权益，使所有者能增加投资，加强公司治理，转换经营机制。在继续私有化的场合，必须使国家得到应有的收入，必须提高企业生产效率。对于战略性企业、天然垄断部门企业，仍然保持国家所有或国家控股，对这些国有企业和资产，要加强管理，提高经济效益。

5.在对外经济关系方面，遵循自力更生为主、外援为辅的方针和循序渐进地实现同世界经济一体化。

普京说，国家是靠别人的建议、援助和贷款来发展，还是依靠自己的力量来发展，这是俄罗斯长期面临的重要选择。俄罗斯惟一现实的选择是做强国，实行自力更生为主、外援为辅的方针。

同时，面对经济全球化进程，俄罗斯应该同世界经济接轨，否则就不可能达到先进国家经济和社会进步的高度。但是，必须吸取前一时期盲目自由化的教训。前一时期的外贸自由化导致国内市场被外国商品占领，消费市场上的一半商品为舶来品。资本项目盲目开放导致引进的外资结构不合理，并且成为金融危机的重要条件。因此，普京提出必须循序渐进地实现同世界经济一体化。

6.注重社会政策。

基于现实的经济条件，俄罗斯社会政策奉行的是社会安全阀理论。在分配方面，俄罗斯实行按要素分配和鼓励第二职业原则；在社会保障方面，实行社会保障基金来源多元化，社会保障事业社会化；在养老金的收支上，近期实行现收现付制，长远转为积累制。

在具体政策上，目前新政府把反贫困和提高居民实际收入作为政策的优先方面。对生活在贫困线以下的家庭实行有针对性的社会帮助。占人口 40%的生活最无保障居民所获得的补助占社会补助金总额的比重，应由 1999 年的 36.2%增加到 2005 年的 85%。政府将竭力缩小社会的两极分化，计划使比重占 40%的生活无保障居民的收入到 2005 年增长 1 倍，使收入低于最低生活费标准的人口减少 1/3，届时贫富收入差距将从目前的 14 倍缩小到 10 倍。

得益于不断改革，经济从萧条开始走向复苏，也形成了普京振兴俄罗斯经济的思路。但一些深层次的矛盾和问题，仍在影响复兴战略的实施。

2000 年以来，俄罗斯经济保持了上年出现的积极趋势，形势进一步好转。概括起来说，生产增长，环境优化，收入增加，外贸强劲。2000 年国内生产总值比上年增长约 7%，工业产值增长约 9.5%，农业产值增长 3%，固定资产投资增长 19%。全年外贸总额约为 1 440 亿美元，增长 30%多，其中出口增长 40%多，外贸顺差达 600 亿美元。在生产增长的基础上，2000 年头 10 个月居民实际货币收入增加 9.4%，职工实际工资提高 23.3%，养老金增加 1 倍，社会商品零售额增长 8.4%。

财政货币状况好转，突出的特点是联邦预算出现盈余，2000 年头 10 个月联邦预算盈余达国内生产总值的 3.1%，初始预算（剔除过去债务引起的当年财政发生额后的预算）盈余达国内生产总值的 5.9%。通胀率下降，头 10 个月为 16.5%，估计全年不超过 21%（而上年为 36.5%）。货币流通量增加，头 10 个月增加 42.1%，物物交换减少。银行和金融领域的治理取得明显成果，利率和国债收益率下降，居民存款余额大幅度增长；给生产企业的贷款增加，呆坏账减少。卢布汇率基本稳定，与美元的比价大体保持在 27—28:1 的水平。国家外汇储备年初为 125 亿美元，年底增加到 270 亿美元。

2000 年俄罗斯经济的进一步增长，首先是由于国际市场能源和原材料价格居高不下，继续拉动相关部门（燃料、黑色、有色、化工、石化、森林工业等）生产的发展。其次，卢布贬值的效应尽管在减弱但尚未完全消失，面向国内市场的部门（轻工、食品、耐用消费品）生产增幅较高。第三，生产投资增加，呈逐月上升之势。第四，居民实际货币收入增加，消费需求增长。第五，发展生产的宏观环境（财政货币状况）趋好。

经济形势积极成果的取得，与金融危机后政策的调整直接相关。例如税收的增加、预算的平衡、投资的增长、居民收入的提高，等等，都是政策调整的结果。但是，俄罗斯总统和政府仍然认为，经济成绩的取得尚缺乏坚实的基础，还不是不可逆转的，经济增长还处在危险的边缘。目前的增长与经济机制改革关系不大，在很大程度上是良好的国际市场行情造成的。

根据上述情况，俄罗斯国内对经济的前景仍存在着不同的看法：一种认为，5—7 年可实现经济复苏；另一种认为需要十五年左右才能实现经济复苏；第三种则认为，十年左右可实现经济复苏。我们认为，在未来十年内，俄罗斯国内生产总值的年均增长速度达到 5%，2010 年国内生产总值总量恢复到转轨前水平的可能性是存在的。这种可能性主要建立在以下基础之上：

第一，政治局势相对稳定，经济发展成为中心。俄罗斯经济受政治影响很大，普京当选总统后采取了一系列强化政治秩序的措施，保证了政局的稳定。总统、政府和国家杜马已经能够协商一致地制定和实施经济政策。在普京的领导下，全国出现了一切工作以经济为中心的局面。

第二，“资本原始积累”式的野蛮市场经济正向现代的文明市场经济转变。普京提出的经济改革“第三条道路”，建立“有秩序的市场经济”或“社会市场经济”，将有利于经济改革的成功和经济体制的完善，必然会促进经济发展。同时，市场主体的行为开始改变，企业越来越重视有支付能力的需求，投资实际生产部门，降低生产费用，提高竞争能力。有序的市场和自由竞争是效率的源泉。

第三，投资增长，潜力巨大。目前俄罗斯的固定资产投资出现从未有过的快速增长，2000 年投资总额增长达 20%。政府采取促进企业积累，促使资金向生产领域流动，动员居民储蓄并转化为投资，增加国家投资，加大引进外资力度等措施，有利于投资增长的势头保持下去。再者，目前俄罗斯投资总额偏小，1999 年为 6 593

亿卢布（合 260 亿美元），仅占国内生产总值的 14.5%，而正常情况下应不低于 25%，这表明投资增长的潜力很大。最后，俄罗斯外流资金巨大，总计约 1500 亿—2000 亿美元，政府计划在 10 年内使其返回 50%，为此将竭力改善投资环境，建立刺激资金回流的资本运作机制。

第四，收入增加，市场扩大。政府充分认识到经济的进一步增长需要扩大总需求，为此把反贫困作为工作的优先方面，采取措施增加居民实际收入，提高职工实际工资，完善居民社会保障。目前居民实际货币收入和职工实际工资均大幅度提高，2000 年头十个月分别增加 9.4%和 23.3%。

第五，宏观环境与微观运行进入良性循环。目前出现的财政平衡，通胀率下降，卢布汇率稳定，经济中的货币量增加，三角债和实物交换减少，这一切为经济发展提供了良好的宏观环境。今后这种环境可能会保持下去，因为《税法典》的颁布，税种大大简化，税制继续改革，将使财政状况进一步好转，财政状况好转将有利于通胀率继续下降，通胀率下降将促使利率降低，从而有利于企业增加投资，发展生产。反过来，生产增长又为财政收入的增加创造了更大的基础。这样，宏观环境与微观运行的关系就从过去的恶性循环转为今后的良性循环。

第六，积极进行结构调整。转轨以来，俄罗斯的结构政策存在两个极端：一是激进改革时期对军事工业的“雪崩式”转产，二是在重轻结构上的“消极适应”政策。新政府既不是通过削弱和破坏传统优势产业部门使其与薄弱部门相平衡的办法，也不是死守传统产业部门消极地对待结构调整，而是在保持传统优势产业部门继续发展的条件下，加快高技术产业的发展，积极地调整国民经济结构。这便可以保证经济结构的调整不是影响现有生产，而是填补新的先进部门的生产，推动整个经济的发展。

第七，外贸的拉动和潜力。俄罗斯经济对外贸的依赖性较大。目前俄罗斯的外贸增长迅速，特别是出口增长强劲，2000 年出口增长 40%多。这对整个经济的增长具有较大带动作用。鉴于能源和原材料在俄罗斯出口中的重要地位，未来国际市场能源和原材料价格对俄罗斯外贸状况具有决定性的影响。同时，俄罗斯外贸出口还有其他潜力：一是随着整个经济的复苏，能源和原材料产量将增长，俄罗斯正在制订宏伟的能源发展战略；二是俄罗斯仍不失为科技大国，科技的发展和交流潜力巨大；三是随着高技术产业的兴起，出口商品结构将发生积极的变化，科技含量高和深加工产品的比重将增大；四是扩大军火出口，为此政府决定增加对军工综合体的投资，加强先进军事技术的研制，完善国家军事订货机制，增加国家对军工综合体的支持；五是国际运输的发展，“大陆桥”铁路运输极富潜力，目前空载率达 40%，同时俄罗斯还要建设莫斯科—明斯克—柏林交通干线，建设面向出口的波罗的海管道系统，以及现代化的远程通信网等等。

当然，也有不利于经济复苏的方面。这主要是经济结构畸形，改造艰巨，但并不能阻挡经济增长的总趋势。

综上所述，俄罗斯经济已经进入了一个转折时期，从危机阶段转入了复苏阶段。复苏的速度不会太快，也不会太慢。不管速度如何，俄罗斯经济都将会出现一个新的面貌。俄罗斯的资源丰富，经济基础雄厚，科技潜力巨大，军事技术先进，某些领域仍居世界前列。如果政治在2010年以后继续保持稳定，随着经济体制的不断完善和经济结构的调整，俄罗斯前进道路上展现的将是比较光明的前景。

第四节 俄罗斯政治

一、强化政治秩序

1991年9月6日，俄罗斯制定的新宪法草案删去了“苏维埃社会主义共和国”称谓。叶利钦宣布“共产主义已经灭亡”，要建立一种介于美国与法国之间的政治体制，总统拥有很大权力，同时加强议会职能，实行立法、行政和司法分立的政治体制。

1993年12月12日提交全民公决的《俄罗斯联邦宪法》，确立俄罗斯为共和制的民主联邦法制国家，总统为国家元首。新宪法规定，总统是俄罗斯联邦宪法和公民权利和自由的保障，是国家武装力量的最高统帅；总统拥有决定国家内外政策的基本方向、经国家杜马同意后任命政府总理、主持政府会议、作出政府辞职决定、向国家杜马提出任命或解除国家银行行长职务、确定国家杜马的选举、解散国家杜马、决定全民公决等权力，总统还拥有特赦权、豁免权。总统无法履行其职责的情况下，由俄罗斯联邦政府总理代行总统职能。新宪法还规定，俄罗斯联邦议会是俄罗斯联邦的代表与立法机关。联邦议会由联邦委员会和国家杜马两院组成。俄罗斯联邦政府是执行权利机关。俄罗斯最高司法机关由俄罗斯法院、最高法院、最高仲裁法院和俄罗斯联邦总检察院组成。

目前，俄罗斯已基本确立了按照西方“三权鼎立”为框架的政治体制，但又带有俄罗斯自己的特色。几年来，俄罗斯政坛政治斗争不断，各党争吵不休，但没有哪一个政党真正关心经济，能提出切实可行的方针政策，政治家们首先关心的是自己的权势。俄罗斯政党林立，在联邦一级有90多个全俄政党，大约50个全俄政治运动，另外还有为数众多的社会团体。其中有6个党派在俄罗斯政坛影响较大，它们是“团结”联盟、俄共、“祖国—全俄罗斯”联盟、“正义力量”联盟、“亚博卢”集团、日里诺夫斯基联盟，但没有哪一个政党或政治力量能完全左右局势，也没有哪一个政党能够登上权力的顶峰成为执政党。在当今的俄罗斯政坛上，实质上是中左（以俄共为首的爱国阵线及其支持者）、中右（“团结”联盟及其联手组织）和中中（“祖国—全俄罗斯”联盟及其盟友）三大力量控制着局面。因此，政治斗争一直是国家社会生活的重要内容。俄罗斯只是在形式上建立了三权分立的机制，但始终没有进入正常运作状态，总统与议会从治国方针、发展道路到意识形态都处于对立状态，另外，中央和地方也存在矛盾和分歧。

苏联解体以后，它的合法继承者俄罗斯并没有找到一种既顺应世界进步潮流，又适合本国国情的经济政治模式，而是由原苏联的高度中央集权模式跳到另一端，全盘照搬西方的模式，引发了经济危机和政治动荡。目前，俄罗斯向资本主义民主制的转变已基本完成，政治多元化的原则、三权分立原则已通过宪法和法律得到贯彻，新型政治体制的框架已基本确立。但是，实施宪法规定的多党议会民主政体还将经历一个动荡的过程。因为俄罗斯并没有形成成熟的议会政党。如何在民主制的范围内处理好行政权力与立法权力的矛盾？总统权力和议会权力究竟怎样分配比较合适？如何确立联邦中央政府和地方政府的权限？这一系列难题，只有在相当长的时间内，经过各种政治势力的相互斗争才能得到解决。因此，政局出现动荡，甚至发生流血事件是不可避免的趋势。

从俄罗斯的社会政治思潮来看，马克思列宁主义作为社会主导思想的时代已经结束，整个社会思潮从一元化向多元化发展，影响较大的有自由资本主义思潮如"俄罗斯选择"、民族主义思潮如日里诺夫斯基领导的自由民主党、社会民主主义思潮。奉行社会民主主义的政党多是由原来的共产党或工人党演变而来的。三种社会思潮及相关政治力量的消长在很大程度上决定了俄罗斯的政治发展。从近期来看，原来的共产党及其演化而来的政党组织重新掌权并恢复社会主义制度的可能性很小，尽管如此，重建的俄共是一支拥有数十万党员的大党，在群众中影响较大，仍是俄罗斯政坛不容忽视的政治力量。

从俄罗斯的政治现状来看，基本确立了三权分立的民主政体。但是，随之而来的不是政治稳定和决策效率，而是权力角逐和政治动荡。首先，执行机构与立法机构在实行总统制治理还是议会制治理上进行着激烈的斗争，一度曾形成了双重政权的局面，甚至兵戎相见，最终确立了总统制治理制度。其次，政府与议会在重大经济问题上存在严重分歧，难以制定协调一致的经济政策。政府政策或者难以出台，或者难以奏效。再次，总统与总理貌合神离。为了政治目的频繁解散政府，无法实行有继承性的长期政策和发展战略。最后，中央与地方关系矛盾重重。地方在政治上要求更大权力，在经济上搞"经济割据"，甚至公开搞地方分立和民族分离活动，联邦存在分裂的危险。

强化政治秩序，为经济发展创造良好的政治环境。

普京当政以后，俄罗斯政治领域的基本趋势是由乱转治，强化政治秩序，实现政治稳定，为经济和社会发展创造适合的政治环境。

以"俄罗斯思想"作为统一的意识形态。

普京认为，20 世纪 90 年代改革缺乏成效和经济长期不能摆脱危机的重要原因是，公民意见不一，社会不团结，精力耗费在政治内讧上。为了改变这种状况，必须形成一种能够凝聚全社会的价值观和思想体系，这就是"俄罗斯思想"。"俄罗斯思想"包括：爱国主义，强国意识，国家作用和社会团结。

加强国家政权建设，恢复和强化政治秩序。

普京认为，俄罗斯复兴的关键在国家政治领域，俄罗斯需要一个强有力的国家政权体系。而加强国家政权建设的核心是实行"法律专制"，加强中央集权。为此，在联邦中央与联邦主体之间设立了7个联邦区，并派驻总统全权代表，强化总统对联邦主体的集中领导。同时，建立总统和联邦中央对地方官员的法律监督机制，使联邦中央和总统有权解除地方官员的职务，有权废除违反联邦宪法的地方法规。

修改议会体制，协调总统、议会和政府的关系。

普京提出，应废除议会上院（联邦委员会），由各联邦主体行政长官和地方杜马主席兼任委员的组成方式，恢复上院作为职业化立法机关的本来面目。同时，改变执行权力系统与议会关系的争斗状态，建立相互制约机制下的协调和协作关系。

推动形成成熟的政党体制。

俄罗斯的党派颇多，相互间无休止地斗争，不利于政党发挥作用。普京提出，要起草和通过《政党和政党活动法》，并鼓励政治力量联合。各主要党派已开始了联合进程，左、中、右三大政党的政党体制框架已显露雏形。

二、俄罗斯政治体制变化

俄罗斯政局趋向稳定，形成俄罗斯特色的“三权分立”：“强总统—弱议会”。行政方面，国家内外政策的基本方针均由总统决定，政府向总统负责，按法律和总统令来确定其活动的基本方针并组织工作。立法方面，总统享有立法动议权，可提出修宪建议。国家杜马虽有监督政府的职能，但其权力要弱得多。

新世纪初的俄罗斯政局趋稳的特点：

(1) 叶利钦辞职为政权平衡过渡提供了条件。

叶利钦辞职的真实意图是在“不违反宪法”的前提下，将权力平稳交给普京。辞职也为消除府院尖锐对立创造了条件。

(2) 新一届杜马各党派力量趋于均衡。

议会各党派力量均衡，尤其左右两翼旗鼓相当，左翼无力控制杜马局势。

(3) 车臣因素仍是维系政治平衡的工具。

在车臣战争中，政府充分利用舆论导向，加大宣传反恐怖主义及民族分裂的力度，强调完善联邦体制。同时，坚决顶住西方压力，在车臣采取果断行动。

(4) 新政府的内外政策更趋务实。

内政方面，从左翼的俄共到右翼的“右翼力量联盟”均未打算改变目前的多元政治和议会民主体制，仅主张对现存宪法进行修改，适当削弱总统权力，调整不同权力机构间的关系。

在对外政策方面，各党派程度不同地主张开展全方位外交，恢复俄罗斯大国地位。他们都支持建立俄白联盟国家的主张，反对修改“反弹道导弹条约”。

务实的内外政策，主要包括：

第一，完善宪法体制，构建更加稳定的政治框架。各派政治力量虽然对宪法条文的一些具体内容有不同的修改意见，但在一些原则问题上，立场基本一致，如适当削弱总统权力，不仅任命总理要经过杜马批准，而且罢免总理也应经杜马批准。把政府对总统负责改为对议会负责，由杜马多数派党团组建政府，以减少府院之争。普京上任后也对宪法体制的某些缺陷提出异议，今后也许会迎合议会内多数力量的要求，考虑适当削减总统权力，形成议会内多数派党团组建政府的体制，最终完善现行宪法体制。

第二，加强宏观调控，继续走市场经济道路。俄总统普京强调说："俄罗斯并没有做好实行没有节制的市场改革的准备，不能成为另一个西方式的民主国家，或成为美国或英国的翻版。"他主张"在俄罗斯推行一种受到控制的、市场经济和国家调控的混合政体。"

第三，推行全方位外交，恢复俄罗斯大国地位。自1996年形成的"推行世界多极化，实施全方位外交，恢复俄大国地位"的外交方针，已赢得了国内各大政治力量的普遍支持。

第五节　俄罗斯的对外政策

一、俄罗斯对外政策的调整

俄罗斯拥有丰富的资源优势和巨大的经济潜力，继承了原苏联70%以上的军事力量。加上俄罗斯还是联合国安理会常任理事国，因此俄罗斯仍是当代世界大国之一，在国际事务中有着独特的影响和作用。

苏联解体后,俄罗斯曾实行向西方一边倒的对外政策，但由于国内舆论的压力及倒向西方并没有取得预期的效果。1993年夏，俄罗斯开始调整对外政策，实施"以西为主，东西兼顾"的全方位外交政策。1993年7月14日，叶利钦表示，俄罗斯"将逐步向东方前进"；强调国家利益和安全必须成为外交工作的基础，从而确保俄罗斯的大国地位。普京也明确表示推行全方位外交，争取俄罗斯的大国地位，坚决捍卫主权和领土完整，推动多极世界，务实处理与以美国为首的西方的关系。

第一，俄奉行亲西方一边倒外交政策。1991年12月，俄外长科济列夫明确提出莫斯科将奉行与西方"完全伙伴化的方针，与西方一体化"。1992年1月，叶利钦在联合国安理会上公开宣称："俄罗斯不仅把美国和其他西方国家看成是伙伴，而且看成是盟国"，俄现在完全赞同西方对外政策的基本原则，即"个人的民主权利与自由，法律和道德的至高无上"。这一阶段，西方在叶利钦与国内反对派的政治斗争中支持了叶利钦，并为俄实现向市场经济过渡提供了必要的经济援助。但俄一边倒的亲美外交政策并未收到预期效果，俄沦为看美国眼色行事的"二流国家"，西方的经济援助也是口惠而实不至。俄经过检讨，考虑到当时经济蓬勃发展的亚太地区在俄外交中的地位，俄开始调整亲西方一边倒的外交政策。

第二，奉行"东西方并重"的"双头鹰外交"。1992年7月，叶利钦就外交问题发表讲话时指出，东西方都是"俄外交的重点"，俄外交"从倒向西方"转而"坚定不移地走向东方"，俄的东方政策与西方政策同样积极，应是既不亲西、也不亲东的平衡外交，像俄国国徽上的双头鹰，同时注视着东西方。1994年2月，叶利钦在议会发表“国情咨文”，明确提出了国家利益之上的外交原则。依据这一原则，该时期俄对外政策作了调整。

第三，奉行独立自主的外交路线，争取大国地位。1996 年 6 月，叶利钦签署的《关于国家安全》咨文指出，“俄罗斯不打算同任何国际力量中心对抗，也不打算单方面依赖任何国际力量中心。在最近几年内，俄罗斯对待这些中心的战略将是‘平衡’接近”。这标志着独立以后以争取大国地位为核心内容的俄独立自主的外交路线的最终形成，也说明俄已下决心放弃亲西方政策而奉行独立自主、全方位的外交路线。1999 年 3 月，叶利钦发表国情咨文，谈到俄外交时说，多极化是方向，有利于国际格局的稳定和利益的发展，独联体是重点，表示要重视与中国、日本和印度的关系。

以军事实力求大国地位和树大国尊严是其外交特征。科索沃战争后，俄进行了深刻的反思，调整和修改了其国家安全思想和国家军事学说，把美国和以美国为首的北约作为军事上的主要对手。为确保大国地位和维护国家安全，俄在经济财政极端困难的情况下，仍以坚定的意志和行之有效的措施研制和发展其杀手锏——战略核武器。“现实遏制”已成为俄核战略理论的重要特征。俄在新时期以军事实力求大国地位和树大国尊严将是外交主线。

俄罗斯调整对外政策的因素有三：其一是从俄罗斯长远利益考虑；其二是从稳定国内政局出发；其三是尽快提高国际地位，在国际社会中争得一席之地。因此，调整对外政策后的俄罗斯，对国际事务采取了积极参与的态度，特别是积极参与地区冲突，以显示俄罗斯军事大国的存在和作用，强调俄罗斯“将在世界政治生活中重新取得领导地位”。俄罗斯政府加强了对亚太地区国家的交往，积极参加经济合作，增加国家领导人的访问，以巩固俄罗斯的国际地位，同时对美国采取了较为强硬的政策。

俄罗斯对外政策的调整具体表现为几个方面：

(1) 加强与西方国家的关系。俄罗斯政府把建立同西方国家稳定的关系以及“进入北半球文明大家庭”视为俄罗斯的战略利益和外交目标。在俄罗斯与欧盟、美国的关系上，俄罗斯同法国、德国等国家出于牵制美国的共同需要，进一步加强了它们之间的关系。对俄罗斯而言，只有与西欧国家进行广泛的合作，才能有效遏制美国的一极世界的战略构想和主宰欧洲事务的战略意图，才能使俄罗斯在欧洲事务中发挥大国的作用。俄罗斯在扩大同西方联系的同时，出于国家利益的考虑，也采取了一些抵制措施，甚至进行某种形式的斗争，如处于俄罗斯自身安全利益的考虑，反对美国领导的北约东扩；在车臣问题上，不顾西方国家的指责，采取强硬措施；在同中国、东南亚和中东的关系上自主行事。

(2) 协调与独联体内其它各国的关系，保持在独联体中的地位和影响。俄罗斯声称原苏联地区是它的传统势力范围。俄罗斯对独立出去的这些地区仍然“负有特殊的责任”，因为这些地区对俄罗斯的安全和稳定至关重要。因此，俄罗斯一方面对独联体各国展开积极的外交活动，另一方面利用独联体国家对俄罗斯的经济依赖，推进独联体的经济一体化；军事上俄罗斯同一些独联体国家签订军事协定，建立军事基地，加强该地区的军事力量。1995 年，俄罗斯等独联体 7 国决定共同保卫外部边界；1996 年 4 月，俄罗斯和白俄罗斯签署了建立国家共同体条约；1997 年 4 月，俄和白俄又签定了联盟条约。这样，俄罗斯就加强了对独联体各国的合作与控制，遏制了西方对这一地区的渗透和扩展。但是，一些独联体国家的独立自主倾向，以及外国势力对这一地区的渗透，则向俄罗斯的领导地位提出了挑战。

(3) 发展与亚太国家的关系，扩大在该地区的影响。这样做政治上有利于平衡俄罗斯同欧、美的关系；经济上将使亚太国家成为俄罗斯重要的经济合作伙伴。在亚太地区，俄罗斯把外交重点放在同中国、日本、韩国发展双边关系上。同时加强同东盟各国的友好关系，同印度、越南重修旧好。但是，俄罗斯发展同亚太国家的关系也受到一些因素的制约。其一是俄罗斯外交重心仍在欧洲，对东部缺乏统筹安排，影响了对亚太外交的力度；其二是俄罗斯与一些亚太国家在领土、债务归还等问题上存在纠纷；其三是美国不愿看到俄在亚太地区地位上升，竭力对俄罗斯奉行“挤压”政策。这些都影响了俄罗斯与亚太国家关系的发展进程。

俄罗斯经过几年的政策调整，在国际舞台上争取到了更多的回旋余地，大国地位有所恢复，它仍将是构筑未来多极化世界的主要力量之一。

俄中建立战略协作伙伴关系。

俄罗斯与中国建交以来，双边关系发展顺利，政治、经济、军事等各个领域的合作均保持了良好的发展势头。1992 年 12 月，叶利钦总统访华。俄中两国签署了《中俄联合声明》和 24 个合作文件，把两国关系推进到一个崭新的阶段。1994 年 9 月江泽民主席访问俄罗斯，两国签署了《核武器互不瞄准对方的声明》，确立了不对抗、不结盟、不针对第三国、睦邻友好、互利合作、共同繁荣的新型国家关系，同时还签署了《中俄国界西段协定》，基本解决了存在多年的边界争议，从而为两国关系长期稳定的发展奠定了基础。1996 年 4 月叶利钦再次访华，双方决定共同构筑“平等信任的、面向 21 世纪的战略协作伙伴关系”，并签订了一条列协议，特别是中国同俄、哈、吉、塔四国关于在边境地区加强军事领域信任的协定，最终解决了历史上遗留的边界问题和其他问题。1997 年 4 月江泽民主席访俄，两国基于发展面向 21 世纪的战略协作伙伴关系，基于作为联合国安理会常任理事国对国际社会所负的责任以及对重大国际问题所持的一致态度，发表了《关于世界多极化和建立国际新秩序的联合声明》，江泽民表示，当前，中俄两国正致力于建立和发展平等互信、面向 21 世纪的战略协作伙伴关系，这是一种新型的国家关系。它的基本宗旨是：深入发展双边合作，保持长久的睦邻友好，促进两国共同发展与繁荣，造福于两国人民；密切双方在国际事务中的磋商与协调，维护各自的独立、主权和民族尊严，维护各国在国际上应有的地位和正当权益；通过双方合作和共同努力，促进国际局势的缓和与稳定，推动世界多极化趋势的发展和公正合理的国际新秩序的建立。

俄中建立面向 21 世纪的战略协作伙伴关系，是在新的形势下，两国为抵御外来压力，相互借重，协调行动所采取的重大战略步骤；这种关系不同于20世纪50年代中苏军事同盟，又有别于当前国际上一般的伙伴关系，是在和平共处五项原则基础上建立的一种新型的国家关系；这种关系符合两国的根本利益，具有强大的生命力；这种关系有利于建立公正合理的国际政治新秩序，推动世界向多极化发展，对维护世界和平与稳定将起到积极作用。当然，我们也要看到，中俄两国发展战略协作伙伴关系，要受到一些因素的制约，如这种关系是以不与美国对抗为出发点的，而是面对美国压力采取的自卫反应；俄国内对发展对华关系存在疑虑和戒心等。这些在一定程度上会影响到两国关系的深入发展。

二、俄罗斯恢复大国地位的对外战略

1.普京政府的对外政策 。

普京“务实外交”总的原则是最大限度地维护俄罗斯国家利益，为俄罗斯国家复兴服务。它包括以下几点：

(1) 内部目标高于外部目标 ；

(2) 突出俄罗斯外交中的经济色彩，强调“俄罗斯在经济领域的国家利益是最主要的国家利益”；

(3) 普京强化俄罗斯的核威慑能力，强调俄“有足够的力量”捍卫主权、安全和民族利益；

(4) 积极“融入国际社会”，要“循序渐进地实现俄罗斯经济同世界经济结构的一体化”；

(5) 规避风险，避免卷入地区性冲突；

(6) 采取切实措施，保护俄罗斯境外同胞的利益；

(7) 提高外交部的地位和作用。

针对独联体不设中央政权机构，只有协调机制；没有统一的对内、对外政策，只是在尊重参加国主权的前提下，在某些领域进行政策协调；没有统一的军队，只“保留和支持共同的军事战略空间”和对核武器实行“统一控制”。它的本质是“独立国家”、“联合体”居从属地位的特征，普京旨在以维护国家利益为核心，以谋求和捍卫经济利益为重点，淡化意识形态的务实外交政策将会对俄罗斯未来的外交产生深刻的影响。

俄罗斯的外交政策和对外关系原则：是以俄罗斯国家的现实利益为标准，基本倾向西方，但亦重视亚太。对美国，把对手当盟友；对欧洲，争取安全与合作双丰收；对亚洲，逐步改善政治关系，谋求经济实惠。

具体表现在以下几个方面：

(1) 与美国在矛盾和分歧中求合作。从经济利益方面看，俄罗斯将会与美国保持和发展紧密关系。普京希望俄美关系能够在平等互利的基础上得到发展和推进。但美国一直以经济援助为条件，要求俄在其他方面作出让步，具有明显的压服俄罗斯的意图。美国出于霸权主义立场，不会放弃继续挤压俄罗斯战略空间和遏制俄罗斯的意图，不会无条件地给予俄罗斯大规模的经济援助。经济因素会使俄美关系呈现出不稳定的走势。俄美两国战略基点不同，对外政策目标不同，故两国在一系列问题上会产生分歧和斗争。同时还要看到，俄罗斯是一个大国，美国不能无视俄罗斯的利益和要求，俄美两国也存在着相互合作的领域，因此两国关系在矛盾和分歧中求合作的局面在短时间内难以改变，会呈现出不断化解分歧和不断缓和的局面。

（2）面向欧洲是俄罗斯外交十分突出的战略选择。欧盟是俄罗斯重要的贷款者和投资者，面向欧洲是普京十分突出的外交战略选择。除了经济因素之外，俄罗斯与欧盟发展关系还会增强俄罗斯与美国讨价还价的能力，增进欧盟国家对俄罗斯的信任和理解，增强俄罗斯地缘政治和地缘经济的活动空间，改善俄罗斯与欧洲的安全环境。

（3）北约东扩对俄罗斯国家安全利益构成挑战，使俄罗斯外交面临重大考验。苏联解体后叶利钦总统也明确表示过俄罗斯准备加入北约。普京与过去苏联和俄罗斯领导人提出加入北约一样是有前提的，即北约必须改变性质和组织结构，普京之所以旧话重提显然意在借此向北约发出改善关系的信号。

（4）与日本关系突出经济色彩。从机遇上讲，俄总统普京外交构想突出经济色彩，估计俄会为了进一步获得日本在资金技术方面的援助，将会在发展两国关系上持积极的姿态；其次，在北约东扩压力下，俄进一步改善与日本关系可加强俄对东亚地区的影响力，增大俄的外交回旋空间。从挑战方面看，北方四岛问题是能否签署和平条约的关键，而俄日双方在此问题上立场相距甚远，俄一直坚持领土与缔约问题分开谈，日本则认为二者应合而为一，和平条约的核心就是解决领土问题。

（5）积极推进独联体一体化，力图重新确立自己在独联体内的“首领”地位。发展与独联体国家的关系是俄对外政策的绝对优先方面。推进独联体一体化进程，进而将独联体建成由俄主导的政治、经济和军事同盟，一直是俄确保其地缘政治利益的重要目标。

（6）加强白俄联盟。为了扩大两国的战略空间，减少北约东扩带来的消极影响，克服两国面临的困难，加强其国际地位，俄白只能重新走到一起，形成这种“背靠背”的战略关系。

（7）中俄建立面向21世纪的“战略协作伙伴关系”，突出不结盟、不对抗、不针对第三国的特点。这种关系与两国主张发展国家关系“要相互尊重与平等互利，不要霸权主义和强权政治；要对话与合作，不要对抗与冲突”的理念相适宜。

2.恢复大国地位的国家军事战略。

（1）将军队建设重点优先向战略核力量倾斜；

（2）重点加强担负快速反应任务的机动部队的建设和训练；

（3）有选择地研制和发展若干的技术尖端项目，确保在某些技术领域的传统优势；

（4）广开财路，以扩大武器出口来弥补军费的不足；

（5）重新确定俄的军事战略理论。

俄罗斯新的军事战略理论认为，俄的主要外部威胁是：对俄的领土要求；对俄内政的干涉；无视和损害俄的国际安全利益；俄边境及盟国边境附近存在武装冲突的策源地，在牺牲俄军事安全的情况下扩大军事集团和联盟以及旨在破坏全球和地区稳定的行动等。主要内部威胁是：企图以暴力推翻宪法制度；极端民族主义、分离主义和恐怖主义活动；建立非法武装及有组织犯罪等。新军事学说称，俄保持核大国地位是为了遏制外部对俄及盟国的侵略。俄表示认真执行战略武器条约并准备同美国和其他核国家一起进一步削减核武器。俄保留使用核武器的权利是为了回击用核武器和其他大规模杀伤性武器对俄国及盟国的进攻，同时回击使用常规武器的大规模入侵。但俄不使用核武器反对参加《不扩散核武器条约》并且没有核武器的国家，除非它们向俄发动进攻。这一系列改革已表明，俄军事建设进程加快，已把“现实遏制”作为军事战略特别是核战略理论的主线。

进入21世纪以来，俄罗斯在经过多年徘徊之后已经开始走上复兴之路。近年来普京强化国家机器的努力已取得明显成效，地方势力和极端分裂势力受到打压，政局稳定，中央政权的掌控和运转能力明显提高。经济连续数年出现较快增长，自2000年至今俄经济增长速度保持6%—8%的水平，通讯、交通、冶金、建筑等领域投资增加，俄吸引外资已超过670亿美元。消费对经济拉动作用显现，尤其是石油美元收入盈余，黄金和外汇储备已超过4000亿美元，排在世界第三位。俄已基本偿还外贸外债。多年来，困扰俄的经济颓势已得到明显扭转。俄罗斯内部形势的良性变化进一步强化了现政权应对内外危机的能力。普京的治国方略得到社会和民众的广泛认可和支持，民族的凝聚力和自信心增强，俄已萌发出在国际舞台上一展身手的强烈愿望。俄罗斯在几经碰撞之后终于逐渐找到适合国情的发展之路。

思考题

1.从战后苏联社会主义建设的巨大成就及其存在的问题，说明社会主义改革的重要意义。

答案参考要点：成就得益于传统模式的积极作用；存在的问题主要是体制、结构、战略、政策等失误；改革是对社会主义制度的自我完善和发展。

2.苏联解体的原因和教训？

答案参考要点：历史原因、民族原因、体制原因、执政党建设等原因。

3.俄罗斯恢复大国地位的对外战略特点是什么？

答案参考要点：全方位、独立自主和务实外交的特点。

4.俄罗斯经济复兴战略的内容是什么？

答案参考要点：（1）完善市场机制，发挥宏观调控作用；（2）发展科技产业；（3）整顿金融秩序；（4）缩小贫富差距。

5.斯大林时期和平外交战略的内容？

答案参考要点：（1）反对帝国主义的战争政策；（2）加强同东欧人民民主国家的合

作；（3）加强苏联的军事力量。

6.俄罗斯外交政策和对外关系的原则是什么？

答案参考要点：以现实利益为标准，基本倾向西方，但也重视亚太。

第六章

发展中国家的经济与政治

本章学习目标

明确第三世界在国际舞台上的重要地位，全面了解第三世界国家的政治、经济与外交，正确认识第三世界国家的发展道路和政治的变革与经济发展。

本章重点难点

第二次世界大战后，广大发展中国家悄然崛起，改变了世界面貌。面对世界形势的变化，发展中国家努力整治内部，增强自己的实力，以保护国家主权。同时努力维护国家和地区的和平与稳定，成为致力于世界和平与发展的一支重要力量。通过本章的学习要全面了解第三世界国家的经济、政治与外交，正确认识第三世界国家的发展道路与经济政治的变革。重点是要掌握当今世界发展中国家经济发展的战略变化及其经济改革的任务。

第一节　发展中国家的形成与发展

一、发展中国家的概念及其基本特征

第三世界这一称谓来自法国经济学家阿尔弗雷德·索维 1952 年的一篇题为《三个世界，一个星球》的文章。他提出，除了两个对抗的世界——资本主义世界与共产主义世界之外，还有一个第三世界。1973 年第四次不结盟国家和政府首脑会议正式把它写进会议的纲领性文件，1974 年，毛泽东在会见赞比亚总统卡翁达时提出了三个世界划分的理论。毛泽东把美苏两个超级大国称为第一世界，把日本、西欧和加拿大等西方发达国家称为第二世界，把除此以外的广大的亚非拉发展中国家称为第三世界，共包括一百三十多个国家，占世界国家总数的 78%。1974 年 4 月 10 日，邓小平率中国代表团赴美国出席联合国大会第六届特别会议时，他在大会发言中，全面阐述

了毛泽东关于三个世界划分的理论，使第三世界这一概念被国际社会所接受。

“发展中国家”这一概念由“77国集团”在1964年联合国第一届贸易和发展会议上首次提出。所谓发展中国家主要是指亚非拉民族独立国家，它们有着共同的历史遭遇，面临共同的任务，都执行独立自主和不结盟的对外政策，在国际上都有团结与合作的共同愿望。发展中国家又是一个客观存在的统一整体，具有统一性与整体性，它的基本特征有如下几个方面：

第一，有着共同的历史遭遇。

第二，独立后面临着共同的任务。

第三，都执行独立自主和不结盟的对外政策。

第三世界是第二次世界大战以后，在民族解放运动中形成并发展起来的。第二次世界大战以前，第三世界基本上属于西方发达资本主义国家的殖民地。二次大战中，由于殖民地宗主国的欧洲帝国主义国家处于战争状态，自身实力受到削弱，无暇顾及其殖民地。同时，由于资本主义国家处于战争中，国内的一些工业开始转移到殖民地半殖民地，放松了对这些国家的民族工业的控制，使这些国家的民族工业得到了一定的发展，民族资产阶级和无产阶级的队伍得到了发展壮大，为这些国家的民族解放运动奠定了阶级基础。与此同时，世界人民反法西斯斗争，极大地鼓舞了殖民地人民反抗殖民统治的民族解放斗争，殖民统治被冲破。第三世界作为当代世界上一支重要的政治力量，半个多世纪以来，经历了几个重要的发展阶段。

1.亚非会议的召开，标志着第三世界合作的开始。

20世纪50年代中期，面对广大第三世界国家纷纷独立，殖民主义者卷土重来，妄图夺回昔日在这些国家的权力。面对共同的敌人，亚非地区的发展中国家开始谋求合作，以促进彼此间的团结与合作。1955年召开的亚非会议，是第三世界崛起过程中的重大事件。

亚非会议的发起国是印度尼西亚、缅甸、印度、锡兰（今斯里兰卡）和巴基斯坦5国。会议于1955年4月18日至24日在印度尼西亚的万隆召开，因此又称万隆会议。亚非29个国家和地区的政府代表团，共340人参加了会议，中国政府由周恩来总理率团参加了这次会议。会议期间，中国代表团针对少数代表对大会宗旨的曲解，提出了“求同存异”的方针，在中国和大多数与会国的努力下，会议通过了《亚非会议最后公报》。公报宣布，殖民主义在其一切表现中是一种应当迅速予以根除的祸害。公报还在和平共处五项原则基础上，正式提出了各国和平共处、友好合作的“万隆会议十项原则”。其内容包括：尊重一切国家的主权和领土完整；承认一切种族的平等，承认一切大小国家的平等；不干预或不干涉他国内政；任何国家不对其他国家施加压力；按照《联合国宪章》，通过谈判、调停、仲裁或司法解决等和平方法解决一切国际争端等。

亚非会议产生了亚非人民团结一致，反帝反殖、争取和维护民族独立、增强各国人民之间友谊的“万隆精神”，对世界和亚非各国产生了深远的影响。它的重要历史意义在于：第一，它是亚非国家历史上第一次在没有帝国主义国家参与下，自己发起、组织的讨论自己事务的国际会议。它标志着亚非国家作为一支新兴的力量开始走上国际舞台；第二，它第一次发出了亚非人民团结反帝的呼声，使非亚国家和人民提高了民族自尊心和自信心，鼓舞了全世界被压迫民族和人民争取民族独立的斗争；第三，它为第三世界国家联合斗争提供了新的组织形式和途径，增进了亚非国家之间的相互了解，促进了亚非各国的团结与合作，壮大了反对帝国主义、霸权主义的力量。

万隆会议的召开是发展中国家崛起的第一个里程碑，其重大意义是：

第一，它是亚非国家历史上第一次自己发起和组织的国际会议，表明了亚非国家开始独立自主地商讨和处理自己的事务和问题，标志着西方国家主宰亚非国家命运的时代一去不复返了。

第二，万隆会议的圆满成功，极大地提高了亚非国家的民族自信心，从此亚非国家开始作为一支独立的力量登上国际政治舞台，成为南南合作的先声。

第三，万隆会议的胜利成果，极大地鼓舞了全世界被压迫民族和人民争取民族独立的斗争，加速了帝国主义殖民体系瓦解的进程。

第四，万隆会议的圆满成功，消除了彼此间的疑虑和对立，增进亚非各国的相互尊重和了解，促进亚非各国的团结与合作，从而极大地推进了发展中国家联合反帝、反殖民和反霸的斗争，促进不结盟运动的诞生。

第五，会上所确定的万隆精神是和平共处五项原则的引申，已成为国际社会处理国家间关系的普遍原则。

2.不结盟运动的兴起是第三世界争取平等地位、维护自己权利斗争的新阶段。

从20世纪40年代末到50年代初，一些新独立的发展中国家提出要独立于大国集团之外，奉行独立自主和不结盟的外交政策。1956年7月，铁托、尼赫鲁和纳赛尔在南斯拉夫的布尔俄尼岛就发起不结盟运动进行了磋商，迈出了不结盟国家开展国际合作的第一步。1961年6月，在开罗召开了筹备会议。会议规定了参加不结盟国家首脑会议的五项标准：第一，它的政策应当是在和平共处不结盟基础上的独立政策，最少应当采取符合这种政策的态度；第二，它应当支持民族解放运动；第三，它不应当是任何会使它卷入大国冲突的集体军事联盟的成员国；第四，它不应当是同某个大国缔结双边联盟的参加国；第五，它的国家领土上不应当有它同意下建立的外国军事基地。这些规定说明，不结盟运动是万隆精神的发扬光大。

1961年9月1日，第一次不结盟国家首脑会议在南斯拉夫首都贝尔格莱德举行。共有25个不结盟国家的领导人出席会议。会议通过的宣言明确宣布，以独立自主、不结盟、非集团为原则和宗旨的“不结盟运动”诞生。会议的召开，标志着不结盟运动作为一个国际政治运动的兴起，说明第三世界作为一支集体的力量登上国际政治舞台。第一次首脑会议以后，不结盟运动的规模日益扩大，参加国越来越多，到20世纪70年代中，已有95个成员国，到1995年，发展到113个国家，1998年，白俄罗斯加入该组织。不结盟运动成为跨亚非拉欧四大洲的全球性的国际政治运动。中国于1992年正式成为不结盟运动观察国。

不结盟运动定期召开不结盟国家和政府首脑会议、全体外长会议、协调局外长会议及协调局会议等。从 1970 年起，首脑会议会期制度化，每三年举行一次。20 世纪 60 年代不结盟运动的锋芒是反对西欧老牌殖民国家，反对殖民主义。20 世纪 70 年代以后，不结盟运动的矛头明确指向霸权主义。同时，其斗争由政治领域深入到经济领域。

不结盟运动的基本原则是反帝、反霸、独立、发展、和平、中立、不结盟。不结盟运动的兴起是在战后民族解放运动第一次高潮的基础上，亚非国家在两极格局中求独立、求发展的必然产物。不结盟运动的兴起是发展中国家崛起的重要标志，在国际舞台上发挥着重要的作用。第一，不结盟运动积极支持被压迫民族的解放斗争，推动了民族独立运动的发展，加速了帝国主义殖民体系的崩溃。第二，不结盟运动为提高中小国家的地位，争取国际关系民主化作出了积极贡献。第三，不结盟运动把维护世界和平，反对军备竞赛，捍卫民族独立和国家主权，反对霸权主义和强权政治作为基本任务，为维护战后世界和平发挥了重要作用。第四，不结盟运动积极维护发展中国家的经济权利和利益，推动了争取建立国际经济新秩序的斗争，为提高发展中国家的经济地位，改善南北关系，促进南南合作作出了重要贡献。第五，它从政治上为多种类型的发展中国家的联合奠定了组织基础，也是第三世界形成的重要标志。

3. “77 国集团”的建立是促进南南合作、南北对话的开端。

1963 年，在第十八届联合国大会讨论召开关于贸易的发展问题会议时，75 个发展中国家共同提出了《联合宣言》。1964 年在日内瓦召开了第一届联合国贸易和发展会议，与会的 77 个发展中国家和地区的代表发表了《77 国联合宣言》。“77 国集团”由此形成。目前，其成员国已扩展到 133 个，但仍沿用 77 国集团的名称。

“77 国集团”组织是一个为了建立国际新秩序，协调内部立场，同发达国家进行谈判的组织。它在每届联合国贸易和发展会议、工业发展组织会议召开之前，成员国要举行部长级会议，加强磋商，协调立场，研究对策，在联合国讨论贸易和发展问题时，采取统一行动，起到维护发展中国家利益的作用。

“77 国集团”是发展中国家开始从经济方面加强联合，反对帝国主义的控制和剥削，反对霸权主义，努力建立国际经济新秩序，维护发展中国家利益的组织。它的建立为促进南南合作，推动南北对话，发挥了重要作用。

1964 年“77 国集团”的建立是发展中国家发展的重要里程碑。“77 国集团”成立以来，在国际舞台发挥了重要的作用。第一，“77 国集团”在争取建立国际经济新秩序的斗争中发挥了先导作用。早在 1964 年的《77 国联合宣言》中，该集团就明确提出要“建立一种新的公正的世界经济新秩序”。第二，为推动南南合作，维护发展中国家的经济权益作出了积极的贡献。“77 国集团”通过一系列纲领性文件，集中阐述了南南合作的指导原则、合作方案和具体措施，并通过其部长级会议，加强了发展中国家的团结与合作，共同反对帝国主义和新老殖民主义的剥削和掠夺。第三，推动南北对话，缓和与改善了南北关系。

二、发展中国家的形成与发展

发展中国家的形成和发展，大致上经历了兴起、形成、壮大和曲折发展四个阶段。

第一阶段为兴起阶段，从第二次世界大战结束至20世纪50年代中期。

第二阶段为形成阶段，从20世纪50年代中期到20世纪60年代中期，民族解放运动开始由分散到集中,由各自为政到联合斗争。

第三阶段，发展壮大阶段，从20世纪60年代中期至20世纪80年代末，民族解放运动处于深入发展阶段。

第四阶段为曲折发展阶段，20世纪80年代末至90年代末，由于世界格局和国际形势的变化，发展中国家受到了很大的冲击，自身的国际地位和影响力都发生了很大的变化。

第一，发展中国家不再是两个超级大国争霸全球的目标和对象，利用两极争霸的格局发展壮大自己的国际环境和机会发生了重大变化；第二，国际共产主义运动处于低潮，支持发展中国家斗争的力量大大削弱；第三，一些发展中国家和地区，民族、宗教、领土和资源占有等方面的矛盾突出，纷争迭起，影响其力量的增长和团结的加强，其国际地位不能不受到一定影响；第四，20世纪80年代以来，世界经济区域集团化的加强，发达国家的各种贸易保护主义的加强，国际金融资金流向发展中国家的减少，南方国家的债务危机的加重以及控制本国战略资源能力削弱，以及面临着粮食危机和人口问题等，发展中国家经济上面临严峻挑战。

第二节　发展中国家的经济

一、发展中国家的经济发展阶段

1.发展中国家的经济发展状况。

发展中国家经济发展具有明显的多样性和复杂性。其发展程度的差异很大。从总体来看，发展中国家由于各国经济、政治发展的状况不平衡，各国发展的战略和经济政策不同，发展中国家的经济出现了两极分化的趋势。世界银行按人均国民生产总值的高低，把发展中国家分为四类：

(1) 高收入国家。这类国家主要是指以石油生产和出口为其经济支柱的国家，他们依靠丰富的石油资源，靠开采和大量出口石油成为巨富。这类国家包括沙特阿拉伯、科威特、阿拉伯联合酋长国等中东地区的国家。1985年，其人均国民收入在7 000美元以上。但是，这些国家的经济发展并不全面，产业结构相对单调。因此，经济状况受世界市场价格波动和战争等因素的影响较大。

(2) 中上等收入国家和地区。这类国家主要是指新兴工业化国家和地区，主要产业是制造业。它们的经济发展速度一般高于发达国家。主要有韩国、新加坡、巴西、阿根廷、墨西哥等国家及我国香港、台湾地区。1985年其人均国民生产总值在 1 600~7 500 美元之间。上述亚洲国家和地区经过 1997 年金融风暴和 2008 年金融危机的影响，目前经济处于恢复过程，其产业结构正在进行调整，从劳动密集型向技术密集型转变。他们出口的商品结构也发生了变化。

（3）中下等收入的国家和地区。这类国家是指经济发展比较落后的国家，主要有东南亚的泰国、菲律宾，非洲的埃及、突尼斯、摩洛哥，以及多数拉美国家。1985 年，其人均国民生产总值在 400~600 美元之间。这类国家大都有一定的工业基础，各有不同的经济优势。20 世纪 90 年代以来，基本保持了较高的经济增长率。但从整体上说，这些国家的经济发展水平不高，农业比重大，对发达国家有较大的依附性。

（4）低收入国家。主要是指非洲撒哈拉以南的经济最落后的国家。1981 年，联合国规定了最不发达国家的指标是人均国民生产总值低于 250 美元，制造业占国民生产总值的 10%，文盲占 80%。这些国家基本上是落后的农业国或单一的矿物原料生产国，产业结构单一。1985 年，其人均国民生产总值在 400 美元以下。

进入 20 世纪末，以上各类国家发展的不平衡性更加明显，其中一些国家正进入新兴工业化国家的行列，有些国家可能赶上或超过某些发达资本主义国家。一些最不发达国家，可能与世界发达国家的差距进一步拉大。

发展中国家的经济发展过程，大体可划分为六个阶段：

第一个阶段，准备阶段（1945—1955）；

第二个阶段，起飞阶段（1956—1965）；

第三个阶段，高速增长阶段（1966—1973）；

第四个阶段，开展石油斗争和争取建立国际经济新秩序的斗争阶段（1973—1980）；

第五个阶段，停滞阶段（1980—1989）；

第六个阶段，新增长阶段（1990 年以来）。

第一阶段，1945—1955 年是发展的准备阶段。由于长期的殖民统治和掠夺，许多发展中国家历史上形成了畸形的经济结构。这些国家取得政治独立后，这种畸形的经济状况并未得到根本改变，国家的经济起步十分困难，只能采取初级产品出口战略。这种战略的弱点是，经济的发展容易受到国际市场供求关系和价格变动的影响。在国际经济旧秩序没有根本改变的条件下，初级产品的价格经常下跌，而工业制成品的价格却一路上扬，使发展中国家蒙受巨大的损失。

第二阶段，1956 年—1965 年是经济起飞阶段。这一时期发展中国家实行的经济发展战略基本上是进口替代战略，另有极少数国家开始实行出口导向战略。这种战略的实施在一定程度上有利于独立自主地发展民族工业，促进国民经济的增长。

第三阶段，在这段时期，一些国家继续从进口替代战略转向出口导向战略，经济增长比前一阶段更快，年均增长率平均为 6%。这种出口导向战略，是使本国的工业生产面向世界市场，并以制成品出口逐步替代初级产品出口的战略，也是利用本国廉价的劳动力和资源，同时大力引进外资和技术，发展外向型加工工业的战略。外向型经济发展真正朝着两个方面升级和深化：一是高技术产品出口逐渐增加；二是对外直接投资不断增加。

第四阶段，这场石油斗争也是发展中国家为改变旧的国际经济秩序而迈出的重要的一步。

第五阶段，出现具备能源和原料优势的发展中国家经济较快增长的现象，掩盖了发展中国家正在孕育着的严重危机。

二、发展中国家经济发展存在的主要问题

自20世纪70年代后期开始，许多发展中国家的经济面临严重困难。经济增长起伏不定和下降，贸易条件恶化，国际收支逆差增大，严重的债务危机，粮食短缺，通货膨胀，贫富差距扩大等。出现困难的原因在于：旧的世界经济秩序的束缚；世界市场油价暴涨和其它初级产品价格下降；贸易保护主义加剧的影响；发展中国家本身经济基础薄弱，资金不足，技术落后，政局动荡，特别是一些国家决策上的种种失误，如过多强调国有化和国营经济的作用，盲目追求高速度与现代化，重工轻农，闭关自守等等。20世纪90年代以来，虽然整体形势看好，但在经济全球化及进行全球贸易竞争的挑战和威胁，仍有许多方面需要改革，有些挑战还是相当巨大的；首先，东亚国家不同程度地面临生产成本提高，国内市场趋向饱和，通货膨胀压力增大，基础设施落后，环境污染加重等问题，牵制了经济发展速度。其次，非洲和拉丁美洲债务沉重，经济发展难以形成良性循环，经济发展困难重重；一些国家尚未摸索到适合本国国情的发展模式，经济调整不到位，甚至有的国家尚未开始。再次，当前国际经济机遇虽然很多，但国际经济旧秩序和一些经济发展政策还不利于发展中国家。最后，21世纪是信息社会，科技发展日新月异，目前发展中国家由于主客观原因，在科技开发和人才培养方面远远落后于发达国家，而且人才流失现象十分严重，这方面对发展中国家的挑战尤为严峻。总之，发展中国家生产力水平不高，人民生活水平低下，经济形式单一、结构二元化，经济发展不平衡，对外依赖严重，经济地位脆弱仍是发展中国家经济的基本特征。

发展中国家的经济发展面临的主要任务

发展民族经济和争取经济独立是当前面临的首要任务，原因在于：

(1) 这是广大发展中国家摆脱贫困落后状况的根本途径，是改变被剥削被掠夺地位的根本办法；

(2) 这是摆脱贫困落后和社会动荡不安的有效途径，经济的发展有利于社会的安定；

(3) 这是巩固政治独立的重要保证。

发展中国家要发展经济，首要的是要制定出适合本国国情的经济发展战略。在发展战略的调整中，许多国家注意了发展速度和发展模式的调整。在发展速度上，从追求高增长转为力求经济增长与资金平衡和货币稳定三者之间的结合；在发展模式上，从内向转向外向或二者相结合的模式。过去实行进口替代为主的国家，积极

发展对外贸易和劳务出口，而过去以出口为主的国家则开始重视加强本国的进口替代，减少出口，节省外汇。越来越多的发展中国家更加重视把这两种战略更好地结合起来，发挥它们各自的优点，并积极探索和实施更加有利于人类未来的发展战略。

三、发展中国家经济发展战略及其演变和经济改革

国际上通常以发展中国家所实施的贸易政策为标志，把它们的经济发展战略分为两大类：进口替代战略，出口导向战略。

进口替代战略是一种内向型的发展战略，它是发展中国家工业化初期的必由之路，其主要内容有：贸易保护政策；外汇和汇率政策；投资政策等。（1）贸易保护政策：对制成品进口特别是消费品进口，通过关税手段（如征收高额关税和进口附加税等）和非关税手段（如实施许可证制度和进口数量限制等），以限制直至完全禁止外国某些工业品的进口。（2）外汇和汇率政策：限制外汇的持有，企业和居民必须将外汇全部或部分地售给指定外汇银行；规定出口商品只能接受可充作为国际清偿手段的外国货币；实行外汇配给，对进口替代工业给予适当的照顾；对资金流出国外实行管制等。（3）投资政策：为促进替代工业的投资，在财政、税收、价格和信用等方面给予进口替代工业特殊优惠，同时对外资投资部门的控股、经营管理、资本和利润汇出等方面，都作了较为严格的限制。

出口导向战略是一种外向型的发展战略。该战略以比较利益为原则，充分发挥本国自然条件和劳动力的优势。借助国外先进技术，以国际市场为导向，大力发展出口工业，以工业品替代农矿初级产品的出口，争取在更大范围和更深程度上参与国际分工和国际竞争，其主要内容有:出口补贴政策；信贷保险政策；外汇和汇率政策等。大力鼓励出口，对出口制品减免总关税，给予出口补贴。对产品出口提供信贷保险，对出口部门所需要的原材料、零配件和机器设备进口，减免关税或减少进口限制，给出口商品提供一定比例的进口限额和许可证等等。在外汇和汇率政策上，拟定合理的汇率，改变因汇率高估而不利于本国产品出口的情况，实行货币贬值，给出口企业和出口商优先提供外汇或实行外汇留成、出口奖励等制度。

对发展中国家来说，无论实行哪种发展战略，都必须从国情出发，正确处理经济发展中的各种关系：如本国国情、国力和发展战略、发展速度的关系，内向和外向的关系，自力更生与争取外援的关系，工业和农业的关系，计划与市场的关系，发展经济与提高人民生活水平的关系。所以适时调整发展战略和发展政策是发展中国家经济持续发展的必要环节和重要保证。

在发展中国家探索实施的一些新的发展战略中，尤以经济社会综合发展战略和可持续发展战略引人注目。经济社会综合发展战略强调社会、文化、环境等多方面同时发展，特别是社会经济的综合治理和全面发展；强调发展农业，寻求工业和农业的协调发展，城市和乡村的协调发展；重视政府宏观调控与市场调节相结合的经济机制，实行政府经济行为的规范化、法制化，促进市场培育和市场机制的完善，减少和消除商品经济发展的障碍；强调人力资源的开发，社会收入的平均分配，提高大多数人的

生活水平，减少和消除物质和精神方面的贫困；强调人民参与，实行经济和政治体制改革，以确保大多数人有参与决策的权利，调动他们参与社会经济发展过程的积极性和创造性。

可持续发展战略强调通过控制人口，解决发展中国家人口过度增长所造成的对土地、水流、森林资源的破坏，以及其他一系列环境问题；重视农业的发展，以解决农业发展不合理政策所带来的资源退化问题；该战略要求政府制定保护环境的发展计划、法律、法规，提高全民族的环保意识，改善工业污染和能源污染的状况。

(1) 发展中国家经济发展战略的调整。战后发展中国家的经济发展战略经历了由进口替代战略向出口导向发展战略的转变。战后初期，新独立的国家，特别是南亚和东亚国家在原殖民地经济的基础上，一方面继续进行初级产品的生产和出口，另一方面开始实行一般消费品的进口替代战略。这一战略是通过实行贸易保护政策，发展面向国内市场的本国制造业，替代制成品的进口，以利于民族工业的发展。在这一战略的指导下，发展中国家的制造业部门开始迅速发展。同时，为了增加出口产品的竞争力，国内的生产水平和科学技术水平得到了提高。到20世纪70年代初，发展中国家的经济增长出现了前所未有的高速度。这些国家在战略调整的过程中，经济有了很快的发展。

(2) 发展中国家经济发展政策的调整。发展中国家在获得独立后，经济面临重重困难。它们首先采取了一系列的政策，为发展作准备。独立后到20世纪50年代中期，各国采取了包括收回经济主权，通过接管或赎买等办法把原宗主国的经济机构和涉及国民经济要害部门的重要企业收回国有，并进行土地改革等政策。20世纪50年代中期以后，在继续对外国资本实行国有化的同时，一些国家开始投资建设基础设施和国营企业。到20世纪70年代，国有化运动达到高潮，尤其是中东石油生产国对外国石油垄断组织采取的参股和国有化措施最为突出。

发展中国家的经济发展受发达国家经济政策变化的影响很大。20世纪80年代以来，发达国家调整经济政策，提高利率，使发展中国家的经济陷入了深刻的危机中，其经济增长速度下降，通货膨胀加剧，债务负担大增。在这种情况下，20世纪80年代以后，发展中国家进行了经济政策的大调整。它们改变国家干预为主的经济政策，减少政府对经济的直接控制，建立合理的价格调节机制，实施金融自由化政策，完善金融制度，实施贸易自由化。为吸引外资积极创造良好的投资环境，放宽对外资的限制，大力吸收外国资本和先进技术。通过经济政策的调整，发展中国家经济有了进一步发展的动力，到20世纪90年代以后，年平均经济增长率达到5%以上。

发展中国家在深化经济体制改革中，普遍实行减少国家对经济的直接干预和控制，重视加强经济杠杆的作用，将国家对宏观经济的调控与市场调节结合起来。在微观经济改革中，主要采取了对国有企业实行大规模的私有化，减少国家对私营企业和外资企业的限制，以及对保留的国有企业进行深化改革的措施，将一些严重亏损的企业实行关停并转，并将一些工商企业转为公私合营或私营并积极发展私营部门。经济改革的主要内容是：调整经济发展战略；深化经济体制改革；调整经济产业结构；实行对外开放，向市场化、国际化迈进；建立合理的价格调节机制，实施金融自由化政策，完善金融制度，实施贸易自由化。

第三节　发展中国家的政治

一、发展中国家的发展道路

战后新独立的亚非拉民族国家，有社会主义和资本主义两种发展道路可供选择，大多数发展中国家选择了资本主义道路是由这些国家的国内条件和当时的国际环境决定的。从国际环境来看，一方面，第二次世界大战极大地削弱了英、法等老牌殖民主义国家，使它们无法再继续维持直接的殖民统治，但又不愿意完全放弃长期享有的殖民权益。所以，它们在政治上作出极大的让步、被迫交出殖民地主权，允许这些国家独立，又不愿意彻底清除殖民势力，诱迫新独立的国家接受它们的某些条件；在经济上为了同社会主义阵营展开争夺，扶持这些国家发展经济，极力把这些新独立国家留在资本主义体系之内，使之走上资本主义发展道路。另一方面，一度兴旺发展的社会主义后来遇到挫折，原有的社会主义模式的弊端日益暴露，尤其是苏联推行霸权主义政策，不仅没有使社会主义制度的优越性得到充分显示，反而败坏了社会主义的声誉，这就使得许多发展中国家不得不重新作出选择。

从国内环境来看，主要原因有三个：

第一，大多数发展中国家资产阶级占优势，无产阶级力量比较薄弱。

第二，大多数发展中国家的资产阶级具有强烈的反对帝国主义、殖民主义和封建主义的传统和要求，具有强烈的民主主义意识，在一定时期内，作为一种新的先进的生产力的代表，能够致力于维护政治独立，发展民族经济，反映了本国人民的一些共同愿望和要求，因而能够得到人民群众的拥护和支持。

第三，大多数发展中国家原有的生产力水平极为低下，落后的小农经济、奴隶主经济和封建经济十分普遍，占有重要的甚至是统治地位。这些国家走上资本主义发展道路，也是一种历史的进步，是符合社会发展规律的。

从国际环境看：

第一，第二次世界大战削弱了老牌殖民主义国家，它们通过改变统治手法和策略，承认大多数发展中国家的独立，鼓励和支持这些国家发展资本主义经济；

第二，美国等资本主义国家对选择资本主义道路的发展中国家提供大量的经济援助，促进了这些国家资本主义经济的发展；

第三，苏联社会主义模式弊端的显露，削弱了社会主义制度对发展中国家的吸引力。

二、发展中国家政治制度的演变和政治思潮

从国体上看，主要由资本主义制度、社会主义制度和前资本主义制度。从政体上

看，主要有西方共和制政体、传统君主制政体和军人政权，还有政教合一制和党政合一制等。

发展中国家由于选择的发展道路不同，其政治制度自然也是各不相同。主要有以下几种形式：一是议会共和制。它基本上仿效西方民主政体，实行立法、行政、司法三权分离，是一种以议会为国家活动中心，政府对议会负责的政体。二是总统共和制。这是美国式的政体，其特点是总统由全国直接或间接选举产生，掌握国家最高行政实权。三是君主制。这是以君主（国王、苏丹等）为国家元首的政权组织形式，其特点是国家权力由君主一人行使。四是君主立宪制。既有国王，又有议会和宪法的政权组织形式。五是酋长制。这是以酋长、部落领袖为国家元首的政治制度。六是军人政权。这是军人掌权的军事专制政治制度。

1.发展中国家政治制度及政权形式。

发展中国家的政治制度及政权形式复杂而多样，除了共产党领导的社会主义国家以外，大多数走上了资本主义道路。但是，由于这些国家的资本主义经济发展程度不高，因此反映在政治制度上，这些国家一般来说缺乏民主，多数是处于专制或半专制政权的统治下。其形式主要有：军人独裁政权，这是由军队控制国家立法、司法和行政大权的政治统治方式。实行这种政权形式的国家，对国家的政治生活实行军事管制，解散议会，禁止政党活动，是不民主的专制独裁制。封建君主制，这是以君主为国家元首的政治体制。实行君主制的国家有阿曼、尼泊尔、不丹、科威特、摩洛哥、泰国、马来西亚等国。它们虽然在君主制的具体形式上有差异但保留了君主制。政教合一的神权制，这是以伊斯兰国家为主的一种政治制度，沙特阿拉伯王国是伊斯兰教逊尼派掌权的政教合一的国家，伊朗是伊斯兰教什叶派掌权的政教合一的国家；家族集团统治，是这以某一家庭为政治权力中心的政权形式。这种政权形式有明显的地区特征。议会民主制，这是发展中国家以西方发达国家为榜样建立起来的政治体制，主要形式有总统制和内阁制。

20世纪70年代末以来，发展中国家开始出现民主化的浪潮。它的内容是以资产阶级代议制政权取代专制或半专制政权，以多党制取代一党制。反对独裁统治，争取民主，要求军人政权还政于民。这一民主化浪潮的兴起，是在发展中国家资本主义发展，资产阶级的力量日益壮大，资产阶级要求直接掌握政权的背景下出现的。民主化浪潮的实质是要求建立和完善资产阶级民主制。

2.发展中国家的政治思潮。

(1) 民族主义思潮。近代以来，由于发展中国家一直处于西方列强的民族侵略和压迫之下，因此，在资产阶级领导的民族主义国家中，其政治思潮多以民族主义为主流思想。民族主义思潮坚持反对帝国主义、殖民主义和封建主义，强调通过发展经济以维护民族政治独立，奉行反帝、反殖、维护国家独立、互不干涉内政的外交政策。民族主义思潮推动了反帝、反殖的民族独立运动，维护了民族国家的主权，它是统一人民思想的巨大精神武器，同时，也是国际社会多元化的思想来源。著名的民族主义思潮有亚洲的苏加诺主义、非洲的纳赛尔主义、拉丁美洲的庇隆主义等。但是，民族主义思想极端化也会成为民族冲突的思想根源，对世界和平与稳定带来不良影响。

(2) 社会主义思潮。发展中国家的社会主义思潮名称繁多，千差万别，它包括民主社会主义、宗教社会主义、非洲社会主义、拉美合作社会主义等。发展中国家的社会主义思潮其思想来源不同，但多数是直接受苏联社会主义的影响而产生的。二战后，帝国主义的力量在战争中受到削弱，对发展中国家的影响力减少，新独立的发展中国家，自身的资本主义没有得到充分的发展。而这时，人们看到苏联社会主义革命和建设取得的伟大成就，使新独立的国家看到了希望，因此，不少国家效仿苏联搞社会主义。但是，由于这些国家照搬苏联的模式，没有解决与本国实际结合的问题，特别是在客观上，一些国家并不具备实行社会主义的条件。因此，到20世纪80年代中期以后，随着苏联、东欧社会主义国家的剧变，社会主义思潮逐渐在这些国家失去了影响。

(3) 伊斯兰复兴主义思潮。宗教冲突是发展中国家和地区动荡的一个重要因素。其中伊斯兰复兴主义思潮是最活跃的一个思潮。它主要在以中东为中心的西亚和非洲广大地区流行。它是在世界格局变化，多极化造成思想真空，宗教思想活跃，力图以宗教力量维护自身利益的情况下盛行起来的。伊斯兰复兴运动旨在反对霸权主义，加强伊斯兰国家各方面的联合与合作，对这一地区的发展起到了一定的促进作用。但是，伊斯兰复兴主义思潮盲目反对西方进步思想和共产主义思想，倡导复古倒退、狂热宗教信仰等，对地区乃至世界的和平与稳定造成一定的影响。

三、发展中国家政治发展的成就和历程

第二次世界大战以来,发展中国家政治发展的成就主要表现在：

第一，政治上摆脱殖民统治，获得民族独立和解放，成为国际舞台上主权独立的国家；

第二，它们在不断探索着与本国国情相适应的发展模式和道路；

第三，政治参与的民主化程度不断提高；

第四，大多数发展中国家实行了正确的民族政策，和平稳定的发展环境正在形成；

第五，大多数发展中国家政局稳定，为世界和平与发展做出积极的贡献。

战后发展中国家政治的发展是艰难曲折的，原因是：

(1) 原有国体和政体未必适合本国国情；

(2) 超级大国的争夺，制约第三世界政治的发展；

(3) 西方国家民主价值观念影响；

(4) 国内政策的失误；

(5) 内在宗教矛盾。

在经济全球化、知识经济和信息革命浪潮的推动下，发展中国家的某些特征正在发生变化，大分化态势明显，造成世界力量对比趋势复杂，同时对南南和南北关系构成战略影响。在此大背景下，一批发展中国家的崛起，使全球利益格局今非昔比。这

些变化可概括为：发展中国家已由“坚决反帝、反殖、反霸”，转变为根据自身的生存和发展利益，灵活务实地处理与发达国家的关系，从要求并谋求“推翻旧的世界体系，建立公正合理的国际经济与政治新秩序”，转变为不挑战当今世界体系和国际秩序。从坚定主张并致力于南南合作及联合自强，转变为更加依赖发达国家的市场、技术、援助，更加依赖全球性和区域性金融机构，更加依赖从与发达国家的利益组合中“搭便车”。大多数发展中国家，从坚持基于本国或本民族文化和宗教价值观确定政治制度和发展道路，排斥西方制度和价值观，同时排斥其他制度和价值观，转变为接受甚至引进西方政治模式、法律体系、“民主与人权”价值观。

发展中国家呈现的大分化、大改组主要表现在：以宗教、种族、地缘因素或相近政治和经济诉求而结成的大型发展中国家集团，活力日渐消逝，既难以影响全球重大热点问题的解决，亦无力引导世界的主要经济和政治趋势。内部发展失衡、贫富差距拉大，导致利益诉求不一，甚至彼此冲突。内部矛盾和冲突进入多发期，各类力量组合不断变化。一些经济、科技、教育、社会发展程度较高的发展中国家，急欲改变自身国家定位，甩掉“发展中国家”的帽子。

造成发展中国家分化、改组的主要原因是：经济全球化彰显“丛林法则”，推动世界生存与发展资源重新配置，并形成不平等的资源交换。由于捍卫和巩固政治独立的历史任务早已实现，发展中国家群体将利益关注点从政治领域移向经济领域，各国将经济发展和民生视为首务，内外政策愈加务实，自顾自保倾向和实用主义原则，引导它们去应对经济全球化的浪潮冲击。美国为了维持一超霸主地位，欧盟、日本等发达国家为了维护它们在经济全球化进程中的优势地位和既得利益，以各种手段对发展中国家进行分化打压，包括政治瓦解、经济诱惑、文化和价值观渗透，挑拨发展中国家彼此间关系等，进一步推促了发展中国家的分化和改组。

伴随着发展中国家内部的利益失衡和发展失衡，特别是发展中国家呈现新的分化组合，南北关系发生了与上世纪不同的变化，主要表现在：南方国家力量组合出现大调整，引发北方国家产生利益分歧。一部分南方国家在意识形态、价值观等方面向北方国家靠拢，并与一部分北方国家联合争取政治和经济利益，与另一些南方国家产生利益冲撞。原本在南方国家主要政治和经济组织中发挥带头作用的一些发展中大国，为了在战略组合层面上得到北方国家的重视，捞取更多经济和军事援助，对争取南方国家共同利益的热情消退，造成南方国家主要经济和政治组织凝聚力削弱，作用和影响下降。世界经济失衡和南北发展同时失衡，造成全球利益格局变化，一些发展中国家逐步与发达国家组成“命运共同体”，造成全球发展利益格局大调整。发达国家拉拢一部分新兴力量联手阻遏另一部分新兴力量的繁荣强大，造成政治利益格局内涵改变，各国对制度和意识形态分歧的关注明显让位于对利益依存关系的关注。和平、发展、合作、互利共赢成为最大的世界政治，基本取代一种制度企图战胜另一种制度的传统世界政治的内涵。大多数发展中国家都主张推进世界政治利益格局的和谐化。①

①董漫远.发展中国家大分化的战略影响[J].国际问题研究：2008,（5）.

第四节　发展中国家的对外关系和国际地位

一、发展中国家对外政策的原则和内容

1.坚持和平、中立、不结盟的对外政策。

“不结盟”政策的确立与发展：

1955年亚非会议确定了和平共处、友好合作的十项原则，它为不结盟政策的形成奠定了重要的思想基础。1961年6月召开的不结盟国家第一次首脑会议，明确把不结盟政策作为不结盟运动的主要政策。

发展中国家对外关系的基本原则是和平、中立与不结盟。包括维护民族独立、发展民族经济，承认国家不论大小一律平等，遵守和平共处五项原则，以和平方式解决国际争端等。

2.全方位和更加务实的对外政策。

在坚持不结盟运动的基本原则和宗旨的基础上调整了战略重点，确立了今后前进的方向：一是将运动的重心转移到经济和社会问题领域；二是继续坚持不结盟运动的原则和宗旨反对霸权主义，反对大国干涉内政，为建立公正合理的国际新秩序而斗争。

二、南北关系

解决南北关系问题关系到整个世界的繁荣和发展，是振兴世界经济的关键问题。发展问题不仅是南方国家的问题，也会影响到北方，因为北方的资金要找出路，商品要找市场，没有南方国家的发展，北方国家的发展也难以为继。因此，发展问题是一个全球性问题。南北问题不仅是个经济问题，而且也是个政治问题。南方的贫穷势必造成这些国家和地区的局势动荡，为大国插手提供了机会，加剧了地区的不稳定，从而造成对地区和平和世界和平的威胁。

南北对话有利于全球性的经济发展，发展中国家可以得到物资、技术、资金等方面的帮助，从而促进自己的发展；北方国家也可以获得广阔的市场和投资场所，也有利于自己的发展。南北对话是和平解决南北矛盾的需要，是时代的要求。由于世界经济一体化趋势的加强，不同社会制度，不同经济发展水平的国家正紧密地联系在一起，它们在经济上有很强的互补性。

在当前存在着不合理经济政治秩序的情况下，发展中国家要发展独立的民族经济，必须把立足点转移到主要依靠自力更生和南南合作上来。通过南南合作，就会逐步改变在资金、技术、市场等方面严重依赖北方发展国家的局面，发展多样化生产，逐步形成合理的经济结构，推动民族经济的发展。通过南南合作，可以发挥相互之间的优势，互通有无，取长补短，能够增强整体自力更生的能力，促进共同发展。通过南南合作，发展中国家形成集团的整体优势，可以改变南北力量的对比，提高发展中

国家在南北对话和全球事务中的地位。

当前南南合作已取得较大进展，形式也呈多样化趋势，主要有：第一，区域性经济合作。第二，贸易合作。第三，货币金融合作。第四，技术合作。

冷战结束后，西方国家把“人权”、“民主化”、“多党制”作为提供经济援助的政治条件，诱使发展中国家向西方靠拢，并敦促发展中国家实行“民主化”、“多党制”、“市场经济”，凡达不到它们要求的发展中国家，就会受到停止援助的惩罚，甚至是经济制裁和封锁。促使发展中国家实行政治多元化、经济自由化。

1.当前南北矛盾尖锐。

当前南北矛盾加剧的主要方面包括：

第一，南北差距问题；

第二，南北贸易磨擦问题；

第三，债务问题；

第四，国际资金分配问题；

第五，建立国际经济新秩序问题；

第六，环保问题。

其表现是：第一，北方发达国家特别是美国，以冷战“胜利者”自居，认为“资本主义已经在全球获得胜利”，发展中国家过去利用美苏争夺而得益的战略地位发生了变化。第二，在世界格局剧变和西方“民主浪潮”的冲击下，冷战时期被掩盖的民族矛盾、宗教纠纷、领土争端和内部争权一并爆发出来，局部战争和武装冲突迭起。第三，在经济上，北方发达国家肆无忌惮地向发展中国家转嫁经济危机，实行利己的贸易政策等，使发展中国家出口贸易条件恶化，债务负担沉重，甚至出现资金倒流现象。第四，发展中国家经济发展战略和经济政策的失误，人口膨胀等因素，也是造成南北差距拉大、矛盾加深的重要原因。

2.南北矛盾加剧的原因。

(1) 世界贸易组织正式运转后，多边体制下的全球自由贸易将在一定程度上遏制单方面惩罚行动和关税壁垒，但不能抑制非关税壁垒。南方国家的债务问题对国际金融市场产生了强烈的冲击，威胁着债权国——北方国家的经济利益。

(2) 国际资金流向受1995年墨西哥金融危机和1997年亚洲金融危机以及外汇市场剧烈动荡的影响，对南方国家的官方发展援助有所减少。

(3) 北方国家强调环境优先，要求在保护环境的前提下发展经济，同时，将环境成本转移到南方国家。南方国家强调发展优先，同时重视环境保护，以促进环境与发展的和谐，实现全球可持续发展。

3.推动南北对话，解决南北问题。

解决南北问题是当今世界的主题之一。1985年，邓小平同志提出，当今世界形势是“东西南北”四个字，东西问题即和平问题，南北问题即发展问题。现在的南北关系是一种不平等的经济关系，发达国家利用国际经济旧秩序控制、剥削发展中国家。发展中国家为了争得平等的发展机会，必须打破北方发达资本主义国家建立的旧的国际经济秩序。要打破旧的国际经济秩序就必须改变不合理的国际分工为基础的世界生产体系；改变不平等的产品交换为基础的国际贸易体系；改变受发达国家控制、发展中国家处于无权地位的国际货币金融体系以及受少数发达国家控制的国际经济和货币组织所构成的国际经济旧秩序。

发展中国家从获得独立以后就开始了争取建立国际经济新秩序的斗争。1964年10月，不结盟运动第二届首脑会议上，明确提出了建立“国际经济新秩序”的口号。1970年9月，第三届不结盟国家和政府首脑会议通过了《关于不结盟和经济发展宣言》，提出了建立国际经济新秩序的斗争纲领。1973年9月，第四届不结盟国家和政府首脑会议通过《经济宣言》和《经济合作行动纲领》，制定了斗争的策略原则。提出从掌握本国自然资源的主权和确定原料价格入手，通过集体力量，自力更生开展建立国际经济新秩序的斗争。20世纪80年代以后，由于国际经济形势的变化和发达国家策略的转变，发达国家加强了内部的经济协调，发展中国家争取建立国际经济新秩序的斗争没有取得进展。20世纪90年代，苏东剧变后，发展中国家的战略地位下降，发展中国家在国际政治和经济中所处地位下降。发达国家在政治上对第三世界国家大搞“人权外交”，加紧干涉发展中国家，他们在经济上将进行经济贸易合作同“人权”状况改善相联系，附加政治条件。与此同时，经济政治发展的不平衡，使发展中国家出现了分化，在国际上形不成一个统一的力量，这些因素都造成了发展中国家地位的下降。

发展中国家打破旧的国际经济旧秩序的一个重要途径是开展南北对话。通过开展南北对话，改善南北关系，有利于在平等互利的基础之上，加强合作，促进发达国家和发展中国家的互惠互利，缓和南北矛盾，促进世界经济的发展。发展中国家多年来通过多种渠道，开展南北对话，并且取得了一定的进展。

在开展南北对话中，最有成效的是欧洲共同体即后来的欧洲联盟与第三世界经济关系的发展。发展中国家历来是西欧的原料产地、商品和投资的重要市场。欧共体成立后，十分重视同发展中国家建立联系。1963年共同体同18个非洲国家和7个海外领地签订了《雅温德协定》；1967年又同三个非洲英联邦国家签订了《阿鲁沙协定》。协定主要内容是双方逐步取消关税，共同体享有投资、利用资源和廉价劳动力的特权，并给予联系国经济援助。20世纪70年代到80年代，欧共体与发展中国家签署了三个《洛美协定》，这一协定在一定程度上消除了过去不平等经济关系的色彩，符合双方经济合作和发展的需要。进入新千年以后，非洲国家首先与欧盟展开了对话。2000年4月，召开了首次非欧首脑会议，并发表了《开罗宣言》。《宣言》提出，通过经济、政治、社会的发展，使非洲与欧洲在21世纪的伙伴关系具有新的战略上的重要意义。宣言提出，非欧共同努力，使非洲融入世界经济，并通过贸易自由化、鼓励私人部门投资、地区合作和发展援助来增加其经济发展机会；通过现有的《最穷国家债务减免计划》，努力减少非洲的外债，并由来自两个地区的高级官员组成的小组“在一个合理的时间范围内”就这个问题向部长们提出报告；促进并充分尊重人权、停止对妇女施暴、确保基本自由，包括新闻自由，以及支持民主、法治、独立的司法系统和定期、透明的自由和公正的选举；通过参加非洲统一组织的机制来加强非洲地区预防、处理和解决冲突的机制；研制非洲统一组织的预警系统和增强非洲自身维持和平及解决冲突的机制；建立一种“以连续性的原则为基础”举行进一步首脑会议的后续机制。会议以“开罗精神”作为将非欧关系置于相互尊重和平等新基础之上的目标的口号。“开罗精神”建立在平等、相互尊重、共同的价值观、全球伙伴关系和合作等原则上，它将指导非欧两大陆之间未来的关系。

4.当前南方国家为改善南北关系的努力。

在亚洲，东南亚国家联盟继续发展壮大。东盟已从6国扩大到10国，标志着东盟向建立面向21世纪的“东南亚联盟10国共同体”目标的实现。在非洲，1991年非洲51国在非洲统一组织第27届首脑会议上签署了该组织制定的《建立非洲经济共同体系条约》，1995年该条约付诸实施，非洲一体化开始起步。1995年，非统组织、东南非贸易共同体、西非国家经济共同体和南部非洲发展共同体拟定《关于非洲经济共同体与地区经济组织之间关系的议定书》草案。在拉美，1991年由阿根廷、巴拉圭、乌拉圭建立了南锥体共同市场。1995年，墨西哥、哥伦比亚和委内瑞拉三国集团的自由贸易区也开始运行。

不结盟运动还与“77国集团”共同确立了冷战后时期的具体目标：在经济发展问题上，反对将多数发展中国家排斥在世界经济主要决策过程之外，要求实现国际经济关系的民主化；在世界和平与安全问题上，强调通过和平协商形式解决种族、宗教、政治和社会争端。

南北关系是指发展中国家同发达国家的关系，是振兴世界经济的关键问题，核心是平等与公平的原则问题。

冷战后，南北关系出现了不同以往的变化，表现在：

第一，南北关系中的政治问题日益突出；

第二，区域内部或集团内部的南北关系正在取代全球性的南北关系；

第三，南北对话与合作关系的加强。

解决南北矛盾的主要途径有：

第一，改革不合理的国际经济旧秩序，建立新的国际经济秩序；

第二，南北对话是解决南北问题的重要环节；

第三，加强南南合作是解决南北矛盾的有效途径；

第四，发展中国家制定符合本国实际的发展战略，是谋求发展的根本保证。

三、南南合作

南南合作是指广大发展中国家之间建立在平等互利基础上的一种新型的经济技术合作关系。

1955年的万隆会议是南南合作的先声，20世纪60年代不结盟运动的兴起和“77国集团”的建立标志着整体性南南合作的开始。

1973年的石油斗争是南南合作政治与经济结合的典范。

当前南南合作有如下特点：

第一，地区集团化趋势；

第二，合作内容的多样化和合作伙伴的多元化；

第三，不结盟运动和“77 国集团”调整了战略，继续在国际舞台上发挥作用。

1.当前南南合作的主要形式。

第一，相邻国家间的一般协调性双边或多边合作；

第二，地区性综合经济合作关系；

第三，专业性地区或跨地区的经济合作关系；

第四，地区性的政治合作关系；

第五，全球政治与经济合作关系；

第六，政治经济一体化。

南南合作的重要意义：

第一，它是促进发展中国家经济发展的重要措施；

第二，发展中国家经济上的密切合作，必然带来它们之间的政治、外交上的一致性；

第三，发展中国家之间加强团结与合作，形成的集团整体优势，可以壮大这些国家的力量，改变南北力量的对比，从而促进国际新秩序的建立。

1961 年 6 月，不结盟国家和政府首脑会议筹备会议明确提出，发展中国家对外政策的基本原则是“和平、中立与不结盟”。其基本内容是：反殖、反帝、反霸，维护民族独立，巩固政治独立斗争成果，发展民族经济，支持发展中国家各国人民的民族解放斗争；反对各种形式的种族歧视和种族隔离，承认一切种族平等，承认大小国家一律平等；倡导和平、中立和不结盟，积极参加和支持不结盟运动，不参加并反对任何大国军事集团；遵守互相尊重主权和领土完整、互不侵犯、互不干涉内政、平等互利、和平共处五项原则，并以此处理各国之间的关系；遵守联合国宪章，通过谈判用和平方法解决一切国际争端，不得使用武力或以武力相威胁；加强发展中国家的团结，南南合作，扩大对话和合作渠道促进共同发展；呼吁南北对话，消除和缩小日益扩大的南北经济差距，采取有利于世界各国的方式解决全球经济、社会、人口和环境问题；依据和平共处五项原则以及联合国宪章，建立国际新秩序，为世界的和平与发展而努力。

2.加强南南合作，建立第三世界国家间新型的经济关系。

南南合作指的是发展中国家之间的合作。以 20 世纪 70 年代中期石油斗争为契机而开始的南北对话，到 20 世纪 80 年代陷入僵局。发展中国家越来越认识到，只有加强南南合作，才能推动民族经济的发展，增强与发达国家谈判的地位，促进国际经济新秩序的建立。因此，发展中国家的对外经济重点逐渐转向加强它们之间的贸易和经济合作上来。1979 年，“77 国集团”通过《阿鲁沙集体自力更生纲领》，成为发展中国家开展经济合作的指导性纲领，标志着南南经济合作进入一个新的阶段。

80 年代以来，发展中国家在不同地区建立了一些经济合作组织。如 1981 年 3 月，拉美国家改组了拉美自由贸易协会，成立拉美一体化协会，并准备建立拉美共同市场。非统组织首脑会议于 1980 年通过了《拉各斯行动纲领》，除已有的西非国家经济共同体外，新成立了南部非洲发展协调会议、中非国家经济共同体以及东部和南部非洲国家优惠贸易区。中东六个产油国于 1981 年成立海湾合作委员会。西印度洋三个岛国于 1983 年成立印度洋委员会。南亚次大陆经过长期磋商，终于在 1983 年通过了《南亚区域合作宣言》、《区域合作联合行动纲领》。在此基础上，南南合作开始由一些地区性经济合作组织向跨地区和全球性合作方向发展。

南南合作的具体形式主要有：（1）区域性的经济一体化。成员国相互减免关税，实现商品自由流通，对外统一关税和共同市场；实行共同的税收管理，协调成员国的财政、工业、农业、运输方面的政策等。（2）贸易合作。发展中国家的一些区域、合作组织在本区域内部和区域之间采取相互减免关税等措施来促进贸易发展。“77 国集团”在建立发展中国家全球贸易优惠制、建立发展中国家间贸易组织和建立发展中国家多国销售企业等三个方面进行了合作。（3）金融合作。各经济共同体建立了为经济服务的金融机构，通过金融方面的互相帮助，解决发展资金问题。（4）技术合作。面对日益激烈的国际间的经济竞争，发展中国家之间加强了在科学技术方面的交流和合作，开展了相互转让技术、出售专利、技术咨询和培训、交换科学技术情报等工作。特别是在农业和卫生方面成效显著。发展中国家间还通过合资经营、提供技术服务和劳务等方面，发展互利的技术合作。

中国作为一个第三世界的国家，多年致力于同发展中国家的合作。新千年开始，中国政府建议与包括阿根廷在内的拉美 19 个国家发展贸易和文化合作，这是我国在经济开放基础上对拉美国家最大范围和规模的国际经济合作决策。

四、发展中国家在国际舞台上的地位和作用

第一，发展中国家总体实力增强。

（1）经济发展的卓越成就

发展中国家自从国家独立以来，经济发展取得了一定的成就：首先，国民经济有了较快发展。其次，经济自主性也有所增强。

（2）经济总体实力增强的表现

一是国民经济增长速度较高；二是外国直接投资猛增；三是对外贸易迅速扩大；四是通货膨胀得到遏制。

（3）发展中国家经济发展的类型

最常用的是按人均国民生产总值（GNP）量进行分类，据此可分为三种类型：

低收入国家和地区。按世界银行《1990 年世界发展报告》的划分标准，低收入国家是指 1988 年人均 GNP 低于 545 美元的国家和地区，这类国家和地区有 42 个，包括我国和印度。

中等收入国家和地区。1988 年人均 GNP 在 546~6 000 美元之间的国家和地区。

高收入但仍处于发展中的国家。1988 年人均 GNP 超过 6 000 美元的国家和地区，虽收入很高，但被联合国和本国政府定为发展中国家的地区。

根据各国经济发展水平、经济发展战略及经济结构状况等标准，可分为五类：石油输出国；农矿原料出口国；出口加工国（地区）；经济综合发展中国家；最不发达国家。

石油输出国。主要是指石油生产国和输出国，它们以石油开采为主，促进有关石油冶炼和石油化工以及其他经济部门的发展。

农矿原料出口国。占发展中国家的大多数，这类国家以出口农矿原料及其初步加工产品为国民收入的主要来源。

出口加工国（地区）。也被称为“新兴工业化国家（地区）”、制成品出口国（地区）。这类国家和地区占少数，主要有“亚洲四小龙”、阿根廷、墨西哥等。

经济综合发展中国家。只是发展中的几个大国。这类国家属于自然和社会条件都比较优越的国家，其资金、人力、自然资源和市场方面都适于建立完整的工业体系，它们都注意国民经济的综合发展，重视工业又重视农业，农业在 GNP 中比重下降，制造业发展速度比较快。

最不发达国家，是指那些自然条件差、资源贫乏、经济发展落后的国家，大部分是低收入的原料生产国。一般人均收入不足 200 美元。

第二，发展中国家已经成为国际舞台上的一支重要力量。表现在：

（1）逐渐改变了国际政治格局，促进了世界格局向多极化发展；发展中国家的兴起，不仅从根本上改变了以欧洲为中心的国际政治格局，而且也有利于打破战后初期形成的以美苏为首的两个阵营对峙的国际政治格局，促进了两极格局的瓦解和多极化的发展。

（2）促进了世界和平力量的发展与壮大；不结盟运动始终把反霸斗争公开地写在自己的旗帜上，为维护世界和平进行了不懈的斗争，是国际政治稳定的主要因素。

（3）成为当今国际事务中的一支重要力量，深刻地改变着联合国的面貌；1995 年 3 月，联合国接受智利的倡议，召开了联合国社会发展问题世界首脑会议，发展中国家强调的发展权和生存权在会议通过的文件中得到了反映。

（4）促进了世界经济的繁荣和发展，成为改革不合理的国际经济旧秩序的基本力量。冷战结束后，经济因素在国际关系中日益突出，发展中国家的战略地位日趋上升，发展中国家在国际分工中的地位也在不断改善，这将有利于发展中国家的经济进一步发展。

发展中国家拥有世界人口的绝大多数，在当今世界经济、政治中具有不容忽视的重要地位。广大发展中国家在经济上有巨大的发展潜力，而且这种发展潜力正在成为现实的发展势头。在政治上，发展中国家已经开始打破大国主宰世界的局面，发出自己的声音，并对国际事务产生了巨大的影响力。特别在世界向多极化发展的今天，发展中国家在国际事务中发挥着更大的作用。

1.发展中国家是反对帝国主义、殖民主义，打破国际经济旧秩序的主力军。

大多数发展中国家都是过去帝国主义的殖民地或半殖民地，在帝国主义的控制、掠夺和剥削下，经济文化得不到发展。第二次世界大战中，发展中国家的广大人民奋起反对法西斯主义和殖民主义，打败了法西斯，保卫了世界和平。彻底摧毁了帝国主义的殖民体系，结束了长达数百年的殖民统治，大多数发展中国家获得了独立。今天，占世界大多数的发展中国家，正在为争取经济上的平等发展权利而斗争。

发展中国家的崛起为打破国际经济旧秩序，建立国际经济新秩序，促进世界经济的繁荣和发展作出了贡献。发展中国家为了争取平等的发展机会，进行了长期不懈的斗争，使西方发达国家建立的旧国际经济秩序受到了空前的挑战。2000年的南方首脑会议认为，目前的各种经济规则并不有益于“77国集团”的133个成员国，尽管该集团代表了世界大多数的自然资源和80%的人口。多年来，第三世界国家为打破国际经济旧秩序进行了坚持不懈地斗争，通过多种渠道开展南北对话。在发展中国家的努力下，必将最终打破国际经济旧秩序，建立起国际经济新秩序，为世界经济的持续发展，创造有利的国际环境。

2.发展中国家的崛起，促进了世界多极化趋势的发展，是维护世界和平的基本力量。

经过发展中国家长期的斗争，目前发展中国家在世界政治生活中已经成为一支不容忽视的力量。发展中国家的壮大，对打破旧世界政治格局，促进世界向多极化发展，发挥着重要作用。发展中国家作为一个整体成为多极化世界政治格局的一个部分，在世界政治舞台上发挥着重要作用。2000年4月召开的“77国集团”首脑会议，第一次开始在政治问题上讲话，这在传统上是不结盟运动国家的任务。

发展中国家的崛起打破了少数国家垄断国际事务，主宰世界，称霸世界的局面，是反对霸权主义，保卫世界和平的基本力量。1985年，邓小平同志在接见日本客人时指出：“世界和平的力量在发展，战争的危险还存在。虽然战争的危险还存在，但是制约战争的力量有了可喜的发展。日本人民不希望有战争。欧洲人民也不希望有战争。第三世界，包括中国，希望自己发展起来，而战争对他们毫无好处。第三世界的力量，特别是第三世界国家中人口最多的中国的力量，是世界和平力量发展的重要因素。”广大发展中国家饱受霸权主义垄断国际事务、控制发展中国家之苦，因此，反对霸权主义的呼声很高，并成为反对霸权主义的重要力量。发展中国家实行不结盟政策，主张和平共处，是保卫世界和平的中坚力量。发展中国家的稳定与发展，对世界和平起到重要的作用。

3.发展中国家的崛起，使世界上占人口多数的国家参与到国际事务中来，为关系到人类命运的全球性问题的解决创造了条件。

广大发展中国家约占全世界独立国家的80%，占世界人口的绝大多数，应当在全球事务中最有发言权。但是长期以来，国际事务被少数几个国家所垄断，占世界人口大多数的发展中国家的人民，没有决定国际事务的权力。现在，发展中国家越来越自觉地参与到国际事务中来，打破了少数国家垄断国际事务的局面，这在更大程度上反映了人类新的观念：世界是全人类的世界，在这个地球上生活的所有的人，都有决定自己命运的权力，而不会任由某些人来摆布。只有发展中国家的人民都参与到国际事务中来，人类才能真正解决关系到人类前途和命运的大问题。

发展中国家参与国际事务的主要舞台是联合国。联合国是世界上最具有广泛的代表性和权威性的国际组织。现在，已有成员 180 多个，其中发展中国家占 3/4 以上，但是过去长期为美国把持。发展中国家的崛起，使联合国的面貌发生了巨大变化，其维护和平、促进发展、协调国际关系、解决争端的作用得到了更好地发挥。与此同时，发展中国家的地位和作用也日益被国际社会所认可。

思考题

1.怎样认识发展中国家在国际舞台上的地位与作用？

答案参考要点：当代世界的头等大事，推动世界格局向多极化发展，维护和平、促进发展。

2.如何看待民族主义国家的发展道路与政治制度的变革？

答案参考要点：多数国家战后走向资本主义道路是由其国际、国内环境决定的。政治制度出现了民主化变革的趋势。

3.如何认识南北差距的扩大？

答案参考要点：国际经济旧秩序的束缚、发展中国家内部存在的问题。

4.南南合作的特点和意义是什么？

答案参考要点：当前南南合作有如下特点：地区集团化趋势；合作内容的多样化和合作伙伴的多元化；不结盟运动和“77 国集团”调整了战略，继续在国际舞台上发挥作用。南南合作的重要意义：它是促进发展中国家经济发展的重要措施；发展中国家经济上的密切合作，必然带来它们之间的政治、外交上的一致性；发展中国家之间加强团结与合作，形成的集团整体优势，可以壮大这些国家的力量，改变南北力量的对比，从而促进国际新秩序的建立。

5.战后发展中国家采取的主要经济发展战略是什么？

答案参考要点：进口替代战略、出口导向战略、经济社会综合发展战略、可持续发展战略。

6.发展中国家对外关系的原则是什么？

答案参考要点：和平、中立、不结盟。

第七章

中国的对外战略与国际地位

本章学习目标

通过对新中国的成立及其政治经济的发展、中国对外关系的调整和发展以及外交政策的基本原则的说明，使学生了解中国在国际舞台上的地位作用，提高学生的爱国主义和社会主义觉悟，使之自觉执行党的基本路线和我国的外交政策，增加在对外开放中的适应能力。

本章重点难点

新中国在经历了60年的发展，特别是改革开放三十年来，已经成为维护世界和平的坚强力量，是捍卫第三世界利益的中坚力量，是促进世界和平与发展的进步力量。本章的重点和难点是：综合国力的增长提高了中国的国际地位，独立自主的和平外交政策使中国在国际社会发挥着独特作用，改革开放对世界产生了深远影响。

第一节　中国对外政策的演变和调整

一、新中国外交政策的制定和调整

新中国的成立揭开了中国独立自主外交的新篇章。

新中国的成立结束了旧中国的屈辱外交。对于国民的政府与外国政府所订立的各项条约和协定一一加以审查，按其内容，分别予以或承认，或废除，或修改，或重订。这充分体现了维护国家主权和民族尊严的精神。从建国初期到20世纪50年代末期，中国外交的中心任务是：巩固人民民主政权，为经济符合社会主义建设争取一个有利的国际环境。当时我国政府根据《共同纲领》确定的方针、联合世界一切爱好和平、自由的国家和人民，首先是联合苏联、各人民民主国家和各被压迫民族，站在国际和平民主阵营方面，共同反对帝国主义侵略，以保障世界的持久和平。

第一，新中国建交的三大原则。

新中国建交的三大原则，即“另起炉灶”、“打扫干净屋子再请客”、“先谈判后建交”。

“另起炉灶”，就是同旧中国屈辱外交彻底决裂，不自动继承同旧中国的一切外交关系，不承认国民党统治时期外国派驻中国的外交机构和外交人员的合法地位，而要在新的基础上重建中国同外国的关系。

“打扫干净屋子再请客”，这就是说，必须先肃清帝国主义在华的特权、势力和影响，然后再谈建交问题。对于帝国主义国家同中国建交的问题，“我们的方针是宁愿等一等”，把帝国主义在中国的残余势力清除一下，中国要在同它们建立外交关系以前“把屋子打扫一下”。

“先谈判后建交”，欲同新中国建交的国家，必须同中国先谈判，在谈判中新中国坚持的建交原则是：承认中华人民共和国中央人民政府是惟一合法的政府，同国民党政府断绝外交关系；支持恢复中华人民共和国在联大的合法席位，驱逐国民党集团，交还属于中华人民共和国的财产。

第二，“一边倒”的对外政策。

《共同纲领》第七章对新中国的外交政策作了具体规定：中华人民共和国外交政策的原则，为保障本国的独立、自由和领土主权的完整，维护国际的持久和平和各国人民间的友好合作，反对帝国主义的侵略政策和战争政策。为此，就必须倒向社会主义一边，即倒向以苏联为首的社会主义一边。

第三，和平共处五项原则。

1953 年底，周恩来总理在接见印度政府代表团时，第一次提出了互相尊重主权和领土完整、互不侵犯、互不干涉内政、平等互利、和平共处五项原则。在 1955 年 4 月召开的亚非会议上，和平共处五项原则得到亚非国家的承认。1954 年被载入中国的第一部宪法。

新中国外交政策的调整：

第一，20 世纪60 年代中国的外交政策经受了严峻考验。其特点可概括为“两个拳头打人”，即既反美又反苏。中国顶住了来自美苏两个大国的压力。联合广大亚非拉国家在维护自己的主权和利益，推动世界和平方面作出了重大贡献。

第二，20 世纪 70 年代中国外交政策的调整和对外关系新突破。“三个世界”划分的战略思想对于团结世界人民反对霸权主义，改变世界政治力量对比，改善我们的国际环境，提高我国的国际威望，发挥了重要的作用。“一条线、一大片”使中国的对外关系出现了前所未有的发展，1971 年 10 月，我国在联合国的合法席位得到恢复，中国实现了与日本、美国等西方发达国家的关系正常化。在 1970 到 1980 年十年间，同中国建交的国家达 75 个，我国开始全面地参与国际事务。

第三，20 世纪 80 年代中国外交政策的新调整和对外关系的新局面。我们改变了对战争形势的估计，认为和平力量的增长大于战争因素的增长，有可能制止世界战争。在国际活动中，制订了全面对外开放的政策，赋予独立自主原则以新的内容，即真正的不结盟，外交的目标就是维护世界和平。

当前中国外交突出了为国家经济建设创造良好的国际环境、维护经济利益和保障经济安全的政策特点。

二、新中国的对外关系状况

新中国成立初期，面临的主要任务是巩固独立和医治战争创伤。但是，美国为了"遏制"中国和与苏联进行全球"冷战"，对中国实行全面包围，还出兵朝鲜，驻军台湾，支持法国攻打印度支那。这一切严重威胁着中国的安全。面对美国为首的部分西方国家的威胁，从 1949 年至 20 世纪 50 年代末，中国在外交上采取了"一边倒"的战略，即与苏联结盟，形成反美统一战线。

美国出兵朝鲜后的第二天，派第七舰队进驻台湾海峡。随之美国在台湾设立海陆空军事基地，美军顾问帮助国民党军队不断对中国大陆和沿海进行挑衅。1952 年 12 月 2 日，美国与台湾当局签订了"共同防御条约"，该条约允许美国在台湾、澎湖及其附近部署军队，构成对中国大陆的严重威胁。这导致了第一次台湾海峡危机的爆发。

为了抗击美蒋的挑衅行为，中国政府向全世界提出了"解放台湾"口号，我军从 1954 年 9 月 3 日起炮轰金门、马祖两岛。1955 年 2 月，我军解放了大陈岛等岛屿，除掉了国民党军队对浙江沿海进行干扰的最大据点。4 月 23 日，中国政府提出中美双方谈判，讨论缓和台湾地区紧张局势的问题，美国表示同意。第一次台湾海峡危机由此缓解。1958 年夏季，台湾当局又企图反攻大陆，把其 1/3 的兵力布署在金门、马祖两岛，加强了对大陆的骚扰和破坏。与此同时，美国增加了对台湾当局的援助，调派大批军舰和飞机加强驻台美军。在这种情况下，我军从 8 月 23 日起又重新炮轰金门、马祖两岛。由此爆发第二次台湾海峡危机。针对我军的炮击，美国调动了 6 艘航空母舰、130 艘其它战船、500 架飞机，以及大量作战部队集中于台湾海峡地区。中国政府对美国的这种挑衅行为提出严重抗议，要求美军必须撤离台湾海峡，同时，中美双方恢复谈判。最后，迫使美国宣布从台湾撤走部分美军，台湾海峡危机得到缓解。

20 世纪 50 年代末至 60 年代末，是中国外交非常严峻的时期。美国在这一期间发动了侵越战争，严重威胁着我国的安全。苏联在此期间不断向中国施加压力，企图控制中国，使中苏同盟关系破裂。同时，中印关系恶化，发生了中印边界战争。中国的外交战略发生重大变化，从建国初期的"一边倒"转变为既反美又反苏，发展与第三世界国家的关系成为我国外交工作的主要任务。

中苏关系恶化　1956 年苏共二十大以后，中苏两党在许多重大的理论问题上存在着严重分歧，从而导致两国关系不断恶化。苏联推行霸权主义和强权政治，不尊重中国的主权,试图完全控制中国的外交和军事。于是,中苏之间展开了一场控制与反控制的斗争。

1958 年，苏联向中国提出两个要求：一是要在中国建立一个海军基地，以便于苏联军舰在太平洋活动。二是要求中苏两国建立一支由苏联控制的联合舰队。中国拒绝了苏联政府的要求，于是苏联就开始大肆损害中苏关系。

中印边界冲突　中印边界长约 2000 公里，分为西、中、东三段。中印边界从未正式划定过，只存在一条传统习惯线。1914 年 3 月，英国政府代表麦克马洪与西藏地方政府代表，背着中国中央政府，秘密划定了一条所谓“麦克马洪线”，把中印边界东段属于中国的 9 万平方公里土地划归英属印度。1959 年 8 月 25 日和 10 月 21 日，印度在双方边界地段挑起两次武装冲突，中国边防部队被迫进行还击。

援越抗美　1954 年法国撤出越南后，美国加强了对南越的控制。1956 年 3 月吴庭艳集团破坏日内瓦协议中的普选规定，在南越搞了制宪议会选举，实行法西斯统治，激起了南越人民的武装反抗，掀起反美斗争的浪潮。1961 年，美国宣布要在南越打一场“特殊战争”。1964 年 8 月，美国制造了“北部湾事件”，开始轰炸越南北方。1965 年 3 月，美国海军陆战队从岘港登陆，美国开始了对越南的大规模武装侵略。同时，美国加紧了对北越的轰炸和炮击，直接威胁到中国的安全。为了支援越南的抗美斗争，中国不断地向越南提供大量的物资援助，还应越南政府的要求，我国派出导弹、高炮、工程、铁道、扫雷和后勤等部队，总数达 32 万人，在越南北方承担防空作战、沿海扫雷、修复交通等军事任务。

20 世纪 60 年代末至 80 年代初，中国外交处在一个重要的调整发展时期，与西方国家的关系得到明显改善，把反对苏联霸权主义作为我国外交工作的重点。1969 年发生中苏武装冲突之后，苏联在中苏和中蒙边界附近陈兵百万，成为对中国安全威胁最大的敌人。为了减轻国家安全的外部压力，改善所处的国际环境，缓和与西方国家的关系，尤其是改善与美国的关系就成为中国外交战略调整的首要任务。为此中国提出了“一条线”和“一大片”外交战略。“一条线”就是通过发展与日本、巴基斯坦、伊朗、土耳其、西欧和美国的关系，组成东西一条线，打破苏联对中国的战略包围。“一大片”则是在“一条线”的主导下，联合亚非拉广大发展中国家，反对苏联的霸权主义。

中美关系恢复正常　1969 年尼克松就任美国总统后，为了增强与苏联对抗的实力，一再表示同中国发展关系。1971 年 7 月美国政府派基辛格秘密访问中国，受到我国政府的欢迎，毛泽东和周恩来亲自接见了基辛格，中美关系有了重大改善。1972 年 2 月，美国总统尼克松访问中国，中美双方发表了《上海公报》，中美关系进入了新的发展阶段。中国对中美建交问题提出了三个前提原则：即与台湾断交、废约、撤军。1978 年 12 月 16 日，中美双方发表《中美联合公报》，宣布中国和美国从 1979 年 1 月 1 日起建立外交关系。美国在建交公报中声明,承认中华人民共和国是中国的惟一合法政府,此后,将与台湾仅保持文化、商务和其他非政府关系。

中日建立外交关系　日本表示，同意中国提出的建交三原则，即中华人民共和国是中国的惟一合法政府，台湾是中国领土不可分割的一部分，废除日台条约。9月29日，发表中日联合声明，中日两国宣布正式建立外交关系。

恢复在联合国的合法席位 中国是联合国的创始国和安理会常任理事国之一。但是，新中国成立后，中国在联合国的席位一直由台湾的“中华民国”当局所占据。中华人民共和国中央政府成立以后，周恩来总理就多次致电联合国，申明我国政府才是中国惟一的合法政府，要求恢复在联合国的合法席位，把台湾当局从联合国驱逐出去。中国的这一要求遭到以美国为首的西方国家无理拒绝。美国以所谓的“中国侵略朝鲜”和中国代表权问题是“重要问题”为借口，阻挠新中国进入联合国。

1971年基辛格的秘密访华，引起国际社会的热烈响应。在26届联大会议上，美国知道很难再把中国挡在联合国大门之外，因而除了再次提出“重要问题”案外，还炮制了所谓的“双重代表”案，即接纳中华人民共和国进入联合国，但又不剥夺台湾当局的代表权，试图在联合国搞“两个中国”。1971年10月25日，在26届联大会议上，美国的提案以59票反对，55票赞成，15票弃权被否决。接着，大会表决了阿尔及利亚、阿尔巴尼亚等23国提出的恢复中华人民共和国在联合国的一切合法权利，并把台湾当局的代表立即从联合国的一切机构中驱逐出去的提案，此提案以76票赞成，35票反对，17票弃权获得了大会通过。中国在联合国的合法席位终于得到恢复。这是新中国外交发展史上的重大胜利。从此以后，中国的国际威望迅速提高。

从20世纪80年代初开始，中国的外交工作进行了全面调整，制定了新的外交战略，其主要内容是：不与任何大国结盟和建立战略关系，不支持它们任何一方反对另一方；对重大国际问题，根据事情本身的是非曲直，中国将独立自主地做出判断，并决定自己的态度和对策；中国不搞固定的斗争对象，在反对霸权主义的同时，也与对方发展其他方面的国家关系；中国不以社会制度和意识形态的异同来决定亲疏、分离，而是以和平共处五项原则来处理与任何国家的国际关系。

在维护世界和平问题上，中国和发展中国家一起反对军备竞赛，主张建立无核区和彻底销毁核武器。对发展中国家之间的内部矛盾和武装冲突，中国坚持不介入的态度，主张通过协商方式和平解决地区武装冲突。同时，还强调发展中国家内部要加强团结，避免发生冲突，以减少不必要的国力消耗和人员伤亡，以减少某些大国插手发展中国家内部事物的借口。如对1990年8月发生的海湾危机，中国始终坚持和平解决这一地区冲突。从伊拉克入侵科威特的第一天起，中国政府就强烈谴责伊拉克，要求它无条件撤军，恢复科威特的独立、主权和领土完整。中国积极参与安理会的内部磋商，支持对伊拉克的制裁。同时，中国也反对大国的军事介入，主动力争和平解决这场危机。如在人权问题上，发展中国家曾先后七次帮助中国挫败了西方国家利用人权干涉中国内政的提案，迫使西方国家在这一问题上采取合作的态度。在国际政治斗争中，中国和发展中国家相互信任和相互支持，巩固了传统友谊和密切合作的关系。

20世纪90年代以来，世界进入战后最深刻的大变动之中，各种矛盾错综复杂，各种力量重新分化组合，多极化加速发展，和平与发展仍然是国际社会迫切需要解决的两大主题。中国政府坚决贯彻邓小平同志提出的“冷静观察、稳住阵脚、沉着应付、善于守拙、决不当头、韬光养晦、有所作为”的战略方针，坚定地奉行独立自主的和平外交政策，使中国外交克服重重困难，开拓出崭新的局面，取得了新的巨大成就：经受住了东欧巨变和苏联解体的冲击，不但同东欧各国和独联体诸国保持或建立了新的国家关系，而且各个领域的友好互利合作关系进入新阶段；打破了西方一些国家的制裁，对其在人权、贸易、武器控制等问题上干涉中国内政的图谋进行了坚决的有理、有利、有节的斗争，顶住了重压，维护了国家的主权和尊严；同时，使西方国家由对中国进行集体制裁转为竞相与中国改善关系、发展贸易，这对国际形势和亚太局势，产生了深刻的积极影响；同第三世界国家的团结、友好、合作关系进一步加强，同周边国家的关系达到建国以来的最好水平；更积极地开展多边外交，在国际事务中发挥着越来越重要的作用。

中美关系　增进合作，减少对抗。

中美建交以来，双方的交往不断增加，两国关系得到显著发展，这给两国人民带来了利益，为亚太地区以至世界和平与稳定做出了贡献。但是，中美两国关系的进展还未达到应有的水平，两国关系中仍然存在着障碍和困难。

台湾问题始终是中美关系发展的主要障碍。台湾是中国领土的不可分割的一部分，它是一个关系到中国的主权、领土完整和国家统一的重大问题，绝不允许他国干涉。为了推动中美两国关系的健康发展，中方倡议中美两国按照和平共处五项原则和三个联合公报的精神，放眼全球，面向21世纪，努力扩大共同点，排除干扰，克服困难，两国关系是能够得到健康、稳定的发展。

1997年10月中美在联合声明中确立，共同致力于建立中美建设性战略伙伴关系。

2009年11月，中美两国元首一致同意，共同努力建设21世纪积极合作全面的中美关系，并将采取切实行动稳步建立应对共同挑战的伙伴关系。

蓝图已经绘制，目标也已明确，接下来就是承续两国首脑会晤所蓄积的态势携手前行。不容讳言的是，正如过去两国关系的曲折起伏所证明的，中美之间确实存在诸多重大分歧甚至结构性冲突，要超越世界历史局限，真正成为不同政治制度、历史文化背景和经济发展水平的合作伙伴，确实考验双方的战略智慧和塑造能力，需要双方共同作出艰苦努力。尤其是美国作为两国关系矛盾的主要方面，需要承担主要责任。中美能否成为合作伙伴在很大程度上取决于美方。如果美国能够超越自身当年实现崛起的历史经验，真正摆脱以往世界霸权更替的历史规律束缚，基于全球化相互依存时代国际关系的新现实和中美关系的深刻变化，来看待和处理中美分歧，那将大大有利于两国关系保持稳定进而成为合作伙伴。

中俄关系　面向21世纪的战略合作伙伴关系。

中俄关系是好朋友、好邻居、好伙伴的关系。中俄是领土毗连的两个大国，双方在相互关系上都采取了务实的态度。1996年4月叶利钦总统访华，双方发表了《中俄联合声明》，决定建立中俄“战略协作伙伴关系”。双方提出了发展中俄关系的“世代睦邻友好，相互尊重信任，平等互利合作，共同发展繁荣”的方针。4月26日，中国与俄罗斯、哈萨克斯坦、吉尔吉斯坦、塔吉克斯坦五国领导人在上海签署了《中、俄、哈、吉、塔五国关于在边境地区加强军事领域信任的协定》，这是亚太地区第一份政治军事协定，它不仅对促进中国与俄罗斯睦邻友好关系意义重大，而且必将对亚太地区乃至世界和平与稳定产生深远影响。

中俄两国正在积极落实《中华人民共和国东北地区与俄罗斯联邦远东及东西伯利亚地区合作规划纲要（2009—2018）》,双方地方合作也方兴未艾。中俄两国地缘毗邻，经济互补性强，都处于发展的关键阶段，只要两国着眼长远，发挥各自优势，开拓进取，密切合作，就能够共克时艰，实现互利共赢。

中日关系 前事不忘，后事之师。

中日建交以来，两国友好合作关系有了显著的发展，在政治、经济、科技、文化各个领域取得了全面发展。但两国关系在发展进程中也发生了一些问题，如篡改教科书问题、参拜靖国神社问题、钓鱼岛问题、东海大陆架问题等。中日政治关系的实质问题是日本如何对待过去军国主义发动的侵略战争以及如何处理与台湾关系的问题。中国政府认为正确对待过去日本侵略中国的历史是中日关系政治基础的重要组成部分，也是两国面向未来、发展世代友好关系的重要条件。

中欧关系 发展中的合作伙伴关系。

中国和欧洲国家发展关系有利因素很多，从政治角度看，双方只存在看法上的差异，并没有实际的利害冲突，欧洲国家对中国并不构成威胁，中国更不会威胁欧洲国家。双方发展关系，只会有利于维护世界和平。从战略角度看，双方都不愿看到两极控制世界，也不愿看到一极独霸世界，双方都致力于世界的多极化。中国与欧洲国家加强合作，更有利于世界向多极化方向发展。

中国与第三世界国家关系 全天候朋友关系。

中国同第三世界国家的关系应该是：平等而友好，互利而发展，求同而存异，团结而共进。具体来讲有以下四点：①中国是发展中国家的一员，现在也面临着同大多数发展中国家相同的任务和挑战；②在政治上，中国支持发展中国家争取维护独立和主权的正义斗争，主张国家不论大小、贫富、强弱都应一律平等；③在经济上，支持发展中国家反对国际经济旧秩序，振兴民族经济的努力，中国遵照“平等互利、讲求实效、形式多样、共同发展”的原则，发展与他们的经济合作；④在第三世界国家内部关系上，支持和促进他们内部的团结和合作，主张“以大局为重，以团结为重，以共同利益为重，采取克制态度，本着互谅互让、求同存异”的原则，通过谈判解决他们之间的纷争。

第二节　中国对外政策的基本原则

一、和平与发展是外交政策的基本目标

维护和平、促进发展是世界各国人民的根本利益。

和平与发展是当代世界的两大主题，维护世界和平，谋求人类的共同发展与繁荣，是世界各国人民的共同愿望和根本利益，也是中国对外政策的基本目标。

第一，发展睦邻友好关系，维护中国与周边国家之间的和平环境。

在20世纪90年代，我国政府积极推动与周边国家发展全方位的睦邻友好关系。我国领导人先后多次出访周边邻国，使中国与邻国实现了政治上相互尊重、军事上相互信任、经济上相互合作的跨世纪新型睦邻关系。

1996年中、俄、哈、吉、塔五国元首在上海聚会时，签署了《五国关于在边境地区加强军事领域信任的协定》等一系列文件，旨在防止中国同中亚各国发生军事冲突。1997年中、俄、哈、吉、塔五国元首又在莫斯科相会，签署了《五国关于在边界地区相互裁减军事力量的协定》。1998年中、俄、哈、吉、塔五国元首和代表又在阿拉木图签署相互间边界划分条约及协定。连续三年，通过多边首脑外交的途径，中、俄、哈、吉、塔五国元首签订众多相关军事、边界等重要文件，用江泽民主席的话说是"我们决心成为友好邻居、好朋友、好伙伴这一共同愿望的生动体现"。

1997年12月，东盟9国领导人和中国、日本、韩国3国领导人在吉隆坡举行东亚首脑会议，共商面向21世纪的合作大事。特别是同期举行的东盟9国与中国的非正式首脑会晤上，国家主席江泽民与东盟9国领导人深入探讨了中国和东盟的睦邻关系，一致同意将经贸科技合作放在优先地位，把互利合作的潜力变成共同发展的现实。并共同发表《中华人民共和国与东盟国家首脑会晤联合声明》，要将睦邻互信合作伙伴关系作为21世纪中国与东盟关系的重要目标。

第二，积极参与建立国际新秩序。

根据邓小平提出的中国在国际舞台上要有所作为，要积极参与建立国际新秩序的外交思想，我国政府开展全方位外交活动，积极参与国际新秩序的建立。

在20世纪90年代，我国通过大使外交、部长外交、首脑外交等多种外交方式，积极参与区域性和全球性国际事务活动，与各国政府在各种外交场合，广泛、充分地交流对国际事务的看法，表明对国家事务的立场，商讨世界发展的未来，推动国际新秩序的建立。在1998年4月伦敦举行的第二届亚欧首脑会议上，与会的各国领导人高度评价了中国在亚洲金融危机中做出的巨大贡献和在此次会议上再次承诺人民币不贬值的负责任的态度。

第三，积极裁减军队，以显示我国维护世界和平的诚意。

20世纪80年代以来，为了显示中国维护世界和平的决心和诚意，我国主动大规模地裁军。1985年，我国政府决定单方面裁减军队人员100万，到1990年我国实际

裁减了103.9万人。1997年9月，我国政府又宣布，中国军队在今后三年内，再次裁减50万。中国军队的人员规模将保持在250万。这充分反映了中国政府维护世界和平的真诚愿望和实际行动。

二、独立自主是外交政策的根本原则

独立自主是真正的不结盟。中国判断国际事务是非曲直的标准，就是看它是否有利于世界和平、发展各国友好合作和促进世界经济的共同繁荣。反对任何国家把自己的意志强加于我们，反对强权，强调国家不论大小、强弱、贫富，都有自己的主权，都应平等对待。

20世纪80年代以来，我们在全面总结过去经验的基础上，赋予了独立自主原则以新的内容，那就是不结盟，是真正的不结盟。中国不同任何一个大国结盟或建立战略关系，不支持任何一方反对另一方，不以意识形态划线。对一切国际问题都根据其本身的是非曲直来决定自己的态度和政策。我们奉行独立自主的原则，并不意味着我们只顾自己国家的利益，而不愿承担我们应尽的国际义务。独立自主的核心就是爱国主义和国际主义相结合。中国的外交政策首先是一切从本国人民的根本利益出发，维护我国的主权和领土完整，反对一切形式的外来干涉。但是，我们同时也积极承担自己应尽的国际义务，反对民族利己主义和大国沙文主义，为推进世界和平与发展做出自己的贡献。

20世纪80年代初，中国提出不与任何大国结盟的外交战略，使外交政策中的独立自主旗帜更加鲜明。在重大国际问题上，中国不迁就于一时一事，不为任何大国压力所左右，从不拿原则做交易，而是根据事情本身的是非曲直，从维护世界和平，发展各国友好合作，促进世界经济繁荣，维护中华民族利益的角度出发，独立自主地做出外交判断和采取相应的对策。

三、和平共处五项原则是对外政策的基本准则

和平共处五项原则即互相尊重主权和领土完整、互不侵犯、互不干涉内政、平等互利、和平共处五项原则。和平共处五项原则是一个完整的思想体系，五项原则之间相互联系、不可分割。和平共处五项原则是我国党和政府领导人在新中国成立后不久首先提出来的，最初是强调用以处理不同社会制度国家之间的关系的，20世纪50年代末发展为同样适用于处理相同制度的国家关系。现在，和平共处五项原则早已不只是我国处理对外关系和现代国际法的共同准则，而且为许多国际会议、国际文件所接受和确认。当前，中国政府主张公正合理的国际新秩序必须建立在和平共处五项原则的基础上，这是对国际社会的一大贡献。中国政府不仅倡导和平共处五项原则，而且还在外交实践中一贯坚持和平共处五项原则，把它作为处理同其他国家关系的基本准则，从而使我国在错综复杂的国际社会中确立了自己的地位，发挥了自己的作用，对外工作取得了巨大成就。

和平共处五项原则是我国的新发展和新贡献；和平共处五项原则的本质是反对侵略和扩张，维护国家的独立自主权利。五项原则是一个有机的整体，不可分割，是一个崭新的、公正的国际关系准则。已经成为当今世界公认的国际关系准则，为众多国家和国际文件所接受和遵循，成为处理国与国之间关系的最好方式。和平共处五项原则是中国处理同一切国家关系的基本准则。和平共处五项原则是中国政府倡导的，并用以指导自己同各国发展正常关系的基本准则。和平共处五项原则也是当今世界各国建立平等、友好的国际关系的根本保证。各个国家的友好交往必须建立在平等互利的基础上，只有国家之间的平等交往才会有互利，互利是平等的真实体现。主权独立和领土完整是一切国家生存和发展的前提，互不侵犯、互不干涉内政是实现各国之间和平共处的前提。

和平共处五项原则提出的意义在于：第一，它符合当今世界各种不同社会制度并存的时代特点，符合世界各国人民追求平等、向往和平的美好愿往；第二，它符合各国人民反对强权政治、霸权主义，维护民族独立和国家主权的共同心理要求；第三，它符合世界各国之间在经济合作和文化交流等方面的相互依赖、共同发展的趋势。由于具有如此广泛的国际意义，和平共处五项原则一提出，就受到大多数国家的欢迎和响应，它不仅是中国处理对外关系的基本准则，而且是当今国际社会公认的指导国与国之间的关系的普遍准则。

四、加强同第三世界国家的团结与合作是对外政策的基本立足点

加强与第三世界国家的合作关系是中国外交的一贯政策。中国是一个社会主义国家，也是最大的发展中国家，属于第三世界。在发展对外友好关系中，我国始终把加强同第三世界发展中国家的团结与合作作为自己外交政策的立足点。在当今国际政治舞台上，发展中国家的作用越来越大，地位越来越高，已成为维护世界和平、反对霸权主义的重要力量。中国是一个发展中国家，与大多数发展中国家有着相同的命运和共同的利益，这就决定了中国在许多重大国际问题上与发展中国家站在一起，共同反对西方大国的霸权主义和强权政治。

新中国成立以来，一贯支持亚非拉被压迫民族反对帝国主义国家的殖民统治，争取民族独立的正义斗争。在任何条件下，中国都没有放弃或者减少对发展中国家民族解放斗争的支持，并且为此做出了巨大的牺牲。中国与第三世界有着共同的遭遇，面临共同的发展任务。中国遵循“平等互利、讲求实效、形式多样、共同发展”的原则，同第三世界国家发展经济技术合作。

20世纪80年代以来，中国对第三世界工作的重点，是支持第三世界国家提出的发展民族经济、谋求改善南北关系、发展南南合作和改革国际经济旧秩序、建立国际经济新秩序的要求。中国在同第三世界国家的交往中，平等相待，从不以大国自居，不干涉别国内政，尊重它们独立自主地决定自己的内外政策。中国政府主张第三世界国家加强团结，通过友好协商和平解决彼此之间的争端，反对外部势力的插手和干涉。

五、对外开放是一项基本国策

对外开放是历史经验教训的总结，我国实行全方位对外开放政策，既向发达资本主义国家开放，又向社会主义国家开放，也向民族主义国家开放。不仅在物质文明建设中对外开放，也在精神文明建设中对外开放。在现代经济条件下，无论是发达国家，还是发展中国家，都在充分利用国外资金，发展本国经济。更何况我国是一个发展中国家，资金非常短缺，更应该充分吸收和利用国外资金，来发展本国经济。引进外资的好处是非常多的：一是可以弥补本国建设资金不足的问题；二是可以提高技术水平和管理水平；三是可以增加就业机会；四是可以带动扩大出口；五是促进国民经济增长。

对外开放以来，我国在引进和利用外资方面取得了巨大成就。特别是近年来我国实际利用外资又有新的增长。实行对外开放政策，使我国经济与国际经济迅速接轨，大大提高了我国经济的国际化程度，成为21世纪以来我国经济持续高速增长的主要原因。

爱国主义与国际主义相结合的精神贯穿在中国对外政策的各项原则之中。

第三节 中国在国际舞台上的地位和作用

一、中国是维护世界和平的坚强力量

新中国的成立揭开了中国历史的新篇章，最早打破了雅尔塔体制，改变了国际政治力量的对比，使力量对比发生了有利于和平民主和社会主义阵营的巨大变化，推动了殖民地民族解放运动的发展，沉重地打击了美帝国主义称霸世界的野心，对亚洲和世界和平事业做出了自己的贡献。

综合国力的增长提高了中国的国际地位，使中国成为世界和平与稳定的力量。

50多年来，中国在社会主义政治、经济建设中取得了伟大的成就，使得我国的综合国力得以迅速地增长。尽管按人均产值计算仍是落后的，但无论按哪种公式计算，我国的综合国力都处在世界前八名之内。我国很多重要的工农业产量居世界第一；在科学技术的某些领域已经赶上和达到了世界先进水平；我国是联合国常任理事国之一，也是核大国之一；尤其是我国的社会主义制度，党的“一个中心、两个基本点”的基本路线，现行的内外政策得到全国人民的衷心拥护，在中国共产党的领导下，全国各族人民紧密团结。这一切使得我国在国际舞台上的地位不断提高。

战后以来，中国坚持反对霸权主义和强权政治，为维护和平，制止战争曾经进行了坚决的斗争。

冷战时期，美苏两个超级大国依靠远比别国强大得多的经济力量和安全力量，在世界范围内展开激烈争夺，对世界和平和各国安全构成威胁，中国对此进行了坚持不懈的斗争。当前对世界和平构成最大威胁的还是霸权主义和强权政治，中国联合一切爱好和平的力量，对其予以抑制和反对。中国反对军备竞赛，倡导全面禁止和彻底销毁核武器之前，所有核武器国家应承诺在任何时候、任何情况下都不首先使用核武器，不对无核国家和无核武器区使用或威胁使用核武器。中国已单方面承担了不首先使用核武器、无条件不对无核国家、无核地区使用或威胁使用核武器的义务。为消除

战争威胁，中国做出了巨大的贡献。

中国以联合国为讲坛，为维护和平、制止侵略、防止冲突及和平解决争端进行了不懈努力。

中国是联合国的创始国和安理会五个常任理事国之一，遵循联合国的宗旨，积极参加联合国及其各个专门机构开展有利于世界和平与发展的活动。中国在联合国高举和平大旗，反对一切危害世界和平、阻碍人类发展的行动，向联合国提出了许多有助于世界和平与促进发展的建议。中国政府同爱好和平的有关国家一起先后致力于国际争端的和平解决，在实现柬埔寨、阿富汗、波黑、伊拉克等冲突中曾经并将继续发挥重要作用。

二、中国是捍卫第三世界利益的中坚力量

1.中国把加强同第三世界国家的团结和合作作为其对外政策的立足点，把维护第三世界的利益作为应尽的国际义务。

中国一贯同情和支持第三世界国家的正义斗争，从亚洲的朝鲜、越南人民的抗美救国战争到非洲人民争取独立的武装斗争，无不得到中国人民政治上、道义上甚至物质上的支持和援助。

2.坚决支持第三世界国家为建立国际新秩序、谋求改善南北关系、发展南南合作和振兴民族经济的努力。

1974年，联合国第六届特别会议系统地阐述了中国在建立国际经济新秩序问题上的观点与主张，强烈支持第三世界国家的正义主张，呼吁发达国家重视发展中国家的利益，要求它们采取切实有效的措施稳定初级产品价格，扩大对低收入国家的贸易优惠，遏制和减少保护主义，反对发达国家在向发展中国家提供援助时附加许多苛刻政治条件的做法。在南南合作会议及“不结盟运动”、“77国集团”的活动中，中国都给予了大力合作与支持，并在力所能及的条件下，努力向第三世界国家提供优质的经济技术服务。

3.中国支持第三世界的改革要考虑第三世界国家的利益。

随着国际形势的巨大变化和联合国的作用日益重要,国际社会要求改革联合国现行机制的呼声空前高涨。中国政府认为,联合国进行适当改革是需要的,联合国的改革首先要把发展中国家的利益和要求考虑进去,安理会的改革必须遵循公平地域分配原则,照顾第三世界的利益和代表性。第三世界国家把中国看成是忠诚可靠的朋友。

三、中国是促进世界和平与发展的进步力量

1.中国对外贸易和整个经济的发展，会大大增强中国这个巨大的商品市场和资本市场的吸收能力。

中国同发达国家在经贸方面的关系更多的是一种良性互补。对于发展中国家而言，这固然会增加竞争，但包括中国在内的发展中国家通过这种竞争，才能选定各自的优势产业，引导资本和技术投向，优化产业结构。因此从根本上讲，这种商业竞争对世界经济与贸易的发展都是有利的。

2.中国属于发展中国家，人均国民收入还很低。

根据1994年公布的世界银行《发展报告》提供的数字，按人均排列，中国在132个国家和地区中居第105位。中国要达到中等发达程度，还须进行几十年的艰苦努力。中国发展与否直接牵动着世界的稳定。近二十年的发展，为中国的社会稳定奠定了基础。中国的发展和稳定是对世界和平的贡献。如果中国不发展，13亿人民生活在贫困之中，如发生内战，会对世界构成威胁，乃至酿成灾难。

3.中国越发展，同世界各国的联系就越紧密。

各国相互联系又相互制约，世界就会形成一个较稳定的力量结构。不称霸不单是中国的真诚主观愿望，也是客观环境使然。①

第四节　中国发展的国际环境

中国改革开放20多年来，虽然经济上获得了快速发展，但是中国仍很落后。中国急需一个和平的国际环境，以便集中精力建设国家经济，尽快实现现代化。"冷战"以后出现的相对和平的国际环境，为中国的发展提供了一个极好的机会。因此，我们必须采取正确的国际战略和策略，以确保在一个较长的时期内维持和平的局面。

一、继续"韬光养晦"，争取我国发展的和平国际环境

早在20世纪80年代末90年代初，"冷战"结束和前苏联东欧集团发生剧变的时候，邓小平就为我们指出了在这个世界大变动时代中国应该采取的国际战略和策略。这个国际战略和策略就是：韬光养晦，有所作为。具体地说，这个国际战略至少应该包括以下几个方面：

首先，对复杂多变的国际局势要冷静观察。邓小平指出，"对国际局势还要继续观察，有些问题不是一下子看得清楚的，总之不能看成一片漆黑，不能认为形势恶化到多么严重的地步，不能把我们说成处在多么不利的地位。实际上情况并不尽然。世界上矛盾多得很，大得很，一些深刻的矛盾刚刚暴露出来。我们可利用的矛盾存在着，对我们有利的条件存在着，机遇存在着，问题是要善于把握。"我们对待国际局势的变化，不要急于表态，要冷静观察，看准以后再表态不迟。在国际局势变化中，固然包含着挑战，但同时也包含着机遇。我们要善于利用矛盾，趋利避害，抓住机遇发展自己。

其次，韬光养晦，决不当头。邓小平说："第三世界有一些国家希望中国当头。但是我们千万不要当头，这是一个根本国策。这个头我们当不起，自己力量也不够。当了绝无好处，许多主动都失掉了。中国永远站在第三世界一边，中国永远不称霸，中国也永远不当头。"这是一个极为明智的决策。我们永远站在第三世界

①门洪华.中国崛起与国际秩序[J].太平洋学报：2004，(2).

一边，但不是他们的头，从而为自己留下许多主动。

最后，力争用和平方式解决国际争端。邓小平指出：“世界上一系列争端都面临着用和平方式来解决还是用非和平的方式来解决的问题。总得找出个办法来，新问题就得用新办法来解决。”邓小平主张用和平的办法来解决包括领土主权在内的国际争端。他列举了用“一国两制”解决香港这样的历史遗留问题，用“搁置主权,共同开发”来解决钓鱼岛和南沙群岛这样的领土主权问题。

我们相信，只要按照邓小平同志的指示，沉着观察国际上发生的重大事件，一方面我们既要坚持原则，始终站在发展中国家一边，对霸权主义敢于斗争；另一方面我们也要讲究斗争艺术，要善于斗争，要利用我国的联合国安理会常任理事国的地位争取和平解决国际争端，使世界尽可能地长久保持和平局面。正如邓小平同志指出的：“综观全局，不论怎样变化，我们要真正扎扎实实地抓好……建设，不要耽搁。”我们争取和平国际环境的目的是扎扎实实地搞好国内的经济建设，使我国在和平的国际环境中尽快地实现现代化。

二、以斗争求团结，发展中美关系

在与各大国的关系中，中美关系当居首位。这是因为美国始终是实力最强的国家，在很大程度上将继续左右着各个国际组织和世界事务，而且它还直接插手中国的内政（台湾问题）及周边国家的事务，因此在国际交往中始终离不开与美国打交道。在经济全球化的发展趋势下，中国与美国同样难舍难分：中国需要美国的技术和资金，美国则需要中国广袤的市场。

对于美国这样一个在世界上举足轻重的国家，中国无论从国际层面，还是从国内层面都应该处理好同它的关系。但是，美国有两面性：一方面，“二战”以来，美国一直是世界上的超级大国，养成了它在世界事务中霸气十足，对于世界每个角落的几乎每一件事情都要插上一手，充当了“世界警察”角色。因此，同它打交道必须坚持原则，作必要的斗争。另一方面，美国也是世界反对恐怖主义、毒品问题等世界性难题的重要力量。因此，也要同它保持和发展关系。

我们以为，要处理好同美国的关系，应该深入了解美国的政治体制，要排除干扰，发展与美国政府和人民之间的关系。美国国内确实存在着一股反华势力，他们出于不同的意识形态考虑，不顾中国的现实，顽固地坚持“冷战”思维，把中国当作他们的假想敌。不时地利用诸如“台湾问题”、“人权”、“宗教”和“民主”等问题攻击中国。但是，这股势力主要集中在国会。他们习惯于以“救世主”的面貌出现，一味地指责别人，甚至在国会中频频通过各种所谓的“法案”，妄想用美国的国内法来“整治”中国。

但是，由于美国的三权分立制度，国会和政府都保持有自己的独立性，它们不能完全控制对方，特别是在国会和政府由不同政党控制的情况下更是如此。国会往往和政府对着干，通过一些并无实际法律效用的“法案”，对政府施加压力。而美国政府必须从国家的实际利益出发，执行对美国发展有利的“法案”，而拒不执行对美国发展有负面影响的“法案”。在中国问题上也一样，美国政府不能不考虑一个既拥有潜力的市场，又蒸蒸日上的中国的存在。美国政府清楚地知道，中国的发展需要美国拥有优势的技术和资金，中国的发展对美国来说是一种机遇，美国必须抓住。因此，在诸如“最惠国待遇”等许多问题上，美国政府始终不顾国会的反对而屡屡批准给予中国最惠国待遇。比如2000年4月，美国国会围绕着是否通过美国给予中国永久性正常贸易关系与克林顿政府展开了尖锐的斗争。很长时间以来,美国国会的反对派甚至不惜调动劳联-产联等组织,大肆制造舆论,鼓动国会否决提案。但是,他们的行动遭到了克林顿攻府和大批工商界人士的反对。经过几个月的争斗，美国众议院终于在2000年5月24日以239票对179票的优势，通过了给予中国永久性正常贸易关系的法案。

实际上，美国人（包括国会中的反华分子）并不真正了解中国，因此要对他们做工作。例如，邀请他们来中国实地看看，让他们了解中国的实际情况。同时要做好宣传工作，使更多的美国人民了解中国。我们应该改变以往那种说教式的宣传，要用事实说话。美国人民是很讲实际的，因此相信他们会根据事实做出他们自己的判断的。

在谈论中美关系的时候，容易触动中国人民感情的一个问题是台湾问题。台湾问题本来属于中国的内政，但是美国却把它同台湾的关系与保护它在东亚和太平洋地区利益联系在一起。虽然美国政府曾多次表示支持“一个中国”的政策，但时有反复。在台湾问题上，美国仍存在着进行干涉的可能性。从这个意义上来说，台湾问题除了直接关系到国家的领土主权安全之外，还关系到中国的国际安全环境。目前，尽管台湾岛内多数人承认自己是中国人，希望与大陆发展经济和贸易关系，实现“三通”，进而逐步实现与大陆统一，但是总还有那么一部分人妄想脱离大陆，实现“台湾独立”。这种思潮得到了美国反华分子的支持。他们与台湾岛内“台独”分子内外呼应，不时地在国际上掀起层层黑浪。

“台独”是台湾海峡形势恶化的最大隐患。中国决不会允许自己的哪怕是一寸领土从版图上分裂出去。中国对台湾问题的态度是，台湾是中国领土不可分割的部分，中国与台湾统一的模式是“一国两制”，为此中国决不作“不使用武力”的承诺。一旦台湾违背中国人民的意志宣布“独立”，台湾海峡的形势就无法控制。因此，我们应该利用一切可能遏制“台独”势力的发展。只要台湾不宣布“独立”，中国的和平统一就有希望。直到目前为止，美国仍然对台湾有相当大的影响力。通过近些年来的较量，美国政府已经清楚地了解中国政府对统一台湾的决心，因此我们应该设法在处理好同美国关系的前提下，利用美国政府对台湾的影响力制止“台独”势力的恶性膨胀。

中美两国在经济上有很大的互补性。这在中国方面不用多说，政府领导人曾一再表示：“中国政府一向重视发展同美国的关系”。在美国方面，除了少数反华势力以外，特别是美国的商界清楚地了解，中国经济的快速发展对美国来说是最好的机会。一旦丧失这个机会，把机会让给日本和欧洲等国家，那么美国在未来的经济竞争中就可能受到影响。因此在美国有比反华势力更大的势力，反对"遏制"中国，而要求同中国保持"接触"，发展良好关系。只要我们在政治上坚持独立自主，在经济上坚持扩大对外开放、互惠互利政策，我们就可能争取更多的美国人民的支持。

当然，美国政府也有反对中国的一面。美国政府毕竟是大垄断资本的代言人，而垄断资本出于意识形态的考虑，他们从本质上是反对社会主义的。因此，他们有一种防备、拒绝、反对社会主义的本能，这种本能不仅是一部分国会议员和垄断资本家有，就是许多政府官员和平民百姓也有，因而我们不能希望把同美国的关系建设成真正亲密无间的"伙伴关系"。正因为如此，我们对待美国政府同样还需要坚持斗争，有时是针锋相对的斗争，但是要留有余地，不能使双方的关系破裂，中断同美国政府的联系。总之，两国既不会因为上述分歧和纠纷而放弃改善两国关系的努力，但也不能指望双方能够一劳永逸地解决具体分歧。中美关系将在矛盾和斗争中逐步前进。

三、加强中欧关系，在经济建设中助我一臂之力

由于地理上相距遥远，没有直接的利害冲突，因此中国与欧盟各国的关系相对比较平静。近几十年来，随着东亚和中国经济的崛起，欧盟十分重视发展它与这个地区各国的关系。为加强与亚洲的关系，欧盟于 1996 年倡议定期召开亚欧会议。发展同中国的关系，在中国市场上取得较大的份额，在欧盟加强同亚洲的关系中居于很重要的地位。从中国方面讲，发展同欧盟的关系可以取得经济发展所必需的先进技术。同时，在对美国的斗争中，中国也需要联合欧洲国家。因为欧盟虽与美国有依赖的一面，但也有独立于美国的一面。但是由于社会制度上的不同，欧盟在许多问题（如人权、贸易等问题）上也往往与美国沆瀣一气，因此对欧盟各国也不能失去警惕。如果我们利用美欧矛盾得当，欧洲在某些问题上未尝不能助我一臂之力。因此，中国与欧盟的关系是可以有很大发展余地的。当然，这种关系对中国的安全环境而言，虽然未必都是积极的，但也不可能都是消极的。如果我们处理得当，我们可以从欧盟得到我们经济发展中所需要的很多东西。

四、搞好周边关系，为我国建设创造良好的国际环境

中国与日本是近邻，双方在政治、经济、文化、生态等各个方面都存在互动关系，特别是在经济发展方面有很强的互补性。日本拥有先进的科学技术和丰裕的资本，而我国拥有广袤的市场，发展中日友好关系，对两国都有利。但是，日本政界有一股企图为"二战"时日本军国主义罪恶翻案的势力，它还霸占着中国领土钓鱼岛，且又与美国一起积极部署战区导弹防御系统问题。因此，中国对日本决不能放松警惕，应该随时警惕日本军国主义的复活。由于日本政府至今对"二战"坚持错误态度，深受日本侵略的亚洲国家的人民对日本政府是有警惕的，即使是美国也是如此。处理好中国与周边国家以及美国的关系，有助于牵制日本的军国主义发展。在经济方面，有的日本商人缺乏信誉，商品不仅价格高，而且往往以次充好，或者以旧充新，坑害中国，因此对他们也要有充分的认识。总之，一方面，我们要发展

与日本的关系，发展两国之间的经济往来，加强我国人民同日本人民的传统友谊，促进我国经济的快速发展；同时，也要对它提高警惕，随时注意遏制军国主义势力的抬头，保护亚洲和世界和平。

俄罗斯是中国北方的邻居，两国人民之间有着良好的传统友谊。自从苏联解体后，由于政治改革受挫和经济危机的加深，俄罗斯国内民族矛盾激化，居民生活水平下降，人民普遍不满；在国际上，由于投靠西方不成，又不愿意作“二等国家”，而且国内政治不稳，俄罗斯的国际威信严重下降，在国际上处于孤立状态。因此俄罗斯急需像中国这样的朋友。一方面，俄罗斯政府希望学习中国改革开放的经验，以便迅速改善其经济状况；另一方面，俄罗斯需要中国的帮助，以摆脱它在国际上的孤立状态。当然从中国来说，在美国和日本联合起来日益加大对中国压力，特别是在它们加强军事同盟和建立战区导弹防御系统的情况下，中国也需要与俄罗斯发展战略伙伴关系。

有鉴于此，近年来中国与俄罗斯的关系不断加强。在经济上，中国与俄罗斯在大力发展经贸关系的同时，联手共同开发中亚地区的天然气资源，并建设输送管道供应中国需要，并通过中国港口向第三国出口。在政治上，双方同意建立“战略协作伙伴关系”，反对西方的霸权主义行径。例如，尽管出于不完全相同的目的，中俄分别谴责以美国为首的北约野蛮轰炸南斯拉夫，但是我们对于俄罗斯民族主义势力的发展不能不提高警惕。

同样，处理好同周边其他国家之间的关系对中国的国家安全至关重要。在中国的周边地区，朝鲜半岛的情况最为复杂，那里至今没有消除军事对峙状态。由于这个地区的局势对美、日、中、俄的安全息息相关，因此这个地区实际上成了大国利益的交汇、冲突之点和斗争的集中场所。但是自从2000年以来，朝鲜的金正日放弃了长期以来的孤立政策，实行了开放政策，主动表示要与韩国发展良好关系的愿望；另一方面，韩国的金大中也不失时机地做出了积极回音，并于2000年年中去平壤实现了双方领导人的首次会晤，从此使朝鲜半岛的紧张局势有所缓和。然而，尽管在离散家庭团聚问题上双方采取了积极的态度，但在统一问题上仍看不到双方有任何大的动作。在未来的十年中，朝鲜半岛能否实现统一仍是个未知数。但是，朝鲜半岛形势得到缓和对朝鲜半岛、对东亚各国，乃至对世界都是一个福音。

在东南亚，中国的安全环境主要是与东盟国家的关系。东盟为维护自己的利益，其基本外交方针是与所有大国都建立和保持良好关系，同时又与所有大国都保持适当的距离。这种“平衡外交”的宗旨是，不容许任何大国在该地区处于支配地位。东盟国家希望利用大国矛盾使之相互制约，但又不希望它们之间的矛盾过于激化，以致产生对东盟不利的影响。因此，东盟的对外政策不会与中国的政策发生矛盾。但是，在中国与东盟某些国家的关系中，也有一些争执的方面，如有关南沙和西沙的归属问题。在这个问题上，中国的政策是明确的，那就是“搁置争端”，“共同开发”当地资源。在未来十年中，在这个问题上与有关国家的争端是难免的，但是如果处理得好，激烈的冲突也是可能避免的。

南亚的局势发展难以把握。近年来，印巴两国相继成为核国家的事实，大大加剧了这一地区形势失控的危险性。印度发展核武器的目的，主要是为了在地区称霸。但由于中印之间还有边界问题没有解决，因此它发展核武器也希望对中国起到“威慑”的作用。对中国来说，最好的情况是印巴双方保持某种核均衡，并力促双方以谈判解决问题。同时，我们也应该积极争取印度和我们坐下来，认真解决包括边境问题在内的双边关系。

此外，就中国的安全战略而言，中国对所有国家，无论是周边国家还是相距比较遥远的国家，无论是双边关系比较紧张的国家还是以往关系比较好的国家，都应力争建立和保持友好关系。在处理双边或多边问题的过程中，矛盾和对立实属难免，但有了矛盾，应该坐下来谈判，以求和平解决；实在一时解决不了的，可以先搁置起来，等待时机慢慢谈判解决。中国应该广交朋友。但是，中国也必须时刻警惕在国际关系中出现对中国不利的形势的发展。一旦这种形势发生，中国应该联合一切可以联合的力量，及早化解消极因素，为国内的经济建设争取最好的国际环境。①

考察中国的国际安全环境，除了应从战略上考虑国家间的关系以外，还应考虑其他一些具体的问题。这种问题既包括双边问题，如领土主权之争、经济摩擦等，也包括地区性问题，如裁军问题和民族主义的辐射影响问题，又包括全球性问题，如生态环境问题和跨国犯罪问题等等。

五、中国改革开放三十年的外交成就

改革开放的三十年是中国从封闭半封闭状态走向全面开放，中国与世界的关系发生历史性变化的三十年，是中国的综合国力、国际地位和影响显著增强的三十年，是中国闯过一道又一道艰难险阻，经受住各种国际风云变幻考验的三十年，同时也是中国在外交战线上不断开拓进取取得辉煌胜利和中国外交理论实践和体制机制创新不断取得新进展的三十年。

三十年外交成就主要表现在：科学判断国际形势，不断深化对世界多极化进程的认识，积极推动多极化趋势朝着有利于维护世界和平，促进共同发展的方向发展。全面权衡经济全球化发展趋势的利弊得失，努力推动经济全球化朝着均衡、互惠和共赢的方向发展。确定了韬光养晦、有所作为的战略策略方针，妥善应对各种国际风云变幻。强调始终不渝地奉行独立自主的和平外交政策，进一步丰富和发展中国对外政策的内涵。形成完整的对外开放理论体系，并把对外开放确定为中国社会主义现代化建设的一项基本国策。强调不以社会制度和意识形态划线，主张从国家战略利益出发处理国与国之间的关系。强调以和平共处五项原则为基础建立公正合理的国际政治经济新秩序，促进国际关系民主化和发展模式多样化。积极倡导南南合作，推进同广大发展中国家的互利务实合作。坚持走和平发展道路，始终做维护世界和平、促进共同发展的坚定力量。进一步明确中国对外工作的总体布局，开展空前活跃的全方位外交。大力倡导以互信、互利、平等、协作为核心的新安全观，在国际裁军、军控和防扩散

①阎学通.中国的新安全观与安全合作构想[J].现代国际关系：1997，(11)．

领域发挥越来越重要的作用。开展人权领域的国际交流、合作与斗争，促进国际人权事业的发展。确立党际关系“四项原则”，开创党的对外工作新局面。

中国外交在改革开放三十年来最大的贡献就是，因势利导，把握住了改革开放的战略机遇期，为中国的发展营造了有利的外部环境，创造了良好的条件。政治上，随着中国不断融入国际体系，中国外交既坚持原则，又讲究策略，在维护国家主权的同时又积极推动多极化发展，成为维护世界和平的重要力量，保证了改革开放不受外部干扰。经济上，中国积极开展经济外交，与大国、周边国家、发展中国家等全面发展经贸关系，引进大量外国资本和先进技术，同时为全球经济发展作出重要贡献。安全上，中国外交为维护国家主权和领土完整以及促进国家统一大业做出巨大的贡献。在与各种分裂势力作斗争的过程中，中国外交灵活运用多种平台，在发展与各有关国家的双边和多边关系中营造了全球打击分离势力的态势，维护了稳定大局。

改革开放三十年来，中国外交在理论方面也实现了重大创新，中国特色的外交理论正逐步形成和日益完善，强调利益与道德的平衡，其独立自主的和平外交道路的主旨日趋凸现。提出了与时俱进的国际合作观、维护和平的新安全观、利益均衡的国家利益观、积极主动的国际体系观、全局视野的内外统筹观、以人为本的外交价值观，为21世纪中国国际战略的完善提供了重要的理论依据和支持。

经过改革开放三十年的积累和发展，中国外交正站在一个新的历史阶段的起点上，其面临的基本矛盾是：中国有形实力的不断增长和利益边界扩大，与现存的外部结构，特别是制度、规范和文化等软环境容量不足之间的矛盾。与此同时还面临着如何将国际影响力和国际地位的上升转化为现实的挑战，面临着在转型的国际体系中明确自身身份和定位的挑战，面临着成为一个成熟大国需应对的全球性问题的挑战，面临着整合内外资源，理清和整合国内机制的挑战，面临着以非政府组织为代表的新兴社会力量的挑战，面临着发扬文化传统、顺应历史潮流及占据道德高地的挑战。如何总结一套具有中国特色的价值理念，赋予国际体系以一定的中国元素，增强中国模式对其他发展中国家的吸引力，都是中国外交未来需要面对的课题。①

六、“和谐世界”的理论与实践

2005年4月，胡锦涛主席在参加雅加达亚非峰会的讲话中提出，“亚非国家应推动不同文明友好相处，平等对话，发展繁荣，共同构建一个和谐世界”。2007年10月在党的十七大报告中进一步系统地阐述了“和谐世界”的外交理念，即“在政治上平等民主，经济上互利合作，文化上交流共进，通过国与国之间的友好合作，共同应对全球性的传统与非传统安全挑战，实现世界的持久和平与共同发展。

“和谐世界”理念与我国的外交根基——独立自主以及和平共处五项原则是一脉相承的，增加了各类国家和各种力量之间积极互动的新要素。它是迄今我国提出的外交战略思想的重要延伸，更具有鲜明的时代特征，也涵盖了更多的普世价值，体现了

①刘华秋.辉煌的成就，伟大的创新，改革开放三十年的中国对外工作[J].国际问题研究：2008，(6).

十七大报告提出的中国在国际关系中弘扬民主、和睦、协作、共赢的精神，传承了中国优秀文化传统的深厚底蕴，不仅使东方的优秀文化传统具有了现代化主义，也为探索新形势下的国际关系理论开辟了道路。这一理念初步勾画了有中国特色的新世界观体系。党的十七大报告从政治、经济、文化、安全、环保五个方面阐述了和谐世界的基本要素，涵盖了迄今陆续提出的新世界观、新安全观、新文明观以及新环境观，全面启动了中国建设国家软实力的进程。

实践“和谐世界”的外交理念，要求中国始终不渝地走和平发展道路，走出一条与传统大国兴衰不同的发展道路。要始终不渝奉行互利共赢的开放战略，推动建立和谐世界可以从周边国家和地区做起。在尊重各国多样性前提下，共同致力于世界的和平与繁荣。现阶段具体要做到使大国关系良性发展，周边合作积极务实；全面巩固与发展中国家的关系，履行国际责任，优化国际秩序，推动多元文化对话。政治上相互尊重，促进国际关系民主化；经济上互利共赢，促进世界普遍繁荣；文化上加强交流，倡导世界多样性；安全上倡导持久和平，与世界各国人民共同建设一个美好的地球。①

思考题

1.如何正确评价中国在国际舞台上的地位与作用？

答案参考要点：(1) 新中国成立的世界意义；(2) 综合国力的增长提高国际地位；(3) 独立自主的和平外交政策发挥独特作用；(4) 改革开放对世界产生深远影响。

2.和平共处五项原则的内容及其意义是什么？

答案参考要点：互相尊重主权和领土完整、互不侵犯、互不干涉内政、平等互利、和平共处五项原则。

其意义是：第一，它符合当今世界各种不同社会制度并存的时代特点；第二，反对强权政治、霸权主义要求；第三，它符合共同发展的趋势。

3.为什么我国要把对外开放作为一项基本国策？

答案参考要点：(1) 是历史经验教训的总结；(2) 是改革开放的需要。

4.中国与第三世界国家发展经济技术合作的原则是什么？

答案参考要点：平等互利、讲求实效、形势多样、共同发展。

5.真正的不结盟内涵是什么？

答案参考要点：(1) 根据中国和世界人民的根本利益决定态度；(2) 根据是非曲直决定立场。

6.三个世界国际战略理论的意义是什么？

答案参考要点：(1) 改变世界政治力量对比；(2) 改善国际环境；(3) 提高国际威望。

①王嵎生，尹承德.关于“构建和谐世界”的几点思考[J].国际问题研究：2006, (4).

第八章

当代世界主题与建立国际新秩序

本章学习目标

了解当今世界和平与发展两大主题及其相互关系，认清影响世界和平与发展的障碍因素，维护世界和平、谋求共同发展的途径，树立为维护世界和平、促进共同发展而斗争的信心。

本章重点难点

当今时代虽然存在许多不稳定因素，但总体来讲，世界进入一个相对和平时期。在这一阶段，和平与发展成为影响和决定人类共同命运的两大主题。在霸权主义图谋主宰世界的今天，要促进世界和平与发展，关键是在和平共处五项原则基础上建立起公正、合理的国际政治经济新秩序。由于当今世界存在着意识形态和经济发展的巨大差异，新的国际秩序的建立必然涉及世界各国的切身利益，必将充满着各种国际力量之间尖锐的利益冲突和激烈的政治斗争，再加上一系列摆在人类面前的紧迫的全球性问题，使得建立国际新秩序成为一个长期复杂的过程。本章重点要了解和掌握当今世界和平与发展两大主题及其相互关系，认清影响世界和平与发展的障碍以及维护世界和平、谋求发展的途径，把握国际新秩序建立的长期性。

第一节　世界主题的转换

一、世界主题转换

1.确认世界主题的依据。

世界主要矛盾决定国际生活的主题；二战后国际局势发生了重大变化。冷战的实质是以两大对抗阶级为基础的两种社会制度的斗争，这种斗争的形式就是美苏对抗，东西方矛盾对抗，其实质是和平问题。二战使帝国主义的殖民体系土崩瓦解，广大殖民地半殖民地国家开始谋求以经济独立巩固政治独立。由于旧的国际经济秩序依然存在，广大发展中国家在国际经济领域仍未摆脱受剥削和掠夺的不平等地位，经济发展受到许多外部条件的制约和限制，陷于贫困与落后，从而使发展中国家与发达国家之间的经济矛盾与日俱增，经济差距日益扩大，南北矛盾尖锐而突出，其实质是发展问题。

冷战结束后，和平的呼声更趋强烈，维护和平成为当今世界的根本问题。促进发展是我们时代的历史潮流，是当今世界的核心问题。

和平与发展成为当今世界两大主题的主要依据：一是科学技术取代战争成为获取经济利益的重要手段；二是世界经济纽带把各国紧密联系在一起，彼此沟通，相互依存，谋求共同发展；三是世界的共同发展关系着人类的进步与繁荣；四是现代战争的巨大消耗和现代化武器所具有的巨大杀伤力成为制约战争的重要因素；五是冷战结束后，缓和与对话成为国际关系的主流。

2.世界主题转换的主要表现。

当代世界主题已从战争与革命转变为和平与发展。所谓和平，主要是指整个世界的和平，指不打世界大战，特别是不发生核战争，其中也包括制止局部战争、消除地区或一国范围内的武装冲突。二战以后，世界人民为此做出了很大的努力，取得了显著成效。世界主题向和平转换的主要表现是：

(1) 战后半个世纪没有再爆发新的世界大战，导致核大战的可能性得到抑制。过去爆发的两次世界大战都是由帝国主义挑起的，以各大国的卷入和纷争混战为特点。二战以后，导致这种世界大战爆发的因素没有再出现。在东西方“冷战”的两极体制下，西方主要资本主义国家为了共同对付苏联、抵御“来自共产主义世界的威胁”，它们之间的矛盾大为弱化，而加强了彼此间的政治、军事合作。东西关系，原指以苏联为首的“华约”集团同以美国为首的“北约”集团在政治、经济、军事等方面的全面对峙与抗争。当时导致世界大战的威胁主要来自美苏争霸。进入20世纪80年代以来，东西方关系出现了新的缓和局面，一个普遍裁军的势头兴起，避免世界大战、维护世界和平的因素进一步增强。1985年1月，美苏商定恢复军备控制谈判。1991年7月，两国又签署了《削减进攻性战略武器条约》。与此同时，美苏双方在军费开支、军事力量和境外驻军等方面也开始进行缩减。

(2) 在东西方缓和的形势下，世界上地区冲突纷纷朝政治解决的方向发展。苏联从1988年5月起开始从阿富汗撤军，到1989年2月全部撤完，长达9年的阿富汗与苏联相对抗的战争得到政治解决。在美苏的斡旋下，安哥拉、古巴、南非三方于1988年底达成协议，持续13年的安哥拉战争和纳米比亚独立问题得到和平解决。打了8年之久的两伊战争在联合国主持下通过和平谈判而最终结束。长达8年的尼加拉瓜内战，通过和平谈判而得以解决。战后持续时间最长、情况最复杂、矛盾最尖锐的中东地区的阿以冲突在1988年也出现转机。

(3) 国际关系民主化趋势增强，更多的国家在国际问题上有了较多的发言权。冷战时期，国际政治的一大特点就是强权政治盛行。20世纪80年代以来，随着东西方冷战局势的缓和，第三世界国家的崛起，更多的国家得以参与世界事务的管理活动，在国际问题上有了较大的发言权，使得少数大国颐指气使、主宰世界的状况有了很大改变。

所谓发展，从广义上说是指整个社会的综合发展，从狭义上说是指经济发展。二战后，经济发展问题变得越来越重要，越来越突出，逐步成为当今世界的核心问题。世界主题向发展转换的主要表现是：

(1) 世界经济进入了一个崭新的历史发展阶段。战后世界经济发展速度之快、增长幅度之大、持续时间之长、波及范围之广，超过历史上任何一个时期。新的生产领域不断开拓，人类对自然的开发能力达到了空前的程度。人均产值与人均收入迅速增长，人们的生活水平和生活质量迅速提高。国际贸易发展迅速，在国民经济中的比重日益增大。国际分工在广度和深度上均有发展，跨国公司大批涌现，国际金融异常活跃。这些都表明整个世界进入了一个经济高速发展的新时代。

(2) 新科技革命成为促进经济发展的强大动力。第三次科技革命于20世纪40至50年代开始起步，20世纪60年代大规模展开，20世纪70至80年代在广度和深度上迅猛发展，进入21世纪仍方兴未艾。科技是第一生产力，新科技革命使生产力诸要素都发生了巨大变化。自动化、电脑、大型机器设备、合成材料的出现，进一步改进了劳动手段，节约了劳动时间，扩大了劳动对象的范围。特别是电脑和机器人的运用，不但更多地替代了人的体力劳动，而且部分地将人从脑力劳动中解放出来，使人向更有创造性的方向发展。科技的发展使得劳动生产率空前提高，促进了世界经济的高速发展。

(3) 随着两极格局的解体和经济全球化趋势的加强，经济问题在国际关系中的地位上升，南北矛盾更加突出。原来的东西方矛盾，随着东欧剧变、苏联解体，已由过去的政治对抗、军事对峙演化为经济上的讨价还价、摩擦竞争。世界主战场全面转向经济与科技竞争。由于发展中国家多数在发达国家的南方，因此国际上习惯把发展中国家同发达国家之间的经济关系称为南北关系，或称南北问题。当今世界，南北经济发展差距扩大，南北矛盾更加突出。各国都把自己的战略发展目标调整到经济与科技发展上来，它们之间在经济上相互依赖关系加深，竞争加剧。

和平与发展都是当代世界的主题，二者各有其具体表现，但又不可分割。发展需要和平，和平离不开发展；和平是发展的前提条件，发展是维护世界和平的重要因素和有力保障。

二、确认世界主题的重要意义

和平与发展主题是在20世纪下半期以来，以美国为中心的西方国家同社会主义国家多次较量之后，在世界发展中一系列复杂新因素互动结果的影响下脱颖而出的。

1.认清世界主题，有利于我国抓住机遇，加快经济建设步伐，扩大对外开放，在激烈的国际竞争中发展自己，走向繁荣与富强。

关于和平与发展两大主题的科学论断，是我们党客观分析世界形势后得出的正确结论，是对今后相当长时间内世界发展趋势的高度概括，有利于我国认清国际形势，抓住机遇，加快发展，扩大对外开放。

2.认清世界主题，有助于更加理性地认识当今世界和平所面临的一系列问题，深入思考和提出维护世界和平的有效措施和构想。

冷战结束后，以两极对抗为特征的旧格局崩溃，世界和平因素的增长超过了战争因素的增长，新旧格局的转换是在和平条件下进行的，高度紧张的国际局势大为缓和，世界民族国家和平共处，平等竞争的新型关系正在形成，和平日益成为当代世界的主流。尽管如此，当前世界仍存在诸多不稳定因素，如民族分裂主义思潮的蔓延，种族冲突与种族主义，领土之争，霸权主义的强权政治等，均对世界和平构成威胁。如何更有力地维护世界和平和推动世界和平的发展，将成为当代进一步深入思考的问题。

3.认清世界主题，有助于客观认识当今世界发展所面临的主要障碍，寻求消除障碍的途径，促进发展。

当前的国际形势虽然为世界各民族国家的发展提供了大好机遇，但也制造了新的阻碍因素。因民族矛盾、宗教矛盾、领土之争而引起的局部性战争与冲突，造成局部地区局势紧张，影响了该地区民族国家的经济发展和世界经济贸易的发展。南北差距继续扩大，制约了世界经济的发展。贸易保护主义妨碍了世界经济和贸易的发展。发达国家对科技的垄断使广大发展中国家经济结构和科技水平远远落后于发达国家。

发展对于世界上任何一个民族国家而言，都是一个关系到生死存亡、成败荣辱的重大问题，它关系到人类的繁荣与进步。

第二节　和平与发展是当今世界两个全球性战略问题

一、和平与发展是当代世界两大主题

第二次世界大战结束后，整个世界形成了美苏两个超级大国相对抗的冷战格局。20世纪80年代末和90年代初，战后所形成的冷战格局被打破。随着新旧格局的交替，整个世界呈现出扑朔迷离的景象，不确定因素增多，新的“热点”不断出现。尽管如此，和平与发展已成为当代世界的两大主题，它不仅影响着世界的前途和命运，也决定着各国人民的利益和愿望。维护世界和平与发展是时代的主流。

1.从战争与革命向和平与发展转换的必然性。

战争与革命是列宁对19世纪末、20世纪初开始的时代世界主题的概括。列宁在第一次世界大战中和战后初期分析了19世纪末、20世纪初资本主义的发展，指出资本主义已经发展到了垄断阶段，在垄断资本主义即帝国主义阶段，世界各种基本矛盾大大激化。首先，私人垄断资本主义和资本主义生产社会化之间的矛盾，以及由此引起的资本主义国家内部无产阶级和资产阶级的矛盾激化；其次，由于资本主义向外扩张和帝国主义列强对世界的分割，世界已被帝国主义瓜分完毕，少数帝国主义国家与广大殖民地半殖民地国家的矛盾激化；最后，在资本主义经济政治发展不平衡规律作用下，帝国主义必然要为重新瓜分世界而多次进行战争，从而使帝

国主义国家之间的矛盾激化。

根据这种情况，列宁提出，在垄断资本主义内在矛盾的推动下，帝国主义之间的战争是不可避免的；上述矛盾的存在和激化，决定了社会主义革命形势的必然到来，社会主义有可能首先在落后国家和帝国主义统治的薄弱环节爆发并取得胜利。在这些科学分析的基础上，列宁认为他当时所处的时代是“帝国主义时代”、“无产阶级社会主义革命的时代”。后来斯大林将其概括为“帝国主义和无产阶级革命时代”。我们通常称之为“战争与革命的时代”。上世纪上半叶两次世界大战的爆发和 1917 年俄国十月社会主义革命的胜利，以及二战后一系列社会主义国家的建立等事实，证明了列宁对当时世界主题把握的科学性。

然而，从二战以后，世界基本矛盾关系发生了重大的变化，从而导致世界主题逐渐从战争与革命转换为和平与发展。这里从三个方面的变化来分析世界主题转换的客观必然性。

首先，从资本主义方面的变化来分析这个问题。新的科技革命大大促进了社会生产力的发展，也使资本主义发展为国家垄断资本主义，国家对经济的宏观调控大为强化，从而增强了应付危机和困难的能力；同时，资产阶级也实行了某些改革措施，使资本主义国家内部的基本矛盾趋于相对缓和。另外，战后资本主义国家都致力于恢复和振兴经济，因而经济的合作与竞争成了它们之间的主要关系。这都使资本主义世界呈现出相对稳定的状态。

其次，从社会主义与资本主义之间关系方面的变化来分析这个问题。第二次世界大战后，社会主义从一国发展到多国，形成了一支与资本主义相抗衡的主要力量，也成为维护世界和平的重要力量。社会主义与资本主义之间的矛盾，逐渐由 20 世纪上半个世纪的极端激化变为相对缓和，“对话”逐步代替了“对抗”，政治军事的对峙与抗衡逐步演变为合作中的矛盾与斗争。

再次，从帝国主义与殖民地半殖民地国家之间关系方面的变化来分析这个问题。由于二战以后民族解放运动的不断高涨，第三世界作为一支重要的政治力量在国际舞台上崛起，从而导致帝国主义与殖民地半殖民地国家之间的矛盾，转化为发达资本主义国家与第三世界国家之间的矛盾。第三世界同垄断资本主义之间的斗争，一方面是反对霸权主义，维护本国的独立和主权；更重要的方面是谋求建立国际新秩序，改变不平等的经济关系，缩短与发达国家之间的经济差距。

总之，随着各种矛盾关系的变化，时代主题便从战争与革命逐步转化为和平与发展。根据邓小平的有关论述，江泽民在中国共产党第十五次全国代表大会的报告中明确指出，和平与发展是当今时代的主题。

二、维护世界和平是当今世界的根本问题

1.维护和平关系着人类的生存和命运，是人类进步的必要前提。

世界经济发展的一体化、区域化、全球化趋势进一步明显，北美、欧盟、亚太的三足鼎立之势和亚非拉新兴工业化国家和地区的出现以及在改革开放中日益强大的中

国，都将对世界经济的发展做出巨大贡献，促进世界的共同繁荣与进步。

20世纪90年代初，世界形势发生了转折性变化，西西矛盾跃升为主要矛盾，虽然还存在发生局部冲突的因素，但与冷战时期相比有所减弱；国家安全中军事力量的重要性下降，经济安全的重要性明显上升，世界各国都致力于经济的发展，展开激烈的经济竞争等。总之，全球性军事对抗不复存在，和平成为居主导地位的时代最强音，将取代战争成为世界主题。

(1) 消除冷战时期的旧的思维方式，在世界政治领域进行一场观念更新和变革，以全新的观念创造一个全新的世界。承认世界民族国家在历史、文化、宗教、社会制度和传统等方面的多样性并与之和平共处，在此基础上谋求本民族国家的利益和国际地位，脱离按意识形态和社会制度分界的冷战思维；明确"发展是硬道理"，改善一国命运的关键在于综合国力而非仅仅是军事因素，应放弃盲目地和超负荷地扩充军备的的片面安全思想；确立共同安全意识，以对付冷战后安全威胁的多样化、分散化和复杂化的国际局势；树立大国的时代责任感；认识相互依赖的客观现实，确立平等竞争、共同发展的新观念，破除以旧观念处理国际经济关系的行为模式，促进世界的和平与发展。

(2) 努力振兴发展中国家，推动多极化进程，增强制约霸权主义和强权政治、维护世界和平的力量。冷战结束后，出现了"一超多强"的局面，在一定程度上维系着冷战后时期的世界和平。发展中国家在冷战时期便是制约霸权主义和强权政治的重要力量，也是大国之间相互制衡的政治筹码。冷战后发展中国家的发展与崛起，有利于推动世界多极化的进程，有利于建设国际政治经济新秩序。

(3) 促进世界经济全球化的发展、加强各民族国家之间的相互依存，在发展成为当代世界一大主流的形势下，达到以经济制约战争与冲突的目的，实现维护世界和平的目标。在这个以发展为主题的当代世界，以国家、企业和国际经济组织等为主体的物质、资金、技术和劳动力的相互流动，有利于民族国家的经济发展和利益调整，有利于制约战争与冲突，有利于维护世界和平。

(4) 以和平共处五项原则为国际关系准则，以和平方式处理和解决国际争端，积极发挥联合国的作用来达到维护世界和平的目标。冷战结束后，以相互对话相互协商方式解决国际争端逐渐成为潮流。进一步巩固发展和平共处五项原则，有利于和平解决国际争端和发挥联合国的作用。

当前国际形势总体上趋于缓和，多极化的世界格局趋于形成，各国人民要求平等相待、友好相处的呼声日益高涨，维护世界和平的因素正在不断增长。在相当长的时期内，避免新的世界大战是可能的，争取一个良好的国际和平环境和周边环境是可以实现的。但是，当今世界仍不太平。为了解决维护世界和平这个当今世界的根本问题，我们应当作出不懈的努力。

2.当今世界仍然存在着战争危险。

和平已成为当代世界的主题之一，但这决不意味着和平的问题已经完全解决了，再也没有战争的困扰和威胁了。事实上，当今世界仍是硝烟未尽，战争危险犹存，各国人民都不可掉以轻心。当今世界上仍然存在着的战争危险，有如下几种情况：

(1) 超级大国为推行世界霸权主义而发动和参与战争。霸权主义和强权政治一直是引发战争的主要根源。冷战时期，美苏两国在全球争夺霸权，引起了一连串的局部战争。冷战结束后，美国成为称霸世界的惟一超级大国，但它并没有放弃冷战思维，没有放弃以战争手段维护其世界霸权的做法。1999 年 3 月，以美国为首的“北约”国家，为了扫除“北约”东扩的障碍，违反联合国宪章和国际法原则，打着“人权高于主权”的旗号，悍然对主权国家南斯拉夫联盟发动连续两个多月的大规模的狂轰滥炸，造成约 100 万人的难民潮和数以千计的平民伤亡，就是霸权主义和强权政治对欧洲与世界和平造成了严重危害和威胁。只要以美国为首的西方国家不放弃用他们的价值观、人权观和社会发展模式来规范全世界的图谋，不放弃霸权主义和强权政治，世界就不会太平。

(2) 第三世界国家之间由于领土、民族、经济文化、宗教习俗等方面的原因而爆发战争。过去帝国主义殖民主义者根据自己的需要，随心所欲地侵占、争夺殖民地，破坏了这些地区在历史发展中形成的传统的领土、民族、经济文化、宗教习俗等方面的分界，给独立后的民族国家留下诸多争议和隐患，长期得不到妥善处理，一旦矛盾激化，便会爆发战争。同时，由于第三世界国家社会经济发展极不平衡，意识形态也不尽相同，某些国家间为了争取各自经济发展的有利条件，导致摩擦和冲突，进而诉诸武力。如伊拉克和伊朗之间，阿拉伯国家特别是黎巴嫩和以色列之间，扎伊尔和卢旺达、布隆迪之间，秘鲁和厄瓜多尔之间，印度和巴基斯坦之间，均发生过流血战争和武装冲突。

(3) 发展中国家由于内部矛盾而酿成内战。由于历史的原因，发展中国家内部通常也存在着种族、宗教、经济和政治各方面的深刻矛盾。特别是在它们作为殖民地和半殖民地的漫长岁月里，殖民主义者为了巩固自己的统治，曾多方利用这些内部矛盾，拉一派、打一派，实施“分而治之”，从而加剧了这些国家的内部对立。这些国家独立后，其内部矛盾未能立即消除，有些矛盾还在继续发展，以致酿成内战，如阿富汗、斯里兰卡、也门、索马里、安哥拉、卢旺达、布隆迪等国家长期内战不休。

(4) 前苏联和东欧国家演变或解体后，一些新独立的国家之间及国家内部烽烟四起。冷战结束后，原来相对干净的欧洲，成为战火纷呈的新的“热点”地区。前苏联是一个拥有 130 多个民族和部族的国家，民族矛盾和领土争议长期存在。苏联解体后，新独立国家之间及某些国家内部，在领土和民族等问题上刀兵相见，大动干戈。前南斯拉夫解体后，除了各独立国家之间时常发生冲突外，一些国家内部的战争也十分激烈，特别是波黑内战最为突出。

世界上许多地方连绵不断的局部战争虽然没有导致新的世界大战，形成全球范围的灾难，但也在威胁着人类社会，吞噬着人类社会所创造的大量财富，损害着人类的和平与安全。所以，各国人民在积极防止新的世界大战爆发的同时，也要努力消除局部战争。

三、促进发展是当今世界的核心问题

当代世界的主题是和平与发展，二者息息相关。邓小平在讲到当今世界两大问题时指出：“南北问题是核心问题。”这实际上是讲促进发展是当今世界的核心问题。

发展是人类生存的基本目的，也是当前人类继续生存的条件。战后以来，尽管各类国家的发展均取得重大成效，但是发展问题远未解决。由于世界各国相互依存的加深，发展问题已经不仅仅是发展中国家的问题，实际上是整个人类的发展问题。没有发展中国家的发展，就不会有整个世界的共同繁荣。在相互依存的世界经济中，发展中国家由于数量众多，并拥有丰富的资源和广阔的市场，对整个世界经济产生了重要的影响，其经济发展状况如何，势必造成连锁反应，影响其他类型国家经济的发展，乃至整个世界经济的繁荣。共同发展、共同繁荣是人类社会历史进步的总目标。无论是改变发展中国家的贫穷落后状况，还是消除整个世界所面临的发展危机，都需要各国通力协作。

1.反对战争，维护和平，为世界各民族国家经济的发展创造稳定的国际政治环境。

战争一方面使参战国遭到巨大的人员和财产损失，使生产技术、基础设施建设受到不同程度的破坏；另一方面，一旦战争爆发，不可避免地扰乱本国的正常秩序。目前，世界上大多数国家都面临着国内社会经济发展的重要任务，如果没有安宁和平的国际环境，所有规划、目标都会落空。因此，只有保持一个和平的国际环境，才能为国家的发展创造良好的条件。

2.推动南北对话，改善南北关系，缩小南北差距，加强南南合作，是谋求共同发展的重要途径。

南北对话是发展中国家与发达国家围绕改革不平等的国际经济关系，加强南北双方的经济合作等问题而采取的谈判与斗争的重要形式。南南合作是发展中国家之间的经济技术合作，是战后发展中国家在争取建立国际经济新秩序的斗争中发展起来的一种新型的经济合作关系。不断缩小发展中国家与发达国家之间的经济差距，振兴发展中国家经济，达到发展和繁荣世界市场并促进世界经济与贸易的发展，是关系到人类社会繁荣与进步的重大问题。

3.加强国际经济合作，反对贸易保护主义和科技垄断。

经济全球化和新科技革命带来新的挑战表现为：初级产品贸易条件继续恶化；随着世界经济一体化的发展，南南国家之间争取贸易市场的竞争加剧；发达国家经济集团化发展的步伐加快，贸易保护主义抬头，在同发展中国家的贸易往来中附加了种种条件。发展中国家由于经济结构的不合理和易受国际资本打击的脆弱性；人力资源和技术开发落后于发达国家的水平；生态环境的破坏严重和人口持续增长不仅在当前抵消了经济增长所带来的成果，而且成为经济发展中长期的不利因素。这些情况说明，

在把握新的机遇方面，发展中国家要克服的困难比发达国家多得多。当今世界存在的发展问题，其核心仍然是发展中国家的发展，广大发展中国家长期处于落后状态必然要制约整个人类社会的发展。

4.在区域经济集团化的进程中建设新的世界经济秩序。

区域经济集团化一方面加强了区域民族国家之间的经济联系与合作，促进了资金、技术、服务和人员的交流，有利于区域民族国家综合国力的提高；另一方面，它对区域集团化之外的民族国家具有排斥性，不利于世界经济全球化和一体化的发展，是世界经济竞争激烈，贸易保护主义抬头的体现。克服区域经济集团化的负面效应，增强其积极作用，将有利于建设新的世界经济秩序。

5.公平合理地处理和解决国际之间的贸易纠纷与冲突，维护世界经济贸易的正常发展。

在经济关系成为国际关系重要内容的当今世界，国家之间的政治关系和经济关系表现出不断融合的趋势，政治关系经济化和经济关系政治化的现象屡屡发生。因此，公平合理地处理和解决国际间的贸易纠纷与冲突，对建立国际政治经济新秩序有重大意义，对此，除了加强贸易双方或多方协商解决的方式之外，还应加强世界贸易组织等国际机构的作用，通过实施市场开发和公平贸易等原则，促进世界贸易自由化目标的实现。

发展问题是全球性问题。发展主要是指经济的发展，这是各国人民共同面临的迫切任务，不仅发达国家要发展，发展中国家更要发展，而且只有在全球共同发展的条件下，各个国家的发展才有切实的保证。世界人口问题、资源问题、生态问题以及其他问题，都超越了一国或几国的范围。因此，发展问题是关系到整个人类的共同问题。

第二次世界大战后，虽然世界各国的发展均取得了重大成就，但发展问题远未解决。西方资本主义国家从 20 世纪 70 年代中期以来经济增长缓慢，解决再发展问题是发达国家面临的紧迫任务。社会主义国家正在实行改革开放，其根本任务是发展生产力。广大第三世界国家的经济形势严峻，除部分国家外，大都是经济发展速度下降，贸易条件恶化，债务负担沉重，人民生活艰难困苦。因此，当前世界经济发展的重点是发展中国家的发展问题。

由于经济日趋全球化，各国之间的相互依赖在加深，所以发展问题不仅仅是发展中国家的问题，它必然涉及到发达国家。当前，解决发展中国家的发展问题，最突出的是南北问题，就是发达资本主义国家与发展中国家之间的不平衡和不平等的问题。这种不平衡对两类国家的发展都是十分不利的，发达国家的经济发展和繁荣不可能长期建立在发展中国家经济停滞、倒退和落后的基础上。南北经济是相互依赖、互为前提的。发展中国家是发达国家重要的原料产地、商品销售市场和投资场所，同时发展中国家又需要发达国家的粮食、资金、技术和劳务市场等。为了共同的目的和利益，发展中国家有权要求建立平等的国际经济秩序，发达国家也有义务帮助发展中国家迅速发展起来。

发展中国家的未来发展，面临着国际经济环境的巨大挑战，这些国家在国际分工中的地位会进一步下降，债务负担日益沉重，建设资金日益紧张。某些发展中国家过去国内经济政策和方针失误所造成的危机，短时期内难以扭转。还应看到，世界政局的动荡也是影响发展中国家经济的主要因素。特别是到了20世纪90年代初，两极格局的瓦解，使其处境更加艰难。首先，南方国家由“中间地带”变成直接与西方对阵，西方国家对南方国家将会更加随心所欲地操纵。其次，世界社会主义运动处于低潮，支援南方的力量削弱，而北方国家的援助更具战略色彩，“人权”问题成为西方国家提供发展的重要条件。第三，发展中国家在国际事务中整体作用下降，内部领土、民族、经济、宗教等矛盾突出起来，它们在国际事务中也难以取得完全一致的立场。第四，随着世界经济区域集团化的发展，被发达国家“合而治之”的危险性日益上升。第五，20世纪90年代以后，随着北方国家科学技术的发展，开拓了众多新兴工业部门，获得了更多类型的再生性合成材料，从而削弱了其对南方国家原料产地的依赖性，使南方国家发展经济更为困难。

某些发展中国家陷入经济困境，这不是一个孤立的地区性、局部性问题，它必将反转来影响发达国家的经济发展。少数发达国家的继续发展，不能建立在绝大多数发展中国家继续贫困的基础上。整个世界经济的稳定和发展，首先有赖于发展中国家的经济发展与稳定。

南北对话是发展中国家与发达国家围绕改革不平等的国际经济关系，加强南北双方的经济合作等问题而采取的谈判与斗争的重要形式。南南合作是发展中国家之间的经济技术合作，是战后发展中国家在争取建立国际经济新秩序的斗争中发展起来的一种新型经济合作关系。

四、和平与发展两大主题的关系

1.维护和平是促进发展的基本前提。

只有维护世界和平，才能为世界经济的发展创造良好的国际环境。和平环境是人类社会进步的必要条件，没有和平稳固的国家环境，任何国家的经济发展将受到严重阻碍。

只有维护世界和平，才能有效解决人类共同面临的一系列问题。在当今世界，一方面各类国家都面临社会经济发展的艰巨任务，特别是广大发展中国家都面临严重的经济困难，人力、物力、财力贫乏；另一方面大国的军备竞赛却每时消耗巨量的社会财富，造成社会资源的极大浪费，使有限的资源更加短缺。为此，只有维护世界和平，才能保证各国集中精力进行发展，才能使有限的资源合理利用，从而加快发展中国家经济建设的步伐。

2.世界的繁荣和发展是世界和平的有力保障。

(1) 世界经济的一体化、多元化、全球化趋势是制约战争的有力因素。各国经济是一个有机整体，牵一发而动全局，彼此之间具有更多的共同利益，这种状况有利于减少战争的诱发因素。世界经济多元化的发展使国际上各种政治力量之间的经济差距逐步缩小，使超级大国的垄断地位日趋削弱，从而对制约世界战争的爆发产生积极作用。

事实使人们认识到：依靠增强产品的竞争力，提高市场占有率而获取的经济利益远比战争方式更为有效。因此，抢夺高科技领域的制高点，夺取国际贸易的主控权，越来越成为各国竞争的焦点。

战后随着科技革命的进步和社会生产力的提高，世界范围内的经济联系迅速扩展和加深，生产协作全球化，资本国际化进入更高阶段，世界贸易的迅猛增长使各国对世界市场的依赖加强，国际经济组织又把许多国家的对外经济活动纳入自己的框架之中，这一切使得世界经济出现了多方面多层次的相互依赖关系。20 世纪 80 年代以后，世界经济的一体化趋势增强，各国经济相互渗透相互促进，在竞争和磨擦中日益形成你中有我，我中有你的利害关系，经济关系的发展已超越意识形态的限制，即使国家之间发生矛盾和争端，也往往采取经济手段予以解决。

（2）世界经济的发展、南北关系的改善，有助于消除世界的不稳定因素。发达国家向发展中国家转嫁经济危机所引起的经济恶化和政治动乱，也往往成为发展中国家内部和发展中国家之间引发战争与冲突的重要因素。冷战结束后，世界各国均致力于经济的发展和综合国力的提高，对经济利益的争夺成为各国竞争的关键。只有推动南北对话，加强南北合作，不断缩小南北差距，才能谋求世界的共同发展。因此，促进世界经济发展的共识是消除战争与冲突等不稳定因素的重要途径。

（3）第三世界国家经济发展与强大，是反对霸权主义和强权政治，维护世界和平的重要力量。第三世界经济实力的强弱，不但影响其本身的政治稳定，而且影响其作用的发挥，第三世界的经济发展不仅仅是一个经济问题，而且是一个关系到世界能否稳定的政治问题。第三世界谋求改善南北关系，争取建立平等互利的国际经济新秩序的斗争就是反对霸权主义和强权政治的斗争，这一力量是维护世界和平的主要力量。第三世界的强大是维护世界和平的可靠保证。

第三节　为建立国际新秩序的斗争

一、国际旧秩序的基本内容、特征和实质

国际秩序指的是国际社会中国与国之间发生关系的行为准则以及相互作用的运行机制，包括国际政治秩序和国际经济秩序。国际秩序受到国际格局的影响和制约，由国际力量的配置构成的国际格局是国际秩序的力量框架，在某种意义上决定国际秩序的性质，一定历史时期的国际秩序是以该时期的国际格局为基础的，每一次国际格局的重大变动都会引发重建国际秩序的斗争。

国际旧秩序同其他事物一样，也有一个形成与发展的过程，到第二次世界大战结束，世界共建立过四次国际秩序。第一次是威斯特伐里亚秩序。第二次是维也纳秩序。第三次是凡尔赛—华盛顿秩序。第四次就是二战结束后建立的以“雅尔塔体制”

为核心的国际秩序。

不公平、不合理是国际旧秩序的基本特征，强权政治和霸权主义是国际旧秩序的实质。战后国际旧秩序是大国之间相互斗争与妥协的产物，具有极大的不合理性。在政治上是少数大国垄断国际事务，以大压小，恃强凌弱，广大中小国家处于被支配被控制的地位；在经济上表现为不平等的国际分工，贸易往来和资金分配中存在国际剥削现象，国际经济关系严重失衡，导致贫富差距更加悬殊；在军事上，造成以超级大国为主导的两大集团之间的长期军事对抗，助长了军备竞赛，加剧了地区冲突，使世界和平受到威胁；在文化上，利用西方的价值观念和生活方式进行扩张渗透，严重危害社会主义国家和发展中国家的稳定与发展。

国际经济旧秩序的主要内容和特征是：以不合理分工为基础的国际生产体系，以不平等交换为特征的国际贸易体系，以国际垄断资本占据支配地位的国际金融体系，以及受少数发达国家控制的一些国际经济和货币机构，如国际货币基金组织、世界银行和关贸总协定等，都是战后国际经济秩序的核心组成部分。其实质是维护垄断资本的国际剥削。战后的国际经济旧秩序具有不公正、不合理性。其特点为：国际经济发展失衡，南北差距拉大；两大集团控制下的世界经济，表现为外部有对抗，内部有摩擦，中间地带有发展的总体格局；军事外交转向经济外交，是冷战时期国际经济秩序的最显著特征。

国际政治旧秩序的主要内容和特征是：美苏两个超级大国在全球范围内争夺世界霸权是战后国际政治旧秩序的主要内容；其基本特征是：大国推行强权政治，支配国际事务，插手地区事务，干涉他国内政并形成以美苏为核心的两大军事集团的长期对峙。奉行“强权即公理”的哲学，建立国与国之间的领导与服从，支配与依附的不平等关系。国际政治旧秩序，是在美苏主宰和安排下的秩序，是以军事对抗和军备竞赛为主要形式展开的，带有浓厚的霸权主义色彩。其实质是：维护超级大国的霸权地位。总起来说，国际旧秩序的实质是霸权主义和强权政治。

二、国际新秩序的基本特征和实质

国际新秩序的总目标是破除历史延续至今的控制与被控制、剥削与被剥削的旧秩序，建立一种公正、合理、平等的新秩序。

国际新秩序体现公正、公平、合理的基本特征，实质是促进世界各国的和平发展和共同繁荣。

1.和平稳定、公正合理、平等互利、反对霸权主义和强权政治、世界各国和平共处是国际新秩序的基本特征和实质。

随着世界各民族国家在时间和空间上距离的凝缩以及相互之间交流与依存的加剧，如何建立一种更高级的，具有一定基本准则和行为规范以及运行和保障机制的国际政治经济新秩序，以合理公正地处理和解决国际社会各成员国之间的冲突，促进国际社会各成员国的和平共处、友好合作和共同发展，便成为世界各民族国家共同关心的重要问题，并具体体现在其对外政策的制定和实践之中。国际旧秩序失去了存在的基础再也难以为继，建立和平稳定、公正合理、平等互利的国际新秩序，已成为世界大多数国家和人民的共同愿望。

2.和平共处五项原则是建立国际新秩序的基础。

一是和平与发展两大主题要求国际新秩序必须建立在和平共处五项原则基础上。二是世界多极化的趋势决定了国际新秩序只能建立在和平共处五项原则基础上。建立在和平共处五项原则基础上的国际新秩序，从它的基本内容来看，由于它摒弃了那种霸权主义和强权员政治的行为，反对任何国家，尤其是大国干涉别国内政，侵犯和吞并他国领土，反对诉诸武力或以武力相威胁，反对以战争手段解决国际争端，并主张改革旧的国际经济关系，这就顺应了时代的要求，同时也反映了一种历史的必然。

世界各国只有在和平共处五项原则基础上，相互尊重主权和各自的社会制度与价值观念，承认两种制度的客观存在和对立，反对霸权主义和强权政治，才能真正建立一种和平稳定、公正合理、平等互利的国际新秩序。

和平共处五项原则以公认的国际法准则为基础，遵循了国际法中尊重主权和不干涉他国内政的主要原则，符合联合国宪章的宗旨，主张以和平方式政治解决国际争端，不诉诸武力或以武力相威胁，主张彻底裁军，共同解决和平、发展、生态、人口、资源等全球性问题，顺应了时代要求，反映了一种历史必然，使之具有强大的生命力。

未来的国际新秩序应符合联合国宪章的宗旨和原则，应符合国际社会普遍接受和行之有效的原则。各民族国家在选择社会制度、经济发展模式、资源开发、处理国际事务、加强国与国之间的对话与合作方面应享有平等地位。

各民族国家有权根据自己的国情，选择自己的社会制度、经济模式和发展道路。未来的国际新秩序应是超越人类社会制度和意识形态的差异，超越狭隘民族利己主义的束缚的。

不分大小强弱和贫富，应一律平等，都有权参与国际事务；互相尊重主权和领土完整，反对少数国家操纵国际事务；国际争端应通过和平方式合理解决，任何国家都不应谋求霸权和推行强权政治。

三、建立国际新秩序的不同构想

1.发展中国家最早提出建立国际经济新秩序主张。

1964年“77国集团”发表联合宣言，表达了发展中国家要求改变国际经济旧秩序和建立国际经济新秩序的愿望。1973年的第四次不结盟国家首脑会议首次明确提出“国际经济新秩序”这一概念。1974年联合国第六届特别会议专门通过了关于建立国际新秩序的《宣言》和《行动纲领》，由此形成了指导发展中国家的联合行动，为建立国际新秩序而共同斗争的纲领。

1991年第46届联合国大会上，发展中国家充分阐述了自己的观点和愿望，主张国际新秩序应遵守联合国宪章和国际关系公认的准则，其中包括和平共处五项原则，万隆会议十项原则等。

(1) 改变发展中国家同发达国家在不平等基础上形成的旧的国际分工，建立公正合理的国际分工，改变世界经济中的生产、消费和贸易格局；

(2) 保证发展中国家对其资源的开发实行有效的控制，根据主权原则限制和监督跨国公司的活动；

(3) 改变发展中国家在国际事务中的无权地位。

2.中国主张建立和平、稳定、公正、合理的国际新秩序。

(1) 建立和平稳定、公正合理、平等互利的国际新秩序是人心所向，也是时代发展的必然；

(2) 在建立国际新秩序问题上，决不允许少数国家将自己的模式强加于其他民族国家；

(3) 建立国际新秩序的重要原则是不干涉别国内政和社会制度，把国家主权和安全放在第一位，以和平共处五项原则作为国际新秩序的准则；

(4) 以公平合理、平等互利的国际经济新秩序取代不公正不合理的国际经济旧秩序。

为了解决好当今世界和平与发展这两大问题，必须改变原有的国际秩序，形成新的国际秩序。国际政治经济新秩序的建立，是时代的要求，历史的必然，人类的呼唤。我们所寻找的应是一种既能反映当前时代特点又能为所有国家认同并自愿付诸实施的国际新秩序。

在建立国际新秩序的过程中，中国政府作出了不懈努力。中国领导人在20世纪80年代中后期明确提出了建立国际新秩序的主张。1988年12月21日，邓小平在会见印度总理拉吉夫·甘地时指出："世界总的局势在变，各国都在考虑相应的新政策，建立新的国际秩序。霸权主义、集团政治或条约组织是行不通了，那么应当用什么原则来指导新的国际关系呢？最近，我同一些外国领导人和朋友都谈到这个问题。世界上现在有两件事情要同时做，一个是建立国际政治新秩序，一个是建立国际经济新秩序。"江泽民总书记在中国共产党第十五次全国代表大会上的报告中也指出："要致力于推动建立公正合理的国际政治经济新秩序。这种国际新秩序是以和平共处五项原则为基础的，符合联合国宪章的宗旨和原则，反映了和平与发展的时代潮流。"

中国政府认为，建立国际政治新秩序的指导原则，应当是相互尊重主权和领土完整、互不侵犯、互不干涉内政、平等互利和和平共处五项原则，以此为基础缔造的国际政治新秩序才是切实可行的。新的国际政治秩序核心应该是反对霸权主义和强权政治，各国不分大小、强弱、贫富，都是独立自主的，都应该平等相待，都有权参与协商解决世界事务，坚决改变以大欺小、以强凌弱、以富压贫和由一两个大国或几个大国垄断国际事务的不合理现象。任何国家都不应在世界或某个地区谋求霸权或推行强权。国际政治新秩序必须使各国人民拥有自己决定自己命运的权利。各国都有权根据本国国情，选择适合自己的社会制度、意识形态、经济模式和发展道路，任何国家都不得将自己的选择强加于别国，以此干涉别国内政。国际关系新秩序的最主要的原则，应该是不干涉别国的内政，不干涉别国的社会制度。要求全世界所有国家都照搬美、英、法的模式是办不到的。在国际新秩序中，各国应在相互尊重领土和主权完整的前提下来合理解决国际争端和冲突，反对诉诸武力，反对武装入侵和用战争手段解决国际争端。在新的形势下，联合国应该发挥更大的作用，可以在建立国际政治新秩序的安全保障机制、协调国家利益与国际社会整体利益的冲突方面提出新的举措。

中国政府认为，建立国际经济新秩序，应该逐步做到发展中国家有权根据自己的国情，选择自己的发展道路、发展模式和发展战略，其他任何国家和国际组织均无权进行限制和干涉。各国有权对其拥有的自然资源及其开发实行有效的控制，其他国家无权侵犯这一主权。各国都有权参与处理国际经济事务。增加向发展中国家资金转移，放宽国际信贷的条件，改革现存的国际货币金融制度，增加发展中国家在有关国际金融机构中的发言权。加强南北对话和合作；在商品、贸易、资金、债务、货币、金融等重要经济领域，发达国家应该在国际社会中作出必要的调整和改革。当今时代，人类整体利益的领域大为拓宽。一个国家的每一项内外政策都会对他国乃至全球造成这样那样的影响，因而许多重要问题都有必要通过国际协商再作决断，通过各国间平等互惠的合作来加以解决，只有这样才能使问题得到完善处置。对于人类社会的共有财富，任何国家都不得擅自侵占或破坏。例如外层空间、国家管辖范围以外的海床海底资源等均为人类共同继承的财产，任何国家不得以任何理由据为己有。只要各国能够在平等的基础上，正确对待一国民族利益和人类共同利益的相互关系，人类的共同发展、共同繁荣是能够实现的。

1999 年 3 月 27 日，中国国家主席江泽民在瑞士进行国事访问时，提出了中国关于建立国际政治经济新秩序的五点主张：第一，应坚持互相尊重主权和领土完整、互不侵犯、互不干涉内政的原则；第二，应坚持用和平方式处理国际争端的原则；第三，应坚持世界各国主权平等的原则；第四，应坚持尊重各国国情、求同存异的原则；第五，应坚持互利合作、共同发展的原则。这些原则，概括了中国政府所致力于建立的国际政治经济新秩序的基本点。

中国为建立国际政治经济新秩序所提出的主张，得到了广大发展中国家的赞赏和支持，因为发展中国家普遍向往的是建立大小国家一律平等的秩序，这同中国的主张完全一致。中国的主张也得到发达国家进步人士的支持，因为它公正、合理，有利于世界的和平与发展。当然，在当前霸权主义和强权政治还存在的情况下，各国人民只有加强团结，坚持斗争，才能真正建立国际政治经济新秩序。

3.美国、西欧、日本建立国际新秩序的主张。

美国的“国际新秩序”：

(1) 美国是世界上唯一的超级大国，理应成为世界的领导者。

(2) 包括民主、自由、人权、私有制、市场经济和议会选举、多党等在内的美国价值观，必须是世界新秩序的指南，应在全世界盛行并成为国际社会共同的原则和价值观。

(3) 加强与西方盟国的经济关系并与俄罗斯等其他国际力量合作，形成一种形似合作实则是领导与被领导的关系。

(4) 建立新的全球性和地区性安全体系，消除危及美国利益的各种威胁，借助联合国等国际组织，最大限度发挥美国的影响力。

欧盟的“国际新秩序”：

(1) 促使欧洲联合，建设欧洲大厦。

(2) 促成“欧洲极”的形成，在国际事务中发挥重大作用。

(3) 调整欧美政治经济和军事关系，重塑大西洋联盟，共同维护西方价值观念和政治模式在世界的主导地位。

(4) 积极推行“亚洲战略”。

(5) 扩大同世界其他地区民族国家的政治经济联系。

日本的“国际新秩序”：

(1) 积极展开以实现政治大国目标为核心的外交战略，开展“多边自主外交”。

(2) 在世界范围内共同维护和扩大西方价值观念和政治模式，推动其他民族国家进行民主政治和自由经济改革。

(3) 在亚洲巩固自己的主导地位和作用。

4.对不同构想的比较分析。

比较分析上述几类国家建立国际新秩序的构想。总体看来，美、日、欧的“国际新秩序”观在本质上是相同的，那就是要建立以一个西方大国利益为基础，由西方大国领导的，以确立西方模式、意识形态和价值观念为目标的“国际新秩序”。它们之间也存在分歧，主要是争夺在建立“国际新秩序”过程中的主导权。社会主义中国则主张在和平共处五项原则的基础上建立国际新秩序，以促进世界各国共同的发展和繁荣。我们对这两种不同本质的国际新秩序的构想分别分析如下：

第一，是要强权政治，还是要和平共处的民主政治。西方国家在人权、金融、贸易、军控等一些具体问题上，出于各自利益的考虑，继续推行强权政治。中国则坚决反对这种行径，呼吁大小国家都应恪守以主权平等和互不干涉内政为核心的国际关系准则。

第二，是坚持共同协调发展，还是坚持以牺牲他国利益为代价的不均衡发展。冷战结束后，世界进入一个和平发展的时期，但由于不合理的国际经济旧秩序依然存在，美、日、欧等发达国家为了自身利益不惜以牺牲发展中国家利益为代价，使南北差距更加拉大。

第三，是要西方文化主宰的一统天下，还是要东西方文化共同繁荣的多样世界。近年来，美国为首的西方大国，在人权等问题上对包括中国在内的许多亚洲国家施加压力，连连抛出各种议案干涉他国内政。依据自己的文化水准和道德标准，强制推行西方的价值观念。这种将文化差异问题政治化的做法是强权政治新的表现形式，每个国家应根据自身的国情选择自己的价值观念，世界是东西方文化共同繁荣的多样世界。

第四，是由世界各国协调解决国际争端，还是由少数大国主宰国际事务。在领土、民族、宗教、资源等因素引发的武装冲突和局部战争问题上，中国等发展中国家主张尊重国家主权，不干涉成员国内政，和平解决争端，遵守保持公正平等的国际关系准则。美日欧等发达国家则常常在维和行动中动辄使用武力，企图以军事手段解决冲突。

各国在建立国际新秩序的构想中的分歧与差异，反应出各国在处理国际事务中有着不同的利害冲突。这都为建立公正、合理的国际政治、经济秩序增加了难度。

四、建立国际新秩序的基本途径

新旧秩序转换时期，各种力量处于变化和调整之中，世界格局的不稳定和重重的阻力,使得建立国际新秩序成为一项艰巨的任务。

第一，以公正、合理为原则，以和平、发展为手段，是建立国际新秩序的基本途径。世界各国只有和平共处、平等互利地处理国际政治、经济关系，加强相互磋商、相互合作与协调行动，才是建立起公正、合理的国际新秩序的惟一途径。

第二，全面推进经济发展和社会进步，谋求全世界和平、繁荣，是建立国际新秩序的基本手段。这是发达国家和后工业国家经济发展取得成功的重要经验，是东西方文明的共同结晶，发展是硬道理，一切违背发展规律的做法，只能阻碍和延缓本国与世界经济的发展和社会的进步，也阻碍全球经济和政治的均衡发展。

第三，制定全球性的可持续发展战略，是建立国际新秩序的重要环节。在建立国际经济新秩序，促进人类社会共同繁荣的过程中，发达国家应承担起更多的义务，发展中国家应走一条经济与社会、经济与环境协调发展的新路。

第四，以协商谈判的和平方式解决地区冲突，在注意好现有政治、经济失衡问题的同时，避免新的失衡，是建立国际新秩序中应解决好的重点问题。

第五，继续加强联合国在国际事务中的地位与作用，是建立国际新秩序的又一重要渠道。从解决地区冲突到提供人道主义援助，从促进世界经济发展到维护国家主权，联合国发挥了重要作用。今后我们应继续加强联合国的地位和作用，依据《联合国宪章》和国际关系法准则改善国际关系，促进世界和平、进步事业。

五、建立国际新秩序是一个长期而艰巨的过程

从理论上讲，一定国际秩序的建立是与世界各民族国家的利益息息相关的，而世界各民族国家都希望建立有利于自身利益的国际秩序，并为之努力奋斗。因此，围绕建立什么样的国际新秩序，世界各民族国家必然会在全球各地区、各层次和各领域展开全面斗争。由于涉及到民族国家利益，这种斗争不可避免。只有当世界各民族国家的利益在长期斗争中调整到相对一致的程度时，一种新的国际秩序才会建立起来。

从现实来讲，一定国际秩序的建立往往在很大程度上取决于国际间各种力量的对比、消长及分化组合，只有当国际间的各种力量对比、消长及分化组合达到相对固定的程度时，一种新的国际秩序才会建立起来。当代世界的政治和经济尚处于深刻变革之中，“一超多强”的多极化政治格局初步形成但尚未巩固，部分地区大国也在成长之中。世界各民族国家从本民族国家利益出发，在国家政治和经济上的分化组合仍在继续之中。建立国际新秩序是一个长期而艰巨的过程。

第一，强权政治和霸权主义依然存在，国际旧秩序的阴影还未彻底消除；

第二，进入 20 世纪90 年代后，发展中国家面临的经济环境更加严峻，资金短缺，债务沉重，初级产品价格下跌，贸易保护主义严重等，使国际关系中的不平等问题进一步发展；

第三，在大国裁军的同时，以提高质量为主要目标的军备竞赛仍在进行，军控难以完全实现；

第四，在全球形势趋缓的同时，地区冲突加剧。

在建立国际新秩序的过程中，存在许许多多的障碍，既有国际新秩序本身的一些理论方面的巨大分歧，又有国际新秩序所涉及的在短期内难以解决的重大问题；既有全球性的，也有地区性的；既有政治秩序方面的，也有经济秩序方面的。如此等等，就决定了建立国际新秩序是一项长期的艰巨的战略任务。我们应该在充分认识这场建立国际新秩序斗争的长期性、艰巨性和复杂性的同时，要满怀信心地为建立公正合理、平等互利、和平稳定的国际新秩序而不懈努力。广大发展中国家只有把精力主要放在本国经济发展上，迅速使自己的经济水平和科学技术发展起来，才可能实现建立国际新秩序的战略目标。

思考题

1.为什么说和平与发展是当今世界的两大主题？

答案参考要点：（1）国际相互依赖关系的发展，全球性问题突出；（2）对人类生存与发展影响最大的是和平与发展。

2.阻碍当今世界和平与发展的主要因素有哪些？如何消除障碍、维护和平、促进发展？

答案参考要点：（1）国际政治经济旧秩序；（2）强权政治、霸权主义；（3）建立公正合理的新秩序，反对强权政治、霸权主义。

3.如何认识国际新旧秩序和建立国际新秩序的途径？

答案参考要点：未来的国际新秩序应符合联合国宪章的宗旨和原则，应符合为国际社会普遍接受和行之有效的原则。

途径是：南北对话、南南合作、建立国际新秩序。

4.国际新秩序的基础是什么？

答案参考要点：和平共处五项原则。

5.和平与发展两大主题的关系是什么？

答案参考要点：维护和平是促进发展的前提，发展是维护和平的有力保证。

6.确认世界主题的依据是什么？

答案参考要点：世界主要矛盾决定国际社会的主题。

第九章

当今世界热点问题综述

本章学习目标

通过本章学习，了解和掌握在过渡时期国际形势趋于缓和的同时，局部地区冲突迭起的原因，以便更好地认识新旧格局转换的过渡时期国际形势的基本特征和国际社会的主要矛盾，抓住经济建设这一根本任务，促进世界和平与发展。

本章重点难点

冷战结束后，随着经济全球化的迅猛发展，国际政治格局趋向多极化，原冷战时期的次力量中心渐渐成为国际政治格局的主导力量，引发了全球及地区安全结构的剧变，民族、种族、边界纠纷及矛盾显得突出，民族冲突甚至局部战争接连不断，给全球及地区和平与安全造成重大威胁。重点是了解东欧、中亚经济政治转型、南联盟战争、亚洲金融危机、克什米尔冲突、阿以冲突、国际反恐战争等，难点是如何把握过渡时期世界经济与政治发展变化的特征。

一、东欧中亚国家经济政治的转型

1.东欧中亚国家经济转型的代价和进展。

苏东剧变后，东欧中亚国家进入了艰难的经济政治转型时期，引起世界的关注。

东欧中亚国家实施经济转型的措施基本相同，主要包括：全面推行国有企业私有化，提高企业经营效率，放开物价，形成依靠市场调节的价格体系；实行紧缩货币政策，抑制通货膨胀；削减财政补贴、财政赤字，取消对外贸的限制，实行货币自由兑换等等。

转轨的方式有激进和渐进的区别，波兰、罗马尼亚、阿尔巴尼亚、乌克兰等选择了激进的方式，而匈牙利则选择渐进方式。所有东欧中亚国家经济在转型中都经历了混乱—滑坡—谷底—回升的历程。

由于各国对经济转型目标的设想不切合实际，使经济转型付出了巨大代价。

具体表现在：

第一，经济实力大幅度滑坡；

第二，通货膨胀恶性发展，失业急剧增加；

第三，对外贸易状况恶化，外债负担加重；

第四，居民生活水平下降，两极分化严重。

经济转型付出巨大代价，深层次的原因在于前苏联东欧国家历史上积存下的结构性障碍难以在短期内克服，加之各国社会政治与经济转型同时并进，政局多变，难以满足恢复经济的稳定条件。

近几年来，东欧中亚经济形势逐渐好转。但由于各国社会经济条件不同，转型的具体方式与政策不同，各国的发展状况出现较大差异。

各国经济体制转型经过几年努力已取得显著进展：

第一，所有制改造获得成效，以私有制为主体的多种所有经济结构已初步建立起来。

第二，市场经济体系正在或已初步形成。

第三，外贸改革取得成效，与西方经济联系加强，外汇储备与外国投资大量增加。

尽管东欧中亚国家经济转型已近结束，也看到复兴的希望，但市场机制不健全，各环节运转不协调，基础设施薄弱，支柱产业和高新技术产业发展力度不够，经济增长缺乏后劲，政府宏观调控不力等深层次的经济问题尚未解决，造成许多国家的经济回升极不稳定，要实现经济复兴，还需走很长的路。

2.东欧中亚国家政治转型的进展与前景。

（1）政治体制改革引发“地震”。大多数国家的政治转型在初期是以急风暴雨的形式展开的。多党制、三权分立、议会民主、民族分离等一时间主导社会思潮，社会政治领域冲突异常激烈。各国在相当长一段时间里政局不稳，爆发了强度不一的社会政治“地震”。

（2）社会政治发展的趋势。目前，东欧中亚各国向资本主义民主制的转变已基本完成，政治多元化原则、三权分立原则已通过宪法和法律得到贯彻，新型政治体制的框架已初步确立。东欧国家受西欧影响较大，选择了议会民主制，而苏联在解体前已经实行总统制，故而独联体国家多走上了总统制的道路。①

第一，就这一地区社会政治思潮来看，马克思列宁主义作为社会主导思想的时代已经结束，整个社会思潮从一元化向多元化发展，其中影响较大的有自由资本主义思潮、民族主义思潮、社会民主主义思潮。社会民主主义思潮近年来在东欧中亚地区的影响扩大。它以西方社会党的纲领为蓝本，主张走“第三条道路”。

第二，经过一阵痛苦的转型后，1996年前选民选左翼力量上台，是因为民众无论在心理还是实践中都承受不了当时向资本主义过渡中引起的剧烈震动和由此产生的

①包毅.简析中亚国家总统制及其发展趋势[J].东欧中亚研究：2007，（6）.

一系列后果。

第三，在各国政局基本稳定有序的情况下，众多社会问题日益令人担忧。失业人数扩大，人民生活水平下降，社会贫富悬殊加剧，社会两极分化加剧。

3.东欧中亚地区的对外关系。

(1) 东欧中亚地区对外政策的转变。

转型之初，各国曾一度奉行全面倒向西方的政策，以争取西方的经济援助和政治支持。但很快，单纯地跟随西方的政策被证明是行不通的。因此，绝大多数国家开始改变一边倒外交政策，在保持优先发展同西方国家关系的前提下，更注意突出自己的国家和民族利益，奉行自主的外交政策，对外关系更趋多元而务实。

(2) 加强同西方的合作。

同西方合作，是这一地区绝大多数国家对外关系的重点。东欧国家、波罗的海沿岸国家在同西欧各国合作中，把“返回欧洲”作为外交政策的首要目标。东欧国家出于保障自身安全需要，迫切需要加入北约，由北约组织直接提供安全保障，所以北约东扩成为同西方合作的又一重点。

(3) 密切区域内自身合作。

东欧中亚国家区域性合作加强，是这一地区国家间关系的最新发展。面对西方的优势及国际经济一体化的大潮，独联体国家除继续走联合之路，别无选择。如中亚五国，经济政治结构同源，发展和面临的问题也大同小异。他们本来有广泛的合作基础，也有足够的合作愿望，所以区域内一体化有实现的可能性。

二、从波黑内战到南联盟战争

1.波黑内战。

1989年以后，在苏联东欧剧变的浪潮中，南斯拉夫六个共和国先后实行多党制。1990年4月底，六个共和国又先后举行了多党地方选举。斯洛文尼亚和克罗地亚组成非共产党政府，开始实行资本主义制度，波黑和马其顿的新政府选择的是中间道路；塞尔维亚和黑山将南共联盟改称为社会党，仍坚持社会主义。

面对即将分裂的南斯拉夫联邦，波黑共和国的三个主体民族：穆族、塞族和克族，对波黑的政治前途发生分歧。1992年3月，不顾塞族的反对，波黑宣布独立。在波黑塞族与穆族、克族之间爆发了日益激烈的武装冲突。波黑内部的冲突，引起外部势力的插手。外部势力的插手使波黑形势急转直下，波黑内战全面爆发。

南斯拉夫联邦土地上的这场武装冲突持续了四年，国际社会为这场战争作出了巨大贡献，仅联合国安理会通过的有关决议达40多项，有关国家提出四个和平方案。经过多方努力终于1995年12月24日在巴黎签署了代顿和平协议，波黑战争暂告平息。

战争虽然结束了，但真正在波黑实现和平仍很遥远。因为长期积累的民族矛盾、种族矛盾仇恨绝非一张纸所能解决，各大国在波黑仍各有所图，加之代顿协议规定的宪法、政体上有许多不完善之处，这一切都使波黑和平之途充满不确定性。

2.南联盟战争。

(1) 从科索沃危机到南联盟战争。

科索沃地区是南斯拉夫联盟共和国中塞尔维亚共和国的一个自治省，面积一万多平方公里，人口约200万，其中90%是阿尔巴尼亚族，塞尔维亚族不到10%。

1989年，塞尔维亚米洛舍维奇开始对科索沃的阿族的民族分离倾向实行强硬政策，镇压了阿族人的示威游行，并于1990年颁布了塞尔维亚新宪法，取消了科索沃地区的大部分自治权利。“科索沃解放军”开始暴力活动，科索沃成为了继波黑之后巴尔干又一热点。南联盟坚持维护自己的主权和领土完整，1999年3月23日北约宣布对南联盟进行空袭，科索沃危机演化成南联盟战争。

在联合国的努力下，南联盟被迫于6月3日接受由俄罗斯、欧盟和美国提出的关于解决科索沃危机的和平方案。南联盟从科索沃撤军，以北约为主的国际维和部队进入科索沃，科索沃难民重返家园。于是，北约于6月10日宣布停止空袭，进行了七十八天的南联盟战争暂告结束。

2003年，南联盟共和国议会通过《塞尔维亚和黑山宪章》，改国名为“塞尔维亚和黑山”，组成松散的国家共同体。除了共同总统、统一的军队、外交等国家权力，两个共和国有不同的法律、海关、货币乃至边防部队。

宪章还规定，3年后，两个成员国有权通过全民公决，决定是否另立门户，分别成为独立国家。

(2) 北约对南联盟动武的原因。

北约悍然对主权国家南联盟发动大规模军事行动，是北约成立50年来第一次进攻一个既没有威胁它，也没有威胁或入侵它的邻国的主权国家，而且是在没有联合国授权的情况下。这是一个非常严重的事件，是一种公然违反《联合国宪章》和国际法准则的行为。

北约的真实目的有以下几个方面：

首先是有鉴于波黑和平的“成功经验”，企图在科索沃问题上故伎重演；其次，北约欲以对南联盟大动干戈来树立威信，试图承担起维护欧洲范围安全的责任，为北约的生存注入活力；第三，为了“搞掉”米洛舍维奇，制服南联盟，将巴尔干全部纳入北约版图，将俄罗斯势力完全驱逐出东欧；第四，空袭南联盟的背后隐藏着北约和美国的更深的战略意图，即为北约新战略出台作准备；第五，对南联盟动武也是美国全球战略的一部分，继续主导欧洲事务，“遏俄、弱俄”，拔掉与俄罗斯有密切联系、且被视为俄罗斯在东欧最后一块势力范围的南联盟这颗“小钉子”。

三、亚洲金融危机

1.亚洲金融危机概况。

起源于泰国的金融危机，先是对印度尼西亚、菲律宾和马来西亚等国造成冲击，后又波及到新加坡、越南、甚至延伸到印度、巴基斯坦。东南亚各国纷纷放弃联系汇率制，实行浮动汇率制。

东南亚金融危机自1997年10月份起，开始向东北亚蔓延。1997年11月，韩国放弃保护韩元措施，韩元大幅度贬值，接着韩国向IMF求援以缓解债务危机。与此同时，日本也接连发生多起银行和证券公司倒闭事件，引发新一轮货币危机，致使日元贬值。

2.亚洲金融危机爆发的原因。

金融危机爆发的原因概而言之，大体有以下几个方面：

第一，金融部门存在结构性缺陷，金融监管滞后于金融自由化；

第二，汇率制度不够灵活；

第三，产业结构未能及时升级，出口产业趋同，经济增长缺乏后劲。

第四，政府对经济的一些不适当干预助长了过度借贷和资产泡沫的膨胀；同时私人部门也存在着忽视风险管理，过度利用债务杠杆等弊端。

第五，国际资本市场上投资者的“群体行为”在亚洲金融危机的爆发和传染中发挥了很大作用。

第六，政治腐败。

3.亚洲金融危机的影响。

（1）金融危机已明显地对亚洲经济、社会及政治等方面产生了影响。首先，亚洲国家出现经济衰退。其次，亚洲国家的贫困现象加剧。最后，金融危机使亚洲国家付出了社会动乱甚至政治危机的沉重代价。

亚洲国家出现严重的经济衰退。货币大幅度贬值和股市暴跌，造成这些国家帐面财富瞬间遭到巨大损失，那些发生金融危机的国家已经陷入严重的衰退之中。据世界银行估计，亚洲金融危机使这一地区一亿多中产阶级又重新沦为贫困阶层。

（2）世界多数国家经济受到金融危机的影响，全球经济增长速度减慢。

亚洲国家和俄罗斯等已陷入严重的衰退之外，其他国家的经济增长率大多低于前一两年，特别是对前几年一直保持强劲增长势头的欧美经济影响日益增大。据IMF统计，世界经济增长率由1997年的4%降到1998年的2%，为1991年来的最低。

（3）亚洲金融危机使中国经济受到较大冲击。

由于中国出口55%以上是面向亚洲市场，引进外资约70%来自亚洲地区，亚洲金融危机对中国的出口有一定的直接影响，对境外融资和直接投资具有潜在影响。由于出口增长速度放慢，加上受历史罕见的大洪灾影响，导致中国1998年经济增长目标没有实现8%，只实现了7.8%的增长率。

（4）金融危机对亚洲主要力量的消长将产生微妙作用。

从东亚的整体实力看，力量对比进一步倾向于西方。从国别情况来看，日本在危机中自顾不暇，政策多变，未能表现出大国应起的“防波堤”作用，人们对它的期望大打折扣；东盟各国对外依赖性增强，政治上的独立性和进取精神进一步削弱，东盟的一体化进程将延缓。

（5）金融危机对东亚经济发展模式形成严峻的挑战。

危机发生后，不少人借机否定东亚模式和亚洲价值观，因此，东亚模式能否重新焕发活力将对亚洲国家产生深远影响。同时，国际社会也应对现行的世界经济、金融体制进行反思与改革，认真探索21世纪维持全球经济持续、稳定、健康发展的途径。

四、南亚核竞争与克什米尔冲突

1.印巴核爆竞争加剧。

世纪之交的南亚不但未能摆脱政局长期动荡的困扰，反而各种政治力量的争夺有所激化，民主制度受到巨大冲击和挑战，印巴1998年的核竞赛使印巴关系倒退，1999年5月以来的克什米尔军事冲突险些把两国拖入全面战争，更使未来南亚局势的发展充满了变数。

1998年5月11日，印度48小时内进行了五次核试验引起全球震惊。试验的核装置是由印度国防研究与开发组织和原子能局研制的，所有裂变和其它材料全部是由印度自行生产的。核试验采用了聚变和二次裂变两种引爆方式，氢弹采用改进的裂变方式引爆。

印度企图借此次试验达到以下目的：

第一，企图称霸南亚；

第二，获取轰动的政治效应；

第三，从技术上看，是为今后进行计算机模拟核试验获得必要的数据资料。

继印度进行五次核实验之后，巴基斯坦也宣布成功地进行了五次核实验，还宣称已经解决了核材料铀235的应用问题，准备研制用于远程核导弹的核弹头。这再次引起了国际社会的震动和强烈反响。

印巴核实验给国际核不扩散体制以沉重的打击，对《不扩散核武器条约》和《全面禁止核试验条约》提出了严峻的挑战，使不扩散体制面临崩溃的边缘。严重破坏了南亚地区的和平与稳定，存在着印巴间由常规对抗上升到核对抗的危险。

2.印巴克什米尔冲突再起。

(1) 克什米尔问题的形成。克什米尔全称是“查谟和克什米尔”。它位于南亚次大陆的最北端、喜马拉雅山麓，面积为20万平方公里左右。克什米尔这块被称作“地球上的天堂”和“亚洲瑞士”的地区的悲惨遭遇是从印巴分治开始的。

1947年英国公布《蒙巴顿方案》，规定将印度教徒占多数的地区划归印度，穆斯林占多数的地区划归巴基斯坦，但对拥有500多个土邦的克什米尔的归属却未作具体规定，只含糊地提出这些土邦是否加入某方，由土邦与该方首脑谈判决定。这实际是在印巴之间埋下了一颗定时炸弹，成为两国数度干戈相见的根源。

(2) 克什米尔成为印巴两国关系核心问题的原因：印巴如此看重克什米尔，将其视为解决两国关系的核心，是因为其对双方都有着重要的战略内涵，对于巴基斯坦，因克什米尔人大部分是穆斯林，故其已非一个单纯的领土问题，还是一个涉及宗教感情的问题。巴基斯坦认为：没有克什米尔，巴基斯坦就不是一个完整的国家。

对印度而言，克什米尔则关乎其国家和民族尊严，因为这里是其国父尼赫鲁家族的发源地。更重要的是能借此有效地抵制国内其他地区，尤其是旁遮普邦的分离主义倾向，并对巴基斯坦进行军事控制。由于印巴之间仇隙太大，各自的国家战略、安全战略、外交战略和军事战略针锋相对，互不相让，克什米尔问题想要在短期内解决是不现实的，“低烈度战争”的阴影将长期笼罩在克什米尔地区。

五、阿以之间冲突又起，中东和平步履维艰

1.中东概况。

“中东”是一个政治地理概念，它是“欧洲中心论”的产物。中东22国的总面积为1500多万平方公里，总人口约2.6亿。

中东各国由于历史、地理、资源、文化科技、国民素质等方面的差异以及社会制度和生产力水平的不同，各国之间的贫富差距亦十分明显。

中东具有十分重要的战略地位：

其一，它地处欧亚非三大洲的结合部，是世界的交通枢纽，是海、陆、空运输往返三大洲的必经之地，具有国际战略意义的黑海海峡和霍尔木兹海峡亦在这里。

其二，中东是“世界石油宝库”。中东石油的储量占世界总储量的70%，是世界能源的供给中心，也是西方国家的主要能源供应地。所以中东就成为各大国争夺的主要对象。

中东之所以战乱不断，是因为中东地区毗邻接壤的国家几乎都有领土纠纷、宗教和教派斗争及对石油资源、水源、交通要道的争夺，更主要的是冷战期间两个超级大国对中东国家的争夺，促使中东各国之间旧矛盾激化和新矛盾丛生。其中最突出的最有影响的是以色列和阿拉伯国家长达半个世纪的领土争端。

2.阿以争端的核心问题是巴勒斯坦问题。

阿以冲突的烈度和深度非同一般，是过去数千年来积累下来的民族矛盾和宗教矛盾在二次大战后围绕着犹太复国主义问题急剧激化的结果。1948年5月14日，犹太人国以色列国宣告成立。

从以色列国成立起的五十多年里，阿以双方冲突不断，其中还爆发了五次大规模战争。经过大规模战争，以色列与阿拉伯人特别是巴勒斯坦人积怨日深。阿拉伯国家与以色列长达半个世纪争端的核心是巴勒斯坦问题，即领土之争。

1991年10月在马德里召开了中东和会，阿拉伯国家和以色列针对被占领土这一阿以冲突的核心问题进行和平谈判，经过22个月八轮谈判，终于在1993年9月13日取得突破，巴解组织和以色列签署了《巴勒斯坦有限自治原则宣言》，巴勒斯坦方面首先在加沙和杰里科实行自治。

但以色列利库德政府反对联合国关于“以土地换和平”原则，坚持“以和平换和平”的立场，不承认巴勒斯坦人民有建国权，拒绝将戈兰高地归还叙利亚，声称要把以色列的安全放在首位，并违反巴以和平协议，继续在所占阿拉伯领土上兴建犹太人定居点。以色列以巴解民族权利机构支持恐怖活动为由，侵入加沙和杰里科地区，围困阿拉法特和巴民族权利机构，致使巴以、阿以关系再度紧张，中东和谈进程濒临夭折。

巴以双方要想在极短的时间里解决那些最棘手的、看上去无法解决的问题，诸如巴勒斯坦的最终法律地位、耶路撒冷的归属、巴勒斯坦土地上的犹太人定居点、巴勒斯坦和以色列的最终边界、水资源的合理分配、巴勒斯坦难民重返家园等等，确实有很多困难，需要各方充分发挥智慧。由于双方互不让步，特别是在耶路撒冷的地位问题上互不相让，所以巴以和谈一再破裂。

3.中东和平进程几多曲折。

尽管巴以之间矛盾尖锐，和谈困难重重，但中东和平仍然充满希望，有利条件在于：

第一，对以色列来说，和平是惟一正确的选择，惟有通过和平方式，才能结束一个世纪的阿以冲突。

第二，对巴勒斯坦领导人来说，只有根据“以土地换和平”的原则，才可能收复失地。在自己土地上建立一个独立的国家。

第三，对美国来说，发起和推进和平进程是美国在中东战略利益的需要。

第四，从现实和未来看，不论巴以双方如何通过未来达成的“和平框架协议”，都不可能使中东和平进程倒转乾坤。

“怀伊协议”是巴以双方都有让步又各有所得的协议。根据协议，以色列答应撤出13.1%的西岸土地，使巴控制的土地达40%（含与以共管的地区）；以同意开放加沙机场，开辟加沙通往西岸的两条安全通道，兴建加沙港；以同意释放3 500名在押犯中的750人。作为对等条件，巴同意加大在被占领土反恐怖活动的力度，收缴民间非法拥有的武器，取消巴勒斯坦宪章中有关“消灭以色列国”的条款，不再提单方面建国之事。同时双方商定，在双方政府批准临时协议后，以方将共同商讨进一步撤军计划，并开始包括耶路撒冷最终地位问题在内的最后阶段谈判。但是在双方反对派的压力下，协议执行过程中出现了节外生枝的事件。以方在实施第一阶段撤军的同时，又征收了10%的西岸土地，并提出了一些新的条件，声称不满足这些条件，以将不按计划于1998年12月18日开始的第二阶段撤军计划。巴方也多次重申要在1999年5月4日单方面宣布建国。加之以方在戈兰高地撤军问题无丝毫松动，要想全面启动包括叙以、黎以在内的整个中东和平进程更将难上加难。

2007年以后，定居点问题一直是制约巴以和谈的主要障碍。包括美国在内的西方国家都要求以色列停止扩建犹太人定居点，但是以色列政府却反其道而行之。在当前中东、北非一些国家政局动荡、巴以问题进一步边缘化的情况下，巴以和谈的前景更加渺茫。

六、“9·11”事件和国际反恐怖战争

1.“9·11事件”。

2001年9月11日，两架大型波音客机从不同方向撞向美国纽约的世贸中心大楼，造成大楼顷刻之间在浓浓大火之中轰然倒塌，一架客机撞向美国国防部五角大楼总部。撞机事件给美国造成重大的损失，据官方公布的数字，在此次事件中共死亡数千

人,这是自珍珠港事件以来,美国本土受到的最为严重的袭击。全世界为之震惊。

“9·11”恐怖袭击事件后，美国很快把目标锁定本·拉登及其基地组织卡伊达。把战争矛头指向庇护拉登的阿富汗塔利班政权。为配合这场阿富汗战争，布什随即发表的反恐演说中指出，在这场反恐战争中，任何国家都必须做出抉择，或者与美国站在一起，或者站在恐怖分子一边。

“从现在起，任何继续庇护或者支持恐怖分子的国家都将被美国认定为敌对政权。”布什的这番著名的“非敌即友”的宣言，被国际社会普遍认作是“布什主义”的发端，为第一阶段反恐统一战线的形成，起到了重要作用。

10月7日，美国在阿富汗发起了大规模的“持久自由行动”反恐战争，开始轰炸阿富汗；接着又在阿富汗境内开展“蟒蛇行动”，这是自美国在伊拉克发动“沙漠风暴”以来进行的最激烈的战斗。同时，美国还想把反恐战争扩大到伊拉克等国。

2.美国借此在全球强化其霸权地位。

“9·11事件”是伊斯兰极端分子对美国等西方国家仇恨的总爆发，同时也是美国长期霸权政策导致的必然结果，它说明冷战结束以来，在和平与发展的世界主旋律背后，国际关系一直为多边利益、种族、宗教、传统的领土纷争所困扰，民族和种族矛盾成为当今世界冲突不断、动荡不安的一个主要因素。

在当前条件下，布什主义的一条日趋成熟、坚定不移的全球战略就是：充分利用美国在不可阻挡、日益强化的全球化潮流中形成的一超独霸的经济、军事和政治优势，以及9·11受袭后给美国带来的“哀兵必胜”的道德舆论优势，强硬地实行“顺我者昌，逆我者亡”战略;首先坚决打击,各个击破基本上是由阿拉伯人和穆斯林组成的针对美国的恐怖势力。与此同时,积极抢占各种战略要地。

在全球化必然带来的各种文明大碰撞发生之前，为美国和基督教文明抢得全球战略优势。在此之前，则要坚决避免从整体上和伊斯兰文明产生正面冲突。布什在刚刚结束的9·11半年祭白宫演说中，一改以往的风格，将惯用的结束语“上帝保佑美国”，改成了“上帝保佑我们的联盟”来结束演讲，体现了在现阶段美国要坚决避免出现基督教文明和伊斯兰教文明碰撞局面的战略决心。

七、经济全球化和中国入世及其影响

1.经济全球化趋势和对世界经济的影响

在当代世界，经济全球化成为世界经济发展中出现的引人注目的大趋势。世界经济整体包括中国在内的世界各国经济的发展都受到这一趋势的影响。经济全球化与世贸组织的关系是：全球化是世贸组织发展的基础，世贸组织是全球化的体制框架。全球化是中国入世的大形势、大背景。

(1) 经济全球化趋势的意义。

经济全球化的重要意义在于它是一个关系世界经济全局的发展大趋势，诸如世界经济两极分化、多极化、区域化、市场化等等趋势的新发展，都与全球化趋势有着这样那样的关系，美国经济一高两低，以及今后可能出现的其它世界经济重大事件，都离不开经济全球化这个大背景。

(2) 经济全球化趋势的内涵。

经济全球化是指这样一种状况和进程，经济资源愈益跨越国界在全球范围内自由、全面、大量、结合的流动和配置，使得世界各国经济相互开放和依存，各国经济的发展与整个世界经济的变动愈益相互影响和制约。

经济全球化有两大基本内涵：

经济全球化的第一个基本内涵是资源跨国流动，而且这种流动呈现出新的特点。

经济全球化的第二个基本内涵是各国经济相互依存、影响。

(3) 经济全球化趋势的基础与特性。

国际分工决定经济全球化的形成、发展和二重性质。经济全球化趋势的客观基础是国际分工，从而国际分工的形成、发展决定了经济全球化的产生、发展，国际分工的二重性决定着经济全球化的二重性：它既是国际范围内生产力发展的反映，又是国际生产关系的反映。

2.经济全球化对世界经济的宏观影响。

(1) 经济全球化不仅扩大了机会和风险，而且加剧了世界各国发展的不平衡；在以商品、资本、技术、劳务等经济资源愈益在全球范围内自由、全面、大量、结合的流动为其主要特征的经济全球化趋势面前，世界各国经济发展的机会和风险都在其中了，而且机会和风险都比过去放大了许多，从而世界各国间原本就存在的不平衡将会加剧。

(2) 经济全球化既增进全球整体利益，又加剧各国之间利益争夺；全球化带来的国际利益关系不是"零和"关系，而是全球共同利益的增进。这个全球共同利益体现在：全球化会使世界经济增长并给所有国家提供发展的机会；全球化会把世界经济"蛋糕"做大并使所有国家享受更多的利益。正是因为这一共同利益，才促使世界各国都要参与全球化进程，都要采取更为自由与开放的贸易与投资政策以减少资源流动的国家界限障碍，都力主加强国际经济协调甚至不惜出让部分经济主权。然而，既要看到全球共同利益，更要看到各自国家利益，相互利益寓于共同利益之中，全球共同利益最终要分解到、归属为各个国家利益，既然全球化利益从根本上说是世界各国的相互利益，这就有个利益分配问题，各国利益多寡不平衡问题。

(3) 经济全球化加剧了世界经济的不平衡、南北贫富两极分化。经济全球化无疑可以促进世界经济总体发展，带来全球整体利益的增进并给所有国家提供发展的机会，也可以使一些发展中国家抓住机遇，发挥"后发优势"，迅速发展经济，缩小同发达国家的差距；但在不公正、不合理的国际经济旧秩序没有根本改变的情况下发生和发展的全球化，并非通向世界各国共同富裕之路，并非一种全人类牧歌式的携手前进，它不会改变世界经济南北的两极分化。

3.加入 WTO 是中国面对全球化的战略决策。

面对全球化和两极分化的挑战，以更加积极的姿态走向世界是中国的惟一选择。而加入 WTO 这个全球化的体制框架，是我国以更加积极的姿态走向世界的一个重要体现。1986年中国政府正式向关贸总协定提出恢复缔约国地位的要求，关贸总协定成立中国工作组，开始了长达15年的复关和入世的艰难谈判，于2001年12月11日正式成为世贸组织的成员国。

加入WTO使中国更进一步地在深度和广度上扩大了开放。

一是进一步扩大开放是全球化的客观要求：只有参加国际分工和全球化进程才能更快地提高劳动生产率，加快经济发展。才能更好地运用比较优势和禀赋资源，才能更多地实现价值，积累财富。

二是加入WTO使我国对外开放进入了新的阶段，入世后我国的开放将是在法律规则框架下的开放，将是与世贸组织成员互动的开放，将是与整个国民经济稳定发展而互动的开放。世界贸易组织是全球化的体制框架。世界贸易组织和世界银行、国际货币基金组织被并称为当今世界经济体制的三大支柱。在世界范围内运作规则必须要有一个国际组织来制定，制定规范全球经贸运作的多边规则的组织就是世贸组织，入世后我国将按照最惠国的原则享受世界市场五十多年来的开放成果，其它世贸成员承诺的开放市场的义务，将变成我们享有的权利，同时也要承诺开放市场的义务。

为了与世贸组织要求相一致，中国以增强国际竞争力为核心，着重进行了以下方面的工作：一是按照法制统一、非歧视、公开透明的原则，完善涉外经济法律法规；二是按照加入世贸组织的承诺，有步骤地扩大对外开放领域；三是认真研究、掌握和充分行使我国作为世贸组织成员享有的各项权利，积极推动和参与区域经济合作；四是加快培养熟悉世贸组织规则的各类专业人才。

4.加入世贸组织的意义。

加入世贸组织是我国改革开放进程中又一重要里程碑，这必将对我国经济和社会发展产生重大而深远的影响。

入世有利于改善我国国际贸易环境，使我国平等互利地参与多边贸易活动，更有力地促进我国对外贸易发展。①

入世有利于推动我国经济体制改革深化，使我国各方面更符合WTO法律框架的要求，市场经济体制不断完善，有利于和其他成员国之间更多地进行经贸往来与合作。

入世有利于我国直接参与多边贸易谈判及有关协定的制定，积极发挥我国在世贸组织体制中的作用，提高我国的国际地位。入世标志着我国对外开放进入新阶段。

(1) 可以享受和利用世贸组织给予的好处；

(2) 有助于消除发达成员方对中国的歧视性待遇，可以享受发展中成员的待遇；

(3) 可以平等地参与与所有成员方的经济交流与合作，享受他们开放或扩大货物、服务市场准入的利益；

(4) 可以利用世贸组织的争端解决机制，公正、客观、合理地解决与成员国的贸易摩擦；

①杨全发，舒元.中国出口贸易对经济增长的影响[J].世界经济与政治：1998，(8)．

(5) 可以参加多边贸易体制的活动，获得参与国际经贸规则的制定权；
(6) 有利于进一步全面扩大对外开放，提高开放水平；
(7) 有利于借鉴外国的有益经验，深化经济政治体制改革；
(8) 有利于经济资源优化配置，促进整个国民经济持续、快速、健康发展；
(9) 进一步开放市场会使一些产品、企业和产业受到冲击和挑战；
(10) 入世后国家宏观调控的难度将大大增加。

分析加入 WTO 的利弊得失要着眼于经济发展全局，发展地、动态地看待利弊得失，兴利除弊，迎接挑战。

八、伊拉克战争

1.美国发动伊拉克战争的起因。

"9.11"事件发生后，布什政府经过对美国长期形成的安全战略指导思想重新审议之后，对美国的安全有了新的认识，认为国际恐怖主义与大规模杀伤性武器的结合已构成对美国安全最直接的威胁。在采取措施加强本土安全的同时，美国在全球范围内展开打击国际恐怖主义的战争，并将防止大规模杀伤性武器扩散作为反恐战争的重要内容。布什总统强调，"反恐"是美国今后外交和防务政策最主要的任务。在美国全球反恐战争中，中东地区已成为反恐战争的主战场，打击的主要目标则是伊拉克。2003 年 3 月为 20 日，美国以伊拉克拥有大规模杀伤性武器，拒绝武器核查为理由，无视联合国宗旨以及公认的国际法准则，悍然对伊拉克发动了军事行动，这是美国凭借它的超强地位和高科技军事优势，实施"先发制人"战略，以武力开道，以美式"民主"和价值观"整合"整个中东以至全世界的重要步骤。

2.美国发动伊拉克战争的战略图谋。

布什政府认为，利用反恐战争"打伊倒萨"可在中东地区收到一石多鸟的效应：(1) 用军事手段强行搬掉萨达姆，可以对中东地区其他仍支持"恐怖主义"或反美国家起到威慑作用；(2) 打掉中东地区反美势力的"领头羊"，可进一步地打压、遏制该地区恐怖主义和激进反美势力的发展，巩固美国在该地区的主导地位；(3) 控制伊拉克丰富的油气资源；(4) 美国更长远、更深层次的战略考虑还是想借用伊拉克这个平台来实施"先发制人"新的军事战略，在全球强行推行以美霸权为主导的新型的国际关系。

3.伊拉克战争的影响。

伊拉克战争，揭开了国际反霸斗争新阶段，称霸与反霸是当今世界主要矛盾。就性质而言，美国发动伊拉克战争的强权政治特点已成不争的事实。从法理上说，美国打这场战争绕过了联合国，严重违背了国际法和国际基本行为准则。从动机看，美发动这场战争表面是出于对所谓大规模杀伤性武器问题的关切，实质则是为垄断伊拉克石油资源，谋求对中东的独家支配地位和建立单极独霸的世界格局。这场战争表面上是美英联合作战，实际上是美国主打，英国只充当配角；英国参战对战争进程无实质影响，其目的也不是同美国分享霸权，而是取悦美国，以稳坐美国麾下的"二主子"

交椅。从道义上看，这场战争是美不顾国际社会和参战国内部强大反战压力强行发起的，军事帝国主义色彩非常突出。这些性质特点不会因战后联合国在伊拉克重建问题和其它问题上可能发挥的作用而改变。国际关系显现新特征，单边与多边之争正在展现出前所未有的深度。伊拉克战争使主权在国际法体系中的核心地位再度凸显，国家主权观念没有过时，美强权摆脱不了国际公理的制约，动摇不了国际关系的法理基础。联合国权威受到空前冲击，但其地位和作用更显突出。加强地区合作是制约美霸权主义的重要手段。国际形势和国际地缘政治正在酝酿深刻变化。

九、朝鲜核危机

1.朝鲜半岛风云突变。

自 2002 年 10 月朝鲜核危机浮出水面以来，朝核危机非但没有降温，反而在步步升级。就在国际社会高度关注美国可能对伊拉克发动第二次海湾战争之际，朝核问题再度骤然突出，成为另一个牵动人们视线的重大国际热点。同时，国际社会为和平解决朝核问题展开了频繁的外交斡旋。当务之急是美朝尽早展开直接谈判，使事态不致进一步扩大。

2.朝核危机的根源。

这次朝核危机实际上是美国与朝鲜在核问题上的争议和争论的延续。事实上，美国始终怀疑朝鲜秘密发展核武器。美国的情报部门称早在数年前便发现朝秘密恢复核计划，朝鲜的这一行动在 2001—2002 年最为集中。美国公开指责朝鲜秘密研制核武器，甚至声称朝鲜已拥有核弹，一再要求对朝鲜进行核查。另一方面，美国国会不愿履行为朝鲜供应重油的协议。朝鲜则指责美国没有按协议的要求在 2003 年为之建造轻水反应堆。朝鲜启动核设施的根本目的是想迫使美国改变对朝政策，获取一定的经济利益，维持国内的经济体制和政治体制的生存和发展，并不真想与美国对抗，“核牌”一直是朝鲜外交的工具，而不是目的。

3.朝核危机的前景。

朝鲜半岛是冷战在东北亚地区的遗产。该地区地缘战略位置独特，居于中美俄日四大国战略利益的交汇点。朝鲜半岛形势的发展变化关系到东北亚甚至亚太地区实现和平与发展的大业。

美国视朝鲜为“最后一个斯大林政权”，将其划入“邪恶轴心”和“无赖”国家行列。美国 2002 年初出台的“核态势评估”报告把朝鲜列入七个核打击对象国之一。美国不但在冷战结束后继续坚持不承认朝鲜正确的合法性，还公开提出要“改造”朝鲜政权，谋求颠覆朝鲜，甚至多次威胁要对朝鲜的核设施进行“外科手术式”打击。近期来，随着朝美关系的紧张不断升级和朝鲜采取一连串激烈行动，如宣布退出不扩散核武器条约、解除核冻结、退出半岛无核协议等，人们对更为重要的朝美核框架协议最终是何种命运，不由得给予特别关注。

中国将以自己独特的方式发挥建设性作用，如通过各种途径的促和工作，积极支持一切有利于缓和朝鲜半岛紧张形势的努力。

十、国际金融危机

从2008年下半年开始，由美国次贷危机引发了国际金融危机出现，9月15日，有着158年历史的美国第四大投资银行雷曼兄弟公司宣布申请破产保护，金融危机集中爆发并迅速向全球蔓延，世界经济陷入二次世界大战结束以来最严重的衰退。危机从金融领域扩散到实体经济领域，波及范围之广，影响程度之深，冲击强度之大，世所罕见。一段时间内，世界经济形势险象环生，增长明显减速，主要发达经济体经济深陷衰退，国际金额市场跌宕起伏，美欧金融体系陷入融资功能严重失效和流动性短缺的困境，一些新兴市场国家和发展中国家资金大量外流，经济形势严重恶化，全球范围保护主义抬头，在贸易、资金、技术等领域的国际竞争和摩擦加剧。经过各国一年多的共同努力，目前世界经济出现企稳回升的积极迹象。但总体上看，这场金融危机深层次影响依然存在，世界经济好转的基础并不牢固，推动世界经济全面恢复增长将是一个缓慢曲折的过程。

分析这场危机的原因：从表面上看，这场危机源于美国次贷住房抵押贷款大量违约和金融衍生品泡沫破裂，引发全面信用危机。从直接起因看，是发达资本主义国家宏观经济政策不当，虚拟经济过度扩张，政府监管缺乏造成的，是长期负债消费的增长模式难以为继的结果。从内在本质来看，这场危机暴露了自由市场经济的固有弊端，暴露了经济全球化条件下的深层次结构矛盾，暴露了不合理的国际经济秩序特别是国际金融体系的严重缺陷。

思考题

1.印巴冲突的核心问题是什么？

答案参考要点：核心是克什米尔问题，克什米尔问题即领土争端问题。

2.为什么说阿以争端的核心问题是巴勒斯坦问题？

答案参考要点：阿以争端的核心问题即领土之争。

3.入世对中国经济会带来哪些影响？

答案参考要点：有利于进一步全面地扩大对外开放，提高开放水平；有利于经济资源优化配置，促进国民经济持续快速发展。开放市场会使一些产品、企业和产业受到冲突和挑战等。

4.亚洲金融危机爆发的原因是什么？

答案参考要点：金融部门存在结构性缺陷，金融监管滞后，汇率制度不够灵活等。

5.经济全球化的基本内涵是什么？

答案参考要点：一是资源跨国流动；二是各国经济相互依存和影响。

6.经济全球化对世界经济会产生哪些影响？

答案参考要点：一是扩大发展机会和风险，加剧各国发展不平衡；二是既增进全球整体利益，又加剧各国之间利益之争。

结论

通过学习《当代世界经济与政治》可以得出以下结论：

第一，战后六十多年国际风云的变化，包括科学技术的进步、世界经济的发展、新兴力量的崛起、各种力量的较量、国际格局的演变、世界主题的提出、建立国际新秩序的斗争等，无不证明国际社会、人类历史在按照客观存在的规律不可阻挡地前进。从综合角度看，它的集中表现就是霸权主义的衰落。

第二，社会主义和资本主义两种制度战后长期共存和斗争，这种状况还将持续相当长的时期。几十年的历史告诉我们，资本主义还有一定的生命力，还有一定的自我调节能力。但是，它固有的基本矛盾没有解决，也不可能由它自己解决。

在认识到两种制度将长期并存的前提下，我们要坚持在和平共处五项原则的基础上同所有国家发展友好合作关系，借此吸收和利用世界各国，包括资本主义发达国家所创造的一切先进文明成果来发展社会主义。社会制度和意识形态的差别不应成为发展国家关系的障碍。在国际交往中，我们绝不把自己的社会制度和意识形态强加于人，同样，也不允许别的国家将自己的社会制度和意识形态强加于中国。

第三，和平与发展是当今影响和决定人类共同命运的两大主题。要促进和平与发展，关键是在和平共处五项原则基础上建立公正合理的国际政治经济新秩序，共同致力于全球问题的解决。影响世界和平与发展的障碍还很多，建立国际新秩序是一个长期的历史过程。

第四，当前世界还不太平，冷战后各种国际矛盾充分暴露，引发当今世界全球及地区安全结构的巨变，给世界和平与发展造成巨大威胁，但国际社会的主要任务还是发展，认清过渡时期国际形势的基本特征和主要矛盾，有助于我们抓住难得的历史机遇期，加快发展，实现中华民族的伟大复兴。

第五，当前国际形势正在发生巨大而深刻的变化，对我国的社会主义现代化建设的国际环境利大于弊。因此，我们要加快发展，而最根本的是要坚持党的基本路线，加快改革开放，集中精力把经济建设搞上去。我们要解放思想、实事求是，勇于和善于利用资本主义一切有用的东西为我所用，为发展社会主义生产力、增强社会主义国家的综合国力、提高人民的生活水平服务。

参考文献

[1]陈峰君.论战后国际关系[M].北京:新华出版社,1999.

[2]宋新宁等.国际政治学概论[M].北京:中国人民大学出版社,2000.

[3]布鲁斯·拉西特.世界政治[M].北京:华夏出版社,2001.

[4]约瑟夫·奈.理解国际冲突——理论与历史[M].张小明,译.上海:上海世纪出版集团,2002.

[5]陈乐民.西方外交思想史[M].北京:中国社会科学出版社,1995.

[6]倪世雄.当代西方国际关系理论[M].上海:复旦大学出版社,2001.

[7]金正昆.现代外交学概论[M].北京:中国人民大学出版社,1999.

[8]多伊奇.国际关系分析[M].北京:世界知识出版社,1992.

[9]摩根索.国家间政治——寻求权力与和平的斗争[M].北京:中国人民公安大学出版社,1999.

[10]肯尼思·沃尔兹.国际政治理论[M].北京:中国人民公安大学出版社,1992.

[11]吉尔平.国际关系政治经济学[M].北京:经济科学出版社,1989.

[12]亚·温特.国际政治的社会理论[M].上海:上海世纪出版集团,2000.

[13]詹姆斯·多尔蒂.争论中的国际关系理论[M].上海:上海世纪出版集团,1987.

[14]梁守德.国际政治学理论[M].北京:北京大学出版社,2000.

[15]王逸舟.当代国际政治析论[M].上海:上海人民出版社,1995.

[16]王逸舟.西方国际政治学:历史与理论[M].上海:上海人民出版社,1998.

[17]资中筠.国际政治理论探索在中国[M].上海:上海人民出版社,1998.

[18]阎学通.国际关系研究实用方法[M].北京:人民出版社,2001.

[19]李景治.当代世界经济与政治[M].北京:中国人民大学出版社,1999.

[20]方连庆.战后国际关系史(1945—1995)[M].北京:北京大学出版社,1999.

[21]李宝俊.当代中国外交概论[M].北京:中国人民大学出版社,2000.

[22]纳谷诚二.发展的难题[M].上海:上海三联书店,1992.

[23]汉斯·舒曼.全球化陷阱:对民主和福利的进攻[M].北京:中央编译出版社,1998.

[24]恩·格里芬.可供选择的经济发展战略[M].北京:经济科学出版社,1992.

[25]约翰·威廉逊.开放经济与世界经济[M].北京:北京大学出版社,1990.

[26]罗伯特·巴罗.现代经济周期理论[M].北京:商务印书馆,1997.

[27]现代经济学前沿专题(第1、2、3集)[M].北京:商务印书馆,1989.

[28]王和光.全球化对世界经济政治的十大影响[M].北京:中央编译出版社,1998.

[29]王新奎.中国、发展中国家和WTO[M].上海:上海远东出版社,2000.

[30]丁一凡.大潮流:经济全球化与中国面临的挑战[M].北京:中国发展出版社,1998.

[31]刘光溪.互补性竞争论[M].北京:经济日报出版社,1996.

[32]王福明.世界主要国家经济政策与措施[M].北京:法律出版社,1997.

[33]刘力.国际贸易学:新体系与新思维[M].北京:中共中央党校出版社,1999.

[34]刘力.经济全球化:福兮?祸兮[M].北京:中国社会科学出版社,1999.